Sterke verhalen

Hoe Nederland de planologie opnieuw uitvindt

Strong Stories

How the Dutch are reinventing spatial planning

Design and Politics #3

Authors and editorial team
Maarten Hajer, Jantine Grijzen,
Susan van 't Klooster

Editorial team Design and Politics
Henk Ovink, Elien Wierenga

Essays
Ed Dammers, Roel During, John Forester,
Zef Hemel, Jannemarie de Jonge,
Marianne Kuijpers-Linde, David Laws,
Hans Mommaas, Maarten Poorter,
Jan van Tatenhove, Nanke Verloo &
Han Hoogerbrugge (pictorial essay)

010 Publishers, Rotterdam 2010

Auteurs en redactie
Maarten Hajer, Jantine Grijzen, Susan van 't Klooster

Redactie Design and Politics
Henk Ovink, Elien Wierenga

Essays
Ed Dammers, Roel During, John Forester, Zef Hemel,
Jannemarie de Jonge, Marianne Kuijpers-Linde,
David Laws, Hans Mommaas, Maarten Poorter,
Jan van Tatenhove, Nanke Verloo &
Han Hoogerbrugge (beeldessay)

Uitgeverij 010, Rotterdam 2010

Inhoud

Contents

Voorwoord

De wereld verandert continu, de dynamiek is groot. De vele veranderingen en de complexe economische en internationale ontwikkelingen tellen gemakkelijk op tot een crisis. Een crisis die leidt tot kramp, verstarring en regressie. 'Crisisdenken' vernauwt onze blik en beperkt ons handelen.

Het Griekse woord *krisis* wordt gewoonlijk vertaald met 'oordeel' of 'beslissing'. Dan is crisis niet de cumulatie van problemen maar juist het moment van oplossingen.

Er zijn altijd veel en grote opgaven, het is 'altijd' crisis. De kracht van de maatschappij is dat zij continu in verandering is. Maar de focus op de vele crises leidt teveel af van die kracht van verandering. Als we goed om ons heen kijken 'barsten' onze steden, de maatschappij en de mensen van het werken aan die verandering, aan innovaties en ontwikkelingen.

We moeten bezuinigen én transformeren én investeren op hetzelfde moment; alles draait om herstel, verandering en ontwikkeling. Planning is gefundeerd op die drieslag. Dat maakt planning zeker in crisistijd essentieel. Politieke planning, gericht op de confrontatie van de toekomstige opgaven. Politieke planning vanuit een specifiek instrumentarium van 'sterke verhalen', wetgeving en projecten. Deze planning van confrontaties vraagt om een sterk ontwerp met krachtig onderzoek en analyse, gericht op innovatie en vernieuwing. Een planning van politiek en ontwerp met de juiste allianties en een sterke overheid.

Een sterke overheid handelt vanuit vertrouwen en verantwoordelijkheid en is niet bang om anderen de ruimte te geven. Een sterke overheid intervenieert vanuit haar eigen 'sterke verhaal' en vlucht niet in de schijnzekerheid van controle. Een sterke overheid

Foreword

The world is ever-changing and highly dynamic. These many changes, including complex economic and international developments, can easily add up to a crisis – a crisis that brings on rigidity and regression. Crisis thinking narrows our field of vision and limits our range of action.

The Greek word *krisis* is generally translated as 'judgement' or 'decision'. From this perspective, crisis is not the piling-up of problems but the moment at which they are solved.

There are always plenty of serious challenges; it is always a time of crisis. The power of society is that it is constantly changing. But focusing on these continual crises can distract us from the power of change. If we look around, we see that our cities, our societies, and the people working for change are bursting with innovative ideas and new departures.

We must economize and transform and invest all at once; it is all about recovery, change, and development. Planning is founded on that triad. This makes planning essential in a time of crisis: political planning, aimed at confronting future challenges, with its own distinctive toolbox of strong stories, legislation, and projects. This confrontation-based planning requires strong design combined with powerful research and analysis and focused on innovation and new approaches. It is a mode of planning that merges politics and design, employing well-chosen alliances and a strong government.

A strong government acts out of confidence and a sense of responsibility and is not afraid to give other parties the space they need. A strong government bases its actions on its own strong story and does not take refuge in the false certainties of control. A strong government works in partnership and makes partnerships possible. Understanding the influence of shifting coalitions with individual trailblazers, private-sector parties, and civil society organizations, it takes an active role in these powerful alliances, not from a position of authority but as an expression of energy and determination.

For shifting coalitions, major challenges inspire rapid development, which is unique and different every time. That calls for adaptive planning, flexible and fit for purpose, with stories that address differences and take positions. Strong stories coalesce in powerful alliances whose members work toward breakthrough solutions to large-scale, complex challenges – alliances for recovery, change, and development, working with a strong government that uses a focused, fit-for-purpose toolbox to incite action and move beyond *krisis*.

Henk WJ Ovink
Director for National Spatial Planning
Ministry of Infrastructure and the Environment

werkt samen en maakt samenwerking mogelijk. Een sterke overheid heeft oog voor de krachtige, wisselende coalities van particulier initiatief, markt-partijen en maatschappelijke organisaties. Krachtige allianties waar die sterke overheid ook zelf actief in participeert. Niet vanuit macht maar vanuit wil en kracht.

Grote opgaven worden door wisselende coalities sterk ontwikkeld. Altijd en elke keer weer anders. Dit vraagt om een adaptieve planning, specifiek en flexibel met verhalen die verschillen adresseren en positie geven. 'Sterke verhalen' komen samen in krachtige allianties waar partijen werken aan oplos-singen en doorbraken voor de grote en complexe opgaven. Allianties voor herstel, verandering en ontwikkeling. Met een sterke overheid die met een gericht en specifiek instrumentarium verleidt tot handelen, voorbij de *krisis*.

Henk WJ Ovink
Directeur Nationale Ruimtelijke Ordening
Ministerie van Infrastructuur en Milieu

Introductie

De ruimtelijke planning heeft een roemrucht verleden. Maar heeft het ook toekomst? Dit boek toont hoe planning in Nederland tot opmerkelijke resultaten leidt. Dit gebeurt vaak op een verrassende manier, maar altijd is de rolbenadering van de deskundige – de planner, de landschapsarchitect, de procesbegeleider, de ecoloog – cruciaal. Die deskundige is recentelijk in een slecht daglicht komen te staan. In de media worden deskundigen steeds vaker tegenover burgers gezet. Soms is de deskundige een lastpost, soms zelfs de vijand. De meteoroloog die zwaar weer voorspelt, de dokter die een behandeling niet zinvol vindt, de planoloog die een stedelijke ingreep verdedigt: ze hebben te maken met kritische burgers en zwaar mediaal tegenspel. Iets soortgelijks geldt voor de bestuurder. Het lijkt bijna van masochisme in plaats van idealisme te getuigen als iemand de rol van bestuurder op zich neemt. Wethouders komen en gaan, gedeputeerden idem dito. De deskundige lijkt maar mondjesmaat te wennen aan zijn nieuwe positie, waarbij gezag niet vanzelf spreekt maar steeds weer moet worden verworven of bevestigd. In de sociale wetenschap is onderzoek naar deze nieuwe verhouding tussen expert en burger al langer gaande. In dit boek putten we uit die onderzoekstraditie en passen we het toe op het omgevingsbeleid: ruimtelijke ordening, verstedelijking, mobiliteit, waterveiligheid en natuur- en landschapsontwikkeling. De concentratie ligt op wat we steeds vaker zien als het regionale schaalniveau, tussen gemeente en rijk, soms overeenkomend met het provinciale niveau, soms ook niet. We zijn op zoek gegaan naar een manier waarop de deskundige, de bestuurder en de burger op een nieuwe, positieve manier met elkaar verbindingen aan kunnen gaan. We hebben gewerkt met een contra-intuïtieve hypothese. Terwijl de inzet van deskundigen meestal wordt gezien als belemmering

Introduction

Spatial planning has a glorious past. But does it also have a future? This book shows how, in the Netherlands, planning has led to remarkable results. While the path to these results is often surprising, one thing is always crucial: the way in which experts – such as planners, landscape architects, process coordinators, and ecologists – approach their roles.

In recent times, experts have acquired a bad image. The media often contrasts them with the general public, portraying them as nuisances or even enemies. The meteorologist who forecasts rough weather, the physician who advises against a course of treatment, and the planner who defends an urban project – all are confronted with a critical public and heavy opposition from the media. Something similar is true of political leaders. These days seeking political office seems almost a sign of masochism, rather than idealism. Municipal leaders come and go, as do provincial ones.

Experts seem to be having great difficulty adjusting to their new status, in which authority is not automatic but has to be acquired or established. For some time, this new relationship between experts and the public for some time has been a topic of interest to social scientists. In this book, we draw on that research tradition and apply it to spatial policy in the broadest sense: spatial planning, urbanization, mobility, flood defences, and nature and landscape development. The emphasis is on what, increasingly, is known as the regional level – the level between municipal and national government, sometimes but not always identical to the province.

We have gone in search of ways for experts, political leaders, and citizens to forge new, positive connections with one another. The thrust of our research was counterintuitive: while experts are usually regarded mainly as obstacles to public participation, we looked at what conditions must be in place for experts, citizens, and political leaders to work together in a way that makes optimal use of the knowledge of both the experts and the citizens. According to our analysis, the role of strong underlying narratives is crucial. The 'dramaturgy' of policymaking also plays an important role. We have studied the specific conditions under which spatial policy must be made. One striking feature is the division of roles and responsibilities between public and private actors.

We hope that this book will contribute to critical reflection on planning practices and play a part in extending the rich tradition of Dutch planning into a new era.

Maarten Hajer, Jantine Grijzen, and Susan van 't Klooster

voor participatie, hebben wij onderzocht onder welke condities deskundigen, burgers en bestuurders bij elkaar kunnen worden gebracht op een manier dat de kennis van wetenschap en burger optimaal benut wordt. In onze analyse komt de rol van sterke, dragende verhalen als cruciaal naar voren. Ook de 'dramaturgie' van beleid speelt een belangrijke rol. We hebben studies gemaakt van specifieke condities waaronder het omgevingsbeleid moet worden vormgegeven. De worsteling met de verdeling van rollen en verantwoordelijkheden tussen publieke en private actoren springt hierbij in het oog.

Wij hopen dat dit boek bijdraagt aan een reflectie op de planningspraktijk en een rol speelt bij het uitbouwen van de rijke Nederlandse planningstraditie in nieuwe tijden.

Maarten Hajer, Jantine Grijzen en Susan van 't Klooster

Onderzoekende ontwerper. Researcher-designer.

De kracht van sterke verhalen

The power of strong stories

In 2006 won het Rotterdamse West 8 de Eo Wijers-prijs voor regionaal ontwerp. Met de inzending Markeroog XI maakte het bureau van landschapsarchitect Adriaan Geuze een betoverend ontwerp voor de integrale aanpak van ecologische, waterloopkundige, infrastructurele en stedenbouw-kundige opgaven in het IJmeer tussen Amsterdam en Almere. Gepresenteerd op drie panelen was het voor vakgenoten direct duidelijk: dit was een hoogstaand plan.

Het ontwerp presenteerde een sterk verhaal over de meerwaarde van een 'schaalsprong' – de groei met zestigduizend woningen naar een complete stad van 350 duizend inwoners in 2030 en een herkenbare identiteit – dat Almere op nieuwe wijze met Amsterdam verbindt. Het IJmeer, nu een

In 2006 the Rotterdam firm West 8 won the Eo Wijers competition for regional design. With its entry 'Markeroog XI', the firm of landscape architect Adriaan Geuze produced a beguiling design for an integrated approach to ecological, hydraulic, infrastructural, and urban development needs in the IJmeer be-tween Amsterdam and Almere. The plan was presented to fellow professionals on three panels, and its superb quality was immediately apparent.

The design presented a strong story about the added value of a 'leap in scale' – the addition of 60,000 dwellings to produce a complete city with a population of 350,000 by 2030 and a recognizable identity – which will forge a new link between Almere and Amsterdam. Under this plan, the IJmeer, which is now a murky intermediate stretch of water,

Het ontwerp Markeroog XI bood een betoverend perspectief op de toekomst van het IJmeergebied.
The Markeroog XI design presented a beguiling prospect for the future of the IJmeer area.

can be transformed within a few decades into a vibrant metropolitan lake. Wetlands along a new dam to be erected through the Markermeer will function as natural water purification systems. At the same time, the dam will facilitate new modes of water management, making water transport possible. Urbanization can take place slowly or more rapidly, depending on the state of the economy, at locations yet to be identified. New approaches to climate change can be incorporated seamlessly into the proposal. In short, the plan was based on very sound expertise.

'Markeroog XI" also had something else to offer: an alluring prospect for the future. It had that quality that enables good spatial planning to rise above tightly-knit organizational processes and the logic of Excel sheets: vision, imagination, the persuasive power of a good story about spatial trends.

We have the Amsterdam PvdA (Labour) politician Jan Schaefer to thank for the blunt slogan 'you can't live in bullshit'. In a similar vein, we have the following proposition: without a strong story there can be no successful planning. Schaefer initiated a debate on the 'polder culture' that tends to drown ideas and dynamic energy in endless palaver. It is not the talking itself that exasperates, but the lack of a shared vision. Planning needs a vision of the future, a shared story that provides structure and inspiration amid all the decisions that have to be made. Vision creates a future that appeals to people and prevents investments being made in the wrong places and at the wrong times. Vision inspires other parties to invest in a future that a strong story can make imaginable.

This book is a plea to take another look at the strength of good planning. Planning has a poor image. Everyone is familiar with the planning disasters of the modern age. But it would be irresponsible to abandon a tradition of interdisciplinary thinking about cities and space – a tradition in which expertise helps to shape a vision of society and to serve political considerations. Planning has a great future, though recast in a new mould.

vertroebeld tussengebied, kan volgens het plan binnen enkele decennia worden getransformeerd tot een vitaal metropolitaan binnenmeer. Wetlands langs een nieuwe dam door het Markermeer fungeren als natuurlijke waterzuiveringsystemen. De dam maakt tevens nieuw watermanagement mogelijk, waardoor transport over het water mogelijk wordt. Verstedelijking kan, afhankelijk van het economische tij, langzamer of sneller plaatsvinden op nieuw ontdekte locaties. Nieuwe inzichten in klimaatverandering kunnen moeiteloos in het voorstel worden meegenomen. Kortom, het plan was goed onderbouwd met vakkennis.

Maar Markeroog XI had nog een kwaliteit: het bood een betoverend perspectief op de toekomst. Het was wat goede ruimtelijke planning uit doet stijgen boven een strakke procesorganisatie en de logica van excelsheets: een visie, de verbeelding, de wervingskracht van een goed verhaal over ruimtelijke ontwikkelingen.

Aan de Amsterdamse PvdA-politicus Jan Schaefer danken we het credo 'in gelul kun je niet wonen'. In navolging hiervan stellen wij: zonder sterk verhaal, geen succesvolle planning. Schaefer stelde de poldercultuur ter discussie, waarin ideeën en slagkracht ten onder gaan in eindeloos palaver. Maar het is niet het gepraat dat irriteert, maar het gebrek aan een gedeelde visie. Planning vraagt om een perspectief op de toekomst, een gedeeld verhaal dat structuur biedt en inspiratie bij het maken van talloze beslissingen. Een visie creëert een aansprekende toekomst en voorkomt investeringen op de verkeerde plekken en momenten. Een visie inspireert andere partijen te investeren in een toekomst die zo'n sterk verhaal denkbaar maakt.

Dit boek is een oproep de kracht van goede planning opnieuw onder ogen te zien. Planning heeft voor velen een negatief imago. Iedereen kent wel de *planning disasters* van de moderne tijd. Het is onverantwoord een traditie van interdisciplinair denken over stad en ruimte op te geven. Een traditie waarin

deskundigheid ten dienste staat aan maatschappelijke visievorming en politieke afwegingen. Een
belangrijke toekomst is weggelegd voor planning,
maar wel in een nieuwe gedaante.

Planning: $P=(A+C)^n$

Wie iets zegt over de kwaliteit van planningsprocessen, ontkomt niet aan een definitie van wat planning
is. Na jarenlange ervaring in het observeren en analyseren van de Nederlandse praktijk komt een simpele
definitie naar voren: planning is de combinatie van
de formulering of 'articulatie' van vragen, kennis en
wensen enerzijds en de coördinatie van afspraken
en uitvoering anderzijds. Planning is de ontwikkeling van een visie, maar iedere goede planner zal
benadrukken dat planning vooral gaat over het over
langere tijd vasthouden van die visie. Duidelijk is dat
'articulatie' niet zonder coördinatie kan. Planning
(P) is een eindeloze herhaling van 'articulatie' (A) en
coördinatie (C), oftewel: $P=(A+C)^n$.

Een planner verstaat de kunst een visie te ontwikkelen in samenspraak met vele anderen, juist ook
om die visie in wisselende tijden overeind te houden.
Een planner is als een zeiler die, te midden van
schepen en bootjes, koers zet en rekening houdt
met stromingen, veranderende winden en de
minder goede zeilers in de vloot. Veel hangt af van
deskundigheid, maar net zoveel hangt af van tact en
communicatie. Een planner die niet communiceert
ziet zijn 'vloot' uiteenvallen.

Met het model $P=(A+C)^n$ zijn in Amsterdam mooie
stedenbouwkundige plannen gerealiseerd, van Plan
Zuid en het Algemeen Uitbreidingsplan (AUP) tot de
uitbreidingen in het Oostelijk Havengebied en IJburg.
De hoofdstad groeit, maar houdt de groene 'scheg-
gen' overeind en voegt aan de regio nieuwe kwaliteiten toe. Het 'verhaal' van hoe Amsterdam uitbreidt zit
bij bestuurders, planners en deels bij burgers tussen
de oren. Dat is geen vanzelfsprekendheid: het wordt
steeds op eigentijdse wijze 'gearticuleerd', wat helpt
bij de coördinatie van belangrijke beleidsbeslissingen.

Planning: $P = (A+C)^n$

Any discussion of the quality of planning
processes necessarily starts with a definition of what 'planning' means. After years of
experience observing and analyzing planning
practices in the Netherlands, I would propose
the following simple definition: planning is the
combination of the articulation of questions,
knowledge and desires on the one hand,
and the coordination of agreements and
implementation on the other. Planning is the
development of a vision, but any good planner
will emphasize the overriding importance of
holding firm to that vision in the longer term.
Clearly, that articulation cannot do without
coordination. Planning (P) is a constant repetition of articulation (A) and coordination (C), or
$P = (A+C)^n$.

Planners understand the art of developing
vision in consultation with many others, and
in particular of holding firm to that vision
in changing conditions. A planner is like a
yachtsman who sets a course in the midst of
other ships and boats, and who takes account
of currents, changing winds and the weaker
yachtsmen in the fleet. Expertise is crucial,
but so are tact and communication. A poor
communicator will be unable to keep his 'fleet'
together.

The model $P = (A+C)^n$ has helped to
produce some fine urban development plans
in Amsterdam, from Plan Zuid (South Plan)
and the Algemeen Uitbreidingsplan (General
Expansion Plan; AUP) to the expansions in
Amsterdam's Eastern Docklands and IJburg.
The capital city continues to grow, but the
green 'wedges' are being preserved and new
qualities have been added to the region. The
'story' of Amsterdam's expansion is a familiar
tale among administrators and planners, and
to some extent among the general public.
That is not a foregone conclusion: the story is
constantly articulated in a modern way, which
helps in the coordination of important policy
decisions.

This definition of planning also helps to explain why other projects fail. One of the most
dramatic spatial trends in the Netherlands is

undoubtedly the messy development of the Zuidvleugel (South Wing) of the Randstad conurbation. Administrators and planners were once fully aware of housing needs and the importance of catering for mobility, and recognized the vulnerability of the green area between The Hague and Rotterdam. This led in 1989 to an excellent provincial plan, 'Park city between royal court and docklands'. It was brilliantly articulated, but there was a lack of executive will to achieve it. As a result, chances of developing a good plan for the region's further development evaporated, and the South Wing is now a landscape of small and poorly accessible housing estates, convoluted public transport connections, busy roads, and uninspiring 'residual green areas' in the intervening areas. The causes are clear: at the most important moments there was a lack of dialogue between administrators and designers. The governments of the major cities negotiated individually with central government, after which there was no longer any basis for coordination with provinces and smaller municipalities (Hajer, Salet, De Jong & Dijkink, 2001).

Administrators, experts, and civil society organizations

For good planning, articulation and coordination must be in equilibrium. Designers who believe that their own wonderful, intelligent plans need only to be embraced do not understand how planning processes work. Administrators who believe that coordination comes before articulation are also misguided. Everything revolves around a nuanced interaction between three groups: administrators, experts, and civil-society organizations – members of the public, companies, and associations and societies. Anyone who is trying to achieve good spatial planning would be well advised to study the specific constellation in which planning takes place in the present times.

The following paragraphs will outline some specific changes to the Dutch planning system, before devoting attention to three specific areas.

Met de definitie van planning valt tevens te verklaren waarom andere projecten falen. Een van de meest dramatische ruimtelijke ontwikkelingen in Nederland is ongetwijfeld de verrommeling in de Zuidvleugel van de Randstad. Bestuurders en planners wisten ooit van de woningbouwopgave, kenden de mobiliteitsopgave en beseften hoe kwetsbaar het groen tussen Den Haag en Rotterdam was. Er was dan ook een prachtig provinciaal plan: 'Parkstad tussen hof en haven', uit 1989. De 'articulatie' was perfect, maar de bestuurlijke wil om er gezamenlijk voor te gaan ontbrak. De kans om een prima plan voor de regio verder te ontwikkelen vervloog, waardoor de Zuidvleugel nu een landschap is van slecht bereikbare woonwijkjes, kronkelende openbaarvervoerverbindingen, overvolle wegen en niet inspirerend 'restgroen' in de tussengebieden. Het waarom is evident: op de belangrijkste momenten ontbrak de dialoog tussen bestuurders en ontwerpers. De bestuurders van de grote steden onderhandelden individueel met het rijk, waarna de basis voor coördinatie met provincie en kleinere gemeenten wegviel (Hajer, Salet, De Jong & Dijkink, 2001).

Bestuurders, experts en maatschappelijke partijen

Voor goede planning moeten 'articulatie' en coördinatie in balans zijn. Ontwerpers die menen dat hun prachtige, intelligente, maar zelfgemaakte plannen alleen nog hoeven te worden omarmd begrijpen niet hoe planningsprocessen werken. Bestuurders die menen dat coördinatie voor 'articulatie' gaat tasten eveneens mis. Alles draait om een genuanceerde interactie tussen drie groepen: bestuurders, experts en maatschappelijke partijen – burgers, bedrijven, verenigingen. Wie een goede ruimtelijke planning nastreeft, doet er goed aan zich te verdiepen in de specifieke constellatie waarin planning tegenwoordig plaatsvindt. We schetsen enkele specifieke veranderingen in het Nederlandse planningstelsel om daarna drie aandachtsvelden verder uit te werken.

De nieuwe Wet ruimtelijke ordening (Wro). Deze wet is sinds 2009 van kracht en laat veel ruimte aan lokale initiatieven. De wet gaat ervan uit dat bestuurders tijdig een visie op hun gemeente, provincie of landsdeel formuleren. De wet biedt hogere bestuursorganen de ruimte om, indien noodzakelijk, planningsbevoegdheden naar zich toe te trekken. Zo is een systeem ontstaan waarin planningsopgaven op het juiste schaalniveau kunnen worden opgelost. Om effectief te zijn vraagt de nieuwe Wro om een visie, om een verhaal over ruimtelijke ontwikkeling, dat dient als toetsingskader voor aanvragen en plannen.

Twintig jaar experimenteren. In de Nederlandse ruimtelijke ordening is twintig jaar geëxperimenteerd met burgerparticipatie. Deze 'experimenteerfreude' herstelde de relatie met burgers en belanghebbenden, maar had ook een aantal nadelen. Het leek een tijd waarin vorm boven inhoud ging en grondige planologische kennis vervangen werd door vluchtigheid. Het resultaat was een maaltijd van bestuurlijke spaghetti, waarbij niet bestuurlijke drukte het probleem was, maar het gebrek aan gedeelde visies om alle overleggen een richting en urgentie te geven. Burgers en bedrijven raakten niet zozeer gefrustreerd over de wijze van participeren, maar over de trage besluitvorming die daarop volgde. Maatschappelijke partners dropen teleurgesteld af als uiteindelijk de minister zijn voorkeur doordrukte. En planners? Zij waren slechts procesbegeleiders en moesten hun inhoudelijke kennis en vaardigheden op de achtergrond plaatsen. Twee doelen werden tijdens dat geëxperimenteer niet gehaald: democratische legitimiteit en inhoudelijke kwaliteit.

Outsourcing van planning. Aan het begin van de eenentwintigste eeuw zijn de meeste projectleiders van middelgrote projecten niet in dienst van de overheid. De planning is 'ge-outsourced', uitbesteed aan de markt. Is dit een richting die we op willen? Hoe is de plaats van de private planners te duiden?

The new Spatial Planning Act (Wro). This act has been in force since 2009 and leaves considerable scope for local initiatives. Under this act, administrators formulate a timely vision of their municipality, province, or region. The act offers higher administrative bodies the scope to claim planning powers if necessary. This has created a system in which planning needs can be met on the appropriate scale. To ensure effectiveness, the new Spatial Planning Act calls for vision, a story about spatial development, which will serve as a framework for the assessment of applications and plans.

Twenty years of experiments. Dutch spatial planning has witnessed twenty years of experiments with different kinds of public participation. This 'experimenting spree' repaired relations with the public and interested parties, but it had several disadvantages. It seemed to be an era in which form outweighed content and in which a thorough knowledge of planning issues gave way to a more casual, slapdash approach. The result was an administrative spaghetti, in which the problem was not an unmanageable administrative workload, but a lack of shared vision to inject direction and urgency into all the consultations. The public and businesses became frustrated not so much by the ways in which participation was organized, but rather about the sluggish decision-making that ensued afterwards. Partners from different sections of society retreated in disappointment when the minister ended up imposing his own preference. And planners? They were merely process managers, and were not expected to emphasize their knowledge and skills. The experiments failed on two fronts: quality and democratic legitimacy.

Outsourcing of planning. At the beginning of the twenty-first century, most project leaders of medium-sized projects are not public servants: in general, planning is outsourced. Is this really the way we want to go? How should we define the place of private planners?

Return of the state
The simplification of procedures. The Dutch planning system is a forest of assessment

frameworks and control systems, created by individual political decisions and corrections. Plans are tested for their impact on water management and the environment, costs and benefits as well as compliance with sectoral rules, and there is ample provision for participation. The barrage of rules originated from a concern for good governance – a concern shared by all. But the cumulative effect is to obscure responsibilities and to drain processes of pace and oversight. In 2008 a committee of enquiry led by former CEO Peter Elverding therefore proposed drastic changes to decision-making on infrastructural projects. They suggest a wide-ranging exploratory phase in which all those concerned (the public as well as administrators) take the time to present their preferences and variants clearly. This phase would be followed by a political decision on the chosen way forward. The committee also proposes a switch to more general rules and simpler models.

The intention is clear: there is a need for more streamlined decision-making processes: as things stand, the overabundance of rules creates a sense of insecurity: no one is sure which way to go. But it is fair to question whether the ideas of the Elverding committee get the best out of the interaction between administrators, experts, and the public.

The return of the state: from 'new public management' to planning without money. If there is one thing that has been subject to change over the past few decades, it is the role of the state – a term that actually fell into disuse for a long period of time. Under the influence of the new public management, efforts were made from the late 1980s onwards to establish a new centre of gravity in spatial planning. At the heart of this was a desire to shift responsibilities to regional or local authorities. Now, twenty years on, the situation has changed dramatically. The state is back. Not everyone realizes it, but the actions that prevented the financial system from imploding were classical types of state intervention. Large banks were rescued with public funds. There is a paradox here, since these acts of

Terugkeer van de staat

Vereenvoudiging van procedures. Het Nederlandse planningsysteem is een woud van toetsingskaders en controlesystemen, ontstaan door individuele politieke acties en correcties. Plannen worden getoetst op effecten voor waterhuishouding en milieu, op kosten en baten, op strijdigheid met sectorale regels, en hebben te maken met ruime inspraak. Het woud van regels is ontstaan uit een zorg voor behoorlijk bestuur – een zorg die iedereen deelt. Echter, het gecumuleerde effect is het zoekspelen van verantwoordelijkheden en het verlies van overzicht over en vaart in processen. In dit licht is in 2008 door een onderzoekscommissie onder leiding van oud-topman Peter Elverding voorgesteld de besluitvorming over infrastructurele projecten ingrijpend te veranderen. Het idee is te werken met een brede verkenningsfase waarin betrokken burgers en bestuurders de tijd nemen voor een verkenning van wensen en varianten. Hierna volgt een politiek voorkeursbesluit. Daarnaast stelt de commissie voor te werken met vuistregels en eenvoudiger modellen.

De intentie is duidelijk: besluitvormingsprocessen moeten soepeler verlopen, want niemand voelt zich veilig in het woud van regels, omdat niemand de weg weet. De vraag is of de ideeën van de commissie Elverding het beste halen uit de interactie tussen bestuurders, burgers en experts.

De terugkeer van de staat: van *new public management* naar planning zonder geld. Als iets de laatste decennia aan verandering onderhevig was, is het de rol van de staat, een begrip dat zelfs lange tijd in onbruik was. Onder invloed van *new public management* werd sinds het einde van de jaren tachtig gezocht naar een nieuw zwaartepunt in de ruimtelijke ordening. Hierbij stond de wens om verantwoordelijkheden over te hevelen naar lagere overheden centraal. Nu, twintig jaar later, is de situatie radicaal anders. De staat is terug. Niet iedereen beseft het, maar het waren klassieke staatsinterventies die het ineenklappen van het financieel systeem voorkwamen. Grote banken werden gered met publieke middelen. Daar zit een paradox, want deze staatsinterventies hebben de boekhouding van de overheid diep in het rood gebracht.

De handelswijze van de staat tijdens de economische crisis heeft voor ruimtelijke planning een nieuwe werkelijkheid geschapen. De meest concrete consequentie van dit omvangrijke ingrijpen door de staat is dat de overheid kritischer moet zijn op de bestemmingen van publiek geld. De overheid moet nauwkeurig beargumenteren waarom en waar ruimtelijke investeringen nodig zijn – datgene wat voorwaardelijk is voor een goed maatschappelijk leven.

Dan heeft de staat nog een taak als 'marktmeester'. De staat heeft een belangrijke rol in het toezien op collectieve belangen en de strijdigheid van private belangen. Wil de staat deze taak legitiem uitvoeren, dient het te beschikken over een beredeneerd en breed gedeeld kader op basis waarvan beslissingen genomen worden. Kortom, redenen genoeg voor visievorming en de ontwikkeling van sterke verhalen. De eeuwige strijd tussen korte en lange termijn. Iedereen kent die dagen waarop substantieel werk ongedaan blijft, vanwege drukte met kleine bezigheden – zoals telefoneren, vragen beantwoorden, e-mails sturen. We weten ook wat helpt: een planning die voorkomt dat dit soort kortetermijnhandelingen voordringt. De toekomst kijkt niet om het hoekje van de deur en vraagt nooit om 'een momentje'. Zo is het ook in de ruimtelijke ordening. Een bijzonder aspect van dit tijdsgewricht is dat, ondanks alle zorgen op korte termijn, in brede kring gediscussieerd wordt over de noodzaak van duurzaam beleid. De toekomst werpt zijn schaduw niet vooruit, al doen kennisinstituten hun best aan te geven wat de toekomst zou kunnen brengen: op het gebied van klimaat en ecologie, vergrijzing, bevolkingskrimp en mobiliteit. Het is ondenkbaar dat Nederland de toekomststrategie van een duurzaam, prettig en innovatief land waarmaakt zonder een sterk verhaal.

state intervention have pushed the public finances well into the red.

The actions taken by the state during the economic crisis created a new reality for spatial planning. The most concrete consequence of this massive state intervention is that public authorities must be more critical of the ways in which public money is spent. They must argue in detail where spatial investments are needed, and why – focusing on prerequisites for the healthy life of society.

The state also has a task as 'market foreman'. It has a key role in overseeing collective interests and clashes between private interests. If the state wishes to fulfil this role with legitimacy, it needs a well-founded and widely shared framework on the basis of which to make its decisions. In short, there are plenty of reasons for developing vision and strong stories.

An eternal battle is waged between the short and long term. Everyone is familiar with days on which no substantial work gets done because of a host of minor obligations – telephone calls, answering questions, sending e-mails. We also know the remedy: a kind of time management that prevents short-term actions of this kind from being prioritized. The future never looks round the door and asks you to spare it 'a minute of your time'. The same applies to spatial planning. A remarkable aspect of this era is that in spite of all the anxieties about the short term, there is a wide-ranging public debate on the need for sustainable policy. The future does not cast its shadow before it, although institutes do their best to show what the future might bring: in the spheres of climate and ecology, the ageing and decline of the population, and mobility. It is inconceivable that the Netherlands can devise a strategy for a future that yields a sustainable, pleasant and innovative country without producing a strong story. A strong story forms the enticing perspective in which the public, administrators and companies view their future. Without such a story – this much is clear – every interim evaluation will always be disappointing.

Wanted: quality criteria for planning processes

In this book we explore ways of improving the quality of Dutch planning. How can knowledge be acquired and applied in planning processes? How can input from the general public be used? What is the best way to ensure that expertise facilitates participation rather than impeding it?

At the regional level there are challenges for the quality of spatial planning, in Arnhem–Nijmegen, BrabantStad, and the North and South Wing of the Randstad conurbation. But national projects are also best implemented at the regional level. Four regional planning processes have been studied over the past five years[1]: IJssel Delta South (on the construction of a river bypass near Kampen), an air quality project in the Arnhem-Nijmegen Urban Region region, the fortification of quays in the Commandeurspolder, and the construction of a new river near the Limburg villages of Ooijen and Wanssum. The projects studied show the way in which expertise in planning processes can restrict or stimulate the collective decision-making in spatial planning.

The definition $P = (A+C)^n$ refers only to the main features of the desired quality of planning processes. Quality is always the result of three factors: the development of vision, knowledge mobilization – the acquisition and application of knowledge – and democratic legitimacy. These factors make up a new vocabulary, which replaces the old one. Traditional terms like 'interests', 'scientific knowledge', and 'mandate' will need to be used with caution from now on.

Interests are only derivatives of a vision of the world; it is that personal vision that defines one's self-interest. Scientific knowledge is seldom geared towards a specific situation. That is why it often presupposes the mediation of a 'knowledge broker' who understands which questions are at play in a region and who determines what scientific views are of importance to regional considerations. In the past, the mandate of public administrators meant that they could quite legitimately keep

Een sterk verhaal vormt het wervende perspectief waarin burgers, bestuurders en bedrijven hun toekomst zien. Zonder verhaal, zoveel is wel duidelijk, is iedere tussenevaluatie steeds weer teleurstellend.

Gezocht: kwaliteitscriteria van planningsprocessen

In dit boek verkennen we hoe de Nederlandse planning een kwaliteitsslag kan maken. Hoe kan gezorgd worden dat kennis daadwerkelijk geworven wordt en toegepast in planningsprocessen? Dat er echt wat gebeurt met de input van burgers? Dat deskundigheid participatie niet hindert, maar mogelijk maakt? Op het regionale schaalniveau liggen de uitdagingen voor de kwaliteit van ruimtelijke ordening, op het niveau van Arnhem en Nijmegen, BrabantStad, de Noord- en Zuidvleugel in de Randstad. Maar de regio is ook het schaalniveau van projecten die een nationale oorsprong hebben. De afgelopen vijf jaar zijn vier regionale planvormingsprocessen bestudeerd[1]: IJsseldelta Zuid (over de aanleg van een rivierbypass bij Kampen), een luchtkwaliteitsproject in de Stadsregio Arnhem Nijmegen, de versterking van kades in de Commandeurspolder en de aanleg van een nieuwe rivier bij de Limburgse dorpen Ooijen en Wanssum. De voorbeeldprojecten tonen de manier waarop expertise in planningsprocessen de collectieve besluitvorming in ruimtelijke ordening beperkt en stimuleert.

De definitie $P=(A+C)^n$ duidt enkel de hoofdlijnen van het gewenste kwaliteitsniveau van planningsprocessen. Kwaliteit is altijd het resultaat van drie pijlers: visievorming, kennismobilisatie – de verwerving en toepassing van kennis – en democratische legitimiteit. Deze pijlers vormen een nieuw vocabulaire, dat het oude vervangt. Traditionele begrippen als 'belangen', 'wetenschappelijke kennis' en 'mandaat' moeten voortaan met terughoudendheid gehanteerd worden.

Belangen zijn slechts een afgeleide van een visie op de wereld, het is immers binnen de eigen visie dat men het eigenbelang formuleert. Wetenschappelijke kennis is zelden toegesneden op een bepaalde situatie. Vandaar dat het vaak een 'kennismakelaar' veronderstelt die begrijpt welke vraagstukken in een regio spelen en bepaalt welke wetenschappelijke inzichten van belang zijn voor een regionale afweging. Mandaat betekende dat bestuurders een legitieme reden hadden afstand te houden tot het proces van visievorming. In de huidige tijd is dat zeer ongepast. Het is juist belangrijk dat verantwoording wordt afgelegd op basis van argumenten, die voortkomen uit discussies waar bestuurders zelf aan deelnemen.

Planning gaat over vooruitkijken. Dit kan nooit op basis van kennis alleen en al helemaal niet op basis van enkel het optellen van belangen. Wetenschap en politiek moeten op elkaar betrokken worden om te komen tot goede publieke besluitvorming. Zonder visie geen vergezichten, geen creativiteit en geen verkenning van de 'horizon der mogelijkheden'. Zonder visie ook geen 'gedeelde inhoud', geen voertuig om partijen te binden en conflicten te beslechten. Een visie zonder onderbouwing of toetsing aan wetenschappelijke kennis is een gevaarlijk hol vat. Net zoals een visie die zonder publiek is ontwikkeld en verdedigd, op het gebied van democratische legitimiteit een leeg vat is.

De kwaliteit van planning wordt dus bepaald door de manier waarop in het proces van 'articulatie' en 'coördinatie' visie, kennis en democratische legitimiteit met elkaar verweven en verankerd zijn. Weerbarstige begrippen, die hieronder verder worden toegelicht.

Kennismobilisatie

In het modernisme was de rol van kennis eenduidig. De befaamde stedenbouwkundige Cornelis van Eesteren – bekend van het Algemeen Uitbreidingsplan (AUP) van Amsterdam en de inrichting van de IJsselmeerpolders – placht te werken in een witte laboratoriumjas, althans zo mogen we het

their distance from the process of developing vision. Today, this is wholly unacceptable. On the contrary, it is important to have accountability on the basis of arguments, arguments arising from debates in which public administrators themselves take part.

Planning is about looking ahead. That can never be based on knowledge alone, and certainly not on a simple addition sum of interests. Science and politics must take account of each other to produce good public decision-making. Without vision there can be no panoramic vistas, no creativity, and no exploration of the 'horizon of possibilities'. Without vision there can also be no 'shared substance', no instrument to act as a binding agent between parties and to settle conflicts. A vision that is not based on sound arguments or scrutinized in the light of scientific knowledge is a dangerous empty vessel. Just as a vision that is developed and defended without public support is an empty vessel in terms of democratic legitimacy.

In other words, the quality of planning is determined by the ways in which vision, knowledge and democratic legitimacy are interwoven and embedded in the process of articulation and coordination. The following paragraphs will try to shed some light on these rather unwieldy terms.

Knowledge mobilization

In the modernist period, the role of knowledge was unambiguous. The famous architect and planner Cornelis van Eesteren – chiefly known for his General Expansion Plan (AUP) for Amsterdam and his plans for the IJsselmeer polders – used to work in a white laboratory coat. At least, that is how many like to remember him. It stood for the strictly analytical planning that Van Eesteren favoured. He expected planners to adopt a certain distance to the object. It was the ideal of Survey-Analysis-Plan scientific planning as advocated by the Scottish urban planner Patrick Geddes.

You will not find any white coats in present-day planning. The expert planner, the trained authority in the field, has lost his status as an inspiring and independent academic. Even so, the leitmotif of Survey-Analysis-Plan still makes itself felt. This is not so strange, when we recall that generations of planners have been trained on the basis of this methodological approach. Nor is there anything foolish about it. Descriptive statistics and surveys still provide indispensable input for planning processes.

At the same time, more is expected of planners now than in the past. Other types of knowledge mobilization are needed. Frequently, these new needs do not become apparent until the planning process is underway. For instance, some solutions may generate demands for new kinds of knowledge. A complex planning process of this kind undermines the tightly-knit and linear organization associated with Survey-Analysis-Plan.

Changing concepts of knowledge

The 'experimenting spree' of the past twenty years can be seen as a struggle with the loss of the clear and logical place once occupied by knowledge. 'Speaking truth to power' – the understanding that experts have a monopoly on 'the truth' – does not apply in a world in which power is diffuse. Regional planning is characterized by changing definitions of

graag herinneren. Het stond symbool voor de strikt analytische planning die Van Eesteren voorstond. Planners moesten werken met een distantie tot het object. Het was het ideaal van *survey-analysis-plan*, zoals dat door de Schot Patrick Geddes eerder is beschreven.

Witte jassen zien we niet meer in de planning. De planner-expert, de getrainde deskundige, heeft zijn positie van inspirerende en onafhankelijke academicus verloren. Toch is de grondtoon van *survey-analysis-plan* nog te horen. Niet zo vreemd, wanneer men bedenkt dat generaties planners volgens deze methodiek zijn opgeleid. Het is ook geen onzinnige benadering. Nog steeds levert de beschrijvende statistiek en het *survey*-onderzoek belangrijke en onontbeerlijke input voor planningsprocessen. Tegelijkertijd wordt meer van planners verlangd. Andere typen kennis en kennismobilisatie zijn nodig. Het is typerend dat die nieuwe behoeften vaak pas gedurende het planningsproces worden ontdekt. Het zijn bijvoorbeeld de oplossingen die nieuwe kennisvragen oproepen. Daarmee ondermijnt een rijk planningsproces de strenge en lineaire organisatie van *survey-analysis-plan*.

Een herkenbaar beeld: Cornelis van Eesteren bestudeert in zijn kenmerkende witte jas het plan voor het Amsterdamse Bos. Hij wordt bijgestaan door architect en stedenbouwkundige Jacoba Mulder.
Cornelis van Eesteren in a characteristic pose, dressed in his white coat and studying the plan for the Amsterdamse Bos. He is being assisted by the architect and urbanist Jacoba Mulder.

Veranderd kennisbegrip

De eerder genoemde 'experimenteerfreude' van de afgelopen twintig jaar kan gezien worden als een worsteling met de verdwijning van een logische plaats van kennis. *Speaking truth to power* – deskundigen hebben het monopolie op 'de waarheid' – bestaat niet in een wereld waar de macht diffuus is. Regionale planvorming kenmerkt zich door een veranderd kennisbegrip, samengevat in de trits vervaging, verbreding en verplaatsing.

- Kennisvervaging, de erosie van grenzen tussen verschillende vormen van rationaliteit. Wetenschap, beleid en samenleving zijn niet langer scherp afgebakend. Vragen als 'wie is kennisdrager', 'wie produceert en consumeert' en 'wie is belanghebbend' zijn niet eenduidig te beantwoorden. Daarbij zijn nieuwe kennisdragers opgestaan, zoals procesregisseurs en intermediairs die proberen kennisintegratie tot stand te brengen.
- Kennisverbreding. Kennis moet niet alleen betrouwbaar zijn, maar ook geaccepteerd en bruikbaar in de maatschappelijke context waar een vraagstuk speelt. Kennis moet daarom worden afgestemd op de specifieke context en vanuit verschillende perspectieven beoordeeld.
- Kennisverplaatsing. Niet alleen de 'articulatie' van beleid, ook de verwerving en toepassing van kennis vindt in de regio plaats. Daar wordt kennis verweven en krijgt kennis betekenis. In regionale planningsprocessen wordt getracht – door het verbinden van kennis met ervaringen van betrokkenen – te komen tot breed gedragen en duurzame veranderingsprocessen.

Een ander kennisbegrip betekent het zoeken naar nieuwe manieren om kennis een plek te geven in planningspraktijken. Daarbij is het van belang dat verschillende soorten kennis geïntegreerd worden – zoals de verweving van wetenschappelijke kennis met lokale kennis, door bijvoorbeeld in GIS-data een laag met verhalen van burgers toe te voegen. Met andere woorden: kennis moet 'gecontextuali-

knowledge, encapsulated in the three words merging, widening, and translation.

- The 'merging' of knowledge refers to the erosion of boundaries between different kinds of rationalism. There are no longer sharp lines between science, policy, and society. Questions such as 'who are the knowledge bearers?', 'who are the producers and consumers?' and 'who are the interested parties?' cannot be answered unequivocally. At the same time, new 'knowledge bearers' have appeared on the scene, such as process managers and intermediaries who try to achieve an integration of knowledge.

- Widening the context of knowledge. It is not enough for knowledge to be reliable; it must also be accepted and serviceable in the relevant social context. In other words, knowledge needs to be attuned to the specific context and evaluated from a variety of perspectives.

- Transferring knowledge production to the regional level. It is not only the articulation of policy that takes place at the regional level; that is also the level at which knowledge is gathered and applied, where different kinds of knowledge are combined and interpreted. The aim of a regional planning process is to arrive at a broad consensus – by linking knowledge to the experience of those concerned – for sustainable change processes.

A new definition of knowledge means that it is necessary to look for new ways of incorporating knowledge into planning practices. In this context it is important for different types of knowledge to be integrated. Thus, scientific facts need to be combined with local knowledge, for instance by adding a layer with input ('stories') from the public to the GIS data. So this change too refers to the contextualization of knowledge (Nowotny et al., 2002). It means that knowledge is not mobilized in isolation, without taking account of the development of vision and public participation. Policy-makers and experts must engage in dialogue, in which neither one's arguments are seen as superior because they are more scientific or rational. Good regional planning is like a tribunal, at which all the claims – knowledge, positions, interests – are confronted with each other with the aim of arriving at a final verdict, a cohesive story.

Democratic legitimacy

Regional planning follows the trend of shaping complex processes of social change in dialogue with regional parties. There are no longer any blueprints for the planning process: a situation referred to above as an 'experimenting spree'. Since the rules of the game keep changing, it is no longer adequate to adopt a procedural and institutional approach to democratic legitimacy. Democratic legitimacy has become a plural concept (Grin & Hajer et al., 2006) and can be achieved in different ways, whether through direct channels – as in consultations between members of the public and public administrators – or through representatives. The key to legitimacy determines the quality of process and deliberation, also known as 'throughput legitimacy'.

Political science distinguishes between the legitimacy of input and the legitimacy of output. Legitimacy of input is obtained by involving parties who are confronted with the consequences of decisions. Legitimacy of output derives from the quality of policy: a functional public transport system in itself confers legitimacy. Public transport solutions such as the Zuidtangent (express bus service between Amstelveen, Haarlem Station and Amsterdam Bijlmer) and RandstadRail (rail link connecting The Hague, Zoetermeer and Rotterdam) lend legitimacy to earlier decisions.

This book adds the concept of 'throughput legitimacy': the ways in which policy processes are organized, the way in which policy is made, influence legitimacy. Who is allowed to take part? Which 'voices' are heard and which ignored? What kinds of knowledge are shifted to the foreground, and what kinds are shifted to the background? Do the various partners really engage each other in debate, or do they opt for the lowest common denominator? Are decision-makers held to account? What is

seerd' worden (Nowotny et al., 2002). Dit betekent dat kennis niet 'in isolatie' gemobiliseerd wordt, los van visieontwikkeling en participatie van burgers. Zij, beleidsmakers en experts moeten met elkaar een dialoog voeren, waarin niet de argumenten van de een beter zijn dan die van de ander, omdat ze wetenschappelijker of rationeler zijn. Goede regionale planontwikkeling is als een 'tribunaal', waar alle claims – kennis, posities, belangen – met elkaar geconfronteerd worden om samen tot een eindoordeel, een verhaal te komen.

Democratische legitimiteit

Regionale planvorming volgt de tendens om complexe maatschappelijke veranderingsprocessen in dialoog met partijen uit de regio vorm te geven. Voor het planproces bestaat geen blauwdruk meer, iets wat eerder met 'experimenteerfreude' is aangeduid. Doordat de regels van het spel telkens veranderen voldoet een procedurele en institutionele benadering van democratische legitimiteit niet. Democratische legitimiteit wordt meervoudig (Grin & Hajer et al., 2006) en kan op meerdere manieren bereikt worden, in directe vorm – zoals overleg tussen burger en bestuurder – of representatieve vorm – via vertegenwoordigers. De sleutel tot legitimiteit bepaalt de kwaliteit van proces en deliberatie, oftewel *throughput*-legitimiteit.

Uit de politicologie komt het onderscheid tussen de legitimiteit van input en de legitimiteit van output. Legitimiteit van input wordt verkregen door het tijdig betrekken van partijen die met de consequenties van beslissingen worden geconfronteerd. Legitimiteit van output wordt verkregen door de kwaliteit van beleid: een functionerend openbaarvervoersysteem levert zelf legitimiteit op. Openbaar vervoer als de Zuidtangent en RandstadRail bewijzen de juistheid van eerder genomen besluiten.

In dit boek is *throughput*-legitimiteit toegevoegd: de wijzen waarop beleidsprocessen zijn georganiseerd, de manier waarop beleid is gemaakt, beïnvloeden de legitimiteit. Wie mogen deelnemen? Welke 'stemmen' worden gehoord en welke genegeerd? Welke kennis wordt naar de voorgrond of achtergrond geplaatst? Gaan verschillende partijen daadwerkelijk met elkaar in gesprek, of wordt voor consensus gegaan? Wordt verantwoording afgelegd? Met welke argumenten is wat gedaan? Dadendrang hoort bij planning. De legitimiteit van planologie moet worden verkregen door de bereidheid plannen te bespreken en oor te hebben voor andere standpunten. Bij teveel dadendrang wordt nogal eens vergeten dat planningstelsels bedoeld zijn als institutionele kaders waarbinnen conflicten over ruimtegebruik op legitieme wijze beslecht worden. Het is niet zo dat de planner altijd zijn zin moet krijgen. Het gaat erom op basis van de best denkbare kennis de juiste besluiten te nemen. Planning is een proces van gedeelde betekenisgeving, het 'doorleven' van processen waarbij kennismobilisatie en participatie verweven worden met visie en daadkracht.

Praktijken en kritische momenten

De kwaliteit van planning wordt vooral bepaald door de manier waarop kennis en democratische legitimiteit in 'praktijken' zijn verkregen. Praktijken zijn routinematige handelingspatronen die het werk van planners bepalen. In de voorbeeldprojecten is gekeken naar wat planners daadwerkelijk doen, waaruit diverse praktijken zijn onderscheiden – zoals het houden van zogenoemde keukentafelgesprekken met boeren en burgers. Met praktijken refereren we aan een ander analyseniveau dan dat van instituties of regels. Het is in de dynamiek van praktijken waar kwaliteit van planning ontstaat of achterblijft.
In de voorbeeldprojecten zien we verder de terugkeer van 'kritische momenten', die cruciaal blijken voor het al dan niet bereiken van kwaliteit. Het zijn de momenten waarop planning zich buiten de regels en conventies afspeelt, momenten waarop die regels en conventies ter discussie staan en

done with the diverse kinds of arguments?

A thirst for action is part and parcel of planning. But the legitimacy of planning must be acquired from the willingness to discuss plans and to listen to other points of view. Too much thirst for action can easily overlook the fact that planning systems are intended to serve as institutional frameworks within which land-use conflicts can be settled in a legitimate way. Planners should not always have their way. The important thing is to make the right decisions, based on the best conceivable knowledge. Planning is a process of shared interpretation, a 'living through' of processes, in which knowledge mobilization and participation are entwined with vision and decisiveness.

Standard practice and critical junctures

The quality of planning is primarily determined by the way in which knowledge and democratic legitimacy are reflected in standard practice, that is, in routine patterns of behaviour that determine planners' work. In the projects chosen as examples, attention focused on what planners actually do, distinguishing a variety of practices – such as so-called 'kitchen table' talks with farmers and other members of the public. Standard practice relates to a different analytical level than that of institutions or rules. It is in the dynamics of standard practices that planning achieves excellence or falls short.

The projects chosen as examples also demonstrate the return of 'critical junctures', crucial moments that determine whether or not high-quality planning is achieved. These are the times at which planning takes place outside rules and conventions, times when rules and conventions are being reviewed and reinvented. There are lessons to be learned from the analysis of these times, concerning what works and what does not work, and the criteria that determine whether or not high-quality planning is achieved.

Stories as 'binding agent'

Planning is about looking ahead. Besides accommodating the wishes of today, planning provides insight into those of tomorrow. Reserving space, zoning, and standardization are important instruments for responding to these needs. Planning is about making choices, choices that are often politically charged. How do we strike a balance between urgent questions of our own time and the needs of the future, which have yet to be articulated? What action must be taken now, but will not yield any benefits until some point in the future? What will society need in ten years' time, in twenty, or even forty years' time?

In this book we take stock of the situation. Dutch planning is being raised to a higher level by a variety of changes: the development of vision, knowledge mobilization, and democratic legitimacy are being linked, interwoven, and embedded in a continuous process of articulation and coordination. This choice of words – linking, interweaving, and embedding – is quite deliberate, since what is needed is a synthesis of these three different 'pillars'. The metaphor for synthesis is the story. A policy story illuminates the meaning of a social

opnieuw worden uitgevonden. Uit de analyse van deze momenten zijn lessen te trekken over wat wel en niet werkt, wanneer wel en geen plankwaliteit bereikt wordt.

Verhalen als bindmiddel
Planning is vooruitzien. Naast het plaatsbieden aan bestaande wensen verschaft planning inzicht in toekomstige behoeften. Reserveren van ruimte, zoneren en normeren zijn belangrijke instrumenten om die behoeften een plek te geven. Planning gaat over het maken van keuzen, die veelal politiek geladen zijn. Hoe wegen we urgente vragen van nu af tegen nog niet geformuleerde behoeften van later? Wat moeten we nu al doen, waar we pas in de toekomst baat bij hebben? Welke behoeften heeft de samenleving over tien jaar, over twintig of zelfs veertig jaar?

In dit boek maken we de balans op. De Nederlandse planning maakt een kwaliteitslag door de

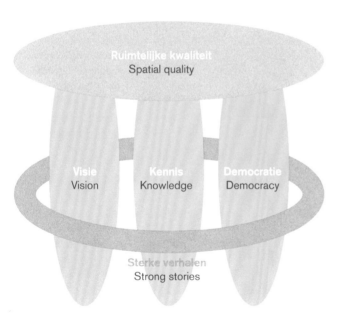

Sterke verhalen dragen bij aan ruimtelijke kwaliteit door het verbinden van visies, kennis en democratische legitimiteit.
Strong stories create spatial quality by tying together visions, knowledge, and democratic legitimacy.

verbinding, verweving en verankering van de pijlers visievorming, kennismobilisatie en democratische legitimiteit in een continu proces van 'articulatie' en coördinatie. De taal van verbinden, verweven en verankeren is bewust, omdat het gaat om de verknoping van de drie pijlers. De metafoor voor verknoping is het verhaal. Een beleidsverhaal geeft betekenis aan een maatschappelijk probleem, oplossingen en interpretaties. Het verhaal als bindmiddel dus. Het gaat niet om zomaar een verhaal, het gaat om een sterk verhaal. Sterke verhalen gaan over visies, die ontwikkeld zijn met relevante betrokkenen, waarbij verschillende soorten kennis zijn gemobiliseerd.

Regionale planning is in ontwikkeling en vindt zichzelf opnieuw uit. Met minder geld, maar met net zoveel ambities, en een nieuwe Wro, een wet die uitgaat van bestuurders die bezig zijn met de inhoud. Rijk, provincies en gemeenten dienen in structuurvisies en Algemene maatregelen van bestuur (AMvB) vast te leggen wat ze van belang vinden. Dit benoemen van wensen, waarden en ambities is de rechtstitel waarmee ruimtelijke ontwikkelingen in goede banen moeten worden geleid. Dit kan twee kanten op gaan. De goede, wanneer overheden er in slagen verantwoordelijkheden en inhoud vast te leggen. De verkeerde, wanneer blijkt dat overheden niet in staat zijn dit zelf te doen, maar het uitbesteden aan consultants.

In planningsprocessen moeten drie groepen bij elkaar komen, bestuurders, experts en maatschappelijke partijen, elk met een eigen rol en insteek. De bestuurder besluit, deskundigen hebben de kennis en kunde, burgers, bedrijven en verenigingen brengen ervaringen, perspectieven en verlangens. Zijn deze drie goed op elkaar betrokken, dan ontstaan plannen met kwaliteit en legitimiteit.

Leeswijzer

Het eerste hoofdstuk van deze publicatie 'De logica van kennis en participatie' gaat over de

problem, solutions, and interpretations. And that is why it can serve as a binding agent. But what matters is not to produce a general narrative but a strong story. Strong stories are about vision, views of the future created with relevant interested parties, which mobilize diverse kinds of knowledge.

Regional planning is in the throes of change and is reinventing itself. It has less money than in the past, but its aspirations are undiminished. It is a basic premise of the new Spatial Planning Act that public administrators are concerned with matters of content. National government as well as provincial and municipal authorities must define their priorities in structural visions and orders in council. This identification of preferences, values, and ambitions provides the legal grounds that will make it possible to guide spatial trends in the right direction.

This may go in one of two ways: it will be the right direction if public authorities succeed in establishing responsibilities and content, but the wrong direction if they prove incapable of doing so themselves, and end up outsourcing these tasks to consultants.

In planning processes, three groups must come together: public administrators, experts, and partners from different sections of society, each with their own role and point of view. Public administrators make decisions, experts possess knowledge and skills, and companies, civil-society organizations, and individual members of the public contribute their experience, perspectives and desires. If these three strands are properly integrated, the resulting plans will have both quality and legitimacy.

Organization of the book

Chapter 1, 'The logic of knowledge and participation', is about how knowledge is mobilized and how the connection between specialist knowledge to public participation contributes to successful planning. Chapter 2 examines the articulation of issues and solutions – formulation and contemplation – and how this generates shared visions. Chapter 3 relates to the political and governmental anchoring of stories. In chapter 4, 'Responsibility for quality and democracy', we take a closer look at what happens when public authorities engage in outsourcing. The final section presents ten general conclusions that define the contours of a new story for high-quality planning.

With four case studies – the enlargement of the river Maas in the Ooijen-Wanssum area, a bypass in IJsseldelta South, dyke reinforcement in the Commandeurspolder, and the Arnhem-Nijmegen Urban Region – this book shows how the connections between developing a vision, mobilizing knowledge, and ensuring democratic legitimacy can be forged in practice. Each chapter is followed by one or more essays by experts in the field, which offer further reflection on the theme.

1 The study was carried out as part of the GaMON programme of the Netherlands Organization for Scientific Research (NWO), which is pursuing a process of identifying scientific principles for a high-grade environmental and nature management policy.

wijze waarop kennis wordt gemobiliseerd en hoe de koppeling tussen vakinhoudelijke kennis en publieksparticipatie bijdraagt aan een succesvolle planningspraktijk. Vervolgens is in het tweede hoofdstuk onderzocht hoe 'articulatie' van vraagstukken en oplossingen – het formuleren en doordenken – plaatsvindt en hoe daarmee gezamenlijke visies tot stand komen. Het derde hoofdstuk gaat over de politieke en bestuurlijke verankering van verhalen. In het vierde hoofdstuk 'Verantwoordelijkheid voor kwaliteit en democratie' is stilgestaan bij situaties waarin overheden taken uitbesteden aan externe partijen. De epiloog bevat tien overkoepelende bevindingen die de contouren schetsen van een nieuw verhaal voor een hoogwaardige planning.

Met vier praktijkvoorbeelden toont deze publicatie hoe in de praktijk de verbinding tussen visievorming, kennismobilisatie en democratische legitimiteit tot stand komt. Na elk hoofdstuk reflecteren deskundigen met verdiepende essays op de thematiek. De praktijkvoorbeelden zijn:
-rivierverruiming bij Ooijen-Wanssum,
-een bypass in IJsseldelta Zuid,
-kadeversterking in de Commandeurspolder,
-het project Stadsregio Arnhem Nijmegen.

1 Het onderzoek vond plaats in het kader van het GaMON-programma van de Nederlandse Organisatie voor Wetenschappelijk Onderzoek (NWO), dat wetenschappelijke inzichten wil genereren voor een hoogwaardig milieu- en natuurbeleid.

Activist. Activist.

De logica van kennis en participatie

The logic of knowledge and participation

Planning staat sinds enkele decennia in het teken van participatie. De oude planner die zijn afwegingen en beleidsvoorstellen alleen baseert op wetenschappelijke modellen is teruggefloten. Een aantal incidenten in de jaren zestig en zeventig was spraakmakend. Stadsplanner Robert Moses wilde dwars door New York een Lower Manhattan Expressway bouwen maar vond socioloog Jane Jacobs op zijn weg. In diezelfde tijd sneuvelden vergelijkbare plannen in Amsterdam, zoals de sloop van De Pijp en de Dapperbuurt en de weg tussen de stations Amsterdam CS en Amstel.

Eigenlijk zoekt de planning sindsdien opnieuw naar haar essentie. Een planningspraktijk gebaseerd op wetenschappelijke kennis maakt plaats voor een praktijk gebaseerd op participatie. Het gebruik van wetenschap om de toekomst te kennen werd terug-geduwd door de roep van burgers uit de straat, een belangrijke democratische correctie.

De vraag die ontstond is hoe het gebruik van wetenschappelijke kennis gecombineerd kan worden met de toenemende burgerparticipatie. Hoe verhoudt zich de logica van kennis tot de logica van participatie? Verdragen die twee elkaar? De afgelo-pen decennia is voortdurend gezocht naar antwoor-den, bijvoorbeeld door planners die burgers warm probeerden te krijgen voor het planningsdebat. Te vaak is hierbij de fout gemaakt wetenschappelijke kennis tegenover burgerparticipatie te plaatsen. Wetenschappers zien nog wel de noodzaak het publiek in lekentaal uit te leggen wat zij als de juiste oplossing ervaren, maar burgers die vervolgens deze oplossing bestrijden worden als storend erva-ren. Burgers worden betrokken om hen in te lichten en niet omdat van hen een constructieve bijdrage wordt verwacht aan de ontwikkeling van een goed plan.

We constateren dat de manier waarop weten-schap in het beleidsproces wordt ingezet, niet is meegegroeid met de emancipatie van de burger. En we constateren dat, ondanks decennia van

For several decades, participation has been a key feature of planning. The old-style planner, who based his considerations and policy proposals solely on scientific models, has been superseded. There were a number of high-profile episodes in the 1960s and 70s that heralded this sea change. City planner Robert Moses wanted to build an expressway right through Lower Manhattan, but sociolo-gist Jane Jacobs scuppered his plan. In that same era, a similar fate befell comparable plans for Amsterdam, such as the demolition of De Pijp and Dapperbuurt neighbourhoods. Since then, the field of planning has been trying to redefine its essence. A practice based on scientific knowledge has been mak-ing way for one based on participation. In a significant democratic correction, the use of science to predict the future has been thrust aside by the people voicing their demands.

This change has prompted the question: how can scientific knowledge be reconciled with increasing civic participation? What is the relationship between the logic of knowl-edge and the logic of participation? Are they mutually compatible? Over the past few dec-ades, there has been an ongoing search for answers by, for example, planners trying to rouse popular interest in the planning debate. All too often they have made the mistake of placing scientific knowledge in opposition to participation. Academics see the necessity of explaining to the public in laymen's terms what they consider to be the right solution, but regard local residents who oppose their solutions as obstructionists. Residents are brought into the process so that they can be educated, not because they are expected to make a constructive contribution to the development of a sound plan.

We have seen that the way in which sci-entific knowledge is employed in the policy process has not kept pace with the rise of citizen engagement. And we have found that, despite decades of experimentation, no obvious method has been discovered for interconnecting knowledge mobilization (the acquisition and application of knowledge), citizen participation, and political decision-making. The cause of the gap between scientific knowledge and citizen participation has been sought in the nature of participation. A better understanding of the relationship between knowledge and participation is likely to lead to a new concept of planning that is in keeping with the times. If there is broad scope for citizens to participate, then scientific experts will have to take a step back. However, it is more likely that the problem lies in our conception of scientific knowledge. Could it be that our view of how science can best be used in the policy process is wrong? How can we change that view, without losing sight of the usefulness and necessity of quality knowledge?

The generalization, mobilization, and use of knowledge are essential components of spatial planning. Since the evolution of spatial planning as a policy field began, linking knowledge to action (Friedmann, 1987) has been one of the most important tenants of effective planning. Before a plan was made, the planner would collect as much relevant data as possible about the forces at work in the planning area (Van der Valk, 1990). He would then try to understand the social dynamic by acquiring a bird's-eye view of the area. This would enable him to integrate all the elements into a good plan. This method later evolved into the professional practice of 'survey before plan': consistent research was the foundation on which a spatial plan was based.

The dominance of the survey-before-plan method increased when social scientists started to take an interest in the spatial aspects of society. In the second half of the twentieth century, sociologists, geographers, and specially trained social demographers collected as much data as they could on history, demographics, employment, soil, the mentality of residents, etc. (Van Doorn, 1965. In: Van der Valk, 1990). Ministries, provinces, and large municipalities set up agencies to conduct spatial planning research. The survey-before-plan approach became

experimenten, nog geen vanzelfsprekende manier is gevonden om kennismobilisatie – het verwerven en toepassen van kennis – burgerparticipatie en politieke besluitvorming met elkaar te verbinden. De oorzaak van het gat tussen wetenschappelijke kennis en burgerparticipatie is gezocht in de aard van de participatie. Een beter begrip van de verhouding tussen kennis en participatie leidt wellicht tot een ander idee van planning, dat wel overeind blijft in de huidige tijd. Veel ruimte voor burgers zou er toe leiden dat de wetenschap een stapje terug moet doen. Maar wellicht ligt het probleem eerder in onze voorstelling van wetenschappelijke kennis. Zou het zo kunnen zijn dat we een verkeerd beeld hebben van hoe wetenschap het beste in het beleidsproces gebruikt kan worden? Wat zou een andere manier zijn, zonder nut en noodzaak van goede kennis uit het oog te verliezen?

Het generaliseren, mobiliseren en gebruik van kennis is onlosmakelijk verbonden met de ruimtelijke ordening. Sinds ruimtelijke planning een beleidsveld is, geldt het dogma *linking knowledge to action* (Friedmann, 1987) als een van de belangrijkste aspecten van effectieve planning. Voordat een plan gemaakt werd verzamelde de planner zoveel mogelijk relevante gegevens over de drijvende krachten in het plangebied (Van der Valk, 1990). De planner probeerde vervolgens grip te krijgen op de maatschappelijke dynamiek door zich boven het plangebied te plaatsen. Vanuit een vogelvluchtperspectief zorgde de planner ervoor dat de verschillende aspecten geïntegreerd werden in een goed plan. Later ontwikkelde dit zich tot de professionele praktijk van *survey-before-plan*: consistent onderzoek was de basis van een ruimtelijk plan. De dominantie van *survey-before-plan* werd versterkt toen sociale wetenschappers geïnteresseerd raakten in de ruimtelijke aspecten van de samenleving. In de tweede helft van de twintigste eeuw verzamelden sociologen, geografen en speciaal opgeleide sociografen zo veel mogelijk gegevens over geschiedenis, demografie, werkgelegenheid, bodem, mentaliteit van bewoners, enzovoort (Van Doorn, 1965. In: Van der Valk, 1990). Ministeries, provincies en grote gemeenten richtten afdelingen op ten behoeve van onderzoek voor ruimtelijke planning. *Survey-before-plan* werd geïnstitutionaliseerd. In de wet werd opgenomen dat ruimtelijke plannen moesten worden gebaseerd op wetenschappelijk onderzoek. De expertplanner ontstond, die met analytische vaardigheden wetenschappelijke kennis omzette in plannen.

Controversieel karakter

De expertplanner heeft inmiddels het monopolie op planning verloren. Planning is een arena geworden waarin tal van actoren hun rol claimen. Vragen van experts en adviseurs, beleidsmakers en bestuurders, belanghebbenden en andere geïnteresseerden functioneren als de koevoet die de *black box* van de expertplanner hebben geopend. Hiermee lijkt deskundigheid te zijn gedemocratiseerd (Dryzek & Torgerson, 1993) en hebben deskundigen de positie verloren om de waarheid te vertellen – '*Speaking truth to power*', zoals de beroemde denker Aaron Wildavsky in 1979 zei.
Om toch iets van de wetenschappelijke onderbouwing te behouden zijn planners zich meer op het ontwerp van het planningsproces gaan richten. De kunde van de planner en de inbreng van andere experts is onderwerp van discussie geworden in een democratisch beleidsproces waar waarheidsclaims van wie dan ook kunnen worden bevraagd. Boekenkasten zijn volgeschreven over de toegevoegde waarde van alternatieve kennis die werd aangedragen door belanghebbenden (Fischer, 2000; Wynne, 1996). Burgers met zogenaamde 'tegenkennis' weten inmiddels de media te vinden en een slecht onderbouwd project verliest al snel draagvlak en politieke steun. Een voorbeeld: inwoners van het Gelderse Lent ontwierpen samen met een professor in hydraulica een alternatieve

institutionalized. Legislation was enacted prescribing that spatial planning be based on scientific research. This led to the emergence of the expert planner, a professional who used analytical skills to convert scientific knowledge into plans.

Controversial nature

Since then, expert planners have lost their monopoly on planning. Planning has become a stage filled with different actors claiming roles for themselves. Questions from experts and consultants, policymakers and public administrators, stakeholders, and other interested parties function as a crowbar prying open the expert planner's black box. It seems that expertise has been democratized (Dryzek & Torgerson, 1993) and experts have lost their standing to 'speak truth to power', as renowned thinker Aaron Wildavsky put it in 1979.

In order to preserve some measure of scientific underpinning, planners began to sharpen their focus on the structure of the planning process. The expertise of the planner and the contributions of other experts have become topics of discussion in a democratic policy process in which knowledge claims, whatever the source, can be challenged. Reams have been written about the added value of alternative knowledge furnished by stakeholders (Fischer, 2000; Wynne, 1996). Citizens with 'oppositional knowledge' have become media savvy, and when they voice their concerns, public and political support for inadequately grounded projects tends to melt away. The residents of Lent in the province of Gelderland, for example, worked with a hydraulics professor to come up with an alternative to the dyke relocation proposal put forward by the Ministry of Transport, Public Works, and Water Management. Then they asked a research institute to study whether their alternative was technically and financial superior to the ministry's plan. Ultimately, the House of Representatives opted to relocate the dyke, but the citizens of Lent were able to delay the policymaking process for years.[1]

The controversial nature of knowledge has had various consequences for policymaking. For example, it led to the emergence of advocacy science and advocacy planning, terms used by David Laws, Nanke Verloo, and Maarten Poorter in their essay in this book: each party commissions researchers to defend its position. This results in scientific trench warfare that ensnares planning projects in political battles and endless studies, in other words 'paralysis by analysis'.

An equally problematic consequence is that knowledge is ignored so that policy decisions can be green-lighted. The idea is simple: if knowledge yields truths that contradict the prevailing opinion, we might just as well stop trying to develop it. If we abandoned knowledge development, decisions would be based on interaction among stakeholders, appealing narratives, public opinion, and the reassuring decisiveness of dynamic public administrators.

Denial of the controversial nature of knowledge is the third consequence. In the face of threatening circumstances, particularly when there is a threat of long delays, knowledge becomes the objective arbiter. Ultimately, all ties with social interaction and participation are cut, and science is asked to make a Solomonic determination. Planner and geographer Willem Steigenga wrote that the original aim of planning was to connect knowledge to action (Steigenga, 1964). Historically, that connection has been highly problematic. Rather than abandoning the aim of integrating knowledge and action – or rather knowledge and participation in today's diction – in this chapter we will examine the ways in which knowledge is mobilized and knowledge and participation are linked, and how they contribute to the success of contemporary planning projects. We will explore three key aspects: the locus of knowledge in the policy process, a pluralistic approach to knowledge mobilization and collaborative knowledge mobilization.

oplossing voor een door het ministerie voorgedragen dijkverlegging. Vervolgens lieten ze een wetenschappelijk instituut onderzoeken of hun alternatief technisch en financieel beter was dan het plan van het ministerie. Uiteindelijk koos de Tweede Kamer wel voor dijkverlegging, maar waren de burgers in staat gebleken het beleidsproces met een aantal jaren te vertragen.[1]

Het controversiële karakter van kennis heeft verschillende gevolgen voor de beleidspraktijk. Een gevolg is het ontstaan van *advocacy science* en *advocacy planning*, zoals benoemd in het essay van de onderzoekers David Laws, Nanke Verloo en Maarten Poorter: iedere partij schakelt haar eigen wetenschappers in om de eigen positie te verdedigen. Het resultaat zijn wetenschappelijke loopgravenoorlogen die planprojecten doen stranden in politieke strijden en eindeloze onderzoeken – in het Engels zo mooi aangeduid als *paralysis by analysis*. Een tweede gevolg is evenzo problematisch: het weglaten van kennis om beleidsbeslissingen groen licht te geven. De gedachte is simpel. Als kennis tegenstrijdige waarheden oplevert, kunnen we net zo goed afzien van kennisontwikkeling. Beslissingen worden dan gebaseerd op de interactie onder belanghebbenden, mooie verhalen, beeldvorming en de geruststellende daadkracht van dynamische bestuurders.

Een derde gevolg is de ontkenning van het controversiële karakter van kennis. Zeker waar een langdurige vertraging dreigt, wordt uiteindelijk teruggegrepen op kennis als objectieve scheidsrechter. Dan worden alle banden met maatschappelijke interactie en participatie doorgesneden en de wetenschap uiteindelijk om een salomonsoordeel gevraagd. Planoloog en geograaf Willem Steigenga definieerde de ambitie van de planologie bij het begin van haar ontstaan als het verbinden van kennis met actie (Steigenga, 1964). Juist die verbinding blijkt historisch dus omgeven met problemen. In plaats van de ambitie kennis en actie – in de moderne tijd kennis en participatie – met elkaar verbinden op te geven, onderzoeken we in dit hoofdstuk hoe de wijze waarop kennis wordt gemobiliseerd en kennis en participatie met elkaar in verband worden gebracht, bijdragen aan het succes van hedendaagse planningsprojecten. Drie aspecten staan daarbij centraal: de plaats van kennis in het beleidsproces, pluriforme kennismobilisatie en gezamenlijke kennismobilisatie.

Plaats van kennis

Tot voor kort doceerden universiteiten een model waarin wetenschap de basis vormt voor beleid en politieke besluitvorming. Dit model is bekritiseerd omdat het teveel een schot plaatste tussen wetenschap en beleid. De waarde van de dynamiek tussen wetenschap en actoren uit beleid en maatschappij wordt in dit model niet onderkend. Terwijl in de praktijk het juist de suggesties van maatschappelijke actoren zijn die de wetenschap helpen bij het stellen van relevante vragen (Hajer, 1995). De werkelijkheid is er een van eindeloze terugkoppeling waarbij het onderscheid in fasen wordt ondermijnd. Herwaardering van kennis in het beleidsproces kan alleen wanneer we accepteren dat kennismobilisatie en beleidsvorming niet langer gescheiden mogen plaatsvinden. Keuzes in kennis hebben consequenties voor keuzes in beleid en vice versa.

Een voorbeeld is het paradigma achter het rijksprogramma Ruimte voor de Rivier. In een poging om te gaan met grotere piekafvoeren van de grote rivieren in de Hollandse delta is besloten deze rivieren ruimte te geven in plaats van in te dammen. Voor de Rijn is de piekafvoer berekend op 16.600 kubieke meter per seconde. De ruimtelijke opgave die hieruit voortkomt moet op regionaal niveau worden uitgewerkt. Dit heeft tot een ander soort kennisvragen geleid: hoe berekenen we overstromingsrisico's wanneer we toestaan dat land zo nu en dan onder water loopt? Het beantwoorden van deze vragen

The locus of knowledge

Until recently, universities taught a model in which science is the foundation on which policy is built and the basis for political decisions. This model was criticized because it drew too sharp a line between science and policy. It failed to recognize the value of the dynamic between science and policymakers as well as other actors in society, though in practice it is the suggestions put forward by these social actors that help researchers ask relevant questions (Hajer, 1995). The reality is actually a continuous feedback loop, and this undermines the notion of separate phases in the old model. The only way we can re-assess the value of knowledge in the policy process is if we accept that knowledge mobilization and policymaking are not separate stages in that process. Knowledge choices have consequences for policy choices and vice versa.

One example is the paradigm underlying the national river management programme 'Room for the River'. In an attempt to cope with periodic high water levels in the large rivers of the delta system in the Netherlands, the government decided to give the rivers room to spread instead of attempting to contain them. The peak discharge flow of the Rhine was calculated at 16,600 cubic metres per second. The ensuing spatial planning challenge is one that must be dealt with at regional level. This situation raised new knowledge questions: for example, how do we compute flood risk when we deliberately allow flooding to occur on occasion? The answers to these questions led to unwanted policy dilemmas: are we willing to accept the risks associated with building outside the dykes? If so, who will pay, and who will bear responsibility for ensuring that people's homes are accessible when the surrounding area is under water?

Room for the River makes the case that knowledge mobilization and participation can no longer be seen as mutually exclusive aspects of planning. To find smart policy solutions it is essential for residents and experts to work together. What if residents were willing to pay the costs of keeping their homes accessible? This is an assumption that experts would never make. This example demonstrates why gathering information according to the survey-before-plan method does not lead to optimal policy. Potential solutions get overlooked, and political questions cannot be answered merely by conducting empirical research on policy problems. At a time when multiple government agencies have to make joint decisions and funds from civil society are being mobilized, identifying alternative possibilities is an essential aspect of planning.

In the new model, therefore, knowledge is not the foundation of the policy process, but rather a tool to be used during the policymaking process. That is easier said than done. In her essay in chapter 3, Marianne Kuijpers-Linde, director of the geographic information agency Geodan Next, explains that a large volume of 'formal' knowledge – e.g. environmental impact reports, social cost-benefit analyses, water surveys and liveability surveys – is used to draft provincial master plans, but this knowledge is then largely excluded from the policy process (see chapter 3, page ** for Kuijpers-Linde's essay).

David Laws, Nanke Verloo, and Maarten Poorter explain in their essay that when there is uncertainty, knowledge and policy tend to become intertwined. When the value of the available knowledge is unknown, first ascertaining the facts is not a useful strategy. Policy choices have to be made before it can be decided what knowledge is relevant. Laws, Verloo and Poorter therefore propose public policy mediation as a method of dealing with knowledge in the policy process. In the United States, public policy mediation is the practice of engaging an independent mediator to help resolve policy conflicts. Civil servants, citizens and experts meet to negotiate solutions under the guidance of the mediator. Together, they decide on a process plan, set priorities and criteria, formulate research questions, make choices, etc. (Grijzen,

leidt onverhoopt tot beleidskeuzen: accepteren we de risico's van buitendijks bouwen? Zo ja, wie betaalt en is verantwoordelijk voor het bereikbaar houden van huizen als het omliggende gebied onder water staat?

Ruimte voor de Rivier laat zien dat kennismobilisatie en participatie niet langer gezien mogen worden als twee elkaar uitsluitende aspecten. Voor het vinden van slimme beleidsoplossingen is het juist cruciaal dat burger en expert samenwerken. Bijvoorbeeld omdat de burger bereid blijkt zelf te betalen voor het bereikbaar houden van zijn buitendijkse woning – een aanname die wetenschappelijke experts nooit zouden doen. Dit voorbeeld maakt duidelijk waarom het eerst verzamelen van kennis volgens *survey-before-plan* niet tot optimalisatie van beleid leidt. Mogelijke oplossingen blijven buiten beschouwing en politieke vragen worden niet beantwoord door enkel het wetenschappelijk onderzoeken van een beleidsprobleem. In een tijd waarin meerdere overheidspartijen samen moeten beslissen en maatschappelijk geld gemobiliseerd wordt, is het in beeld krijgen van alternatieve mogelijkheden een essentieel aspect van planning.

In een nieuw model staat kennis dus niet aan de basis van het beleidsproces, maar wordt het ingezet gedurende de totstandkoming van beleid. Dat is gemakkelijker gezegd dan gedaan. Marianne Kuijpers-Linde, directeur van het geoinformatiebureau Geodan Next, beschrijft in haar essay in hoofdstuk 3 hoe voor provinciale structuurplannen gebruik wordt gemaakt van een grote hoeveelheid 'formele' kennis – zoals milieueffectrapportage, maatschappelijke kosten-batenanalyse, watertoets, leefbaarheidstoets – maar dat deze kennis vervolgens nauwelijks aansluiting heeft bij het beleidsproces. David Laws, Nanke Verloo en Maarten Poorter bespreken in hun essay hoe onzekerheid in kennis noopt tot een verweving van kennis en beleid. Als de waarde van de beschikbare kennis onduidelijk is, dan is eerst uitzoeken wat de feiten zijn geen handige strategie. De selectie van welke kennis relevant is vraagt immers al om beleidskeuzes. Laws, Verloo en Poorter stellen daarom beleidsbemiddeling voor als de manier om met kennis in het beleidsproces om te gaan. Beleidsbemiddeling – vertaald uit de Amerikaanse praktijk van *public policy mediation* – is het inhuren van een onafhankelijk persoon die helpt bij het oplossen van beleidsconflicten. Ambtenaren, burgers en experts komen onder leiding van deze bemiddelaar bijeen om over oplossingen te onderhandelen. Gezamenlijk wordt een procesplan opgesteld, prioriteiten benoemd, criteria opgesteld, onderzoeksvragen geformuleerd, keuzes gemaakt, enzovoort (Grijzen, 2010). Voor het omgaan met kennis in beleidsbemiddeling stellen Laws, Verloo en Poorter de methode van *joint fact finding* en *joint fact finding plus* voor. Beide zijn manieren om kennismobilisatie te verweven met beleidsvorming. *Joint fact finding* betekent dat samen met belanghebbenden kennis wordt ontwikkeld en toegepast, bijvoorbeeld door gezamenlijk experts uit te nodigen. Het verschil is dat *joint fact finding plus* niet alleen kennisvragen stelt, maar ook ruimte geeft tot het ter discussie stellen van de functie van kennis in het beleidsproces, bijvoorbeeld doordat deelnemers besluiten in plaats van experts burgers te vragen hun verhalen te presenteren. Deze verhalen kunnen dan toegevoegd worden aan de al aanwezige wetenschappelijke kennis. Dit gebeurde bijvoorbeeld tijdens een bemiddelingsproces over overstromingen van een Amerikaans dorp. De plaatselijke autoriteit, de *county*, weet de overstromingen aan de hoge waterstand in de rivier, terwijl volgens de bewoners de waterstand de afgelopen jaren juist gedaald was. De beleidsbemiddelaar besloot de beweringen van de bewoners te staven met verhalen. Zo vertelde iemand: 'Voor ons huis viste ik vroeger met mijn vader, nu is het zo ondiep dat er geen vissen meer zitten.' Wetenschappers van de *county* maakten op basis van de verhalen met burgers een inschatting van de hoogte en de kwaliteit

2010). Laws, Verloo and Poorter propose using the methods of 'joint fact finding' and 'joint fact finding plus' to mesh knowledge mobilization with policy development in the public policy mediation process. 'Joint fact finding' involves working with stakeholders to develop and apply knowledge. This could be done by jointly inviting experts to participate, for example. 'Joint fact finding plus' goes a step beyond asking knowledge questions and includes the possibility of discussing the function of knowledge in the policy process. Participants could, for example, ask residents (rather than experts) to present their stories. These accounts can then be added to the scientific and technical knowledge that is already available.

This method was applied during a mediation process concerning flooding in a small town in the United States. The county authorities knew that the flooding was due to the river's high water levels, while the residents were under the impression that the water level had dropped in recent years. The mediator decided that having the residents' relate their personal experiences would lend greater weight to their claims. One of them said: 'My father and I used to fish in front of our house, but now the water is so shallow there aren't any fish there.' County researchers used the residents' accounts to estimate the level and quality of the river water over time. They calculated the minimum depth needed for fish to survive. They drew a timeline showing the changing water level, starting from the time the residents' reported that they had stopped catching fish. This information was then fed into a geo-information system for the area. In the end, it turned out that the flooding was not being caused by the river but by rainwater flowing into the town from the hills.

Plurality of knowledge

New insights into the nature of knowledge have emerged in recent years. The general assumption is that the greater the degree of plurality the better. In science, there is no universal rationality: we all work from a 'bounded rationality' (Simon, 1976) that is determined by a person's disciplinary perspective, interest and historical situation. The response to this insight should not be to equate scientific knowledge with other ideas, views or opinions, because science is based on an array of unique principles, such as validity, verifiability, systematic evaluation by colleagues and independence. It is, however, important to recognize the inherent value of plurality in knowledge. Since the 1990s much has been written about the significance of plurality of opinions and knowledge. Examples include approaches such as post-normal science (Funtowicz & Ravetz, 1992-1993), mode II knowledge production (Gibbons et al., 1994; Nowotny et al., 2001) and social learning (Kates et al., 2001). These approaches call into question the traditional role of science as the source of truth (Funtowicz & Ravetz, 1992) and call for a broadening of the definition of knowledge and the mobilization of different forms of rationality. Residents' knowledge and experts' experience have also proven their value in research. These forms of knowledge therefore deserve consideration in the policy process.

Critics view plurality in knowledge as a threat to sound planning. However, the opposite view is expressed in the leading literature in science and technology studies. The use of different types of knowledge and the presence of different perspectives make policies stronger. In contemporary policy-making processes, where multiple actors depend on one another, no single party has all the information at its disposal. Each one's knowledge contributes to a better solution to the problem: by using the 'wisdom of parties' in the policy process, you achieve a 'wiser outcome' (Susskind & Cruikshank, 1989).

In his essay at the end of this chapter, Roel During stresses that both quality and the legitimacy of decision-making benefit from using knowledge that incorporates a plurality of views. Pluralistic planning processes are more democratic because they preclude

van het rivierwater door de tijd. Zo berekenden ze de minimale waterhoogte voor vissen om te kunnen overleven. Vanaf het moment dat de bewoners geen vissen meer vingen, werd het waterpeil in de rivier ingetekend op een tijdslijn. Vervolgens werd deze kennis toegevoegd aan een geoinformatiesysteem van het gebied. Uiteindelijk bleken de overstromingen niet door de rivier veroorzaakt, maar door regenwater dat via de heuvels het dorp inliep.

Pluriformiteit van kennis

Over de aard van kennis zijn de afgelopen tijd nieuwe inzichten ontstaan. De algemene aanname is: hoe groter de pluriformiteit, hoe waardevoller de bijdrage.

In de wetenschap geldt dat er geen universele rationaliteit is: we werken allemaal vanuit een begrensde rationaliteit (Simon, 1976) die wordt bepaald door disciplinaire invalshoek, kennisinteresse en historische situatie. De reactie op dit inzicht moet niet zijn wetenschappelijke kennis zomaar gelijk te stellen aan andere ideeën, meningen of opinies. Wetenschap berust tenslotte op allerlei unieke waarden als validiteit, controleerbaarheid, systematische toetsing door collega's en onafhankelijkheid. Het is echter wel van belang de waarde van een verscheidenheid aan kennis te onderkennen. Sinds de jaren negentig van de vorige eeuw is veel geschreven over het belang van pluraliteit in opvattingen en kennis. Denk bijvoorbeeld aan benaderingen als post-normal science (Funtowicz & Ravetz, 1992-1993), mode II knowledge production (Gibbons et al., 1994; Nowotny et al., 2001) en social learning (Kates et al., 2001). Deze benaderingen stellen de traditionele rol van wetenschap als de brenger van waarheid (Funtowicz & Ravetz, 1992) ter discussie en pleiten voor een verbreding van het kennisbegrip en het mobiliseren van verschillende vormen van rationaliteit. Ook kennis van burgers en ervaringskennis van deskundigen hebben in onderzoek hun waarde bewezen. Dergelijke vormen van kennis verdienen daarmee een plek in het beleidsproces. Diversiteit in kennis wordt door critici gezien als een bedreiging van goede planning. Maar in de leidende literatuur uit de wereld van Science & Technology Studies wordt dit precies andersom gezien. Het gebruik van verschillende soorten kennis en de aanwezigheid van verschillende perspectieven maken het beleid krachtiger. In huidige beleidsprocessen waarin meerdere partijen van elkaar afhankelijk zijn, beschikt niet een partij over alle informatie. De kennis van iedere betrokkene draagt bij aan een betere oplossing van het probleem: door gebruik te maken van de *wisdom of parties* in het beleidsproces krijg je een *wiser outcome* (Susskind & Cruikshank, 1989).

Roel During onderstreept in zijn essay aan het eind van dit hoofdstuk het belang van pluraliteit in opvattingen in kennis voor de kwaliteit en legitimiteit van besluitvorming. Pluralistische planprocessen zijn democratischer omdat ze niet leiden tot een eenzijdige benadering van maatschappelijke vraagstukken en verschillende perspectieven worden meegenomen. Het onderscheid tussen inbrenger van kennis en beleidsmaker vervaagt, omdat actoren met een belang in het beleidsproces eveneens kennis inbrengen. Het gaat erom condities te scheppen waardoor kennis van alle betrokkenen wordt ontsloten in het beleidsproces. Dit begint met het bij elkaar brengen en laten samenwerken van verschillende kennisdragers.

In de praktijk blijkt dat we in Nederland nog vaak de neiging hebben experts, burgers en ambtenaren apart van elkaar in te zetten, zonder dat interactie plaatsvindt. Dat werd zichtbaar in het praktijkvoorbeeld Ooijen-Wanssum – over de omgang met hoogwater langs de Maas – en het project 'Luchtkwaliteit' in de Stadsregio Arnhem Nijmegen. In beide voorbeelden bestond de ambitie de kennis van verschillende betrokkenen zo goed mogelijk te ontsluiten, maar bleken kennisdragers 'vast te zitten' in parallelle kennissporen.

one-sided approaches to issues that affect society and incorporate a range of perspectives. The distinction between knowledge suppliers and policymakers fades because actors with an interest in the policy process also contribute knowledge. The aim is to create conditions that allow the knowledge of all those involved to be included in the policy process. This begins by bringing different knowledge holders to the table and getting them to work together.

In practice, there appears to be a tendency in the Netherlands to keep the input from experts, officials and members of the public separate, without incorporating any interaction between them. This became clear in both the Ooijen-Wanssum project on ways of dealing with high water along the Maas and the air quality project in the Arnhem-Nijmegen metropolitan region. In both examples, although there was a desire to make the knowledge of the various people involved readily accessible, in fact the knowledge bearers turned out to be 'stuck' in parallel tracks of knowledge.

In their essay, researchers David Laws, Nanke Verloo, and Maarten Poorter show that in situations where uncertainty dominates knowledge, it is not enough to simply collect different types of knowledge and a range of perspectives. In cases of this nature, it is also important for knowledge holders to talk to one another and design policy together. It is not enough merely to mobilize different types of knowledge, as in Ooijen-Wanssum and the NSL. A joint learning process, involving all knowledge holders, policymakers, and citizens, needs to take place. The next case, the Commandeurs Polder project, demonstrates this.

De onderzoekers David Laws, Nanke Verloo en Maarten Poorter laten in hun essay zien dat in situaties waarin onzekerheid heerst, het bij elkaar brengen van verschillende soorten kennis en opvattingen niet genoeg is. Het is dan van belang dat verschillende kennisdragers met elkaar in gesprek gaan en samen beleid ontwerpen. Het mobiliseren van verschillende soorten kennis is niet afdoende. Het gaat erom dat een gezamenlijk leerproces plaatsvindt tussen de betrokken kennisdragers, beleidsmakers en burgers. Het belang van 'gezamenlijke kennismobilisatie' wordt geïllustreerd in het praktijkvoorbeeld Commandeurspolder. Het voorbeeld van de bypass in IJsseldelta Zuid laat zien hoe kennismobilisatie op een moment gezamenlijk en op een ander gescheiden plaatsvond.

Parallelle kennissporen in Ooijen-Wanssum[2]
Parallel knowledge tracks in Ooijen-Wanssum[2]

Tussen Ooijen en Wanssum in Noord-Limburg ligt een tien kilometer lange oude Maasarm. In reactie op de overstromingen van 1993 en 1995 is deze Maasarm afgesloten van de hoofdrivier. Sindsdien zorgt de afsluiting bij hoog water stroomopwaarts voor problemen. De provincie Limburg besloot daarom in 2006 dat de afvoercapaciteit van de Maas moet worden vergroot en tegelijkertijd de ruimtelijke kwaliteit van de regio versterkt. Daarbij werd gesteld dat oplossingen in samenspraak met belangheb-benden en overheden zouden worden ontwikkeld. Kenniscentrum Habiforum werd ingehuurd hierbij te helpen. In de verschillende fasen van het project waren verschillende actoren betrokken bij de plan-vorming.

Fase 1: creëren van betrokkenheid onder bewoners en bestuurders
In deze fase onderscheidde Habiforum twee groepen kennisdragers: bewoners, boeren en ondernemers enerzijds en overige betrokkenen, zoals bestuurders, anderzijds. Habiforum trad in deze fase op als de verkenner van kennis, belangen en wensen en als doorgeefluik van die kennis naar de twee groepen. Habiforum vertelde de bewoners waar de bestuurders naar toe wilden en de bestuurders wat

A ten-kilometre-long branch of the river Maas runs between the villages of Ooijen and Wanssum in region of Noord-Limburg. In re-sponse to the floods of 1993 and 1995, this branch was blocked off from the main river. Since then, the dam has caused high-water problems upstream. In 2006, the province of Limburg decided that the drainage capacity of the Maas needed to be increased and, at the same time, the spatial quality of the region improved. Solutions were to be devel-oped in consultation with interested parties and public agencies. The Habiforum research centre was commissioned to assist in the search for a solution. Different actors were involved in the planning process in various phases of the project.

Phase 1: engaging residents and local administrators
In this phase, Habiforum divided the knowl-edge holders into two groups: residents, farmers, and business owners comprised one group, and other parties, such as local administrators, made up the second group. Habiforum spent this phase chart-ing knowledge, interests, and preferences and channelled that knowledge to the two groups. Habiforum told the residents where the administrators were headed and told

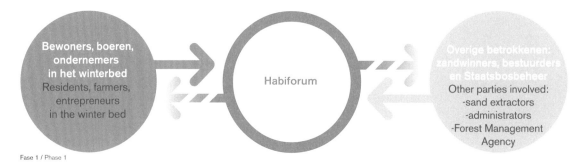

Bewoners, boeren, ondernemers in het winterbed
Residents, farmers, entrepreneurs in the winter bed

Habiforum

Overige betrokkenen: zandwinners, bestuurders en Staatsbosbeheer
Other parties involved:
-sand extractors
-administrators
-Forest Management Agency

Fase 1 / Phase 1

the administrators what the people in the region wanted. A process director characterized Habiforum in this phase as a sponge soaking up knowledge and information from the region. However, there was very little knowledge sharing between the two groups.

Phase 2: constructing solution strategies

In this phase, three knowledge gathering tracks were identified: one for residents, business owners, and other interested parties, one for representatives of government bodies – municipalities, the province, the district water board, *Rijkswaterstaat*, and the State Forest Service – and a track for external experts. Habiforum regarded the three tracks as separate processes in this phase. In practice, this meant that any knowledge sharing between the tracks was indirect and aimed solely at fortifying the separate processes. In its search for a logical aggregate of measures, Habiforum conveyed proposals made in one track to the other tracks. Habiforum acted as a broker, not only

de mensen in de regio wilden. Een procesregisseur beschreef de rol van Habiforum in deze fase als een spons die kennis uit de regio opzoog. Tussen beide groepen was echter amper sprake van kennisuitwisseling.

Fase 2: constructie van oplossingsstrategieën

In deze fase werden drie sporen onderscheiden waarlangs kennis werd vergaard. Een spoor van bewoners, ondernemers en belanghebbenden, een spoor met vertegenwoordigers van betrokken overheden – gemeenten, provincie, waterschap, Rijkswaterstaat en Staatsbosbeheer – en een extern spoor van deskundigen. Habiforum beschouwde de drie sporen in deze fase als afzonderlijke trajecten. In de praktijk betekende dit dat er slechts sprake was van indirecte kennisuitwisseling tussen en onderlinge verrijking van de verschillende trajecten. Habiforum bracht – op zoek naar een logisch geheel van maatregelen – voorstellen die in een spoor werden gedaan over naar de andere sporen. Habiforum was

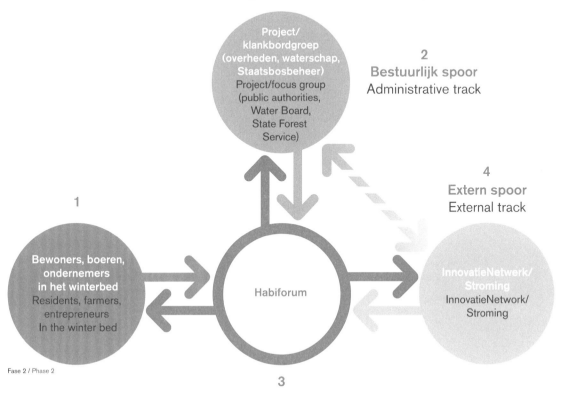

Fase 2 / Phase 2

een makelaar die de kennis niet alleen mobiliseerde maar selecteerde, waardeerde en communiceerde. Het zoekproces dat in deze fase centraal stond resulteerde uiteindelijk in de keuze voor zes strategieën.

Fase 3: beoordeling van oplossingsstrategieën
Tijdens een zogenoemde toetsdag – waarop de zes oplossingen werden beoordeeld – ontstond een dialoog tussen bewoners, boeren en ondernemers, maatschappelijke organisaties en overheden. Tijdens deze dag was er voor het eerst sprake van directe kennisuitwisseling tussen de verschillende kennissporen. Habiforum trad tijdens deze bijeenkomst op als moderator. Tijdens de dag werd de strategie 'Nieuwe Rivier' als voorkeursvariant aangemerkt. Opvallend was dat juist deze strategie was ontwik-

mobilizing knowledge but also selecting, assessing, and communicating it. The search process that dominated this phase ultimately resulted in the selection of six strategies.

Phase 3: assessing solution strategies
The six solutions were assessed at a special one-day event, where residents, farmers, business owners, civil-society organizations, and public agencies entered into a dialogue. For the first time, the different knowledge tracks shared their knowledge with each other directly and Habiforum moderated the interaction between the various actors. On that day, the 'New River' strategy emerged as the preferred variant. Notably, this was the strategy developed by two external parties – InnovationNetwork (*InnovatieNetwerk*

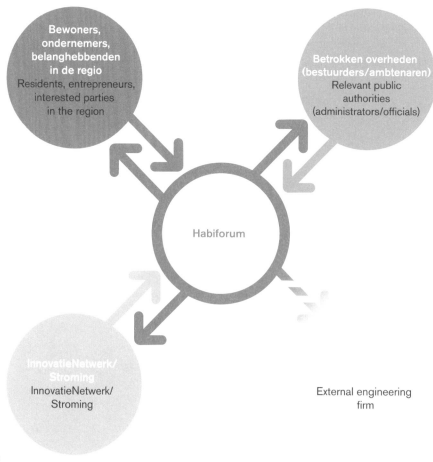

Fase 3 / Phase 3

44

Groene Ruimte en Agrocluster) and Bureau Stroming – which had been at the periphery of the process until then.

In phase 3, various engineering firms were asked to evaluate the financial feasibility of the strategies.

Phase 4: regional elaboration of the preferred strategy

In this phase, the 'New River' strategy was discussed from various points of view. There were many questions about the desirability and feasibility of a new river for Ooijen-Wanssum. Technical knowledge was mobilized to determine whether the idea of a new river was merited or should be rejected. During this phase, there was direct knowledge exchange between external experts and Habiforum, but there was hardly any contact with interested parties in the region.

keld door twee externe partijen, namelijk het InnovatieNetwerk Groene Ruimte en Agrocluster en Bureau Stroming. Deze partijen bevonden zich tot dan toe in de periferie van het proces. In fase 3 werden tevens verschillende ingenieursbureaus gevraagd de strategieën te beoordelen op hun financiële haalbaarheid.

Fase 4: regionale uitwerking van de voorkeursstrategie

In deze fase is de gekozen voorkeursvariant 'Nieuwe Rivier' vanuit verschillende hoeken ter discussie gesteld. Er werden veel vraagtekens geplaatst bij de wenselijkheid en haalbaarheid van een nieuwe rivier voor Ooijen-Wanssum. In deze fase is veel technische kennis gemobiliseerd om het idee van een nieuwe rivier te onderbouwen dan wel te verwerpen. Tijdens deze fase was sprake van directe kennisuitwisseling tussen externe deskundigen en Habiforum. Er was amper contact met de betrokkenen uit de regio.

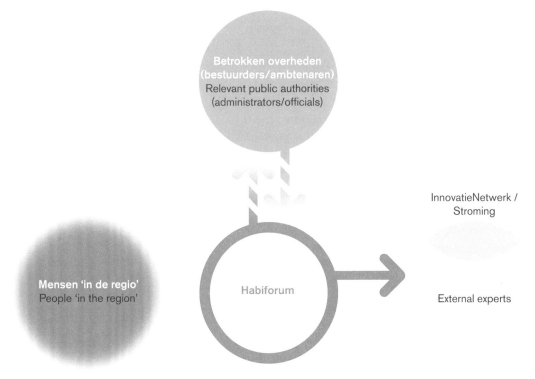

Betrokken overheden
(bestuurders/ambtenaren)
Relevant public authorities
(administrators/officials)

InnovatieNetwerk /
Stroming

Mensen 'in de regio'
People 'in the region'

Habiforum

External experts

Fase 4 / Phase 4

Omgang met kennis in het project 'Luchtkwaliteit' in de Stadsregio Arnhem Nijmegen³

Managing knowledge in the Air Quality Project in the Arnhem-Nijmegen Urban Region³

In het Nationale Samenwerkingsprogramma Luchtkwaliteit (NSL) werkte het ministerie van Volkshuisvesting, Ruimtelijke Ordening en Milieubeheer (VROM) met andere overheden samen aan de nieuwe wet luchtkwaliteit. Deze wet is bedoeld om overschrijding van Europese fijnstofnormen te voorkomen. Het idee achter de samenwerking was dat iedere provincie met regionale en lokale overheden afspraken zou maken over maatregelen om overschrijding te voorkomen. De provincies zouden dan op hun beurt weer afspraken maken met VROM en Rijkswaterstaat. De afspraken zouden integraal in de wet worden opgenomen.

De Stadsregio Arnhem Nijmegen, een bestuurlijke samenwerking van gemeenten in de regio Arnhem-Nijmegen, nam deel in het overleg van de provincie Gelderland. In dit overleg vertegenwoordigde de Stadsregio de betrokken gemeenten. Tevens hadden de gemeenten de Stadsregio gevraagd zelf beleid te ontwikkelen om de luchtkwaliteit in de regio te verbeteren. De Stadsregio huurde een externe projectleider in om deel te nemen aan het provinciaal overleg en om een project 'luchtkwaliteit' in de Stadsregio op te zetten.

Praten over luchtkwaliteit kan alleen met kennis van verschillende beleidsterreinen. Veel van deze kennis was niet beschikbaar, zoals kennis over de uitstoot van fijnstof. In Nederland is een beperkt aantal meetpunten om het fijnstofniveau in de lucht te meten. In de Stadregio Arnhem Nijmegen zijn er slechts twee, beide in het centrum van Nijmegen.

The Ministry of Housing, Spatial Planning, and the Environment (*Ministerie van Volkshuisvesting, Ruimtelijke Ordening en Milieubeheer*, VROM) and other government agencies worked together within the framework of the National Air Quality Cooperation Programme (*Nationale Samenwerkingsprogramma Luchtkwaliteit*, NSL) to develop a new Air Quality Act (*Wet luchtkwaliteit*), aimed at ensuring compliance with European particulate matter standards. The idea behind the collaboration was that each province would make agreements with regional and local authorities regarding measures to prevent exceedence of the standards. The provinces would in turn make agreements with the Ministry of Housing, Spatial Planning, and the Environment and *Rijkswaterstaat*. All of these agreements would be incorporated in the act.

The Arnhem-Nijmegen Urban Region – an administrative partnership of municipalities in the Arnhem-Nijmegen region – represented its member municipalities in the province of Gelderland's consultations. The municipalities had also asked the Urban Region to develop policy itself to improve air quality in the area. The Urban Region engaged an external project leader to participate in the provincial consultations and establish an air quality project for the region.

In order to talk about air quality, the discussion partners needed to be knowledgeable about a range of policy areas. A great deal of relevant knowledge, e.g. on particulate matter emissions, was simply not available. Concentrations of particulate matter in the air are measured at just a few points in the Netherlands. There are only two measuring points in the Arnhem-Nijmegen Urban Region, and both are in Nijmegen's city centre. A modelling method is used to estimate air pollution levels in other places. Furthermore, there was almost no data on the effects of air quality improvement measures. For a long time, it was unknown whether planting trees along roads had a positive or negative effect on air quality.

The Urban Region's external project leader orchestrated a series of meetings with the aim of gathering the information and knowledge that was needed to make policy. First, he set up task groups for specific air quality improvement measures, including vegetation, autogas (LPG) fuelled vehicles, freight transport policy, and a regional air quality measuring strategy. With these task groups, comprised of provincial and municipal civil servants, the project leader attempted to gain insight into the municipalities' knowledge and experience with respect to the effects of local measures. Next, he staged a provincial consultative meeting to learn about how other regions in the province of Gelderland were dealing with the problem. At this meeting he also acquired information about national measures, such as the approach adopted by the *Rijkswaterstaat*, which included imposing speed limits of 100 and 80 km per hour along certain stretches of motorway. Urban Region officials were the third source of information. From them, the project leader learned about the legal options for using a system of concession contracts[4] to compel public transport companies to use autogas vehicles. Finally, the project leader used his personal network to set up meetings, for example with a researcher from Alterra who was studying the effects of green measures.

This approach enabled the project leader to source different types of knowledge from a range of individuals and 'arenas', some of which he created himself. This illustrates that it is impossible for a single party – government or otherwise – to have all the relevant

Voor overige plaatsen wordt modelmatig geschat of er sprake is van luchtverontreiniging. Ook gegevens over de effecten van maatregelen om de luchtkwaliteit te verbeteren ontbraken nagenoeg. Zo was lange tijd onduidelijk of het planten van bomen langs wegen een positief of negatief effect heeft op de luchtkwaliteit.

De externe projectleider van de Stadsregio probeerde via verschillende geënsceneerde ontmoetingen de benodigde kennis te verzamelen om beleid te maken. Als eerste installeerde hij taakgroepen per type maatregel om de luchtkwaliteit te verbeteren, zoals groenaanleg, rijden op gas, aanpak van vrachttransport of een regionale meetstrategie. In deze taakgroepen – met provinciale en gemeentelijke ambtenaren – probeerde de projectleider inzicht te krijgen in de lokale kennis van gemeenten en hun ervaringen met de effecten van lokale maatregelen. De tweede geënsceneerde ontmoeting was het provinciaal overleg. Hier hoorde de externe projectleider hoe andere regio's in Gelderland met het probleem omgaan en kreeg hij landelijke informatie, bijvoorbeeld over de aanpak van Rijkswaterstaat. Die voerde bijvoorbeeld op snelwegen honderd- en tachtigkilometerzones in. Ten derde was daar het contact met de ambtenaren bij de Stadsregio. Van hen leerde de projectleider over de juridische mogelijkheden om via concessies[4] openbaarvervoerbedrijven te dwingen op gas te rijden. Tot slot leidde het persoonlijke netwerk van de projectleider tot geënsceneerde ontmoetingen. Hij sprak bijvoorbeeld met een onderzoeker van Alterra die onderzoek deed naar het effect van groenmaatregelen.

De projectleider haalde dus verschillende soorten kennis van verschillende soorten deels door hem zelf gecreëerde 'stages' en actoren. Het laat zien dat niet een (overheids)partij alle relevante kennis kan hebben. De verschillende stages bleven echter gescheiden. De externe projectleider bracht weliswaar informatie van de ene naar de andere stage, maar hij bracht de verschillende actoren niet

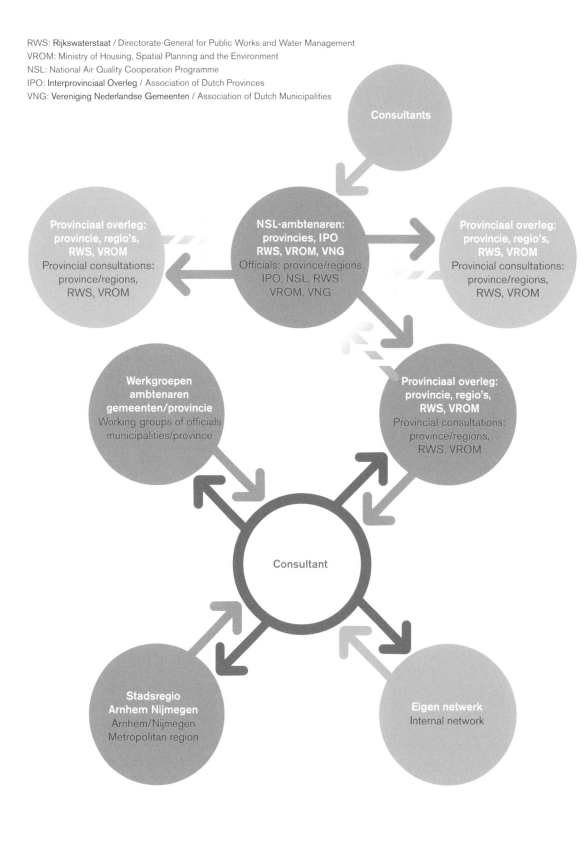

RWS: **Rijkswaterstaat** / Directorate-General for Public Works and Water Management
VROM: Ministry of Housing, Spatial Planning and the Environment
NSL: National Air Quality Cooperation Programme
IPO: **Interprovinciaal Overleg** / Association of Dutch Provinces
VNG: **Vereniging Nederlandse Gemeenten** / Association of Dutch Municipalities

Consultants

**Provinciaal overleg:
provincie, regio's,
RWS, VROM**
Provincial consultations:
province/regions,
RWS, VROM

**NSL-ambtenaren:
provincies, IPO
RWS, VROM, VNG**
Officials: province/regions
IPO, NSL, RWS
VROM, VNG

**Provinciaal overleg:
provincie, regio's,
RWS, VROM**
Provincial consultations:
province/regions,
RWS, VROM

**Werkgroepen
ambtenaren
gemeenten/provincie**
Working groups of officials
municipalities/province

**Provinciaal overleg:
provincie, regio's,
RWS, VROM**
Provincial consultations:
province/regions,
RWS, VROM

Consultant

**Stadsregio
Arnhem Nijmegen**
Arnhem/Nijmegen
Metropolitan region

Eigen netwerk
Internal network

knowledge. However, each of the arenas that the external project leader sourced remained separate. Although he conveyed information from one arena to another, he did not bring the actors together to share their knowledge. Moreover, the knowledge that was mobilized was sourced primarily from civil servants.

In the NSL, too, knowledge collation was fragmented to a certain extent. Each province held consultations in which large municipalities and regions made agreements about reducing particulate matter concentrations. The provinces represented the municipalities and regions in the national consultations with the Ministry of Housing, Spatial Planning, and the Environment and *Rijkswaterstaat*.

The process of knowledge exchange between central government and the regions was plagued by problems, which caused delays. Faulty software was one such problem. The Ministry of Housing, Spatial Planning, and the Environment had engaged two external firms to develop computer models to compute the location of future choke points and compare and contrast remedial measures. However, the firms used different data in their calculations than those provided by the municipalities at the Ministry's request. As a result, the choke points identified by the Ministry did not correspond to those identified by the municipal and regional authorities, which were of the opinion that the computer models should be improved before agreements were made.

Another problem was the way in which the Ministry incorporated political choices into the computer models. For example, the Ministry decided to have only the 'policy-based scenario' included. This scenario assumes that all policy measures are adopted on time and have the desired effect. The measure with the greatest effect was road pricing. According to the policy-based scenario, all exceedences near motorways could be eliminated in one fell swoop by implementing road pricing. However, at that time it was far from certain that road pricing would be introduced. The Ministry also decided to include only those

bij elkaar voor kennisuitwisseling. Bovendien werd vooral kennis van ambtenaren gemobiliseerd.

Ook in het NSL gebeurde de kennisinbreng voor een deel op gescheiden momenten. In iedere provincie was een provinciaal overleg waarin grote gemeenten en regio's afspraken maakten over de bestrijding van fijnstof. De provincies vertegenwoordigden de gemeenten en regio's in het landelijke overleg met het ministerie van VROM en Rijkswaterstaat.

Onhandigheden in de kennisuitwisseling tussen rijk en regio zorgden echter voor vertraging. Een voorbeeld hiervan was niet goed werkende software. Het ministerie van VROM had twee externe bureaus ingehuurd computermodellen te ontwikkelen om uit te rekenen waar toekomstige knelpunten liggen en hoe maatregelen tegen elkaar zouden afwegen. De bureaus rekenden echter met andere gegevens dan de gemeenten op verzoek van het ministerie hadden aangeleverd. Hierdoor kwamen de knelpunten die het ministerie signaleerde niet overeen met de knelpunten die de gemeenten en regionale overheden signaleerden. Voordat afspraken gemaakt konden worden, vonden de lagere overheden dat de computermodellen verbeterd moesten worden.

Een ander probleem was de manier waarop politieke keuzes door het ministerie verdisconteerd werden in de computermodellen. Zo besloot het ministerie alleen het 'beleidsrijke scenario' te laten opnemen. Dit scenario gaat ervan uit dat alle voorgenomen beleidsmaatregelen op tijd worden ingevoerd en eveneens het geplande effect hebben. De maatregel met het grootste effect was het rekeningrijden. Als rekeningrijden zou worden ingevoerd zouden volgens het 'beleidsrijke scenario' in een keer alle overschrijdingen langs de snelwegen verdwijnen. Echter, op dat moment was het zeer onzeker of rekeningrijden door de politiek zou worden ingevoerd.

Het ministerie besloot verder alleen 'projecten in betekende mate' op te nemen. Dit betekende dat enkel projecten met een bepaalde grootte mee zouden tellen bij het schatten van de hoeveelheid vervuiling. Clusters van kleine projecten – die bij elkaar evenveel effect konden hebben – werden buiten de berekeningen gehouden. Door deze schijnbaar positieve inschatting wantrouwden de lagere overheden de rekenmodellen. Zij kregen het gevoel dat het ministerie dit deed om de kosten voor de maatregelen lager in te kunnen schatten. De gebeurtenissen op het provinciaal overleg laten zien wat het gevaar is van gescheiden kennistrajecten bij vraagstukken waarbij kennis, politieke waarden en standpunten onzeker en met elkaar verweven zijn. Kennis wordt dan gebruikt als politiek strijdmiddel en niet om tot inhoudelijk betere beslissingen te komen. Ondanks het streven om gezamenlijk een wet te ontwikkelen kwamen de overheidspartijen hierdoor onnodig tegenover elkaar te staan.

projects that were of 'significant scope'. This meant that only a handful of larger projects were used to estimate pollution levels. Clusters of small projects – which together could have the just as much impact – were excluded from the calculations. The resulting, seemingly favourable estimate led local and regional authorities to mistrust the computer models. They suspected that the Ministry had taken this approach in order to justify a lower estimate of the costs of the measures.

What happened in the provincial consultations illustrates the danger of having separate knowledge processes for issues in which knowledge, political values and viewpoints are uncertain and intertwined. In such cases, knowledge can be used as a political weapon rather than a means of arriving at substantively better decisions. Although the government bodies involved shared a common objective, i.e. to develop air quality legislation, this approach caused unnecessary friction between them.

Een gezamenlijk leerproces in de Commandeurspolder [5]

A joint learning process in the Commandeurspolder [5]

Parts of the embankments of the *boezem* (system of reservoirs for superfluous polder water) in the Commandeurspolder – a medieval polder in the Maasland region of the province of Zuid Holland – do not meet safety standards. In January 2008 the Delfland District Water Board (*Hoogheemraadschap van Delfland*) and the municipality of Midden-Delfland launched a project called 'Commandeurspolder: Safe and Beautiful' (*Commandeurspolder Veilig en Mooi*) to develop an improvement plan for the embankments.

Prior to the project, there were tensions between residents and other interested parties in the Commandeurspolder and the Delfland District Water Board. The latter regarded the unsafe embankments as a purely technical problem requiring a number of civil engineering interventions, such as new sheet piling and embankment reinforcement measures. Residents and other interested parties had a sense that safety should take precedence over other interests in the region. The District Water Board launched the Commandeurspolder project to search widely for solutions that incorporated the landscape and social concerns.

As a result of the problem definition being broadened – from a purely technical water safety issue to a water safety issue with social, spatial, and landscape-related challenges – there was a need to have multiple areas of expertise represented in the project team. The team was comprised of seven experts from the District Water Board, five external hydraulic engineers, two municipal representatives and two external landscape architects.

In de Commandeurspolder, een middeleeuwse polder bij het Zuid-Hollandse Maasland, voldoen delen van de boezemkaden niet aan de veiligheidseisen. In januari 2008 startten het Hoogheemraadschap van Delfland en de gemeente Midden-Delfland het project 'Commandeurspolder Veilig en Mooi' voor een verbeteringsplan voor de kaden. Voorafgaand aan het project bestonden spanningen tussen bewoners en andere belanghebbenden in de Commandeurspolder en het Hoogheemraadschap van Delfland. De onveiligheid werd door het Hoogheemraadschap gezien als een puur technisch probleem dat om een aantal civieltechnische ingrepen vroeg, zoals de constructie van damwanden en dijkverzwaring. Onder de bewoners en belanghebbenden ontstond het gevoel dat het veiligheidsbelang zwaarder telde dan andere belangen in de regio. Met het project 'Commandeurspolder Veilig en Mooi' wilde het Hoogheemraadschap een nieuwe start maken door op een integrale manier, meer vanuit landschappelijk en maatschappelijk perspectief, naar oplossingen te zoeken.

In de praktijk betekende deze verbreding van de probleemdefinitie – van een technisch waterveiligheidsprobleem naar een waterveiligheidsprobleem in combinatie met maatschappelijke, ruimtelijke en landschappelijke opgaven – dat werd gekozen voor een projectteam waarin meerdere expertisen vertegenwoordigd waren. Daarnaast werd besloten bewoners en belangengroepen in het planvormingsproces een belangrijke stem te geven. Dit gebeurde met een klankbordgroep van 18 vertegenwoordigers van bewoners- en belangengroepen – zoals landschap, natuur, cultuurhistorie en recreatie. De klankbordgroep stond niet langs de zijlijn, maar deed actief mee in de planontwikkeling. Het projectteam bestond uit zeven experts van het Hoogheemraadschap, vijf externe waterbouwkundig ingenieurs, twee vertegenwoordigers van de gemeente en twee ingehuurde landschapsarchitecten.

De medewerkers van het Hoogheemraadschap kregen een eigen taak binnen het team, variërend van projectleider, technisch expert tot communicatieadviseur. De ingehuurde ingenieurs kregen de opdracht de benodigde technische informatie aan te leveren. Het ging dan vooral om het in kaart brengen van de veiligheidsopgave – waar zitten de zwakke plekken en wat is de aard – en het modelmatig doorrekenen van mogelijke maatregelen op technische haalbaarheid, kosten en effecten. De gemeenteambtenaren kregen de taak te zorgen voor afstemming van het project met gemeentelijk beleid en lopende initiatieven. De landschapsarchitecten hadden de taak vanuit landschappelijk oogpunt en in nauwe samenwerking met alle betrokkenen – dus ook met bewoners en belangenorganisaties – een integraal ontwerpplan te maken voor de Commandeurspolder. Het belangrijkste moment voor de afstemming van verschillende expertises en activiteiten was het maandelijkse projectteamoverleg. Buiten dit directe contactmoment communiceerden de projectteamleden via een 'virtueel kantoor', een onlinedienst waarop documenten konden worden gedeeld en becommentarieerd. Daarmee functioneerde het tegelijkertijd als een projectarchief met de laatste versies van alle rapporten en projectstukken.

Ook organiseerde het projectteam een aantal thematische werksessies, zoals een bijeenkomst met de experts van het Hoogheemraadschap en de externe ingenieurs over de vaststelling van een plan van aanpak voor de uitvoering van berekeningen en een sessie tussen de waterbouwkundig ingenieurs en de landschapsarchitecten over het gezamenlijk doordenken van mogelijke maatregelen.

The District Water Board staff were assigned specific positions within the team, ranging from project leader and technical expert to communication adviser. The external engineers were asked to provide the required technical information. The most important tasks were to set out the safety mission – i.e. locate and describe the weaknesses – and model potential measures to assess their technical feasibility, cost, and effects. The municipal civil servants were assigned the task of ensuring the project was compatible with municipal policy and initiatives already in progress. The landscape architects were asked to draw up a comprehensive landscape design plan for the Commandeurspolder in close cooperation with all the stakeholders, including residents and interest organizations.

The monthly project team meeting was the primary opportunity for coordinating expertise and activities. The project team members also communicated via a 'virtual office', an online service for sharing and commenting on documents. The site also functioned as a project archive of the most recent versions of all reports and project documents. In addition, the project team organized a number of thematic working sessions, such as a meeting of the District Water Board experts and the external engineers on calculation methods and a session in which the hydraulic engineers and the landscape architects got together to talk about potential measures.

During the project an abundance of knowledge was mobilized in order to strike the right balance between all the important considerations, including safety, construction, management and maintenance, spatial quality, cultural history and archaeology, ecology, and finance. Much of this knowledge was available within the project team or the organizations for which the team members worked. External experts were engaged or supplementary research was done to fill in any gaps. All the knowledge that was accumulated was documented for each embankment section (i.e. a part of the embankment with a specific safety problem, such as instability or insufficient elevation) in order to ascertain what information was available for each section and what was missing.

There were a number of crucial moments in the project when important steps were taken to further the cooperation between the District Water Board, the external engineers, and the landscape architects. Two of those moments are discussed below.

Moment 1: project team consultations

The project team meeting was an important opportunity for the knowledge holders to come together and for the hydraulic engineers and the landscape architects to present their ideas on cooperation. The engineers proposed an approach for making the calculations on which the landscape design would be based. The engineers suggested inserting an additional phase after the design phase, in which they would calculate the effects of any adjustments ensuing from the landscape design.

The landscape architects had a different working method in mind, one which reversed the 'first calculate, then draw' approach. They proposed to begin by performing a landscape analysis. The landscape preferences that emerged from that analysis would then be used to guide and enhance the calculation process. Instead of waiting for the calculations, they had already begun their landscape analysis.

The designers presented a strong argument for their approach to the project team. 'We looked at the 37 embankment sections and asked ourselves: as designers, what do we think of the Commandeurspolder, what do we think is important? We examined the characteristic elements of the polder from a spatial perspective. Looking at the polder from a new and different perspective enables you to avert the problem of tunnel vision. Personal experience is what counts here: the polder views and panoramas

Gedurende het project werd een veelheid aan kennis gemobiliseerd om te komen tot een integrale afweging van aspecten als veiligheid, aanleg, beheer en onderhoud, ruimtelijke kwaliteit, cultuurhistorie en archeologie, ecologie en financiën. Veel van deze kennis was aanwezig binnen het projectteam of de organisaties waarbinnen de teamleden werkzaam waren. Als de kennis ontbrak werd het ingekocht of werd aanvullend onderzoek gedaan. Alle vergaarde kennis werd per kadevak – dat deel van de kade met een bepaalde veiligheidsproblematiek, zoals gebrek aan stabiliteit of hoogte – gedocumenteerd, zodat voor elk deel van de kade zichtbaar werd welke informatie beschikbaar was en welke nog ontbrak.

In het project bestond een aantal cruciale momenten waarin belangrijke stappen werden gezet in de samenwerking tussen het Hoogheemraadschap, de externe ingenieurs en de landschapsarchitecten. We bespreken twee van deze momenten.

Moment 1: projectteamoverleg

De momenten waarop de verschillende kennisdragers elkaar troffen waren tijdens de vergaderingen van het projectteam, waar zowel de waterbouwkundig ingenieurs als de landschapsarchitecten hun ideeën over samenwerking presenteerden. De door de ingenieurs voorgestelde aanpak hield in dat eerst gerekend zou worden en dat de uitkomst van dat rekenproces de basis zou vormen voor het landschappelijke ontwerp. De ingenieurs stelden voor na de ontwerpfase een iteratieslag te laten plaatsvinden, waarbij eventuele aanpassingen vanuit het landschappelijke ontwerp zouden worden doorgerekend door de ingenieurs.

De landschapsarchitecten bleken een andere werkwijze voor ogen te hebben en draaiden het 'eerst rekenen, dan tekenen' om. Hun voorstel was te beginnen met een landschappelijke analyse. De daaruit voortkomende landschappelijke voorkeuren moesten het rekenproces leiden en verrijken. In plaats van de uitkomsten van het rekenproces af te wachten, waren ze al begonnen met die landschappelijke analyse.

De gevolgde aanpak presenteerden de ontwerpers op zeer wervende wijze aan het projectteam. 'Wij hebben gekeken naar de 37 kadevakken met de vraag: wat vinden wij als ontwerpers van de Commandeurspolder, wat vinden wij belangrijk? We hebben met een ruimtelijke bril gekeken naar de karakteristieke waarden van de polder. En door vanuit een nieuw, ander perspectief naar de polder te kijken voorkomen we een tunnelvisie. Het gaat om beleving, wat voor blikken en panorama's heb je over de polder vanaf de kades, het gaat om hoofdwatergangen, de verkaveling, ontginningsassen. Het gaat niet alleen om wat je ziet, maar ook om waar het zicht wordt belemmerd. We hebben het landschap bestudeerd en vervolgens geschetst. Welke waarden treffen we nu aan en wat is ons landschappelijk voorkeursmodel voor elk kadevak? Ons streven is in een beeld te vangen wat we het mooiste en aantrekkelijkste vinden.'

De ingenieurs reageerden verbaasd. Niet omdat de ontwerpers het hun bekende 'eerst rekenen, dan tekenen' omdraaiden, maar vooral omdat de ontwerpers al waren begonnen met het ontwerpproces voordat het rekenproces had plaatsgevonden. De projectleider merkte hierover op: 'Je zag de ingenieurs schrikken. Hé, wat gebeurt hier nou? Wij zijn nog niet klaar met rekenen en er ligt al iets.' Bij de ingenieurs riep dit allerlei vragen op, met name of de voorkeuren van de ontwerpers technisch haalbaar waren en hoe ze konden worden meegenomen in het rekenproces.

Uiteindelijk wisten de ontwerpers de ingenieurs mee te nemen in hun manier van kijken, redeneren en werken. Door het 'eerst rekenen, dan tekenen' om te draaien kwam er ruimte voor een meer geïntegreerde manier van werken. Enerzijds bracht deze aanpak alternatieven in beeld die vanuit een technisch perspectief buiten het gezichtsveld

you see from the embankments, the main waterways, the patterns created by the drainage ditches, the reclamation axes. And it is not just about what you see, but also about what you don't see, what is hidden from view by obstacles. We studied the landscape and then began sketching. What features do we see now, and what is our preferred landscape model for that embankment section? Our goal was to capture in an image of what we find most beautiful and most appealing.'

The engineers were astonished. Not just because the designers had reversed their 'first calculate, then draw' approach, but particularly because the designers had already started the design process before the calculations had been made. The project leader described the situation: 'The engineers were shocked. Hey, what's going on? We aren't even done with our calculations and there's already a plan on the table.' This raised all kinds of questions for the engineers, particularly regarding the technical feasibility of the designers' preferences and how to incorporate them into the calculation process.

Ultimately, the designers sold the engineers on the merits of their perspective, reasoning, and working method. Turning the 'first calculate, then draw' method around created scope for a broader approach. It brought alternatives into view that a technical perspective would have obscured and gave greater weight and consistency to the choices that were made. As one of the engineers said afterwards, 'With this approach you have a story that explains why you made the choices you did'.

Moment 2: working meetings with the hydraulic engineers and designers

The working meetings attended by the landscape architects and the hydraulic engineers provided another opportunity for knowledge holders to come together. The object of these sessions was to find the best possible measures for improving the embankments, i.e. measures that would solve the safety problems and complement the landscape, i.e. preserve or strengthen the characteristic elements of the landscape. These goals were reflected in the name of the project: 'Commandeurspolder Safe and Beautiful'. The measures would have to enhance both the safety and the appearance of the polder.

The engineers and landscape architects each came to the working meetings with their own terms of reference. The engineers' set of requirements specified, for example, how steep an embankment and how wide the crown of an embankment could be. The landscape architects' set of requirements defined a number of design principles, based on policy-related conditions and landscape characteristics. Their landscape requirements included a uniform embankment profile, preservation of the embankment's narrow, raised crowns, accentuation of the elongated aspect of the embankment along the waterway, and preservation of the drainage ditch at the bottom of the slope (teensloot). The engineers and landscape architects converted their individual sets of requirements into target scenarios, i.e. translations of general principles into a spatial manifestation. The target scenarios, which constituted potential solutions to the safety problems, were developed for each embankment section.

During the working meetings, the engineers and landscape architects attempted to combine their target scenarios by searching for solutions that were consistent with both sets of requirements. In other words: interventions that offered solutions to the safety problem and preserved and enhanced the characteristic elements of the landscape. First, the landscape architects sketched the elements that typified a section of the embankment, and this was then used as a basis for discussion about potentially appropriate measures. The following dialogue between the landscape architects and engineers illustrates

waren gebleven. Anderzijds – zo stelde een van de ingenieurs achteraf – droeg de aanpak bij aan een betere, meer consistente onderbouwing van keuzes, want zo zei hij: 'Met deze aanpak heb je gewoon een verhaal waarom je voor iets kiest.'

Moment 2: werksessie waterbouwkundig ingenieurs en ontwerpers

Andere momenten waarop kennisdragers met elkaar in gesprek kwamen waren tijdens de werksessies tussen de landschapsarchitecten en de waterbouwkundig ingenieurs. Het doel van deze bijeenkomsten was de meest optimale maatregelen te vinden voor het verbeteren van de kaden. Optimaal betekende hier maatregelen die een oplossing boden voor de veiligheidsproblemen en pasten in het landschap. Dit laatste betekende dat de karakteristieke elementen in het landschap zouden worden behouden dan wel versterkt. Deze ambities kwamen direct terug in de projectnaam 'Commandeurspolder Veilig en Mooi'. De maatregelen moesten niet alleen bijdragen aan het vergroten van de veiligheid van de polder maar ook mooi zijn.

De ingenieurs en landschapsarchitecten kwamen naar de werksessies met hun eigen programma van eisen. In het programma van de ingenieurs was bijvoorbeeld opgenomen hoe steil een kade en hoe breed de kruin van een kade mochten zijn. De landschapsarchitecten definieerden in hun programma van eisen een aantal landschappelijke uitgangspunten voor het landschapsontwerp, gebaseerd op beleidsmatige randvoorwaarden en landschapskarakteristieken. Voorbeelden van landschappelijke eisen waren eenheid in het kadeprofiel, het behoud van de smalle opgetilde kruinen, accentuering van de langgerekte ligging van de kade langs de vaart en handhaving van de teensloot. De ingenieurs en de landschapsarchitecten vertaalden hun programma van eisen in streefbeelden. Een streefbeeld is een vertaling van algemene uitgangspunten naar een ruimtelijke verschijningsvorm.

Streefbeelden vormen een mogelijke oplossing voor het veiligheidsprobleem. De streefbeelden werden per kadevak ontwikkeld.

Tijdens de werksessies probeerden de ingenieurs en landschapsarchitecten elkaars streefbeelden te verbinden door te zoeken naar oplossingen die in lijn waren met beide programma's van eisen. Met andere woorden: ingrepen die een oplossing boden voor het veiligheidsprobleem en tegelijkertijd de karakteristieke elementen in het landschap zouden behouden en versterken. Eerst schetsten de landschapsarchitecten welke elementen een kadevak karakteristiek maken. Naar aanleiding hiervan kwamen discussies op gang over welke maatregelen geschikt zouden zijn. De volgende dialoog tussen de landschapsarchitecten en ingenieurs illustreert hoe het proces van het bij elkaar brengen van streefbeelden verliep.

Landschapsarchitect: 'Op dit deel van de kade maken we na de bebouwing een 'tunnel' van begroeiing. Verder mag het zicht transparanter worden en willen we groepsgewijs een aantal bomen terugzetten. Ook willen we hier de teensloot behouden. In de herbeplanting proberen we de oude lijn van de teensloot zichtbaar te maken. Zo maak je het historische kadeprofiel weer herkenbaar.'

Ingenieur: 'Ik ben huiverig voor het aanbrengen van extra grond op dat deel van de kade omdat dat deel uit veen bestaat en kan verzakken. Maar als het jullie wens is om op de oude sloot bomen te zetten, dan zullen we daar naar kijken en onderzoeken of in dat deel zand of veen zit.'

Landschapsarchitect: 'Je zou landschappelijk gezien wat meer articulatie van het profiel willen. Dat kan als het mogelijk is de bestaande bomen te laten staan en in dezelfde lijn nieuwe bomen erbij te planten.'

Ingenieur: 'Waar wil je ze hebben?'

Landschapsarchitect: 'Wat aan bomen over is gebleven is net te weinig. Ze staan er wat verloren bij. Belangrijk is dat het straks weer een groepje is.

how the process of combining their target scenarios proceeded.

Landscape architect: 'At this section of the embankment we will lay on a vegetation 'tunnel' after the building work is finished. The view could be more transparent and we want to replant a number of trees in copses. We also want to preserve the line of the drainage ditch here. When we replant we want to try to follow the old path of the ditch in order to make the historical embankment profile recognizable.'

Engineer: 'I'm reluctant to add extra soil to that section of the embankment because it contains peat and could subside. But if you want to plant trees on the old ditch, we'll inspect that section and determine whether it is sand or peat.'

Landscape architect: 'In terms of landscape considerations, the articulation of the profile could be enhanced. That is viable if it is possible to leave the existing trees in place and plant new trees in the same line.'

Engineer: 'Where do you want them?'

Landscape architect: 'The trees that are left standing look a bit forlorn. There need to be a few more. It is important to group them together to create a copse. There is a great viewing spot where you can see how the ditches transect the landscape. We want to make the embankment more prominent. By replanting we can restore the virtual line of the drainage ditch, precisely where it lay, parallel to the embankment. It could be a broken line. It doesn't have to be continuous.'

Engineer: 'I understand. We'll make the calculations and see whether that is feasible and how it would affect safety.'

Although the landscape architects and the engineers were using different language, they were working together to find solutions to the safety problems that met both parties' requirements. As a result of their conversation, solutions were proposed that would probably not have been considered otherwise (see the essay by landscape architect and researcher Jannemarie de Jonge in chapter 3). This was a case in which two parties were able to enhance each other's perspectives.

Op deze plek is het juist leuk de doorsnijding van het landschap door de sloten te zien. Het gaat ons erom de kade markanter te maken. Door herbeplanting kunnen we de virtuele lijn van de teensloot weer terugbrengen, precies waar de sloot gelegen heeft, parallel aan de oeverlijn. Het hoeft niet een aaneengesloten lijn te worden, het mogen ook stukjes zijn.' Ingenieur: 'Dat is helder. We gaan het doorrekenen en kijken of we dat kunnen realiseren en wat dat betekent voor de veiligheid.'

Ondanks dat de taal van de landschapsarchitecten afweek van de taal van de ingenieurs, zochten zij samen naar oplossingen die voldeden aan beider eisen. Doordat een gesprek plaatsvond kwamen oplossingen op tafel die waarschijnlijk buiten beschouwing waren gebleven – zie het essay van landschapsarchitect en onderzoeker Jannemarie de Jonge in hoofdstuk 3. Er was sprake van een wederzijdse verrijking van perspectieven.

Episoden in IJsseldelta Zuid[6]
Stages in IJsseldelta Zuid[6]

IJsseldelta Zuid is een gebiedsontwikkelingsproject over een integraal masterplan voor een aantal ontwikkelingen: de aanleg van een bypass in het kader van Ruimte voor de Rivier, de aanleg van de Hanzelijn en een uitbreiding van Kampen. Het project is een samenwerking van de ministeries van VROM, Verkeer en Waterstaat (VenW) en Landbouw, Natuur en Voedselkwaliteit (LNV), de provincies Overijssel en Flevoland, de gemeenten Kampen, Zwolle, Oldebroek, Dronten en het waterschap Groot Salland. De provincie Overijssel coördineert het project. Kennismobilisatie vond in verschillende episoden van het project op verschillende manieren plaats.

Episode 1: ontwerpen van scenario's
Voor het project waren externen ingehuurd om vanuit het hele spectrum aan mogelijkheden scenario's te ontwerpen. De externen waren afkomstig uit verschillende disciplines om zo tot integrale scenario's te komen: een landschapsarchitect van het Amersfoortse bureau H+N+S Landschapsarchitecten en een waterdeskundige en planeconoom van ingenieursbureau DHV. Ambtenaren van de

IJsseldelta Zuid is an area development project for a master plan integrating a number of developments: the construction of a bypass within the framework of Room for the River, the construction of the Hanze railway line (*Hanzelijn*) and the expansion of Kampen. The project is a collaboration of the Ministry of Housing, Spatial Planning, and the Environment, the Ministry of Transport, Public Works, and Water Management (*Ministerie van Verkeer en Waterstaat*, V&W), and the Ministry of Agriculture, Nature, and Food Quality (*Ministerie van Landbouw, Natuur en Voedselkwaliteit*, LNV); the provinces of Overijssel and Flevoland, the municipalities of Kampen, Zwolle, Oldebroek, and Dronten, and the Groot Salland District Water Board. The province of Overijssel coordinates the project. Different methods of knowledge mobilization were used at different stages of the project.

Stage 1: designing scenarios
External experts were engaged to design scenarios from the whole range of possibilities. As the aim was to develop comprehensive scenarios, experts from different

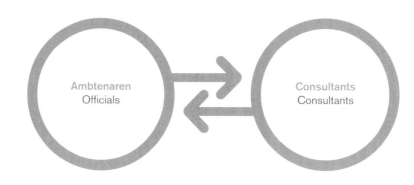

Episode 1 / Stage 1

disciplines were selected: a landscape architect from H+N+S Landscape Architects in Utrecht and a water expert and planning economist from the engineering firm DHV. A project group of civil servants representing the government agencies commented on the scenarios produced by the experts.

Stage 2: citizen participation

The scenarios were used in a citizen participation process. During this phase, the municipality of Kampen and special interest groups hosted a number of public information sessions. There was an exhibition at the Kampen library and a series of 'IJsseldelta lectures' provided information about the technical aspects of the project. And last, but not least, residents were given an opportunity to complete a survey about their preferences. The entire process took just six weeks. There were two reasons why the participation round was so brief. First, the route of the bypass had to be decided on within a year so that the Hanzelijn route could be adapted accordingly. Second, it was thought that a short participation round would produce a much greater response.

As expected, there was fervent opposition to the bypass. The greatest opposition came from two groups: farmers in Kamperveen and residents of the village of Noordeinde. During the information sessions in Kamperveen and Kampen the farmers voiced their concern that the outcome of the participation round was a foregone conclusion and that no one was going to listen to them. The member of the Overijssel Provincial Executive suggested that the farmers develop their own scenario, with the assistance of the external experts. The 'Kampervener' scenario positioned the first section of the bypass – viewed from the River IJssel – differently in the landscape than the five other scenarios. In the Kampervener scenario the bypass crossed as few parcels of land as possible, which meant that fewer farmers would have to relocate. The residents of Noordeinde felt excluded from the participation round.

betrokken overheden zaten in die projectgroep. Zij gaven commentaar op de scenario's die door de externen werden verwerkt. Vooral vanwege de hoge tijdsdruk is gekozen om een aantal initiële scenario's te ontwerpen, die als basis fungeerde voor de burgerparticipatie. In deze fase is nog geen sprake van een gezamenlijk ontwerpproces.

Episode 2: burgerparticipatie

De scenario's werden gebruikt voor een burgerparticipatietraject. Tijdens deze fase was een aantal voorlichtingsbijeenkomsten georganiseerd bij de gemeente Kampen en belangengroepen. Er was een tentoonstelling in de bibliotheek van Kampen en er waren 'IJsseldeltalezingen' over de technische aspecten van het project. Tenslotte konden burgers een vragenlijst invullen over hun voorkeuren. Dit alles vond plaats in een periode van slechts zes weken. Er was om twee redenen gekozen voor een korte participatieronde. Ten eerste moest over het tracé van de bypass binnen een jaar na aanvang een besluit worden genomen, zodat het traject van Hanzelijn nog aangepast kon worden. Ten tweede was het idee dat een korte participatieronde veel meer reacties zou opleveren.

Burgers protesteerden inderdaad heftig tegen de komst van de bypass. De voornaamste protesten kwamen van twee groepen: boeren in Kamperveen en inwoners van het Gelderse dorp Noordeinde. De boeren lieten van zich horen tijdens de voorlichtingsbijeenkomsten in Kamperveen en Kampen. Ze waren bang dat de uitslag van de participatieronde al vast stond en dat er toch niet naar hen geluisterd zou worden. De Overijsselse gedeputeerde Rietkerk stelde toen voor dat de boeren een eigen scenario zouden ontwikkelen, met hulp van de externe deskundigen. Dit zesde 'Kampervener' scenario verschilde van de vijf andere scenario's door de manier waarop het eerste deel van de bypass – gezien vanaf de IJssel – in het landschap gepositioneerd werd. In het Kampervener scenario doorkruist de bypass zo min mogelijk kavels, waardoor minder boeren hoeven te verhuizen.

De inwoners van Noordeinde voelden zich niet betrokken bij de participatieronde. Zij slaagden erin het nationale nieuws te halen met de boodschap dat hun dorp weggevaagd zou worden en de beleidsmakers vergeten waren hen in te lichten. Gedeputeerde Rietkerk deed hierna de belofte dat de bypass niet door de provincie Gelderland zou gaan.

Tevens werd door burgers betwist of de bypass noodzakelijk was. De komst van de bypass werd in de scenario's als vaststaand feit gepresenteerd. Een plaatselijk ex-Statenlid en voormalig bestuurslid van het waterschap schreef een artikel in de lokale krant

They made national news by announcing that their village was going to be razed and policymakers had neglected to inform them. The member of the Overijssel Provincial Executive promised that the bypass would not run through the province of Gelderland, where Noordeinde is situated.

The residents also disputed the need for the bypass. The bypass was presented in the scenarios as a fait accompli. A local man who was a former member of the Provincial Executive and District Water Board executive wrote an article in the local paper calling into question the necessity of constructing the bypass.[7] *Rijkswaterstaat* claimed the bypass was necessary because the Rhine was

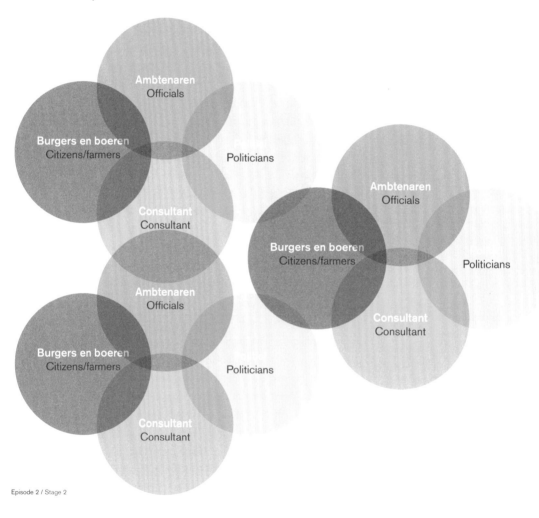

Episode 2 / Stage 2

expected to reach a peak discharge flow of 18,000 cubic metres per second at Lobith by 2050. The highest peak discharge flow ever measured was 12,280 cubic metres per second. The author of the article believed that the estimate of 18,000 by 2050 was an exaggeration. He also posited that the Germans would prevent a discharge flow of such magnitude because it would cause problems for them too.

As a result of the newspaper article and fierce public opposition, the local council in Kampen began to doubt whether the bypass was a good idea. The public and the municipality of Kampen rejected the project leader's argument that *Rijkswaterstaat* had concluded from its research that the bypass was necessary.

The partners then decided to set up a special task group to re-examine the need for the bypass. The task group was comprised of representatives of the province, the municipalities of Kampen and Zwolle, the District Water Board, the Ministries of Housing, Spatial Planning, & the Environment and Agriculture, Nature, & Food Quality, *Rijkswaterstaat's* regional offices for the Lake IJssel area and the East Netherlands, the Institute for Inland Water Management and Waste Water Treatment (RIZA), and the firm Bureau Bovenrivieren. The task group calculated that the bypass would be necessary in the event of a drainage flow of 16,600 cubic metres per second and that this level would be reached soon after 2015.

The project team presented these findings in detail to the Kampen local council and to the residents of Noordeinde and others at special information sessions. In addition, the 'Kampervener' scenario was incorporated into the preferred scenario, which was approved by the administrative core group, the local councils of Kampen and Zwolle and by the Overijssel Provincial Executive.

A range of actors were involved in this stage – civil servants, politicians, citizens, external experts, and the media. It was a joint learning process for all the stakeholders.

waarin hij vraagtekens plaatste bij de noodzaak van de bypass.[7] De bypass zou volgens Rijkswaterstaat nodig zijn omdat in 2050 de Rijn bij Lobith een piekafvoer bereikt van 18.000 kubieke meter per seconde. De hoogst gemeten piekafvoer ooit was 12.280 kubieke meter per seconde. Het ex-Statenlid vond de aanname van 18.000 in 2050 overdreven. Daarnaast stelde hij dat Duitsland zo'n piekafvoer zal voorkomen, omdat Duitsland anders zelf in de problemen komt.

In reactie op het krantenartikel en de protesten van burgers begon ook de gemeenteraad van Kampen te twijfelen aan de bypass. Het argument van de projectleiders dat de noodzaak van de bypass al onderzocht was door Rijkswaterstaat werd door de burgers en de gemeente Kampen niet geaccepteerd.

De partners besloten toen een speciaal opgerichte taakgroep de noodzaak van de bypass opnieuw te laten onderzoeken. In deze taakgroep zaten vertegenwoordigers van de provincie, de gemeenten Kampen en Zwolle, het waterschap, de ministeries van VROM en LNV, Rijkswaterstaat IJsselmeergebied en Rijkswaterstaat Oost-Nederland, het Rijksinstituut voor Integraal Zoetwaterbeheer en Afvalwaterbehandeling (RIZA) en het Bureau Bovenrivieren. De taakgroep berekende dat de bypass al bij een afvoer van 16.600 kubieke meter per seconde nodig was en dat deze waterstand kort na 2015 bereikt zal worden.

Het projectbureau gaf uitgebreide presentaties over deze bevindingen aan de gemeenteraad van Kampen en op voorlichtingsavonden aan onder meer de burgers van Noordeinde. Daarnaast werd het zesde 'Kampervener' scenario overgenomen in het voorkeurscenario. Dit voorkeurscenario werd goedgekeurd door de bestuurlijke kerngroep, de gemeenteraden van Kampen en Zwolle en door de provinciale staten van Overijssel.

In deze episode was een verscheidenheid aan actoren betrokken, ambtenaren, politici, burgers, externe experts, media. Deze actoren waren betrokken in een gezamenlijk leerproces. Boeren en adviseurs ontwikkelden samen een alternatief scenario. Politici werden ondervraagd door de media en luisterden naar burgers tijdens lokale bijeenkomsten. Het gezamenlijke leerproces vond plaats op diverse locaties: het gemeentehuis van Kampen, in de taakgroepen en het buurthuis van Noordeinde. Het leerproces was nogal ad hoc. De vraag rijst of door van tevoren uit te denken hoe burgers, ambtenaren, adviseurs en politici betrokken kunnen worden, het proces niet nog meer aan legitimiteit had gewonnen.

Episode 3: ogenschijnlijke consensus
Uit de participatieronde kwam een voorkeursscenario dat twee opties openliet. De eerste optie was of de bypass lang of kort moest worden. Lang betekende dat de bypass in het Vossemeer zou uitmonden, kort in het Drontermeer. De lange bypass paste minder goed in het landschap, vooral vanwege de relatief hoge dijken die hierbij nodig zouden zijn. De korte bypass zou het bijzondere watermilieu in het Drontermeer aantasten. De tweede optie was of de bypass open of gesloten moest zijn. Gesloten betekende dat de in- en uitlaat van de bypass geregeld zou worden door sluizen, waardoor lagere dijken nodig waren. Open betekende dat de in- en uitlaat open zouden zijn voor water uit de IJssel en de Randmeren. Dit zou meer dynamiek aan de bypass geven, maar ook hogere dijken nodig maken. De vertegenwoordigers van de verschillende overheden kwamen verschillende keren bijeen in een projectgroep om keuzes te maken. Ondanks de snelle voortgang in de vorige fases van het project ontstond een aantal conflicten en werd er een adempauze ingelast om deze op te lossen. De partners vonden het project te snel gaan en hadden het gevoel dat te weinig met hun kritiek en zorgen werd gedaan.
Een van de conflicten werd veroorzaakt doordat het waterschap twijfelde aan de technische onder-

Farmers and consultants worked together to develop an alternative scenario. Politicians gave media interviews and listened to residents at local meetings. This joint learning process was somewhat ad hoc and took place at various venues: Kampen town hall, in the task groups and in the Noordeinde community centre. This raises the question of whether greater legitimacy could have been achieved had more thought been given to ways of engaging citizens, civil servants, consultants, and politicians in the process.

Stage 3: apparent consensus
The participation round resulted in a preferred scenario that left two decisions open-ended. The first decision concerned the length of the bypass. If the bypass were long, it would flow into Lake Vossemeer, while a short one would flow into Lake Drontermeer. The long option was less suited to the landscape, primarily because it would necessitate raising the dykes on the Flevoland side. A short bypass would affect the unique water environment of Lake Drontermeer. The second decision was whether the bypass should be open or closed. A closed bypass would have to be filled and drained by means of a sluice system, which would require lower dykes. An open bypass would allow water to flow in and out of the IJssel and the Randmeren lakes, making the bypass more dynamic, but also necessitating higher dykes.

The representatives of the public agencies met as a project group on several occasions to make decisions. Despite the rapid progress made in the previous phases of the project, a number of conflicts arose at this stage. It was decided that the project group needed some breathing space in order to deal with these problems. The partners felt that the project was proceeding too quickly and that their criticisms and concerns were being ignored.

One conflict arose when the District Water Board expressed doubts about the technical substantiation and consequently refused to approve the preferred scenario. The Board thought that the calculations performed by DHV had not been done thoroughly enough. There were concerns, for example, that important safety aspects had not been properly examined, such as the likelihood of erosion and the risk of the dykes breaking around the bypass, which would cause rapid flooding in Kampen. The Board hired its own experts from Geodelft and HKV to study this issue. The Board and the project team resolved their conflict by agreeing that HKV Consultants would analyse DHV's research. A feedback group including two university professors would then evaluate HKV's and DHV's research.

bouwing en daarom weigerde het voorkeurscenario goed te keuren. De berekeningen hiervoor waren gedaan door DHV, maar het waterschap vond de berekeningen niet grondig genoeg. Zo vond het waterschap dat belangrijke veiligheidsaspecten niet onderzocht waren, zoals de kans op erosie en het risico op een doorbraak van de dijken langs de bypass waarbij Kampen in zeer korte tijd zou onderstromen. Het waterschap huurde zelf deskundigen in om dit te onderzoeken – van Geodelft en HKV. Het conflict tussen het waterschap en het projectteam werd opgelost met de afspraak dat het onderzoeksbureau HKV het onderzoek van DHV zou analyseren. Een klankbordgroep met twee hoogleraren zou het

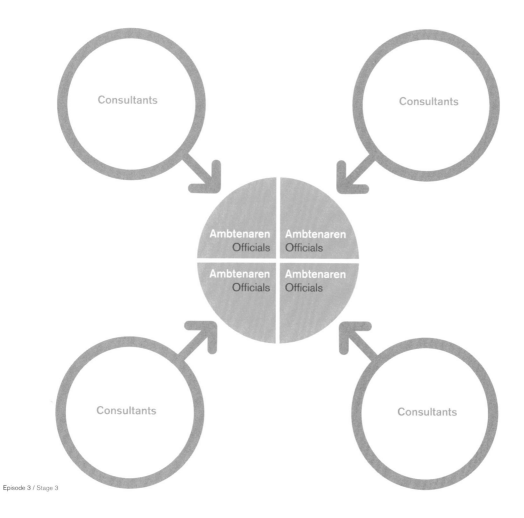

Episode 3 / Stage 3

onderzoek van HKV en DHV weer beoordelen. Een ander conflict ging over de wens van de gemeente Kampen om zelf te beslissen over het ontwerp en de locatie van de uitbreidingswijk. In eerste instantie huurde Kampen zelf adviseurs en ontwerpers in om een startnotitie en ontwerp te maken. Later gingen ambtenaren van Kampen om de tafel met de zelf ingehuurde adviseurs en de ontwerpers van het projectteam.

In deze episode participeerden de betrokken partijen in een projectgroep. Enkelen van hen mobiliseerden echter buiten de projectgroep om kennis door zelf adviseurs in te huren voor onderzoek. Ze gebruikten vervolgens de uitkomsten om de eigen positie te versterken. Dit droeg eerder bij aan een *advocacy science* en het ontstaan van conflicten, dan aan het gezamenlijk ontwerpen van oplossingen.

Episode 4: het masterplan

Na de adempauze moest in het masterplan antwoord gegeven worden op de laatste twee vraagstukken – kort of lang, open of gesloten. Er werd besloten om hiervoor vier sectorale taakgroepen op te richten: water, milieu, landschapsontwerp en planeconomie. In elke werkgroep kwamen ambtenaren van de verschillende partijen bij elkaar om de onderzoeksvragen uit te werken. Een onderzoeksvraag uit de taakgroep 'water' was bijvoorbeeld wat de maximale waterstand zou kunnen zijn bij een open bypass, hoe groot de kans was dat deze waterstand zich zou voordoen en wat een aanvaardbaar risico zou zijn, een keer in de 250 jaar of een keer in de 1250 jaar. Bij de beantwoording van deze vragen speelden nogal wat variabelen: wind vanuit het IJsselmeer, hoogwaterstanden, de combinatie van storm en hoogwater, begroeiing in de bypass. In de taakgroep werd afgesproken niet alle mogelijkheden door te rekenen, maar slechts een selectie.

In de taakgroep 'milieu' werd het bureau Arcadis ingehuurd om de milieueffecten op het Drontermeer te onderzoeken en om te kijken of vanuit milieuwet-

Another conflict arose over the municipality of Kampen's wish to decide on the design and location of the expansion neighbourhood. Kampen had engaged its own consultants and designers to produce a starting memorandum and design. Later, local officials sat down at the table with the consultants and designers Kampen had hired. At this stage, the parties involved formed a project group. A few of them mobilized knowledge from outside the group by commissioning research from external consultants. They then used the findings to fortify their own position. Rather than inspiring the parties to work together to find solutions, this use of 'advocacy science' provoked conflict.

Stage 4: the master plan

Once the project resumed, the group needed to decide on the length of the bypass and whether it would be open or closed, and incorporate these decisions into the master plan. Task groups were set up for the sectors water, environment, landscape design, and planning economics. In each of the four task groups, civil servants representing the various public agencies came together to draft the research questions. The water task group, for example, asked what the maximum water level could be if the bypass were open, how likely it was that the water would reach this level and what an acceptable risk would be – once in 250 years or once in 1,250 years. Several variables would have an effect on the answers: wind from Lake IJsselmeer, high water levels, a storm combined with high waters, and vegetation on the dykes. The task group decided not to calculate all the permutations, but to only a select few.

The environment task group engaged Arcadis to study the environmental impact on Lake Drontermeer and determine whether problems relating to environmental rules could arise elsewhere. The task group as a whole functioned as the contracting authority and Arcadis presented progress reports every two weeks.

The task groups reported on their findings in workshops attended by the representatives of the public agencies and the interest groups from the feedback group. Then the participants worked out the details of the preferred scenarios. In this way, a master plan that had the support of all the government partners and interest groups gradually took shape.

In this stage, too, the actors' involvement was spread over different venues and periods. There was some overlap as certain

geving elders knelpunten zouden kunnen optreden. De gehele taakgroep functioneerde als opdrachtgever en Arcadis gaf elke twee weken een presentatie over de stand van zaken.

De bevindingen van de taakgroepen werden gerapporteerd in workshops waaraan naast de ambtenaren van de overheden ook de belangenroepen uit de klankbordgroep deelnamen. In deze workshops werden voorkeurscenario's uitgewerkt. Op deze manier ontstond langzaam een masterplan waarin alle overheidspartners en belangengroepen zich

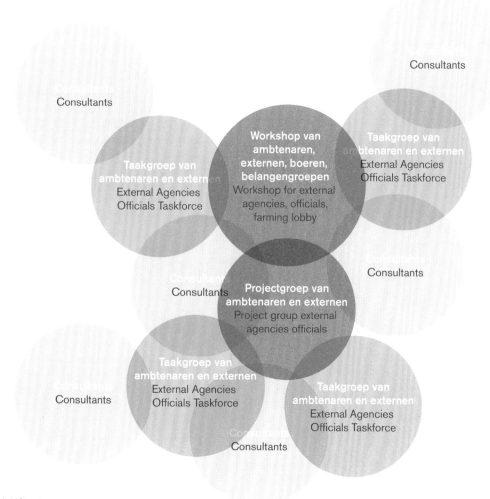

konden vinden.

Ook in deze episode is de betrokkenheid van de actoren verdeeld over verschillende locaties en perioden. Er was overlap doordat sommige actoren in meerdere taakgroepen zaten. Waar de overlap onvoldoende was werkten adviseurs als intermediairs en kennismanagers, bijvoorbeeld door de onderzoeksvragen van de verschillende taakgroepen op elkaar af te stemmen. Tenslotte ontstond in de taakgroepen een proces van *joint fact finding,* waarbij de ambtenaren samen optraden als opdrachtgever voor extern onderzoek.

De omgang met kennis in IJsseldelta Zuid is veelzeggend voor de pluriformiteit van kennisdragers en de mate van een gezamenlijk leerproces. In de eerste episode werd de pluriformiteit van kennis gewaarborgd door externen de scenario's te laten ontwerpen, maar was het gezamenlijk ontwerpproces vanwege tijdsdruk beperkt.

In de tweede episode dwong burgerparticipatie tot de inbreng van lokale kennis, zoals het Kampervener scenario. Dit gebeurde in een gezamenlijk proces met de externe experts. Daarnaast dwong de burgerparticipatie tot een verdere wetenschappelijke onderbouwing van de noodzaak van de bypass. Dat de uitkomst gemakkelijker werd geaccepteerd kwam omdat alle betrokken overheden deze onderbouwing geleverd hadden. In deze episode werd niet alleen kennis verbreed, maar vond een gezamenlijk zoekproces plaats naar kennis en de manier om die kennis in te passen in het beleid.

In de derde episode was in de projectgroep niet genoeg ruimte om pluriforme kennis in te brengen. Ook het gezamenlijk leerproces viel uit elkaar doordat overheidspartners zelfstandig externen inhuurden om hun eigen positie te versterken. In de vierde episode is een vorm gevonden om aan de pluriformiteit van kennis tegemoet te komen – via de taakgroepen – en een gezamenlijk leer- en ontwerpproces te faciliteren – via de taakgroepen en workshops.

individuals participated in more than one task group. Where there was too little overlap, consultants functioned as mediators and knowledge managers by, for example harmonizing the research questions drafted by the different task groups. To further facilitate coordination, the task groups developed a process of concerted fact finding in which the public officials involved jointly commissioned external research.

The method of acquiring and using knowledge in IJsseldelta Zuid says a great deal about the plurality of knowledge holders and the scope of the joint learning process. In the first stage, external experts were engaged to develop the scenarios in order to guarantee knowledge plurality. Unfortunately, because the external experts and public officials were operating on different levels, a joint design process never evolved.

In the second stage, local knowledge (e.g. the 'Kampervener' scenario) came into play during the public participation round. The external experts were involved in this joint process. Public participation also forced the partners to substantiate the necessity of the bypass with scientific evidence. The public accepted the outcome more easily because the evidence came from all the public agencies. This stage not only broadened the spectrum of knowledge, but it also engendered a concerted search for knowledge and a method of incorporating it into policy.

In the third stage, there was too little scope in the project group for knowledge plurality. The joint learning process fell apart after the government partners engaged external experts on their own initiative in order to strengthen their own position. In the fourth stage, the parties came up with a way of facilitating knowledge plurality (the task groups) and a joint learning and design process (task groups and workshops).

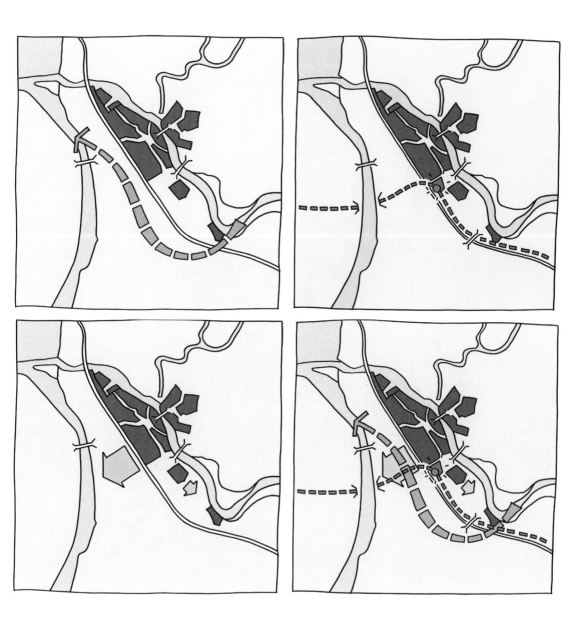

De geplande ontwikkelingen in IJsseldelta Zuid: een nieuwe rivierarm, een treinverbinding en huizen.
The planned developments in IJsseldelta Zuid: the new bypass, a rail connection and dwellings.

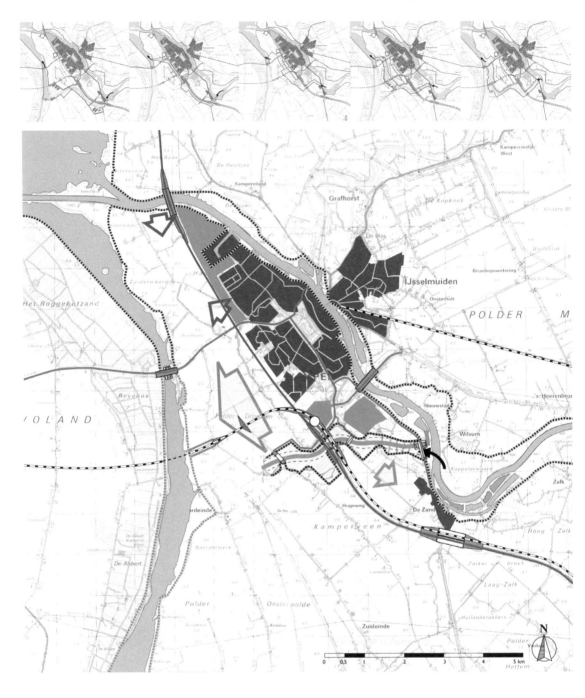

De vijf door externe deskundigen ontworpen scenario's voor de gebiedsontwikkeling in IJsseldelta Zuid. In het groot: het zesde 'Kampervener' scenario, gemaakt door agrariërs en experts.
The five scenarios developed by outside experts for area development in IJsseldelta Zuid. The larger image is of the sixth scenario, 'Kampervener', developed by farmers and experts.

68

Legitiem en kwalitatief gebruik van kennis in ruimtelijke planning moet dus voldoen aan drie eisen. Kennis wordt tegelijk met de ontwikkeling van beleid verworven en toegepast, er wordt gebruikgemaakt van verschillende soorten kennis van verschillende actoren en een gezamenlijk leerproces dient plaats te vinden.

De praktijkvoorbeelden tonen aan dat een gezamenlijk proces ervoor zorgt dat een plan meer is dan de som van de ingebrachte kennis. Door interactie ontstaat nieuwe kennis, vaak over mogelijkheden die eerder niet denkbaar waren of als irreëel of onhaalbaar werden beschouwd. Gezamenlijk tot een plan komen is ingewikkeld omdat niet iedereen altijd deelgenoot kan zijn van de interactie. Het is van belang goed te analyseren hoe ideeën van het ene moment naar het andere worden overgedragen en hoe ideeën kunnen 'reizen' van het ene podium naar het volgende.

There are three requirements for the legitimate and effective use of knowledge in spatial planning: knowledge needs to be acquired and applied in the policy development phase, the knowledge used should be of different types and sourced from a variety of actors, and there needs to be a joint learning process.

The case descriptions above show that a joint process ensures that a plan is more than the sum of the knowledge contributed by the actors. Interaction produces new knowledge, frequently about possibilities that no one had thought of before or options that were considered unrealistic or unfeasible. Arriving at a plan through concerted effort is complicated because not everyone can participate in the interaction all the time. It is important to analyse thoroughly how ideas are transferred from one phase to another and how they 'travel' from one venue to the next.

1 Frytskje Simonis, 'Het gelijk van Lent'. In: *De Nijmeegse Stadskrant*, mei 2006-3.
2 Zie voor een uitgebreide analyse van deze casus Van 't Klooster & Hajer, 2010. Voor deze analyse zijn in de periode van september tot december 2008 interviews gehouden met betrokkenen.
3 Deze praktijkbeschrijving is gebaseerd op etnografisch onderzoek voor het promotieonderzoek van Jantine Grijzen. Van september tot en met december 2006 deed zij een onderzoeksstage bij de Stadsregio Arnhem Nijmegen.
4 Een concessie is een contract waarin de exclusieve rechten op openbaar vervoer op een bepaald traject aan een transportonderneming wordt verleend. De Stadsregio Arnhem Nijmegen is concessieverlener voor regionaal vervoer. Zij kan in de concessie voorwaarden stellen over prijsbeleid.
5 Deze praktijkbeschrijving is gebaseerd op etnografisch onderzoek van oktober 2008 tot juni 2009.
6 Deze praktijkbeschrijving is gebaseerd op etnografisch onderzoek voor het promotieonderzoek van Jantine Grijzen. Van februari 2006 tot en met juni 2006 deed zij een onderzoeksstage bij het project IJsseldelta Zuid.
7 Luc Bomhof, 'Bypass ook bij doemscenario 18.000 m³ onnodig'. In: *De Stentor*, 11 mei 2005.

1 Frytskje Simonis, 'Het gelijk van Lent'. In: *De Nijmeegse Stadskrant*, May 2006-3.
2 For a detailed analysis of this case, see Van 't Klooster & Hajer, 2010.
3 This situation description is based on an ethnographic study for Jantine Grijzen's doctoral research. From September to December 2006, Ms Grijzen did a research traineeship with the Arnhem-Nijmegen Urban Region. She accompanied the Air Quality project leader to his meetings.
4 In this case, a concession (concessie) is a contract with a transport company granting it the exclusive right to provide public transport along a specific route. The Arnhem-Nijmegen Urban Region awards concessions for regional transport, and has the authority to attach conditions, e.g. relating to pricing policy, to the concession.
5 This case study is based on an ethnographic study between Octobre 2008 and June 2009.
6 This project description is based on ethnographic research for Jantine Grijzen's doctoral dissertation. Ms Grijzen did a research internship with the IJsseldelta Zuid project from February to June 2006.
7 Luc Bomhof, 'Bypass ook bij doemscenario 18.000 m³ onnodig'. In *De Stentor*, 11 May 2005.

Politicus. Politician.

Kennis voor beleid: verkopen of verknopen?

Knowledge for policy: hard sell or collaborative effort?

David Laws, Nanke Verloo & Maarten Poorter

Planners en beleidmakers krijgen vaak te maken met zeer betrokken partijen die onder geen beding buiten het besluitvormingsproces gehouden kunnen worden. Maar hoe betrek je die partijen bij de planvorming? Hoe kunnen planners omgaan met bewoners of benadeelde partijen die een belangrijk punt inbrengen? En hoe veranderen de rolverdelingen wanneer de kwestie technologisch zo complex is dat de toekomst wordt overschaduwd door diepe onzekerheid? Dit zijn vragen waarbij *public policy mediation* ons kan helpen.

Beleidsprocessen zijn dermate complex dat we niet kunnen uitgaan van eenduidige kennis. Iedereen die betrokken is in complexe planprocessen weet hoeveel partijen er doorgaans betrokken zijn en hoe lastig het is om niet alleen te praten maar ook te doen. Belanghebbenden brengen niet alleen belangen, ervaringen, en waarheden in, al deze

In the context of a project, planners and policymakers frequently need to interact with groups and individuals who have considerable vested interests in the project and cannot, under any circumstances, be excluded from the decision-making process. The question is, how do you involve them in the planning process? How should planners engage with residents or disadvantaged parties who have an important contribution to make? And how do you recast the roles when an issue is technologically so complex that there is profound uncertainty about what the future will bring? Public policy mediation can help answer these questions.

Policy processes are so complex that it is impossible to rely on a single source of knowledge. Anyone who has anything to do with complex planning processes knows that they usually involve multiple parties and that it is difficult to progress from talking to taking action. The stakeholders bring diverse interests, experiences, and truths to the table, and everyone has the chance to influence, challenge, and obstruct decision-making, sometimes even in court.

Contributing new facts or knowledge is an important way for an interested party to influence the process in a direction that is favourable to its special interests. Stakeholders have always used experts to answer questions, and today they also tend to engage experts to lend weight to their position on the problem. While experts are generally brought in by public authorities and civil society organisations, residents occasionally engage them to represent their interests and act as a kind of advocate. As a result, the concept of 'expertise' has acquired an ironic connotation: if anyone can engage an expert to support a position on a particular policy issue, then what is the value of expertise? Knowledge is reduced to an instrument for achieving a specific goal.

Advocate

When an expert is engaged as an advocate, for the purpose of using knowledge to legitimize a specific set of interests, his work might be described as advocacy science. The expert furnishes scientific arguments in support of the stakeholder's interests. This creates an ambiguous connection between the interests of a certain group and the knowledge that group uses to support its arguments. When having the facts on one's side is the key to getting one's way, knowledge and interests become intertwined in a problematic fashion. Examining the facts and attempting to use them to arrive at a solution is no longer a method that guarantees success. In fact, relying on contradictory facts polarizes the problem and undermines the relationship between the parties.

German sociologist Ulrich Beck says that situations regularly arise in which the boundaries between different types of knowledge become blurred. This happens when empirical and non-empirical

stakeholders hebben de mogelijkheid het besluitvormingsproces te beïnvloeden, te betwisten, of tegen te houden tot in de rechtbank.

Een belangrijk instrument voor een belanghebbende om het proces in de richting van zijn specifieke belangen te sturen is het inbrengen van nieuwe feiten of kennis. Traditioneel zetten stakeholders deskundigen in om vragen te beantwoorden, en steeds vaker ook om hun visie op het probleem kracht bij te zetten. Dit geldt voor overheden en maatschappelijke organisaties. Maar ook komt het voor dat burgers een expert inzetten, als ware het een advocaat van hun belangen. Hiermee krijgt expertise een ironische connotatie: als iedereen een deskundige kan inzetten met als doel de eigen positie in het beleidsvraagstuk te versterken, wat is dan nog de waarde van deskundigheid? Kennis devalueert dan tot een niveau waarin het als instrument dient om een specifiek doel te bereiken.

Advocaat

Het moment waarop de deskundige als een advocaat wordt ingezet om belangen te legitimeren met kennis, spreken wij van advocacy science. De deskundige wordt ingezet om de belangen van de stakeholder met wetenschappelijke kennis te onderbouwen. Op die manier ontstaat een dubbelzinnige relatie tussen de belangen van een bepaalde groep en de kennis die zij aandragen als onderbouwing. Op het moment dat het antwoord op de vraag 'wie heeft gelijk' tevens leidt tot het antwoord op de vraag 'wie krijgt gelijk', ontstaat er een situatie waarin kennis en belangen zich verstrengelen. Terugkeren naar de feiten en op basis van deze feiten proberen tot een oplossing te komen is niet langer een garantie voor succes. Sterker nog, terugkeren naar de tegenstrijdige feiten polariseert het probleem en verslechtert de relatie tussen de partijen.

De Duitse socioloog Ulrich Beck beargumenteert dat zich regelmatig situaties voordoen waarin de grenzen tussen verschillende soorten kennis verva-gen. Wetenschappelijke of niet-wetenschappelijke kennis, expertise of ervaringsdeskundige kennis en wetenschappelijke of politieke kennis worden tegelijkertijd ingezet. Op dat moment heeft de wetenschap niet langer de macht om een conflict legitiem te beëindigen of op te lossen.

Zodra dit legitimiteitprobleem optreedt is het dus moeilijk een patstelling te doorbreken en keuzes te maken over wat waar en goed is. We moeten ons dan afvragen hoe we een draai kunnen geven aan vastgelopen planpraktijken. En hoe kunnen we ervoor zorgen dat kennis niet langer een probleem is, maar weer een legitieme oplossing kan bieden? Op welke gronden kunnen we de legitimiteit van kennis versterken?

In dit essay willen wij een oplossingsgerichte prak-tijk aandragen waarin een domein ontstaat waarin de legitimiteit van kennis opnieuw is te definiëren. In deze praktijk wordt de legitimiteit van kennis vooral gezocht in de kwaliteit van het besluitvor-mingsproces: door afstemming en democratische besluitvorming is het legitimiteitsvraagstuk door alle betrokkenen, in de context van een specifiek plan, te beantwoorden.

Beleidsbemiddeling

Voor het beantwoorden van deze vraag maken wij gebruik van de inzichten van *public policy media-tion* (beleidsbemiddeling). Deze praktijk heeft zich in de Verenigde Staten ontwikkeld als een manier om met controverses om te gaan, een alternatief voor een rechtsgeldige procedure. Dit alternatieve middel brengt overheidsorganisaties en andere betrokkenen samen in een procedure waarin tot een gezamenlijk plan wordt gewerkt dat direct tot uit-voering kan worden gebracht (Susskind & McKear-nan, 1999). Beleidsbemiddeling wordt doorgaans geïnitieerd op het moment dat de groep als geheel beseft niet verder te komen in het huidige proces. Op zo'n moment verschuift de aandacht van een

knowledge, expertise and experience-based knowledge, or scientific and political knowl-edge are utilized simultaneously. As a result, science loses its power to legitimately end or resolve a conflict.

When a lack of legitimacy is a problem, it is difficult to end a stalemate and make choices about what is good and true. In cases like this, we have to ask ourselves what we can do to change the planning practices that have led to the deadlock and transform knowledge from the problem into the source of legitimate solutions. What needs to be done to enhance the legitimacy of knowledge?

This essay presents a solution-oriented practice that creates a climate in which the legitimacy of knowledge can be redefined. In this practice, legitimacy is sought in the quality of the decision-making process: through harmonization and democratic decision-making, all the parties involved can offer answers to the legitimacy question in the context of a specific plan.

Public policy mediation

The practice of public policy mediation offers insights that can help us address this issue. Developed in the United States, pub-lic policy mediation is a method of dealing with controversies that offers an alternative to legal proceedings. It brings government organizations and other stakeholders together for the purpose of developing a joint plan that can be implemented directly (Susskind & McKearnan, 1999). Public policy mediation is usually initiated in cases where the group as a whole realizes that the process in which they are involved has reached an impasse. At that point the atten-tion shifts from the us-and-them conflict to a process in which the whole group takes part.

Public policy mediation has the following characteristics:
- participation in the process is voluntary
- all stakeholders are directly involved in designing the policy plan

- the stakeholders work together to achieve consensus
- a mediator designated by the entire group of stakeholders manages the process
- there is a set of ground rules ensuring that all stakeholders have opportunities for participation – setting the agenda, consulting with experts, presenting solutions, and criticizing decisions and the decision-making process
- the commissioning authority pledges to participate in the process and ultimately implement the solution when consensus is reached.

This approach restores democracy to the process: all the parties concerned take responsibility for resolving the dispute and the people affected by the policy plan are brought back into the decision-making process. In fact, together they constitute the decision-making process. Public policy mediation enables the planner or policymaker to transform the conflict into a collaborative search for solutions and provides guidelines for mediation in conflict situations.

We believe that this practice can also be adopted for uncontroversial policy planning processes. It can provide opportunities for reassessing the legitimacy of expertise, for example. Policy mediation creates scope for re-examining the legitimacy of knowledge in the specific context of a particular case or policy plan. In this chapter, 'joint fact finding' is presented as a means of minimizing the effects of advocacy science. Joint fact finding is a specific practice in public policy mediation that offers an alternative line of action for policy processes involving multiple stakeholders. However, situations sometimes arise in which there is even greater uncertainty about the knowledge that is available. For these situations, we present an advanced form of joint fact finding – joint fact finding plus – to assist planners and policymakers involved in situations of this nature.

wij-zij-controverse naar een proces waar de groep als geheel aan deelneemt.

Beleidsbemiddeling wordt gekenmerkt door de volgende punten:
- vrijwillige participatie in het proces,
- directe betrokkenheid van alle stakeholders in het ontwerp van het beleidsplan,
- het gezamenlijk verkrijgen van consensus,
- management door een *mediator* die is aangewezen door de gehele groep van stakeholders,
- basisregels die de participatiemogelijkheden van alle stakeholders bekrachtigen – agendastellen, consultatie van deskundigen, oplossingen aandragen en kritiek op de besluitvorming uiten,
- toezegging van de opdrachtgever om te participeren in het proces en de oplossing uiteindelijk uit te voeren wanneer er consensus is bereikt.

Op deze manier wordt het proces opnieuw gedemocratiseerd: het dispuut keert terug in de handen van alle betrokkenen. Deze methode betrekt de personen waarop het beleidsplan betrekking heeft weer bij het besluitvormingsproces. Sterker nog: zij vormen gezamenlijk het besluitvormingsproces. *Public policy mediation* stelt de planner of beleidsmaker in staat het conflict te transformeren in een proces waarin men samen zoekt naar oplossingen. Het geeft handvatten om in conflictsituaties te bemiddelen.

Wij geloven echter dat deze praktijk ook een leidraad kan vormen voor beleidsplannen waar geen controverses over bestaan. Het kan onder meer openingen bieden om de legitimiteit van deskundigheid te herwaarderen. Beleidsbemiddeling creëert de ruimte waarin ethische vragen over de legitimiteit van kennis opnieuw kunnen worden beantwoord in de specifieke context van een bepaalde casus of beleidsplan. In dit essay willen wij ten eerste *joint fact finding* aandragen als middel om de effecten van *advocacy science* te minimaliseren. *Joint fact finding* is een specifieke praktijk in beleidsbemiddeling, als een alternatieve leidraad voor beleidsprocessen met verschillende stakeholders. Er zijn echter situaties waarin er een nog diepere onzekerheid bestaat over de kennis die bekend is. Ten tweede willen wij een verder gevorderde vorm van *joint fact finding* aandragen, dat planners en beleidsmakers een handvat biedt in dergelijke situaties: *joint fact finding plus*.

Joint fact finding

Joint fact finding is een alternatief om de escalatie het hoofd te bieden die ontstaat wanneer kennis niet meer vanzelfsprekend is en wanneer de waarde van kennis in twijfel wordt getrokken. De onderzoekers Ehrmann en Stinson leggen het proces van *joint fact finding* uit aan de hand van een stappenplan. Zij definiëren vijf stappen in het proces (Ehrmann & Stinson, 1999):

1. het definiëren van het onderwerp,
2. het definiëren van het proces waarin informatie wordt verzameld,
3. het definiëren van de vraag en de methode om tot een antwoord te komen,
4. het definiëren van de mogelijke grenzen aan kennisvergaring,
5. het definiëren van de beste manier waarop er vervolgens zal worden voortgegaan.

Het proces van *joint fact finding* start op het moment dat alle partijen erkennen dat er grote onenigheid heerst over de juiste oplossing en de argumenten die deze oplossing ondersteunen. Door te zoeken naar een gedeelde vraagstelling ontstaat er een relatie tussen de partijen die een gedeelde definitie onderschrijven. De discussie verschuift van onenigheid over de inhoud, naar een gedeelde vraag over hoe tot een goede oplossing is te komen.

Door van elkaars standpunten te leren en elkaars belangen te erkennen transformeren de relaties en

Joint fact finding

Joint fact finding can be implemented to de-escalate a situation when knowledge can no longer be taken for granted and the value of knowledge is called into question. Researchers Ehrmann and Stinson describe the joint fact finding process as a five-step plan (Ehrmann & Stinson, 1999):

1. Defining issues of concern
2. Defining the information-gathering process
3. Defining the question to be asked and the method of arriving at an answer
4. Defining the potential limitations of knowledge gathering
5. Defining the best way to proceed.

The process of joint fact finding begins when all the parties acknowledge that there is serious disagreement about the right solution and the arguments supporting that solution. By working toward a shared definition of the problem, the parties forge a relationship. The focus shifts from disagreement on concrete issues to finding an answer to the question of how to arrive at a good solution.

By learning from each other's views and recognizing each other's interests, the parties redefine their relationships and all the stakeholders become legitimate participants in the process. This process transforms the uncertainty that arose under the influence of advocacy science. A climate is created in which the value of knowledge can be questioned and discussed on the basis of a common denominator: a shared problem that needs a solution. Responsibility for the process and the question definition is returned to the parties involved.

With the assistance of the mediator, the stakeholders make clear agreements about the procedure. This is known as 'process design'. Experts may be brought in at this juncture, but on the proviso that everyone is in agreement. The experts can express their opinions, but only at the request of those who are responsible for solving the problem. Joint fact finding is thus a method of arriving at a mutually agreed solution, despite the polarizing influence of advocacy science.

No consensus

People tend to dispute the facts and truths of an issue when they are invested and feel threatened. This implies that a solution can be found when the parties are able to agree on the questions to be posed and the experts that should be asked to contribute. This is what the process of joint fact finding accomplishes.

But what if consensus cannot be reached about the questions and the experts because the stakeholders simply don't know what the best knowledge is? This is a common situation in contemporary society. We have seen this scenario unfold in the climate change debate, for example. Experts are unable to predict the likelihood of flooding with any certainty or tell us what the best preventive solutions are. And though experts agree that climate change is a problem, its potential implications in a particular context remain a topic of debate. Consensus among scientists does not preclude disagreement as to when, where, how, or even whether action should be taken.

The question is, what should be done when a context has specific characteristics that dictate the choice of solutions and when knowledge of local circumstances is needed to understand those characteristics and embed them in whatever measures are taken? On this subject, environment experts Funtowicz and Ravetz wrote: 'Those whose lives and livelihoods depend on the solutions of the problems will have a keen awareness of how general principles are realized in their "backyards". It may be argued that they lack theoretical knowledge and are biased by self-interests; but it can equally be argued that the experts lack practical knowledge and have their own forms of bias' (Funtowicz & Ravetz, 1991).

A deeper form of uncertainty emerges in situations like these. Knowledge is ambiguous, there are multiple scientific models, and each predicts a different future scenario. There are no simple solutions, and the methods by which knowledge is produced are challenged at every turn.

worden alle betrokkenen een legitiem onderdeel van het proces. De onzekerheid die is ontstaan door *advocacy science* transformeert door dit proces. Er ontstaat een domein waarin de waarde van kennis ter discussie kan staan op basis van een gemeenschappelijke noemer: een gedeeld probleem dat opgelost moet worden. Het proces en de vraagstelling komen weer in handen van de betrokkenen. De betrokkenen maken vooraf, samen met de *mediator*, duidelijke afspraken over de procedure, het *process design*. Ze kunnen een deskundige aanwijzen in deze procedure, met de voorwaarde dat alle betrokkenen hem accepteren. De experts mogen hun zegje doen, maar alleen op verzoek van diegenen die het probleem moeten op lossen. *Joint fact finding* kan dus een leidraad zijn om tot een gezamenlijke oplossing te komen, ondanks het polariserende effect van *advocacy science*.

Geen consensus

Mensen hebben de neiging om te strijden over de feiten en waarheden van een kwestie wanneer zij betrokkenen zijn en zich bedreigd voelen. Dit impliceert dat wanneer er consensus bestaat over welke vragen er dienen te worden gesteld en welke experts ingeschakeld moeten worden, er een oplossing zou kunnen komen. Hiervoor dient het proces van *joint fact finding*.

Maar wat doen de betrokkenen wanneer er geen consensus is over de te stellen vragen en de te betrekken experts omdat er simpelweg geen uitsluitsel bestaat over de beste kennis? Deze situatie doet zich in de huidige samenleving regelmatig voor. Discussies over klimaatverandering zijn hier een voorbeeld van. Experts kunnen geen eenduidig antwoord geven op vragen over de kans op overstromingen of de beste oplossingen om dit tegen te gaan. En wanneer experts het wel eens zijn over het probleem van klimaatverandering blijven mogelijke implicaties voor een bepaalde context nog steeds onderwerp van discussie. Zelfs wanneer er overeenstemming is onder de wetenschappers kan er onenigheid bestaan over wanneer, waar, hoe en zelfs of er actie moet worden ondernomen. De vraag is dus wat er moet gebeuren als specifieke kenmerken van de context belangrijk zijn voor het kiezen van verschillende oplossingen en wanneer lokale kennis belangrijk is om de specifieke kenmerken te begrijpen en in acties in te bedden. Milieukenners Funtowics en Ravetz zeggen hierover: *'Those whose lives and livelihoods depend on the solutions of the problems will have a keen awareness of how general principles are realized in their "backyards". It may be argued that they lack theoretical knowledge and are biased by self-interests; but it can equally be argued that the experts lack practical knowledge and have their own forms of bias'* (Funtowics & Ravetz, 1991). In deze situaties bestaat er dus een diepere vorm van onzekerheid. Kennis is ambigu, er bestaan verschillende wetenschappelijke modellen die verschillende toekomstscenario's voorspellen. Er zijn geen eenduidige oplossingen en de kennis wordt op ieder moment methodologisch bekritiseerd.

Joint fact finding plus

Op zo'n moment is er behoefte aan iets dat we *joint fact finding plus* noemen. De verantwoordelijkheid voor het leerproces moet in handen blijven van de betrokkenen. En zij moeten een manier vinden om de ethische vragen die opkomen door deze onzekerheid waarde toe te kennen en hiermee om te gaan. *'In joint fact finding we see a shift in discussion of interpretations, the hermeneutics of suspicion – what does our situation really mean? – to problems of action, the 'hermeneutics of performance' – how can we act together meaningfully in this situation?'* (Laws & Forester, 2007). Net zoals *joint fact finding* is deze praktijk gestoeld op de principes van beleidsbemiddeling, en dus een strategie om beter om te gaan met controverses. De plus-versie gaat echter een stap verder: het creëert

Joint fact finding plus

'Joint fact finding plus' is a method of addressing situations like the one described above. Responsibility for the learning process must remain in the hands of the stakeholders, who have to find a way to attribute value to, and deal with, the ethical questions that arise from this uncertainty. 'In joint fact finding we see a shift in discussion of interpretations, the hermeneutics of suspicion – what does our situation really mean? – to problems of action, the 'hermeneutics of performance' – how can we act together meaningfully in this situation?' (Laws & Forester 2007).

Like joint fact finding, joint fact finding plus is based on the principles of public policy mediation, and therefore provides a strategy for managing controversies effectively. However, the plus version goes a step further: it creates a climate which is conducive to asking meta-questions. The stakeholders abandon their assumptions about the role of knowledge in the process, and for each situation, they define anew how people should use knowledge in that particular process.

As in the practice of joint fact finding, the process begins when the parties realize that they can no longer maintain the course they are on. A context-specific process design is developed and approved by all the participants, and a mediator may be asked to guide this new process. As in joint fact finding, the discussion is based on interests rather than positions. The difference between the two approaches is that during this learning process the participants must admit that too little is known about the problem; what they are dealing with is known as a 'wicked problem' (Rittel & Webber, 1973).

Wicked problems are inherent in planning. These are problems to which there are no simple solutions. They are poorly defined, and solutions are only appropriate to a particular context. Another important feature of a wicked problem is that the planner has no margin for error, because the consequences of a mistake would be too great.

And when a planner presents a solution, it is often challenged by the growing number of stakeholders eager to have their say (Rittel & Webber 1973).

This profound uncertainty presents new challenges for stakeholders (Laws & Forester, 2007). They discover not only that they are unable to reach consensus, but also that they have to determine for themselves, as individual stakeholders, where they stand in relation to the problem. 'Providing the occasions for stakeholders to re-evaluate their interests, their obligations to one another and their constituencies – thus their sense of membership and identity too – their relationship to scientists and experts practices, and their actual shared possibilities and pragmatics opinions' (Laws & Forester, 2007).

Dealing with uncertainty

There are three characteristics of joint fact finding plus that give the planner the support he needs to deal with uncertainty about knowledge. First, the process is highly case-specific. There is no manual describing the most effective method, because the questions to be answered depend on the specific nature of the problem.

Second, the stakeholders need to identify specific criteria in order to clarify the problem. The criteria define in general terms what should be considered acceptable and unacceptable, and are based on local knowledge. The local circumstances, specific history, and experience-based knowledge of those involved must be used to launch a process in which consensus can be reached about potential acceptable trade offs. All stakeholders should be given an opportunity to express their opinions about the acceptability of the expected end result.

Third, joint fact finding plus is a learning process in itself. The difficulties and solutions that the parties encounter in the process improve their understanding of the problem. In this way, they learn together and are then able use the knowledge they

een domein waarin metavragen over kennis gesteld kunnen worden. De betrokkenen zien de rol van kennis niet meer als vanzelfsprekend in het proces. De manier waarop mensen kennis in het proces gebruiken moeten ze in iedere situatie opnieuw definiëren. Zoals bij *joint fact finding* start het proces op het moment dat de partijen beseffen dat zij op deze manier niet verder komen. Ook hier wordt een contextspecifiek *process design* gemaakt waar alle deelnemers mee instemmen. Wellicht wordt er een bemiddelaar gevraagd het nieuwe proces te begeleiden. Ook hier wordt de discussie gevoerd op basis van belangen in plaats van posities. Het verschil is echter dat in dit leerproces het besef moet worden uitgesproken dat het probleem nog onvoldoende 'gekend' is; het betreft een *wicked problem* (Rittel & Webber, 1973).

Een *wicked problem* is een probleem dat inherent is aan planning: er zijn geen eenduidige oplossingen voor het probleem, het is slecht gedefinieerd en oplossingen zijn slechts toepasbaar in een specifieke context. Een ander belangrijk kenmerk van een *wicked problem* is dat de planner zich geen fout kan permitteren omdat de gevolgen daarvan vaak te groot zijn. En als een planner met een oplossing komt, is deze vaak omstreden door het groeiende aantal betrokkenen die hun zegje willen doen (Rittel & Webber, 1973).

Deze diepere onzekerheid impliceert nieuwe uitdagingen voor de stakeholders (Laws & Forester, 2007). Zij ondervinden niet alleen dat ze er samen niet uitkomen, iedere stakeholder zal ook voor zichzelf moeten nagaan hoe hij zich tot het probleem verhoudt. *'Providing the occasions for stakeholders to re-evaluate their interests, their obligations to one another and their constituencies – thus their sense of membership and identity too – their relationship to scientists and experts practices, and their actual shared possibilities and pragmatics opinions'* (Laws & Forester, 2007).

Omgaan met onzekerheid

Er zijn drie kenmerken van *joint fact finding plus* die de planner houvast bieden om met de diepere onzekerheid over kennis om te gaan. Ten eerste is het proces zeer casusspecifiek. Er bestaat geen vooraf opgezette handleiding voor een goede methode omdat de gestelde vragen afhangen van het specifieke probleem.

Ten tweede moet er consensus komen over de specifieke maatstaven waarmee het probleem begrijpbaar wordt gemaakt. Maatstaven zijn algemene kwalificaties van wat aanvaardbaar en onaanvaardbaar zou zijn. Die maatstaven zijn gebaseerd op lokale kennis: om het proces op gang te brengen waarin overeenstemming kan komen, over wat acceptabele *trade offs* kunnen zijn, moet men de lokale omstandigheden, specifieke geschiedenis, ervaringsexpertise van betrokkenen inzetten. Alle betrokken partijen moeten de mogelijkheid hebben hun zegje te doen over de aanvaardbaarheid van het te verwachten eindresultaat.

Ten derde is *joint fact finding plus* een leerproces op zich. De problemen en oplossingen die we tegenkomen in het proces dragen bij aan ons begrip van het probleem. Dus in de praktijk leren de betrokkenen samen, en gebruiken zij de kennis die ze gezamenlijk opdoen om beleid te vormen of de vraagstelling aan te passen. Op die manier is er in het leerproces ruimte voor kritische discussie waarin partijen hun specifieke kennis kunnen exploiteren. Dit leerproces is essentieel wanneer de kwestie dermate onzeker is dat de uitvoering van de kwestie uiteindelijk het meeste bijdraagt aan het begrip.

De ambiguïteit van het probleem, de verschillende oplossingen, de wetenschap die het nog niet zeker weet, en de betrokkenheid van vele partijen zijn opgenomen in de manier waarop we het proces laten verlopen en dragen bij aan ons begrip van de situatie. Hiermee hebben de betrokkenen zelf weer controle over het legitimiteitvraagstuk. Zowel het acquire to make policy or redefine the issue together. As a result, there is scope for critical discussion in the learning process and the parties have the opportunity to put their special knowledge into play. This learning process is essential when there is so much uncertainty that working on the issue concretely is the best way to come to grips with it conceptually.

The ambiguity of the problem, the variety of solutions, the knowledge that certainty remains, and the involvement of multiple parties are used guide the process and contribute to the stakeholders' understanding of the situation. In this way, stakeholders can reassert control over the legitimacy issue, and retain responsibility for both the process and the knowledge that is utilized in it. The quality of plans and decisions depends upon the diversity of the expertise and interests involved. Joint fact finding plus is a process in which stakeholders create a joint learning process and, with a critical eye, connect, interweave, and anchor knowledge.

David Laws, Maarten Poorter and Nanke Verloo are attached to the department of political science at the University of Amsterdam (UvA).

References
Beck, U., Bonss, W. & Lau, C. (2003), 'The theory of reflexive modernization: problematic, hypotheses and research programme', Theory, Culture and Society, vol. 20, no. 2, pp. 1-33.
Ehrmann, J. & Stimson, B. (1999), 'Joint fact finding and the use of technical experts'. In Susskins, L., Mc Kearnan, S., Thomas-Larmer, J., The Consensus Building Handbook, Thousand Oaks, CA: Sage.
Funtowicz, S.O. & Ravetz, J.R. (1991), 'A new scientific methodology for global environmental issues'. In Wainger, L. & Costanza, R., Ecological Economics: the Science and Management of Sustainability, New York: Columbia University Press.
Laws, D.W. & Forester, J. (2007), 'Learning in practice: public policy mediation', Critical Policy Analysis, vol. 1, no. 4, pp. 342-370.
Rittel, H.W.J. & Webber, M.M. (1973), 'Dilemmas in a general theory of planning', Policy Sciences, vol. 4, pp. 155-169.
Susskind, L. & McKearnan, S. (1999), 'The evolution of public policy resolution', Journal of Architecture and Planning Research, vol. 16, no. 2, Summer 1999.

proces als de kennis blijft in handen van de betrok-kenen. De veelzijdigheid aan expertise en belangen van de verschillende partijen zijn essentieel om de kwaliteit van de plannen en beslissingen te waar-borgen. *Joint fact finding plus* is een proces waarin betrokken partijen een gezamenlijk leerproces creëren waarin ze met een kritische blik verbinden, verweven en verankeren.

David Laws, Maarten Poorter en Nanke Verloo zijn verbonden aan het departement van Politieke Wetenschappen van de Universiteit van Amsterdam (UvA).

Referenties

Beck, U., Bonss, W. & Lau, C. (2003). *The theory of reflexive modernization: problematic, hypotheses and research pro-gramme.* In: *Theory, Culture and Society*, vol 20, no 2, pp 1-33.
Ehrmann, J. & Stimson, B. (1999). *Joint fact finding and the use of technical experts.* In: Susskind, L., Mc Kearnan, S., Thomas-Larmer, J., *The Consensus Building Handbook.* Thousand Oaks, Sage, California.
Funtowicz, S.O. & Ravetz, J.R. (1991). *A new scientific methodological for global environment issues.* In: Wainger, L. & Costanza, R., *Ecological economics: the science and manage-ment of sustainability.* Columbia University Press, New York.
Laws, D.W. & Forester, J. (2007). *Learning in practice: public policy mediation.* In: *Critical Policy Analysis*, vol 1, no 4, pp 342-370.
Rittel, H.W.J. & Webber, M.M. (1973). *Dilemmas in a general theory of planning.* In: *Policy Sciences,* vol 4, pp 155-169.
Susskind, L. & Mc Kearnan, S. (1999). *The evolution of the public policy resolution.* In: *Journal of Architecture and Planning Research*, vol 16, no 2, summer 1999.

Gebiedsontwikkeling als onvoltooid project

Area development: an unfinished project

Roel During

De kernvraag van dit essay luidt: wanneer ver-hindert en wanneer draagt kennis bij aan het tot stand brengen van democratische legitimiteit? In dit essay zal ik ingaan op de vraag hoe de praktijk van regionale planning met intermediaire netwerken en instituten kan worden bezien, in het licht van kennis en macht. Daarbij verwijs ik naar een politiek debat, waarin een principiële discussie over de democratische positie van burgers in ontwik-kelingsplanologie is aangezwengeld, en nog steeds actueel is. Op basis van die zienswijze en politieke discussie positioneer ik netwerken als autonome intermediaire structuren, die de coördinatie tussen overheidslagen kunnen bevorderen en daarbij een functie vervullen als experimenteerzones van publiek-private planning (Husken & Jonge, 2005; Aarts, During et al., 2006). Ik zet uiteen dat deze netwerken soms de democratie kunnen bevorderen,

What is the role of knowledge in establish-ing democratic legitimacy? When does it stand in the way, and when does it make a positive contribution? That is the key issue addressed in this essay. I will be discussing whether the practice of regional planning, with its intermediary networks and institutes, can be viewed in terms of knowledge and power. This discussion will be placed in the context of current Dutch political debate, which involves a fundamen-tal, ongoing discussion of the democratic involvement of citizens. From there, I go on to present networks as autonomous intermediary structures that can enhance coordination between layers of government and serve as experimentation zones for public-private planning (Husken & Jonge, 2005; Aarts, During et al., 2006). I explain how these networks can alternatively foster and frustrate democracy. In doing so, I emphasize knowledge, looking at how it is defined, what types there are, and how it is produced, imported, excluded and codified.

Area development and democratic legitimacy

Despite efforts to actively involve the public in the planning process, the democratic participation of citizens in contemporary spatial planning – also referred to as development planning – is a problematic issue. A discussion of democratic legitimacy was launched on 22 March 2005 in a debate in the Senate (Eerste Kamer) on the spatial economic development of the Netherlands. During that debate, several senators expressed concerns about public participation. They observed that development planning, and the public-private partnerships (PPPs) that accompanies it, demands strong mutual trust between public and private investors.

Past experiences of public-private partnership have shown that while trust among the partners is growing and financial interests are crystallizing, the confidentiality that is inherent to these processes is not compatible with full democratic transparency in the planning process. At this stage of the planning process, usually referred to by investors as the calculation and design phase, the aim is to determine the financial interests at stake. Members of parliament were convinced that this approach precluded the public from exercising influence on spatial planning choices and design proposals.

An additional barrier to a democratic planning process is the weakened procedural position of the public resulting from the adoption of the stakeholder principle in administrative law.[1] This principle, which emerged when projects became the central focus, limits recourse to objection procedures to those whose interests are directly affected. This approach is far removed from the notion that good spatial planning is in the general interest.

maar ook kunnen frustreren. Dit werk ik uit met een accent op kennis. Wat kan verstaan worden onder kennis, welke soorten kennis zijn er en hoe wordt kennis geproduceerd, geïmporteerd, geweerd en/of gecodificeerd?

Gebiedsontwikkeling en democratische legitimiteit

Ondanks ambities om burgers actief bij planvorming te betrekken is de democratische positie van burgers in de hedendaagse ruimtelijke ordening – ook wel aangeduid als ontwikkelingsplanologie – vaak problematisch. Discussie over de problematiek van democratische legitimiteit werd aangezwengeld tijdens een themadebat in de Eerste Kamer op 22 maart 2005 over de ruimtelijke economische ontwikkeling van Nederland. Tijdens dit debat spraken diverse senatoren hun bedenkingen uit over de positie van de burger. Geconstateerd werd dat ontwikkelingsplanologie en de daarbij horende publiek-private samenwerking (pps) een groot beroep doet op het onderling vertrouwen van publieke en private investeerders.

Uit eerdere pps-ervaringen bleek dat, gedurende de tijd waarin vertrouwen groeit en de financiële belangen uitkristalliseren, de hiervoor benodigde beslotenheid zich niet verhoudt tot de gewenste democratische transparantie voor burgers in het planproces. Investerende actoren duiden deze fase vaak aan als een fase van rekenen en tekenen die een plankaart oplevert met financiële belangen. Kamerleden hadden er geen vertrouwen in dat burgers nog invloed konden uitoefenen op de ruimtelijke keuzes en inrichtingsvoorstellen.

Daarbij speelde op de achtergrond de verslechterde procedurele positie van burgers in planprocessen vanwege de introductie van het belanghebbendenbeginsel in het bestuursrecht.[1] Dit beginsel is voortgekomen uit het centraal stellen van projecten, maar leidt tot een selectieve toegankelijkheid van de bezwarenprocedure voor diegenen die direct in hun belangen worden geraakt. Deze benadering neemt afstand van het idee dat een goede ruimtelijke ordening een algemeen belang is.

Dubbele rol

De situatiebeschrijving van het nieuwbouwproject Meerstad Groningen, geschreven door econoom Arnold Heertje, geeft een treffend beeld van wat de Eerste Kamerleden zagen aankomen. De vertrouwelijke stukken waarmee de overheid zich heeft gebonden aan private partijen kreeg Heertje niet te zien. Op basis van hapsnap verkregen informatie spreekt hij over deze pps als een onderonsje met grote risico's voor de belastingbetaler (Heertje, 2005). De overheid heeft in dergelijke gebiedsprocessen een dubbele rol, die van onderhandelaar en die van borger van het algemeen belang c.q. handhaver van de wet (Pleijte, 2006).

De discussie over openheid en transparantie heeft gedurende lange tijd tot overleg geleid tussen vaste kamercommissies ruimtelijke ordening van de Eerste en Tweede Kamer en het ministerie van Volkshuisvesting, Ruimtelijke Ordening en Milieubeheer (VROM), om te bezien of pps-projecten aangekondigd zouden kunnen worden, bijvoorbeeld met een raadsbesluit voor een project wat naar verwachting zal leiden tot een verandering in het bestemmingsplan. Uiteindelijk kwam men tot de conclusie dat ook in het verleden allerlei informele voortrajecten werden belopen in de ruimtelijke planning en dat een meldmoment hooguit kon leiden tot vervroeging van dit voortraject. Informele overleggen en afspraken tussen publieke en private investeerders buiten het oog van burgers werden door VROM gezien als een inherent verschijnsel van ruimtelijke ordening.

Hiermee is de problematiek van democratische legitimiteit wel zichtbaar gemaakt, maar niet opgelost. De geslotenheid van planprocessen kan op gespannen voet staan met beginselen van goed bestuur en moderne democratie.

Dual role

The situation description for the Meerstad Groningen new build project, written by economist Arnold Heertje, paints a telling picture of what the Senate had anticipated. Heertje was unable to gain access to the confidential contracts between the public and private partners. On the basis of information he was able to piece together, he characterized this PPP as an informal arrangement with serious risks for the taxpayer (Heertje, 2005). Government authorities play two roles in area development processes like this one: they act both as a party to negotiations, and as guarantor of the public interest or law enforcer (Pleijte, 2006).

The discussion about openness and transparency has led to long-running consultations between the House and Senate Standing Parliamentary Committees on Spatial Planning and the Ministry of Housing, Spatial Planning, and the Environment, aimed at deciding whether it was possible to make PPPs public, for example by means of a resolution of the municipal council for a project that was expected to require zoning changes. Ultimately, they concluded that previous spatial planning projects had included all kinds of informal preliminary processes and that an announcement phase would at most lead to these preliminary processes starting earlier. The Ministry considered back-room consultations and arrangements between public and private investors, out of the public eye, to be inherent to spatial planning. This brought the problem of democratic legitimacy into the light, but did not solve it. The closed nature of planning processes is inconsistent with the principles of good governance and modern democracy.

Networks and references

Public administration expert Maarten Hajer (jaartal; hoofdstuk in het boekje van AT Osborne) has written about the determining influence of money. Today, public authorities are eager to ensure that their spatial planning projects are profitable. Government is increasingly playing what Marcel Pleijte, a researcher at Wageningen University, identifies as a dual role. Different levels of government can end up competing with each other, especially when each has its own development company. This generates bureaucratic viscosity, in part because public authorities keep their agendas under wraps and sometimes work hand in glove with private investors. This is unfortunate, because planning processes progress more smoothly when government bodies work together.

In this quagmire, networks are established in order to develop innovative practices. Networks can be very useful in coordinating diverse government interests. Networks have also successfully supported citizen initiatives, such as Habiforum in the case of the Wagenwerkplaats, a former Dutch Rail maintenance park in Amersfoort (Vries & Kuenen, 2008).

Community of practice

When a network is used in planning, legitimacy is no longer sought in society but within the network itself. The community of practice, a concept from management science, is a useful instrument for network building (Wenger, 1998; Kersten & Kranendonk, 2002). It has gained popularity in recent years, but little remains of the original idea of alternating open and closed periods derived from modern system theory. Thinking in terms of communities of practice seems to have increased the self-referentiality of networks.[2]

Knowledge culture

When planning processes are not transparent, certain issues may be approached in a narrow-minded way. This tends to occur when consensus is the norm and divergent perspectives on spatial change are excluded from consideration. Mobilizing informal knowledge can be beneficial, because it allows varying interests to be placed in a

Netwerken en referenties

Door bestuurskundige Maarten Hajer is eerder gewezen op de sturende werking van geld (Hajer, 2004). Overheden willen tegenwoordig graag winst maken op hun ruimtelijke ordeningsprojecten. Steeds vaker is hierbij sprake van wat de Wageningse onderzoeker Marcel Pleijte de dubbele rol van de overheid noemt. Verschillende overheidslagen kunnen elkaar beconcurreren, vooral als ze elk hun eigen ontwikkelingsbedrijf hebben. Hierdoor ontstaat bureaucratische stroop, mede omdat overheden hun agenda niet open op tafel leggen en soms ook een een-tweetje hebben met een private investeerder. Terwijl de voortgang in het planproces juist gebaat is bij samenwerking van deze overheden.

In deze stroop worden netwerken geïnstalleerd om tot innovatieve praktijken te komen. Netwerken kunnen zeer goed werk doen in de afstemming van verschillende overheidsbelangen. Er zijn voorbeelden van geslaagde ondersteuning van burgerinitiatieven door netwerken, zoals de Wagenwerkplaats in Amersfoort door Habiforum (Vries & Kuenen, 2008).

Community of practice

In netwerken wordt de legitimiteit van de planner niet meer in de samenleving gezocht, maar in het netwerk zelf. Een belangrijke steun in de rug voor netwerkvorming is het concept *community of practice* (CoP), dat via de managementliteratuur is aangewaaid (Wenger, 1998; Kersten & Kranendonk, 2002). Het CoP-concept heeft een grote vlucht genomen, maar van de oorspronkelijke ideeën om periodes van openheid en geslotenheid af te wisselen, die terug te voeren zijn op de moderne systeemtheorie komt in de praktijk vaak maar weinig terecht. Het CoP-denken lijkt de zelfreferentialiteit van netwerken te hebben vergroot.[2]

Geslotenheid in planprocessen kan resulteren in een eenzijdige belichting van een vraagstuk. Dit gebeurt vooral als consensus de norm is en andere perspectieven op ruimtelijke veranderingen buiten beschouwing blijven. Het mobiliseren van informele kennis kan heilzaam zijn, omdat hiermee verschillende belangen in een gemeenschappelijk kader te plaatsen zijn. Daarnaast kan kennis de werelden van binnen en buiten een netwerk met elkaar in verband brengen.

Het is dus interessant om wat nader te kijken naar de rol van kennis in netwerken. Hierbij kies ik een cultureel perspectief, dat ik tevens gebruikt heb om Europese netwerken rondom INTERREG-projecten te bestuderen (During, 2007). Om de rol en de betekenis van kennis te onderzoeken wil ik graag het begrip 'kenniscultuur' introduceren. De kenniscultuur in een netwerk wordt bepaald door de oscillatie van operationele en reflexieve kennis, hoe ze elkaar afwisselen en ook construeren – zie kader. Operationele kennis is vooral gebaseerd op eerste-orde-observaties, bijvoorbeeld een wijze van organiseren die succesvol bleek te zijn (Andersen, 2003). Reflexieve kennis is vooral gebaseerd op tweede-orde-observaties. Met andere woorden: het observeren van hoe kennis wordt gevonden, gebruikt en gemaakt in sociale interactie (Andersen, 2003). Drie aspecten wil ik bespreken om toe te lichten hoe de interactie van operationele en reflexieve kennis kan worden geduid: de herkomst, de constructie en de oriëntatie van kennis.

Cognitieve geslotenheid

Reflectie op de herkomst van kennis is belangrijk om meer inzicht te krijgen in waarom sommige soorten kennis wel en andere niet worden toegelaten in een planproces. In netwerken gaat het vaak om een interessant mengsel van persoonsgebonden kennis – gevormd uit het systematiseren van persoonlijke en ook emotionele ervaringen – en formele gecodificeerde kennis die ontstaat uit het abstraheren van succesvol geachte praktijken.

De persoonsgebonden kennis kan bijvoorbeeld betrekking hebben op de informele organisatievor-

coherent framework. In addition, knowledge can forge connections between the world outside the network and the world within.

The role knowledge plays in networks is an interesting topic to explore. I will examine it from a cultural perspective, as I did in my research of European networks with respect to INTERREG projects (During, 2007). Before proceeding with my examination of the role and significance of knowledge, I would like to introduce the concept of 'knowledge culture'. The knowledge culture of a network is determined by the interaction between operational and reflective knowledge, the way they alternate and build on one another (see box). Operational knowledge is primarily comprised of first-order observations, for example a method of organization that has proved successful (Andersen, 2003). Reflective knowledge is derived mainly from second-order observations, i.e. observing how knowledge is discovered, used and made in social interaction (Andersen, 2003). I will discuss three aspects that explain how the interaction of operational and reflective knowledge can be interpreted: the origin, the construction and the orientation of knowledge.

Cognitive closure

It is important to reflect on the origin of knowledge in order to gain a better understanding of why some kinds of knowledge are considered valid in planning processes and other kinds are not. Networks usually involve an interesting combination of personal knowledge – formed by the systematization of personal and emotional experiences — and formal, codified knowledge generated by abstracting information from practices that are considered successful.

Personal knowledge may, for example, relate to the informal forms and models of organization with which people had favourable or unfavourable experiences in the past (Salverda, Slangen, et al.). Formal knowledge may consist of scientific knowledge or practical knowledge that has been institutionally internalized. As the network secures more power for itself, knowledge will be selected that is conducive to its strategy and goals. However, excessive selectiveness can lead to cognitive closure and prevent the planning process from acquiring legitimacy.

Authoritative knowledge
A network can buy knowledge, by seeking out strategic participants or contracting out assignments. This signals a preference for authoritative knowledge. Most authoritative knowledge is generated by publicly funded universities or agencies. This can lead to a situation in which the knowledge used to, for example, determine the dimensions and terms of reference for overflow areas for river water is also used successfully by citizen initiatives to scuttle the project (Roth, Warner, et al., 2006).

A citizen initiative in the Noordwaard, a polder area on the border of Biesbosch National Park, was unable to derail an unpopular project because the calculations for its alternative to the national government programme 'Room for the River' could only be made using Rijkswaterstaat's models, which were at Delft University of Technology (TU Delft). The engineers at TU Delft, wanting to maintain their good relations with Rijkswaterstaat, were unwilling to compute an alternative scenario based on lowering water levels (Pleijte & During, 2006). The parliamentary investigation and verification office later determined that Rijkswaterstaat had been disinclined to take alternatives seriously. When a single party has an exclusive right to knowledge, thorough democratic scrutiny is impeded. When most of the knowledge used in planning is formal, it will tend to originate from a single source, which can produce a 'might makes right' situation.

Open knowledge structures
When knowledge is accumulated, the underlying ideas determine how the knowledge reservoir is filled. Is knowledge seen as an edifice that is never finished and can include

men en -modellen die mensen eerder hebben ervaren en waar ze goede of minder goede ervaringen mee hebben (Salverda, Slangen et al., 2009). De formele kennis kan bestaan uit wetenschappelijke kennis of praktijkkennis die institutioneel geïnternaliseerd is. Naarmate het netwerk zichzelf meer macht toedient zal men een selectie maken van kennis die zich positief verhoudt met de strategie en de doelen. Als men te ver doorschiet in selectiviteit ontstaat cognitieve geslotenheid en kan er geen legitimiteit in het planproces worden opgebouwd.

Gezaghebbende kennis
Kennis is met geld in een netwerk te halen. Dit kan door strategisch deelnemende partijen te zoeken of via het verstrekken van opdrachten. Daarbij is een voorkeur waar te nemen voor gezaghebbende kennis. De meest gezaghebbende kennis is met overheidsmiddelen door een universiteit of een dienst gemaakt. Dit kan leiden tot de situatie dat de kennis die is gebruikt voor het programmeren en dimensioneren van noodoverloopgebieden voor rivierwater met succes in burgerinitiatieven is gebruikt om ze weer van de agenda af te voeren (Roth, Warner et al., 2006).

Minder succesvol was een burgerinitiatief in de Noordwaard in de Biesbosch omdat dit alternatief voor het rijksprogramma Ruimte voor de Rivier eigenlijk alleen was door te rekenen met de modellen van Rijkswaterstaat, die tevens bij de TU Delft aanwezig waren. Om de goede verstandhouding met Rijkswaterstaat te behouden waren de Delftse ingenieurs niet bereid een alternatief scenario door te rekenen op waterstandverlaging (Pleijte & During, 2006).

Door het onderzoek- en verificatiebureau van de Staten-Generaal is achteraf vastgesteld dat de bereidheid van Rijkswaterstaat minimaal was om alternatieven serieus te nemen. De situatie van alleenrecht op kennis staat uiteraard een goede democratische controle in de weg. Als er in planning vooral formele kennis wordt gebruikt kan dit snel leiden tot een eenzijdige herkomst van kennis en daarmee tot het recht van de sterkste.

Open kennisconstructies

Bij de constructie van kennis bepalen de achterliggende ideeën hoe een reservoir aan kennis wordt gevuld. Veronderstelt men kennis als een bouwwerk dat nimmer af is en ook concurrerende denkbeelden kan bevatten? Of wordt het bouwwerk gezien als een afgerond geheel? In de bijdrage van Zef Hemel – zie hoofdstuk 2 – staat het verhaal van de vele mogelijkheden centraal. Hierbij is formele feitenkennis in informele vorm opgenomen in het verhaal, waardoor er een open en uitnodigende structuur ontstaat. Deze opvatting staat haaks op een meer gesloten opvatting dat kennis moet leiden tot modellen of een handboek en dat kennis een eigenaar heeft.

Naarmate er een meer pluralistisch beeld van het construeren van kennis bestaat is de neiging tot sluiting van de kennisgelederen kleiner. Soms wordt kritiek op eigen werk georganiseerd – het InnovatieNetwerk Groene Ruimte en Agrocluster bijvoorbeeld verstrekt soms opdrachten aan 'dwarsdenkers'. Er is sprake van geslotenheid als er in het netwerk een centrum opereert dat kennis verbindt aan macht en strategie. Het persoonsgebonden kennispotentieel blijft dan onbenut, diversiteit binnen het netwerk wordt dan al snel als probleem gezien. Het netwerk schakelt kennismanagers in om te bepalen welke kennis wel en niet toe te laten is en wie er deelt in de voorraad. Daardoor reduceert de kennis binnen het netwerk tot een enkele mantra of een schema hoe men de dingen moet zien, zoals de moeten-willen-kunnendriehoek.

Als gevolg van dergelijke kennisconstructies ontstaan praktijkacademies[3] waar praktijkmensen kennisnemen van de laatste inzichten, en waar competenties belangrijker zijn dan kennis. Naarmate de constructie van kennis meer open en pluriform

competing constructs? Or is the edifice seen as a completed whole? In his essay in Chapter 2, Zef Hemel examines the narrative of multiple possibilities. This type of narrative incorporates formal factual knowledge in an informal guise, which results in an open and inviting structure. This perspective stands in stark contrast to the perspective that knowledge should lead to models or a manual, and that knowledge has an owner.

A more pluralistic approach to constructing knowledge reduces the tendency for knowledge to be monopolized. In some cases, parties commission research that is critical of their work. The InnovationNetwork for agribusiness and rural areas (InnovatieNetwerk Groene Ruimte en Agrocluster), for example, engages 'oppositional thinkers' to examine its plans. Closure occurs in a network when the 'inner circle' links knowledge to power and strategy. The well of personal knowledge remains untapped, and diversity within the network is likely to be viewed as a problem. The network brings in knowledge managers to determine what kinds of knowledge to include and exclude and who should have access to the knowledge base. As a consequence, the network's knowledge is reduced to mantras or a blueprint dictating how things should be seen.

Knowledge structures of this nature result in academies of practice[3] where field practitioners learn about the latest insights, and where skills are considered more important than knowledge. The more open and diverse the process of constructing knowledge is, the greater the degree of democratic legitimacy. The 'instruction manual' approach, as instructive as it may be, is probably less democratic. The manual provides a repertoire of standard operating procedures, aimed at keeping the planning process running rather than fostering legitimacy. The contents of the manual are closely related to the personal skills of the members of the network. However, people can also participate in the planning process by taking part in an open-ended knowledge building process that incorporates different types of knowledge. Pluralism pays, but to achieve it resistance must be overcome.

Approach to knowledge

The approach to knowledge determines how knowledge is used to achieve the goals of the network. In public-private networks, there is always a fascinating combination of short- and long-term goals. Knowledge is what links those time horizons. In a no-nonsense knowledge culture, the object is to identify the relationships between the end and the means. This is particularly important when the network makes investments and needs those investments to yield returns. This kind of thinking played a role in the Incodelta public-private network, which attempted to catalyze a number of planning breakthroughs, for example with respect to Eindhoven and the expansion of the Moerdijkse Hoek, in the run up to the Fifth National Policy Document on Spatial Planning. The aim was to use knowledge to unearth possibilities in the vicinity.

When the approach to knowledge is more strategic, the interactive relationship between the network and its context plays a major role, in which knowledge is geared towards answering the question of how changes in the context can best be anticipated. In this situation, those who advise and work closely with the network manager have more influence. Knowledge is focused on lobbying; for instance, it may be important to know what a particular politician is planning to do, or how a policy document is being put together.

When the approach to knowledge is oriented towards stimulating public debate, democratic legitimacy will grow because there is room for competing insights ensuing from other types of interests. The Incodelta example is very interesting because the network was incredibly diverse in terms of organizations and individuals and their reservoirs of knowledge. Under the leadership of

is, kan er meer democratische legitimatie worden opgebouwd. Het handboekideaal, hoe instructief ook, is waarschijnlijk minder democratisch. Het handboek levert een repertoire aan gestandaardiseerde handelingsperspectieven, die gericht zijn op het lopend houden van het planproces en minder op het verkrijgen van legitimiteit. Handboek en persoonlijke competenties liggen dicht bij elkaar. Echter, door te participeren in een proces van kennisopbouw met open einde, met aandacht voor verschillende soorten kennis, participeert men ook in het planproces. Pluralisme loont, maar daarvoor moeten weerstanden overwonnen worden.

Kennisoriëntatie

De oriëntatie op kennis bepaalt hoe men kennis wil inzetten om de doelen van het netwerk te bereiken. In publiek-private netwerken gaat het altijd om een boeiende combinatie van korte- en langetermijndoelen. Kennis is nodig om die verschillende tijdshorizonten te verbinden. In een no-nonsense cultuur van omgaan met kennis kan de oriëntatie gericht zijn op het onderkennen van relaties tussen doel en middel. Hier is vooral sprake van als het netwerk investeert en er een *return on investment* nodig is.

Deze vorm van denken speelde met name een rol in het publiek-private netwerk van Incodelta, dat in aanloop naar de *Vijfde Nota Ruimtelijke Ordening* geprobeerd heeft enkele planologische doorbraken te forceren, bijvoorbeeld rondom Eindhoven en de uitbreiding van Moerdijkse Hoek. De kennis spitst zich dan toe op het inzien van mogelijkheden in de nabije omgeving.

Als er een meer strategische oriëntatie op kennis is speelt de interactieve relatie van netwerk en omgeving een grote rol, waarbij de kennis zich richt op de vraag hoe geanticipeerd kan worden op een veranderende omgeving. In deze laatste situatie krijgt de goeroe, of de persoon die dicht bij de bestuurder zit, meer recht van spreken. Het accent van kennis komt te liggen op lobbyen. Het is dan belangrijk om te weten wat er speelt rondom een gedeputeerde of in de voorbereiding van een nota.

Wanneer de oriëntatie van kennis ligt op het aanjagen van het publieke debat kan er democratische legitimiteit worden opgebouwd omdat de kennis dan openstaat voor concurrerende inzichten, die voortkomen uit andersoortige belangen. Het Incodelta-voorbeeld is zeer interessant vanwege de grote diversiteit van het netwerk, zowel van organisaties als van individuen met hun reservoir aan kennis. Het netwerk van Incodelta wist onder leiding van Johan Stekelenburg, toenmalig burgemeester van Tilburg, een grote democratische legitimiteit op te bouwen.

Innu-indianen

Met deze verschillende insteken voor het duiden van de kenniscultuur in netwerken is enig reliëf aangebracht ten aanzien van de bijdrage aan democratische legitimering. Hiermee is niet alles gezegd, want er is ook een modaliteit denkbaar waarin democratische legitimiteit wel wordt verkregen via kennis, maar waar geen netwerken actief in zijn. Met een praktijkvoorbeeld[4] wil ik dit staven.

Toen Nederland in 1986 een contract afsloot met de Canadese regering voor het laagvliegen met F16-vliegtuigen boven onbewoond gebied openbaarde zich een probleem. Het bleek dat onbewoond toch niet zo onbewoond was als de Canadese regering had voorgespiegeld. De rivierdalen waarboven gevlogen werd bleken het domein van Innu-indianen, die daar een nomadisch bestaan leiden. De mogelijke effecten van het laagvliegen zijn in beeld gebracht in een milieueffectrapportage (mer). Vanuit Nederland is een poging gedaan deze mer mee te laten wegen in het politieke debat en de besluitvorming (During, 1992).

De Canadese mer-procedure voorziet in de mogelijkheid groepen die schade ondervinden van een voorgenomen activiteit zich te laten ondersteunen door een expert die meehelpt mogelijke effecten

Johan Stekelenburg, the mayor of Tilburg at the time, the Incodelta network was able to build considerable democratic legitimacy.

Innu Indians

We have seen how these different approaches, each of which corresponds to a particular culture of knowledge within a network, bear on the issue of democratic legitimization. This does not cover all the possible scenarios, because there is a modality in which democratic legitimacy is acquired through knowledge but in which no networks are active, as the following real-life example shows.[4]

In 1986 the Netherlands concluded a contract with the Canadian government in 1986 concerning low flyover exercises by F16 aircraft in uninhabited areas of the Canadian wilderness. But a problem soon arose. It turned out that the areas in question were not as 'uninhabited' as the Canadian government had made out. The river valleys that the F-16s were flying over were home to the nomadic Innu Indians. An environmental impact study was done to determine the potential effects of the flyover exercises. The Netherlands attempted to take the results of the report into consideration in the political debate and decision making process (During, 1992).

The Canadian environmental impact assessment procedure includes a provision enabling groups that could be harmed by a planned activity to engage an expert to help them demonstrate the potential effects persuasively. The Innu Nation were assisted by cultural anthropologist Peter Armitage, who wrote an extensive report entitled 'Homeland or Wasteland' (Armitage, 1989). Besides describing the primary observations of the Innu regarding the effects of low-flying military aircraft on, for example, caribou herds, Armitage also offered a thoughtful reflection on the deep significance of the Innu Nation's nomadic existence and how profoundly it would be affected by military aircraft flying 900 kilometres per hour just thirty metres above the river valleys they inhabited. In this environmental impact assessment procedure, knowledge was the vehicle of a specific form of direct democracy.

Knowledge, networks and democracy

Though government must always take the lead, networks can certainly play a role in promoting or problematizing democratic legitimacy. In situations where the approach to knowledge emphasizes rule-following and consensus-building in a context of disparate interests, area development networks tend to close ranks. Finding, building, and practicing a culture of knowledge makes all the difference.

Ideas and practices that are based on a pluralistic view of knowledge are more commensurate with the principles of democracy because they are less likely to lead to cognitive and operational closure. Moreover, free access to knowledge is an important condition for democratic legitimacy. Knowledge used in planning can also be used by opponents of the plan in question. Having access to that knowledge enables them to interpret it in their own way and add their own observations.

When the public have unimpeded access to knowledge, the role of decision-makers at the political level becomes more difficult and more important: when making difficult decisions, they can no longer draw solace from the frequently invoked dichotomy between emotional citizens and rational planners. When there is greater parity among alternatives, decision-makers are forced to focus on substantive choices.

Useful networks

It is a naive to think that involving a few citizens in a planning process will automatically lend democratic legitimacy. The idea that a planning process for area development can be representative in democratic terms is hypothetical and has yet to be proven in practice. The Canadian model, which emphasizes empowering opposition

overtuigend aan te tonen. De Innu lieten zich flankeren door een cultureel antropoloog, Peter Armitage, die een doorwrocht rapport schreef met als titel *Homeland-Wasteland* (Armitage, 1989). Behalve dat hij de primaire observaties van de Innu over de effecten van het laagvliegen op bijvoorbeeld de kariboekuddes beschreef, heeft hij in meer reflexieve termen opgeschreven wat de diepste betekenis van het nomadisch bestaan van de Innu was en hoezeer ze in de essentie van hun bestaan werden geraakt door de vliegtuigen die op dertig meter hoogte en met 900 kilometer per uur over hen heen vlogen in de rivierdalen. In deze mer-procedure is kennis het voertuig van een bepaalde vorm van directe democratie.

Kennis, netwerken en democratie

Ondanks het feit dat het primaat van de politiek niet ter discussie staat, kunnen netwerken wel degelijk democratische legitimiteit bevorderen of problematiseren. Daar waar het kennisaccent ligt op de omgang met regels en het construeren van consensus in een omgeving van verdeelde belangen, neigen de netwerken in gebiedsontwikkeling tot geslotenheid. De cultuur van kennis vinden, maken en toepassen maakt het verschil.

Opvattingen en praktijken die gestoeld zijn op een meervoudige duiding van kennis verhouden zich beter tot de beginselen van de democratie, omdat ze in veel mindere mate leiden tot cognitieve en operationele geslotenheid. Vrije toegang tot kennis is daarnaast een belangrijke voorwaarde voor democratische legitimatie. Kennis die wordt gebruikt in planning kan dan ook worden gebruikt door tegenstanders. Zij zijn dan in staat gesteld om er een eigen interpretatie van te maken en er ook eigen observaties aan toe te voegen.

Een vrije toegang tot kennis maakt de rol van politici moeilijker en belangrijker: de veel geconstrueerde tegenstelling tussen emotionele burgers en rationele planners biedt dan geen soelaas meer voor de lastige besluitvorming die zich bij meer gelijkwaardigheid van alternatieven noodgedwongen moet concentreren op inhoudelijke keuzes.

Dienstbare netwerken

Een beer op de weg is het naïeve idee dat het betrekken van enkele burgers in een planproces automatisch bijdraagt aan democratische legitimiteit. Het idee dat een planproces ten dienste van gebiedsontwikkeling representatief kan zijn in democratische termen is hypothetisch en in de praktijk nog onbewezen. Het Canadese model, waarin *empowerment* van opponerende groepen centraal staat, is dan een veel interessantere vorm van democratie. Het model noodzaakt elke initiatiefnemer om zeer scherp te zijn op de inhoudelijke doelstellingen van een plan, die overeind moeten blijven in een geprofessionaliseerde discussie van verzet. Netwerken kunnen daarbij wel dienstbaar zijn, maar kunnen zich niet voordoen als 'opkomend voor het algemeen belang'. De essentie van sterke verhalen in planning ligt in het actief organiseren van pluraliteit in opvattingen en kennis in een planproces, waarbij de grenzen van netwerken vanzelfsprekend overschreden worden.

Roel During is werkzaam bij het team Stadsregionale Ontwikkeling van het Wageningse onderzoeksinstituut Alterra.

Enkele begrippen rondom kennis

Operationele kennis: kennis die direct toepasbaar is voor het oplossen van een concreet (plannings)probleem. Mensen verkrijgen deze kennis in de regel door directe observaties in het veld in relatie tot technische mogelijkheden om problemen op te lossen.
Reflexieve kennis: kennis die inzicht verschaft in de wijze waarop operationele kennis tot stand komt. Het leren of sociaal leren staat centraal en kennis is vooral gebaseerd op hogere-orde-observaties. Geobserveerd wordt hoe mensen spreken over hun observaties, problemen en hun oplossingen.
Kennisreservoir: de totale verzameling van observaties, technieken en inzichten die door een groep vanuit verschillende invalshoeken zijn opgesteld om problemen op te lossen en die aan iedereen ter

groups, is a much more interesting form of democracy. The model requires anyone who launches an initiative to be sure that the substantive objectives of the plan can withstand challenges from a well-prepared opposition. Networks can be of use in this respect, but cannot purport to 'champion the public interest'. The essence of a strong story in planning lies in actively incorporating a plurality of views and knowledge into the planning process, so that it naturally moves beyond the limits of the networks involved.

Roel During is a member of the Urban Regional Development team of Alterra research institute, Wageningen.

Definitions of knowledge terms
Operational knowledge: knowledge that can be applied directly to solving a concrete planning problem. Generally, people acquire this knowledge in the field through direct observation of specialized problem-solving techniques.
Reflective knowledge: knowledge that underpins understanding of the way in which operational knowledge develops. General learning and social learning are central to this form of knowledge, which is based primarily on higher order observations. The object of study is the way people talk about their observations, problems, and solutions.
Knowledge reservoir: the entire stock of observations, techniques, and insights compiled from various perspectives by a group of people in order to solve problems and made accessible to the entire group.
Knowledge manager: a person who ensures that knowledge is shared and that usable knowledge from outside is brought into the group, for example, by organizing knowledge exchange meetings.

1 The Tops Commission worked out a proposal aimed at fundamentally changing public participation: more influence at the front end of the planning process and simplification of the objection and review (or back-end) procedures.
2 Van Assche described the introspection of Dutch planning practice in an essay (Van Assche & Schoorl, 2006). His observations are anchored in Luhmann's social system theory (Luhmann, 1995). In a response lacking in reflection, the 'inner circle' (Schoorl, Van der Klundert & Derksen) furnishes striking evidence for his indictment. De Haas, too, made similar analyses in Planning als Gesprek (De Haas, 2006) and Beleid met Kennis (De Haas, 2005), albeit less polemically.
3 Nirov's area development academy of practice (Praktijkacademie Gebiedsontwikkeling) or the Dutch real estate institute's (Nederlands Vastgoedinstituut) urban restructuring master class (Masterclass Binnenstedelijke Herstructurering).
4 This example is from my TNO period, when I worked at

the environmental research institute (StudieCentrum voor Milieuonderzoek, SCMO). I assisted the Innu Nation, with the approval of the institute's management, on a pro bono basis. My work primarily consisted of commenting on the environmental impact report, and in particular the summary, so that it could be used by the Netherland's House of Representatives (Tweede Kamer) in the political decision-making process.

References

Andersen, N.A. (2003). Discursive analytical strategies: Understanding Foucault, Koselleck, Laclau, Luhmann. Bristol (UK): The Policy Press.
Armitage, P. (1989). Homeland or Wasteland? Contemporary Land Use and Occupancy Among the Innu of Utshimassit and Sheshatshit and the Impact of Military Expansion. Federal Environment Assessment Panel Reviewing Military Flying Activities in Nitassinan.
Assche, K. van & Schoorl, F. (2006). Over goede bedoelingen en hun schadelijke bijwerkingen: essay over flexibiliteit, ruimte-lijke ordening en systeemtheorie. Utrecht: Innova-tieNetwerk.
During, R. (1992). The Innu, the Environmental Impact Statement and its Relevance to The Netherlands. Delft, Amsterdam: TNO-StudieCentrum voor MilieuOnderzoek (SCMO), Working Group on Indigenous People.
During, R. (2007). Cultplan: Planning Cultures in Europe Coping with Cultural Differences. Wageningen: Alterra.
Gibson, T. A. (2005). "Nimby and the Civic Good." City and Community 4(4): 381-401.
Haas, W. de (2005). Beleid met Kennis. Reflectief publiek handelen in een postmoderne omgeving. Utrecht, DLG.
Haas, W. de (2006). Planning als gesprek: grondslagen voor ruimtelijke planning en beleid in de eenentwintigste eeuw. Utrecht: De Graaff.
Heertje, A. (2005). Findings of Prof. A. Heertje with regard to public documents on the public-private cooperation in the realization of Meerstad. Dagblad van het Noorden, 4 August 2005.
Husken, F. & de Jonge, H. (eds). (2005). Schemerzones en Schaduwzijden. Opstellen over ambiguïteit in samenlevingen. Nijmegen: Roelants.
Kersten, P. & R. Kranendonk (2002). CoP op Alterra: "Use the world around as a learning resource and be a learning resource for the world." Wageningen: Alterra.
Luhmann, N. (1995). Social Systems. Stanford, CA: Stanford University Press.
Pleijte, M. (2006). "Grenzen aan ontwikkelingsplanologie. Een nieuwe aanpak: problemen en oplossingen." Topos, Richtingsblad voor de vakgroep Ruimtelijke Planvorming 16(1): 18-21.
Pleijte, M. & During, R. (2006). "Ruimte voor alternatieven? Ruimte voor de rivier in de Noordwaard." Landschap 23(4): 187-191.
Roth, D., J. Warner, et al. (2006). Een noodverband tegen hoog water. Waterkennis, beleid en politiek rond noodover-loopgebieden. Wageningen: Wageningen Universiteit.
Salverda, Irini, Louis Slangen, Jeroen Kruit, Titus Weijschedé, and John Mulder. "History is alluring: self-organisation and the significance of history in the search for a new local sense of collectivity." In Poppe, Krijn J., Catherine Termeer & Maja Slingerland. Transitions towards sustainable agriculture and

beschikking staan.
Kennismanager: persoon die ervoor zorgt dat kennis gedeeld wordt en dat bruikbare kennis van buiten een groep naar binnen te halen is. Hij doet dit bijvoorbeeld door het organiseren van bijeenkomsten waar mensen kennis uitwisselen.

1 Door de Commissie Tops is in het licht van deze discussie een voorstel uitgewerkt om de inspraak fundamenteel te veran-deren: meer invloed aan de voorkant van planprocessen en aan de achterkant de vermindering van het woud aan bezwaar- en beroepsprocedures.
2 Door Van Assche is de introversie van de Nederlandse planningspraktijk beschreven in een essay (Van Assche & Schoorl, 2006). Zijn observaties zijn verankerd in de sociale systeemtheorie van Luhmann (Luhmann, 1995). De inner circle (Schoorl, Van der Klundert & Derksen) levert in een weinig reflexieve reactie een treffend bewijs van zijn aanklacht. Ook door De Haas zijn vergelijkbare analyses opgesteld met 'Planning als gesprek' (De Haas, 2006) en 'Beleid met kennis' (De Haas, 2005), zij het wel iets minder polemisch.
3 Praktijkacademie Gebiedsontwikkeling van Nirov of de Masterclass Binnenstedelijke Herstructurering van het Nederlands Vastgoedinstituut.
4 Dit voorbeeld is afkomstig uit mijn TNO-tijd, waarin ik werkzaam was bij het Studiecentrum voor Milieuonderzoek (SCMO). De directie van dat instituut vond het goed dat ik pro deo mijn diensten aanbood aan de Innu-indianen. Mijn werk bestond voornamelijk uit het becommentariëren van het mer-rapport, met name de samenvatting, zodat deze dienstbaar kon zijn aan de politieke besluitvorming in de Tweede Kamer.

Referenties

Andersen, N.A. (2003). Discursive analytical strategies. Under-standing Foucault, Koselleck, Laclau, Luhmann. The Policy Press, Bristol.
Armitage, P. (1989). Homeland or Wasteland? Contemporary Land Use and Occupancy Among the Innu of Utshimassit and Sheshatshit and the Impact of Military Expansion. Federal Environment Assessment Panel Reviewing Military Flying Activities in Nitassinan.
Assche, K. van & Schoorl, F. (2006). Over goede bedoelingen en hun schadelijke bijwerkingen: essay over flexibiliteit, ruimtelijke ordening en systeemtheorie. InnovatieNetwerk, Utrecht.
During, R. (1992). The Innu, the Environmental Impact Statement and its Relevance to The Netherlands. TNO-Studiecentrum voor Milieuonderzoek (SCMO), Working Group of Indigenious People, Delft/Amsterdam.
During, R. (2007). Cultplan: Planning Cultures in Europe Coping

with Cultural differences. Alterra, Wageningen.

Gibson, T.A. (2005). Nimby and the Civic Good. In: City and Community, vol 4(4), pp 381-401.

Haas, W. de (2005). Beleid met kennis. Reflectief publiek handelen in een postmoderne omgeving. DLG, Utrecht.

Haas, W. de (2006). Planning als gesprek: grondslagen voor ruimtelijke planning en beleid in de eenentwintigste eeuw. De Graaff, Utrecht.

Hajer, M. (2004). Geld als sturingsmiddel. In: AT Osborne en Bouwfonds (2004), Ruimte voor uitvoering, pp 64-67.

Heertje, A. (2005). Bevindingen van prof. dr. A. Heertje over de openbare stukken over de publiek-private samenwerking bij de realisering van Meerstad. In: Dagblad van het Noorden, 4 augustus 2005.

Husken, F. & de Jonge, H. (eds) (2005). Schemerzones en Schaduwzijden. Opstellen over ambiguïteit in samenlevingen. Roelants, Nijmegen.

Kersten, P. & R. Kranendonk (2002). CoP op Alterra: 'Use the world around as a learning resource and be a learning resource for the world'. Alterra, Wageningen.

Luhmann, N. (1995). Social Systems. Stanford University Press, Stanford (CA).

Pleijte, M. (2006). Grenzen aan ontwikkelingsplanologie. Een nieuwe aanpak: problemen en oplossingen. In: Topos, periodiek voor de vakgroep ruimtelijke planvorming, vol 16(1), pp 18-21.

Pleijte, M. & During, R. (2006). Ruimte voor alternatieven? Ruimte voor de rivier in de Noordwaard. In: Landschap, vol 23(4), pp 187-191.

Roth, D., J. Warner, et al. (2006). Een noodverband tegen hoog water. Waterkennis, beleid en politiek rond noodoverloopgebieden. Wageningen Universiteit, Wageningen.

Salverda, Irinii & Louis Slangen, Jeroen Kruit, Titus Weijschedé, John Mulder (2009). History is alluring: self-organisation and the significance of history in the search for a new local sense of collectivity. In: Poppe, Krijn J., Catherine Termeer & Maja Slingerland, Transitions towards sustainable agriculture and food chains in peri-urban areas. Wageningen Academic Publishers, chapter four, pp 63-80.

Vries, C.A. de & Kuenen, J. (2008). Het wonder van de Wagenwerkplaats: succesvolle gebiedsontwikkeling door publieke, private en particuliere partijen in Amersfoort. Habiforum, Gouda.

Wenger, E. (1998). Communities of practice: learning, meaning, and identity. Cambridge University Press, Cambridge.

food chains in peri-urban areas. Wageningen Academic Publishers, chap. 4, pp. 63-80.

Vries, C. A. de & Kuenen, J. (2008). Het Wonder van de Wagenwerkplaats; succesvolle gebiedsontwikkeling door publieke, private en particuliere partijen in Amersfoort. Habiforum.

Wenger, E. (1998). Communities of practice: learning, meaning, and identity. Cambridge etc.: Cambridge University Press.

Ontwerper aan Nederland. Designer working on the Netherlands.

Een planologie van verhalen

Planning with stories

Planologie is door de Amsterdamse hoogleraar Hans van der Cammen omschreven als het denkbaar maken van mogelijke werelden (Van der Cammen, 1996).

Wie kennis wil verbinden met actie heeft visies nodig. Recente stedenbouwkundige ontwikkelingen in Londen illustreren de wervende kracht van een goede visie. Midden jaren negentig kreeg architect Richard Rogers de taak een visie te schrijven voor de stedelijke herontwikkeling van de Britse hoofdstad. Rogers – ontwerper van belangrijke bouwwerken als Centre Pompidou in Parijs en het Londense hoofdkwartier van de bank Lloyds – zette een *urban regeneration taskforce* op, met daarin architecten, planners en denkers. Uit de taskforce ontstond het idee de stedelijke herontwikkeling te oriënteren op de Thames. Daarnaast bedacht het team andere cruciale maatregelen, zoals het voorstel eerst oude bedrijventerreinen te herontwikkelen alvorens nieuwe terreinen aan te leggen. Het lijkt een open deur, maar dat was het niet: Londen stond met de rug naar de rivier. Grote delen van de oever waren niet eens publiek toegankelijk. De visie van Rogers en zijn team genereerde geld, structureerde investeringen en leidde tot een opleving van Londen. Ruimtelijke planning is het formuleren van visies op de toekomst. Het gaat om het ontwikkelen van vergezichten en toekomstbeelden en de creatie van nieuwe werelden. Je zou kunnen zeggen dat planning een interpretatief proces is waarin betekenis wordt gegeven aan bestaande problemen en situaties, waardoor vervolgens oplossingrichtingen geformuleerd kunnen worden (Fischer & Forester, 1993; Yanow, 1996; Hajer & Wagenaar, 2003). Onderzoek naar betekenisgeving toont aan dat leerprocessen meestal niet rationeel en lineair plaatsvinden, maar te maken krijgen met associaties, ervaringen en metaforen. Het geven van betekenis is een proces dat ontstaat door interactie met anderen. Door het delen van taal, symbolen en ervaringen ontstaat een gezamenlijk raamwerk, discours of visie.

Amsterdam professor Hans van der Cammen has described planning as making possible worlds imaginable (Van der Cammen, 1996).

Anyone wishing to link knowledge to action needs vision. Recent developments in urban planning in London illustrate the attractive power of good vision. In the mid-1990s, architect Richard Rogers was given the task of drafting a vision for the urban redevelopment of the British capital. Rogers – who designed prominent buildings like the Centre Pompidou in Paris and the London headquarters of Lloyds Bank – set up an 'urban regeneration task force', comprising architects, planners and thinkers. The taskforce came up with the idea to focus the urban redevelopment around the River Thames. It also devised other crucial measures, including redeveloping old industrial areas before creating new ones. This may sound like stating the obvious, but it is not: London stood, as it were, with its back to the river. Large stretches of its banks were not even accessible to the public. The vision developed by Rogers and his team generated revenue, structured investment, and was responsible for London's revival.

Spatial planning means formulating visions of the future. It is about developing panoramic views and future perspectives, and creating new worlds. You could say that planning is an interpretative process giving meaning to existing problems and situations, after which possible solutions can be formulated (Fischer & Forester, 1993; Yanow, 1996; Hajer & Wagenaar, 2003). Study of 'meaning-making' shows that learning processes are not usually rational and linear, but are related to associations, experiences and metaphors. Attributing meaning is a process that arises through interaction with others. Sharing language, symbols and experiences creates a shared framework, discourse or vision.

In today's planning environment, everyone is overburdened with bureaucratic red tape, characterized by a chaotic political environment where no one has the upper hand. Research shows that that frustration is related to a lack of shared visions. Where such visions exist, administrators find common ground. In short, a shared vision is a remedy for an excess of government. It is therefore a good thing that creating visions of the future is virtually never an individual activity performed by a planner or designer (see the previous chapter). On the contrary, involving others is crucial for the success of a vision.

Alternative viewpoints

Developing and implementing spatial plans require the involvement of a large number of government bodies, experts, interest groups and individual citizens. When aiming to devise a shared vision, a complex process can generally be very functional. The joint process of meaning-making has become an important part of this process. But it now takes place elsewhere than in the past. Visions are not only forged in the meeting rooms of provincial and municipal authorities, but also in the public domain of the media, open evenings, community centres and interest-group meetings, in short during the many opportunities for consultation – the 'deliberative spaces' – surrounding policy processes (Forester, 2006). In the words of American professor of city and regional planning John Forester: 'Those dialogic or deliberative spaces include the meetings (often the hundreds and hundreds of meetings) occasioned by the projects that planners and designers work on, and the related negotiations, discussions, project reviews, charettes, hearings, and review sessions that bring affected citizens, regulators, developers, and public officials face to face.'

This offers a different perspective on what planning is about. It is increasingly about managing various 'deliberative spaces'. That means not only bringing together actors and acquiring and applying knowledge, but also generating a shared experience, whereby all the actors 'live through' the substantive issues, choices and opportunities.

In de hedendaagse planologie gaat iedereen gebukt onder een bestuurlijke spaghetti: de drukte in het politieke veld en het gebrek aan doorzettingsmacht. Onderzoek toont aan dat die frustratie samenhangt met het gebrek aan gedeelde visies. Want als zulke visies er wel zijn, blijken bestuurders elkaar ook te vinden. Kortom, een gedeelde visie is het medicijn tegen bestuurlijke drukte. Het komt goed uit dat het creëren van toekomstvisies vrijwel nooit meer een actie is van de solistische planoloog of ontwerper – zie het voorgaande hoofdstuk. Sterker nog, het betrekken van andere actoren is cruciaal voor het succes van een visie.

Alternatieve zienswijzen

De ontwikkeling en uitvoering van ruimtelijke plannen vragen om de betrokkenheid van een groot aantal overheden, experts, burgers en belangengroepen. Wanneer op de totstandkoming van een gedeelde visie wordt gestuurd, kan een doorgaans ingewikkeld proces heel functioneel zijn. Het gezamenlijke proces van betekenisgeving is een belangrijk onderdeel geworden. Maar de plek waarop dit plaatsvindt is anders dan in het verleden. Niet alleen in de vergaderkamers van provincie- en gemeentehuizen worden visies gesmeed, ook in het publieke domein van media, openbare avonden, buurthuizen en bijeenkomsten van belangengroepen, kortom in de veelheid aan overlegmomenten – zogenoemde 'deliberatieve ruimten' – rondom beleidsprocessen (Forester, 2006). In de woorden van de Amerikaanse hoogleraar stads- en regionale planning John Forester: '*Those dialogic or deliberative spaces include the meetings – often the hundreds and hundreds of meetings – occasioned by the projects that planners and designers work on, and the related negotiations, discussions, project reviews, charettes, hearings, and review sessions that bring affected citizens, regulators, developers, and public officials face to face.*'

Dit schept een ander perspectief op waar planning

om draait. Het draait steeds meer om het 'managen' van verschillende 'deliberatieve ruimten'. Het gaat niet alleen om het bij elkaar brengen van actoren en het verwerven en toepassen van kennis, maar ook om een gezamenlijke beleving waarbij inhoudelijke vraagstukken, keuzen en mogelijkheden door alle actoren worden 'doorleefd'.

In planprocessen is altijd sprake van een verscheidenheid aan actoren, kwesties, belangen, kennis en procedures. Dat vraagt om coördinatie van afspraken en uitvoering en 'articulatie' van vragen, kennis en wensen. Meestal ligt in de analyse van planningprocessen de nadruk op de moeizame coördinatie in deze processen. Maar processen kunnen ook beoordeeld worden vanuit de manier waarop 'articulatie' van vraagstukken en oplossingen plaatsvindt. Hoe ontstaat vanuit de heterogeniteit een gezamenlijke visie voor de toekomst? Dat proces van 'articulatie' en betekenisgeving kan verbonden worden met een analyse van de democratische kwaliteit. Simpel gezegd komt het er op neer om te toetsen of er ruimte is voor alternatieve zienswijzen en of integer met die zienswijzen wordt omgegaan. Het voorbeeld van IJsseldelta Zuid illustreert de dynamiek van betekenisgeving. Het laat zien hoe de projectleiders een verhaal mobiliseerden en tijdens de start- en participatiefase omgingen met alternatieve verhalen.

Bindmiddel voor coalities

Omdat planning bestaat uit betekenisgeving en interpretatie, krijgen planprocessen een logica die verhalend en ontwerpend van aard is. Verhalen scheppen een bepaalde volgorde van gebeurtenissen, tonen samenhang en helpen greep te krijgen op complexe en dubbelzinnige situaties. Verhalen geven actoren een plek in de beschreven situatie. Een verhaal staat dan ook voor het hebben en creëren van een gedeelde visie. In die hoedanigheid zorgen verhalen voor een drievoudige kracht: een bindmiddel voor nieuwe coalities, het oprekken van

Binding agent for coalitions

Planning processes always involve a variety of actors, issues, interests, knowledge and procedures. That calls for the coordination of agreements and of execution, and the articulation of questions, knowledge and wishes. The emphasis in analyzing planning processes mostly lies on the difficulty of coordinating them. But processes can also be assessed on the basis of how issues and solutions are articulated. How does a shared vision of the future emerge from the heterogeneity? That process of articulation and meaning-making can be linked to an analysis of democratic quality. In simple terms, it means assessing whether there is space for alternative viewpoints and whether these viewpoints are treated with integrity.

The IJsseldelta Zuid project illustrates the dynamics of meaning-making. It shows how the project leaders mobilized a story and addressed alternative stories during the initial and participation phases.

Because planning entails meaning-making and interpretation, planning processes acquire a logic that, by its nature, tells a story and implies a design. Stories create a certain sequence of events, reveal connections, and help with the understanding of complex and ambiguous situations. They give actors a place in the situation described. A story therefore also stands for the creation and possession of a shared vision. In that sense, stories have a three-fold strength: they are a binding agent for new coalitions, they expand 'mental spaces', and they make civic participation possible.

Stories serve as a binding agent for new and existing coalitions. The essay by the Amsterdam planner Zef Hemel at the end of this chapter shows what a story can mean for regional planning. Hemel introduces the planner as a 'story-teller'. He describes how discussions between the officials of the city's spatial planning department (DRO) and the members of political parties on the future of the city evolved into a story about the metropolis of Amsterdam. The department never put this story on paper or made it public. It grew instead through a large number of conversations with a wide variety of people. As a result, all kinds of parties felt involved in the metropolis story. It shows that a story can bind different stakeholders and make broad coalitions possible. This occurred in practice, for example, in Ooijen-Wanssum.

'mentale ruimten' en de mogelijkheid tot burgerparticipatie.

Verhalen dienen als bindmiddel voor (nieuwe) coalities. Het essay van de Amsterdamse planoloog Zef Hemel aan het eind van dit hoofdstuk laat zien wat een verhaal kan betekenen voor regionale planning. Hemel introduceert de planoloog als 'verhalenverteller'. Hij beschrijft hoe gesprekken tussen ambtenaren van de Amsterdamse Dienst Ruimtelijke Ordening (DRO) en leden van politieke partijen over de toekomst van de stad uitmondden in een verhaal over de metropool Amsterdam. Dit verhaal werd nooit op papier gezet of door de dienst openbaar gemaakt. In plaats daarvan groeide het verhaal door een groot aantal gesprekken met een verscheidenheid aan mensen. Hierdoor gingen allerlei partijen zich betrokken voelen bij het metropoolverhaal. Het toont aan dat een verhaal verschillende belanghebbenden kan verbinden en bredere coalities mogelijk maakt. Dit gebeurde in het praktijkvoorbeeld van Ooijen-Wanssum.

Gedeelde betekenisgeving in IJsseldelta Zuid
Shared meaning-making in IJsseldelta Zuid

Episode 1: start en ontwerp van scenario's

Verhaal 1. De externe projectleider van IJsseldelta Zuid was door de provincie Overijssel ingehuurd om een aantal ontwikkelingen in het gebied ten zuidwesten van Kampen bij elkaar te brengen: een nieuwe spoorlijn (Hanzelijn) door het ministerie van Verkeer en Waterstaat (VenW), nieuwe huizen door de gemeente Kampen een de verbreding van een provinciale weg door de provincie. Binnen de provincie bestond tevens het idee de rivierbypass – een maatregel tegen overstromingen uit het rijksprogramma Ruimte voor de Rivier – eerder aan te leggen en te combineren met de bouw van huizen aan het water en natuurontwikkeling.

Vanaf de start werd benadrukt dat alle overheden verantwoordelijk waren voor een integrale benadering: 'Door nu heel slim in te spelen op de mogelijkheden, creëer je in een keer ruimte om te wonen, verzeker je veiligheid tegen hoog water en maak je plek voor recreatie en natuur. Dingen met elkaar verbinden en er meer uit halen dan de som der delen, met elkaar daarover nadenken loont.' De projectleider waarschuwde: 'Maar IJsseldelta komt ook bijna te laat. De voorbereiding voor de Hanzelijn is in volle gang, het tracé ligt vast. We zijn nét op tijd om de uitvoering af te stemmen op een eventuele bypass. De voorbereidingen voor de Planologische Kernbeslissing Ruimte voor de Rivier zijn in volle gang. September 2004 is een belangrijk moment om invloed uit te oefenen. Als we niet oppassen wordt volstaan met provisorische maatregelen bij Kampen, en moet later alsnog de hele omgeving op de schop. We zijn net op tijd om de aanleg van een bypass af te stemmen op

Episode 1: start and the design of scenarios

Story 1. The IJsseldelta project leader was hired by the Zuid Overijssel provincial authorities to bring together several developments in the area to the southwest of Kampen: a new railway line (the 'Hanzelijn', a Ministry of Transport, Public Works and Water Management project), a new housing development, to be built by the municipality of Kampen, and the widening of a provincial highway by the provincial authorities. They also thought it might be an idea to construct a river bypass – an anti-flood measure, part of the central government programme *Ruimte voor de Rivier* (Space for the River) – earlier than planned so as to combine it with building of homes on the river and development of the natural environment.

From the start, it was emphasized that all tiers of government were responsible for a joined-up approach. 'The IJsseldelta is perfect as a pilot project,' he said. 'The many initiatives in the area are not automatically coordinated with each other. By responding cleverly to the opportunities that now present themselves, you can create space to live in, protect yourself against flooding, and make room for nature and recreation, all at the same time. Linking things together, with the result that you get more than the sum of the parts. Thinking about the situation reaps rewards.'

The project leader added a warning: 'But IJsseldelta almost came too late. The preparations for the Hanzelijn are in full swing, and its route has already been decided. We are just in time to coordinate implementation of the line with the river bypass. The preparations for the *Ruimte voor de Rivier*

De vijf scenario's voor de bypass in IJsseldelta Zuid.
The five scenarios for the bypass in IJsseldelta Zuid.

de inrichting van het gehele gebied, en om een fantastisch woon- en recreatiemilieu te maken ten zuidwesten van Kampen met een groot natuurpotentieel.'[1]

In IJsseldelta Zuid was het probleem een gebrek aan afstemming tussen de overheidspartijen. Hierdoor ontstond de noodzaak tot samenwerking waardoor het project voor de overheidspartners ging leven. Echter, alternatieve verhaallijnen ontkrachten deze noodzaak.[2]

Alternatieve verhaallijn 1. Een alternatieve zienswijze was dat de bypass niet nodig zou zijn, omdat het slechts een langetermijnoplossing voor na 2050 was. Bovendien zouden in de tussentijd alternatieven bedacht worden. Met name de gemeente Kampen twijfelde aan de noodzaak van de bypass.

Alternatieve verhaallijn 2. De bescherming van het gebied tegen hoog water is in principe een verantwoordelijkheid van het ministerie van VenW. Het uitbaggeren van de IJssel kost 40 miljoen euro. De kosten van een bevaarbare bypass liggen tussen de 250 en 300 miljoen. Het ministerie had besloten het baggeren niet om te wisselen met het eerder aanleggen van de bypass, tenzij de regionale overheden de financiële en technische haalbaarheid van deze constructie zouden aantonen. Vroegtijdige aanleg van de bypass betekende wel dat de regionale overheden moesten meebetalen, terwijl de kosten van het nu baggeren en een latere aanleg voor rekening van het ministerie zouden zijn.

Alternatieve verhaallijn 3. Wanneer uitbaggeren niet meer afdoende was, zou ook een 'groene' bypass kunnen worden aangelegd, wat wil zeggen dat er niet permanent water in de bypass staat. De bypass zou dan bestaan uit twee groene dijken die de Hanzelijn kruisen. Alleen bij hoog water, wat een keer in de vijfhonderd jaar voorkomt, zou de bypass gedurende twee weken vollopen. In die periode zou de Hanzelijn onbruikbaar zijn.

key planning decision are also in full swing. September 2004 is an important moment to influence developments. If we are not careful, provisional measures will be taken at Kampen, and the whole area will have to be dug up at a later date. We are just in time to coordinate the construction of the river bypass with the planning for the whole area, and to create a fantastic living and recreation area to the southwest of Kampen, with great potential for the natural environment.'[1]

The problem in IJsseldelta Zuid was a lack of coordination between the various government agencies. That made it necessary to collaborate, with the result that the government partners started to take an interest in the project. This necessity, however, lost some of its power because of alternative storylines.[2]

Alternative storyline 1. One alternative viewpoint was that the bypass was not necessary, because it was only a long-term solution (for after 2050) and alternatives would be found before then. The municipality of Kampen in particular questioned the need for the bypass.

Alternative storyline 2. Protecting the area from flooding is in theory the responsibility of the Ministry of Transport, Public Works and Water Management. Dredging the IJssel costs 40 million euros, while a navigable bypass would cost between 250 and 300 million euros. The ministry had decided not to drop the dredging option in favour of constructing the bypass earlier, unless the regional authorities could demonstrate the that it was financially and technically feasible. Earlier construction of the bypass did mean, however, that the regional authorities would have to contribute to the costs, while the costs of dredging now and constructing the bypass later would be borne by the ministry. '

Alternative storyline 3. If dredging was not longer a viable option, a 'green' bypass could be constructed, i.e. a bypass that does not permanently contain water. This would consist of two green dykes crossing the Han-

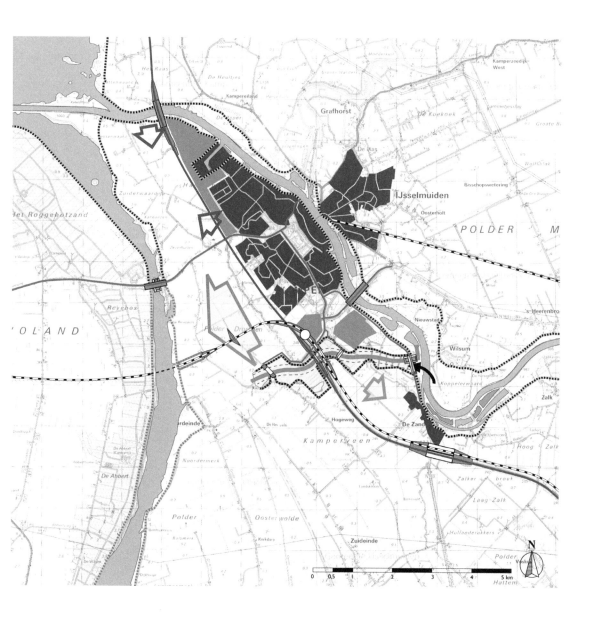

Het zesde 'Kampervener' scenario, gemaakt door agrariërs en experts.

The sixth scenario, 'Kampervener', developed by farmers and experts.

Episode 2: participatieronde

Verhaal 1. Het projectteam van IJsseldelta Zuid had samen met externe adviseurs vijf scenario's gemaakt. Deze scenario's werden vervolgens gebruikt als input voor de participatieronde. De scenario's waren niet bedoeld als alternatieve oplossingen maar ter inspiratie voor burgers om mee te denken en hun eigen scenario te maken. In alle scenario's staat de bypass centraal. Hierdoor werd de komst van de bypass als onvermijdelijk gebracht en als kern van het verhaal.

Alternatieve verhaallijn 1. De boeren uit Kamperveen zagen de scenario's als signaal dat er al een oplossing was en dat er toch niet naar hen geluisterd werd. Tevens betwijfelden zij of de komst van de bypass noodzakelijk was.[3]

Alternatieve verhaallijn 2. De inwoners van het Gelderse dorpje Noordeinde voelden zich vergeten. Volgens de inwoners moesten zij zelf achter de plannen voor de bypass komen toen een bewoner toevallig de bibliotheek van Kampen bezocht, waar een tentoonstelling over de bypass stond. Volgens de inwoners van Noordeinde bedreigden de plannen het voortbestaan van hun dorp. Om dit te symboliseren plakten zij op alle plaatsnaamborden het woord 'Noord' af met tape, waardoor alleen het woord 'einde' overbleef. Deze dramatiek werd overgenomen door regionale en landelijke media. In mei 2005 plaatste de Volkskrant een artikel met de titel 'Vergeten dorp vreest het ergste.'[4] Hierin kwamen boze burgers aan het woord. Op een avond in mei 2005 was Noordeinde een item in drie nationale televisieprogramma's.[5] Netwerk opende met: 'De beleidsmakers wisten het allang, alleen waren ze vergeten de bewoners in te lichten. De tweehonderd inwoners van het Gelderse Noordeinde zijn des duivels. Het dorp wordt opgeofferd voor de ingrijpende operatie IJsseldelta, die de loop van de IJssel bij Kampen gaat veranderen. In Overijssel wordt volop over de bypass gesproken, maar

zelijn. The bypass would only fill up at high water – which occurs once every 500 years – and then only for two weeks. In that period, the Hanzelijn would be out of operation.

Episode 2: participation round

Story 1. The IJsseldelta Zuid project team drafted five scenarios, together with the external advisors. These scenarios were used as input for the participation round. They were not intended as alternative solutions but to inspire citizens to contribute and make their own scenarios. The bypass was central to all scenarios, presenting it as an unavoidable development and the core of the story.

Alternative storyline 1. The farmers from Kamperveen saw the scenarios as an indication that that there was already a solution and that no one was listening to them. They also doubted whether the bypass was necessary.[3]

Alternative storyline 2. The residents of the small Gelderland village of Noordeinde felt that they had been ignored. They said that they had found out about the plans for the bypass themselves by coincidence when a villager happened to be visiting the library in Kampen and saw an exhibition about it. The people of Noordeinde believed that the plans threaten the village's survival. As a symbolic protest, they taped off the word 'Noord' on the village name boards, so that only the word 'einde' (end) remained. This dramatic action was taken up by regional and national media. In May 2005, the national daily De Volkskrant carried an article headed 'Forgotten village fears the worst', which quoted angry villagers.[4] One evening in the same month, Noordeinde was an item in three national television programmes.[5] The current affairs programme Netwerk opened by saying: 'The policy-makers knew it for a long time, they just forgot to tell the locals. The two hundred inhabitants of the Gelderland village of Noordeinde are on the warpath. The village is to be sacrificed for the IJsseldelta project, which will radically change the course of the IJssel at Kampen. There is plenty of talk about the bypass in Overijssel, but everyone seems to have forgotten about Noordeinde, because it is in over the provincial border in Gelderland. A villager happened to see the plans in the library in Kampen and sounded the alarm: the end of Noordeinde.'

Story 2. During the participation round, citizens protested fiercely against the plans. But, it was the protests that brought the project alive. In the words of the project leader: 'For a long time, there was an idea that we were not real, that the bypass was not real. The participation and the protests made sure that the project was taken seriously.'

Listening to citizens' protests and preferences made it possible, by the end of the participation round, to develop a widely supported and preferred alternative. This came to the fore in the film made about the participation round, which was shown to the government partners and other interested parties. Below is a summary of the film, entitled 'The people and the bypass'.

The film starts with images of the floods in 1995. Fire officers are seen laying sandbags at night in the pouring rain. A man in rubber boots is standing in his flooded living room. The voice-over tells how the water is a threat to the area around Kampen and that the bypass is necessary. The film continues with pictures of information meetings in Kamperveen and Kampen. There are short shots of angry citizens, and fragments from various media reporting that Noordeinde will be buried alive and has been forgotten.

The voice-over explains the five scenarios and explains that citizens were asked to contribute their ideas on how best to address the problem of the bypass. A couple of farmers describe the impact the bypass will have: 'We were all completely surprised. We thought, we've had the N50 provincial highway, the Hanzelijn and now the bypass.'

The voice-over relates how the people of Kamperveen decided to come up with their own plan. A representative of the interest group Streekbelangen Kamperveen (Kam-

Noordeinde, dat dus in Gelderland ligt, werd over het hoofd gezien. Toevallig zag een inwoner in de bibliotheek van Kampen de plannen en zij sloeg alarm. Het einde van Noordeinde.'

Verhaal 2. Tijdens de participatieronde protesteerden burgers hevig tegen de plannen. Maar juist door die protesten ging het project leven. De projectleider zei hierover: 'Heel lang bestond het idee dat we niet echt waren, dat die bypass niet echt was. Door de participatie en protesten werd het project serieus genomen.'
Door te luisteren naar de protesten en voorkeuren van de burgers en agrariërs, kwam aan het eind van de participatieronde een breed gedragen voorkeursalternatief tot stand. Dit kwam naar voren in de film die over de participatieronde gemaakt is en die getoond werd aan overheidspartners en andere geïnteresseerden. Hieronder volgt een samenvatting van deze film met de titel 'De mensen en de bypass'.
De film begint met beelden van de overstromingen in 1995. Brandweermannen leggen in de nacht en stromende regen zandzakken neer. Een man in laarzen staat in zijn ondergelopen huiskamer. De voice-over vertelt dat het water een bedreiging vormt voor het gebied rond Kampen en dat de bypass nodig is. De film vervolgt met beelden van voorlichtingsbijeenkomsten in Kamperveen en Kampen. Korte beelden zijn te zien van boze burgers en fragmenten van diverse media die berichten dat Noordeinde levend begraven wordt en vergeten is.
De voice-over legt de vijf scenario's uit en vertelt dat burgers gevraagd zijn na te denken over hoe met het probleem van de bypass moet worden omgegaan. Enkele boeren leggen uit wat de impact van de bypass is. 'We waren allemaal totaal verrast. We dachten: we hebben de N50 gehad, de Hanzelijn en toen kwam de bypass er nog bij.'
De voice-over vertelt dat de inwoners van Kamperveen besloten een eigen plan te maken. Een

vertegenwoordiger van Streekbelangen Kamperveen legt uit: 'We hebben tegen elkaar gezegd: we kunnen wel tegenwerken, maar als het toch over ons gebied gaat, dan willen we ook meewerken, meedenken. Dat hebben we toen gedaan door een zesde scenario te bedenken.' De film vertoont het zesde scenario, uitgelegd door de voice-over.

De film laat zien hoe studenten in Kampen het project gebruiken voor school en op welke manieren andere belangengroepen, zoals de Watersportvereniging Kampen, betrokken raken. Vervolgens vertelt de voice-over dat het merendeel van de mensen kiest voor het zesde 'Kampervener' scenario. Dan dezelfde boeren als eerder. Een van hen vertelt: 'Op het zesde scenario is door de Kamperveners positief gereageerd. Dat wij dat werk niet voor niets hebben gedaan, dat er naar ons geluisterd is, dat heeft de mensen wel goed gedaan.'

De film vertelt over Noordeinde. Een vertegenwoordiger van de Belangenvereniging Gemeenschap Noordeinde zegt: 'Rond Koninginnedag werd in de buurt duidelijk dat hier wat zou gaan gebeuren en je zag dat een aantal plannen bijna over Noordeinde heen zou gaan. Je merkte gewoon dat mensen dachten: wat gebeurt hier allemaal en waarom worden we zo laat geïnformeerd. Nou, later is gedeputeerde Rietkerk gekomen. Toen is toegezegd dat de bypass niet over Gelders grondgebied zou gaan. De mensen werden rustiger en het werd duidelijker wat er zou gaan gebeuren. Dat Rietkerk kwam, was op zich een goede zaak.' De voice-over concludeert dat de vele reacties hebben geleid tot een duidelijk voorkeursscenario voor de bypass waar de mensen mee kunnen leven.

Het laatste woord is aan de boeren: 'Dat de projectgroep bij de mensen langsgaat die in het gebied wonen is door de mensen wel positief ervaren. Maar de onduidelijkheid voor de toekomst blijft. In het begin is het natuurlijk als een donderslag bij heldere hemel ingeslagen. Gaandeweg kregen we toch het idee dat naar het gebied geluisterd is en

peerveen Local Interests) explains: 'We said to each other, we can oppose the plan but, since it's about our local environment, we also want to cooperate and contribute our own ideas. We did that by devising a sixth scenario.' The film shows the sixth scenario, explained by the voice-over.

The film shows how pupils in Kampen use the project for school and the way in which other interest groups, such as Kampen Watersport Club, become involved. The voice-over says that the majority of the people chose Kamperveen's sixth scenario. Then the same farmers are speaking again. 'The people of Kamperveen responded enthusiastically to the sixth scenario,' says one of them. 'The fact that we have not done all this for nothing, and that they listened to us, has done the people a lot of good.'

The film tells the story of Noordeinde. A representative from the Belangenvereniging Gemeenschap Noordeinde (Noordeinde Community Interest Group) says: 'Around Koninginnedag (Queen's Day, a national holiday in the Netherlands), it was clear that something was going to happen around here and that a number of the plans would pretty much go right over Noordeinde. You could see that people were thinking: what on earth is going on here and why haven't we been told much earlier? Later Rietkerk, the provincial representative, came to talk to us. He said that the bypass would not pass through Gelderland. That calmed people down a little, and it became clearer what was going to happen. The fact that Rietkerk came, was a good thing in itself!' The voice-over concludes that the many responses led to a clear preferred scenario for the bypass which people felt happy about.

The farmers have the last word: 'Local people were positive about the fact that members of the project group visited them. But they still feel uncertain about the future. At first, of course, the news hit the whole area like a bolt from the blue. Gradually we got the idea that we were being listened to and that a lot of our ideas had been taken up.'

The film thus describes how citizens' protests were turned into constructive participation. It shows how the preferred scenario is based on one designed by the farmers themselves. Because the viewpoints of the local people were taken seriously, both storylines – 'the bypass is crucial' and 'we have been excluded from the planning process' – could be woven together.

Alternative storyline 1. At the end, there was still one more alternative storyline. A farmer who lives where the bypass is planned to start, was against the project from the start and refused to work on development of the sixth scenario. He claims that he was left out of the participation process, and repeatedly told his side of the story in the media. He was, for example, the main item in an episode of the television programme *Landroof* ('Land grab').[6] In the programme the farmer said that there had been no proper participation procedure and that no one had listened to him. The project team was unable to involve the farmer sufficiently in the process, with the result that his 'alternative storyline' continued to exist.

dat veel is meegenomen.'

De film vertelt dus hoe protesten van burgers omgezet zijn in constructieve participatie. Het laat zien hoe het voorkeurscenario gebaseerd is op een scenario dat door boeren zelf ontworpen is. Doordat de zienswijzen van burgers serieus zijn genomen konden beide verhaallijnen – 'de bypass moet er komen' en 'we zijn buiten het planproces gehouden' – met elkaar verweven worden.

Alternatieve verhaallijn 1. Er bleef aan het eind een alternatieve verhaallijn bestaan. Een boer die in de inlaat van de bypass woont was vanaf het begin tegen de bypass en werkte niet mee aan de ontwikkeling van het zesde scenario. Hij zegt dat hij buiten de participatie is gehouden. Herhaaldelijk vond hij de weg naar de media. Hij stond bijvoorbeeld centraal in een uitzending van het VRPO-programma Landroof.[6] Hierin vertelde de boer dat er helemaal geen goed participatietraject is geweest en dat er niet naar hem geluisterd is. Het projectteam is er onvoldoende in geslaagd de boer te betrekken bij het proces en tegemoet te komen aan zijn zorgen. Hierdoor kon zijn 'tegenverhaal' blijven bestaan.

Het verhaal van Ooijen-Wanssum
The story of Ooijen-Wanssum

Het planvormingsproces in Ooijen-Wanssum – over hoogwaterproblematiek langs de Maas – werd geleid door Habiforum dat de opdracht had om in samenspraak met belanghebbenden een breed gedragen visie te ontwikkelen voor de regio. In deze visie moesten drie doelstellingen met elkaar worden verenigd: het oplossen van het waterprobleem, natuurontwikkeling en ruimte voor economische ontwikkeling. Habiforum legde een sterke nadruk op het belang van participatie en pleitte voor actieve deelname van bewoners. Hun praktische kennis en verhalen zouden volgens Habiforum zorgen voor een noodzakelijke verrijking van zowel de inhoud als het proces.

In het boek 'Nederland boven water, Handboek voor gebiedsontwikkeling', geschreven door een van de procesregisseurs, wordt gesteld dat de inbreng van praktische kennis essentieel is voor de voortgang en het resultaat. Bovendien voorkomt het vrijblijvend polderen, leidt het tot meer scherpte in de probleemdefinitie, wijst het op samenhang tussen projecten en blijkt het verrassende oplossingsstrategieën tot gevolg te hebben. De auteurs suggereren bovendien dat wanneer mensen en partijen begrijpen hoe en waarom besluiten zijn genomen, zij zich makkelijker neerleggen bij het eindresultaat, ook al pakt dat voor hen nadelig uit. De kans op bezwaren tegen de uitvoering van een plan wordt daarmee verkleind (De Rooy et al., 2006).

Om te komen tot een visie voor Ooijen-Wanssum begon de procesregisseur van Habiforum met een verkenning van mogelijke oplossingsstrategieën voor het hoogwaterprobleem. Hij voerde gesprekken met mensen en partijen in de regio zoals bewoners,

The planning process in Ooijen-Wanssum – on the high-water problem alongside the Maas – was led by Habiforum, whose task was to develop, in consultation with stakeholders, a broadly supported vision for the region. The vision had to merge three objectives: a solution to the water problem, nature development, and space for economic development. Habiforum laid heavy emphasis on the importance of participation and advocated the active involvement of local residents. In Habiforum's view, their knowledge and stories would enrich both content and process.

The book *Nederland Boven Water – Handboek voor Gebiedsontwikkeling* (The Netherlands Above Water: A Handbook for Area Development) – written by one of the process directors – claims that the contribution of practical knowledge is essential for progress and the ultimate result. In addition, it prevents endless informal discussion, enables the problem to be defined more sharply, identifies coherence between projects, and leads to surprising solution strategies. The authors suggest that when people and parties understand how and why decisions have been taken, they find it easier to accept the end-result, even if it is to their disadvantage. That reduces the risk of opposition to a plan (De Rooy et al., 2006).

To develop a vision for Ooijen-Wanssum, the Habiforum process director started by exploring possible strategies for solving the high-water problem. He spoke to people and parties in the region – including residents, farmers, the water authorities, municipalities, Rijkswaterstaat (Directorate-General for Public Works and Water Management),

Limburgse Land- and Tuinbouwbond (LLTB) (Limburg Farmers' and Horticulturalists' Association) – and, searching for a logical whole of measures, formulated five strategies. The common factor in all of these strategies was that they saw the problem in the Ooijen-Wanssum region primarily as a water issue, and therefore proposed predominantly technical solutions – such as building new and reinforcing existing dykes, creating rings of dykes around built-up clusters, and constructing an 'erosion quay'.

During this exploratory period, the Habiforum project leader spoke to the InnovationNetwork Green Space and Agribusiness and the Stroming consultancy firm about the idea of a new river. The story was that digging a new river not only offered a solution for the high-water problem, but that it could serve as the backbone of new spatial developments (InnovationNetwork, 2005). In this story, water and space were linked together. The process director was enthusiastic about the idea and the opportunities it offered for the Ooijen-Wanssum region. He saw the new river as possible 'innovation driver' in the process and as a way of combining different ambitions. It also complemented his personal mission to re-open the old Maasarm, a stretch of the river that was closed after the floods of 1995.

The five strategies and the idea for a new river were assessed by the stakeholders in the region for feasibility, affordability and sustainability, with the aim of producing a well-argued preferred variant.[7] The 'New River' strategy received most support. It proved a powerful concept that attracted much support among stakeholders, making new coalitions possible. For the stakeholders the idea of a new river was attractive for a variety of reasons:

The Peel en Maasvallei water authority was at first less than enthusiastic, but soon became convinced of the benefits of a new river in the long term. One authority official said that the idea of a new river helped him look further ahead. From a long-term

boeren, waterschap, gemeenten, Rijkswaterstaat, Limburgse Land- en Tuinbouwbond (LLTB) en formuleerde – op zoek naar een logisch geheel van maatregelen – vijf strategieën. Deze strategieën hadden gemeen dat het probleem in de regio Ooijen-Wanssum primair als waterprobleem werd gezien en dat voornamelijk watertechnische oplossingen werden voorgesteld, zoals het aanleggen en versterken van kades, het aanleggen van dijkringen rond bebouwingsclusters en de constructie van een zogenoemde erosiekade.

Tijdens deze inventarisatieperiode kwam de projectleider van Habiforum in gesprek met het Innovatie-Netwerk Groene Ruimte en Agrocluster en Bureau Stroming over het idee van een nieuwe rivier. Het verhaal was dat de aanleg van een nieuwe rivier niet alleen een oplossing bood voor hoogwaterproblemen, maar dat zo'n rivier tegelijkertijd als ruggengraat kon dienen voor ruimtelijke ontwikkelingen (Innovatie-Netwerk, 2005). Water en ruimte werden in dit verhaal met elkaar verbonden. De procesregisseur was enthousiast over het idee en de mogelijkheden die het bood voor de regio Ooijen-Wanssum. Hij zag de nieuwe rivier als een mogelijke 'innovatiemotor' in het proces en als manier om verschillende ambities met elkaar te verbinden. Daarbij sloot het idee aan bij zijn persoonlijke missie om de afsluiting van de oude Maasarm na het hoogwater van 1995 terug te draaien.

De vijf strategieën en het idee voor een nieuwe rivier werden door de belanghebbenden in de regio beoordeeld op haalbaarheid, betaalbaarheid en duurzaamheid, met het doel te komen tot een goed gemotiveerde voorkeursvariant.[7] De strategie 'Nieuwe Rivier' kreeg de meeste steun. Het bleek een krachtig concept dat veel belanghebbenden aan zich wist te binden en daarmee nieuwe coalities mogelijk maakte. Voor de belanghebbenden bleek het idee van een nieuwe rivier steeds een andere aantrekkingskracht te hebben.

Het waterschap Peel en Maasvallei was in eerste

instantie terughoudend, maar raakte vrij snel overtuigd van de voordelen van een nieuwe rivier op de langere termijn. Een medewerker zei hierover dat het idee van een nieuwe rivier hem hielp verder in de toekomst te kijken. Vanuit een langetermijnperspectief werd het belang van ruimte voor de rivier duidelijk: 'We moeten die ruimte niet meteen weggeven, want als het klimaat over twintig jaar alsnog een hoge afvoer geeft, dan hebben wij daar misschien al een voorschot op genomen. Als dat dan onvoldoende blijkt, kunnen we niet meer terug. Dus daarom is dit een project waar we nu positief in staan.'

De gemeenten hadden de discussies over mogelijke oplossingen voor het waterprobleem vanaf een afstand gevolgd. Omdat de kwestie aanvankelijk was gedefinieerd als een waterprobleem zagen zij zichzelf niet als cruciale partners. Met het idee voor een nieuwe rivier werd de discussie verbreed naar het terrein van de ruimtelijke ordening en konden de gemeenten deelgenoot worden van het planvormingsproces. Voor de gemeente Meerlo-Wanssum bood een nieuwe rivier kansen om ambities met betrekking tot woningbouw, economische ontwikkeling, landschap en natuur een plek te geven. De gemeente zag een nieuwe rivier verder als een leuk element.

Ook Staatsbosbeheer raakte enthousiast over een nieuwe rivier omdat het kansen zag de ecologische kwaliteit van de omliggende natuurgebieden te versterken. De terreinbeheerder noemde het idee een interessante, vernieuwende aanpak en was vooral gecharmeerd van het gegeven dat een permanente stroming op vrij eenvoudige manier gemaakt kon worden.

De lokale zandwinner tot slot was eenvoudig te mobiliseren. Een nieuwe rivier leek namelijk aan te sluiten bij zijn eigen plan 'Kop van Ooijen': 'Als zij kunnen helpen om onze strategie voor rivierverruiming op tafel te krijgen vind ik dat perfect.'

De nieuwe rivier-variant werd verder uitgewerkt. De heropening van de oude Maasarm – door de

perspective, the importance of making room for the river became clear: 'We shouldn't be too quick to find other uses for that space, because if water levels rise again twenty years from now, we may regret taking action too soon. If we aren't capable of handling all the water at that stage, there will be no way back. So that's why we strongly support this project now.'

The municipalities followed the discussions on possible solutions for the water problem at a distance. Because the issue was initially defined as a water problem, they did not see themselves as crucial partners. But the idea of a new river brought the discussion into the sphere of spatial planning and the municipalities could join the planning process. For the municipality of Meerlo-Wanssum, a new river offered potential space to achieve its ambitions in terms of housing, economic development, landscape and nature. It also saw a new river as an attractive element.

Staatsbosbeheer, the national forest management agency, also became enthusiastic about a new river because it offered opportunities to strengthen the ecological quality of the surrounding natural areas. The site manager called the idea very interesting and innovative, and was particularly impressed by the fact that a permanent stream could be achieved in a reasonably simple way.

Lastly, the local sand excavator was easily persuaded, as a new river fitted in very well with his own plan, known as the 'Kop van Ooijen'. 'If they can help us to get our strategy for expanding the river on the agenda, I'll be very pleased,' he said.

The new river variant was further elaborated. The re-opening of the old Maasarm (by digging the river in the old river bed), the extra space to accommodate high water levels, and the development opportunities in the use of space combined to make up the dominant storyline for area development in Ooijen-Wanssum. In contrast to the other proposed strategies, this story proved to represent more than an individual sector interest. It succeeded in involving parties which had, until then, remained at a distance. In doing so, it made new coalitions possible.

nieuwe rivier in de oude rivierbedding te graven –, de extra ruimte voor hoog water en de ontwikkelingskansen in het ruimtegebruik vormden samen de dominante verhaallijn voor gebiedsontwikkeling in Ooijen-Wanssum. In tegenstelling tot de andere voorgestelde strategieën bleek dit verhaal meer dan een individueel sectoraal belang te vertegenwoordigen. Dit verhaal wist partijen die tot dan toe op afstand hadden gestaan te betrekken. Het verhaal van de nieuwe rivier wist daarmee nieuwe coalities mogelijk te maken.

Op de hoogtekaart van de omgeving van Ooijen-Wanssum is de mogelijke ligging van de nieuwe rivier zichtbaar.
This elevation map of the Ooijen-Wanssum area reveals the possible course of the new river.

Uit het voorbeeld van Ooijen-Wanssum blijkt hoe verhalen coalities kunnen smeden. Verschillende partijen – gemeenten, Staatsbosbeheer, lokale zandwinner, waterschap – voelden zich aangetrokken tot het verhaal van de nieuwe rivier. Waar planning een activiteit van vele van elkaar afhankelijke actoren is geworden, is de aanwezigheid van een verhaal dat deze actoren bindt en mobiliseert onontbeerlijk.

Het creëren van 'mentale ruimten'

Een andere kracht van verhalen – en ontwerpen – is dat ze 'mentale ruimten' creëren waarin nieuwe standpunten en verrassende oplossingen ontstaan. Aan het eind van dit hoofdstuk legt landschapsarchitect en onderzoeker Jannemarie de Jonge in haar essay uit hoe dit werkt. Volgens haar is ontwerpen een vakmanschap – in het Grieks *techne* – dat zich onderscheidt van theoretische kennis (*episteme*) en praktische wijsheid (*phronesis*). Omdat in een ontwerpproces de nadruk ligt op het helder formuleren van opgaven en het verbinden van schijnbaar tegengestelde verlangens en belangen, speelt het ontwerp een belangrijke rol in de regionale planning. Ontwerpers zijn volgens De Jonge in staat een echt gesprek tussen betrokkenen op gang te brengen en zo 'mentale ruimten' op te rekken.

Planoloog John Forester benadrukt in zijn essay het belang van *spaces of possibility*. Juist in diepgaande conflicten gaat het erom gezamenlijk ruimte te creëren voor onverwachte en nieuwe uitkomsten, om daarmee verrassende coalities mogelijk te maken. Want voordat consensus bereikt wordt over wie wat krijgt, moet eerst een gezamenlijk beeld ontstaan over wat mogelijk is. Het essay van de Amsterdamse gemeenteplanoloog Zef Hemel gaat precies daarover: hoe creëerden de ambtenaren van DRO de denkruimte waarin het mogelijk bleek na te denken over hoe Amsterdam er over twintig jaar uit zou zien, zonder dat oude scheidslijnen en standpunten binnen het ambtelijk apparaat geactiveerd werden?

The example of Ooijen-Wanssum shows how stories can forge coalitions. Different parties – municipalities, Staatsbosbeheer, the local sand excavation company, the water authority – felt themselves drawn into the story of the new river. Where planning has become an activity of multiple interdependent actors, a story that can bind and mobilize these actors is indispensable.

Creating 'mental spaces'

Another strength of creating stories – and designs – is that they create 'mental spaces' in which new standpoints and surprising solutions can evolve.

In her essay at the end of this chapter, landscape architect and researcher Jannemarie de Jonge explains how this works. In her view, design is a skill – *techne* in Greek – that is distinguished from theoretical knowledge – *episteme* – and practical wisdom – *phronesis*. Because, in the design process, the emphasis lies on clearly formulating assignments and bringing together apparently opposing desires and interests, the design plays an important role in regional planning. According to De Jonge, designers are capable of initiating a real discussion between the parties involved and thereby to create 'mental spaces'.

In their essay, planning theorist John Forester emphasizes the importance of 'spaces of possibility'. It is precisely in serious conflicts that it is important to create shared spaces for new and unexpected outcomes, and to forge new coalitions with them. Because before there can be a consensus about who gets what, you first need a shared view of what is possible. This is exactly what the essay by Amsterdam planning theorist Zef Hemel is about: how did the officials at DRO create the space in which it proved possible to think about what Amsterdam would look like in 20 years' time, without reviving old dividing lines and standpoints within the local government apparatus?

In the example of Ooijen-Wanssum, the powerful image of a new river provided a mental space in which broadly supported solutions could gain a foothold.

In the *Commandeurspolder Veilig and Mooi* (Commandeurspolder – Safe and Attractive) project – which focused on water safety and landscape – designers expanded the reach of policy solutions so that they were acceptable to citizens, administrators, government officials and experts.

In het voorbeeld van Ooijen-Wanssum zorgde het krachtige beeld van een nieuwe rivier voor een mentale ruimte waarin breed gedragen oplossingen voet aan de grond kregen. Ook in het project 'Commandeurspolder Veilig en Mooi' – over waterveiligheid en landschap – rekten ontwerpers de reikwijdte van beleidsoplossingen op zodat deze geaccepteerd werden door burgers, bestuurders, ambtenaren en experts.

Het landschap van Ooijen-Wanssum.
The landscape of Ooijen-Wanssum.

Een ontwerpverhaal voor de Commandeurspolder
A design story for the Commandeurspolder

In het project 'Commandeurspolder Veilig en Mooi' speelden ontwerpers een centrale rol in het formuleren van de ruimtelijke opgave en het zoeken naar oplossingsrichtingen voor de regio. Een landschapsarchitect vertelde over de ontwerpaanpak: 'Wij vroegen ons af: wat zijn karakteristieke waarden van de polder en welke treffen we nu aan? Dit leverde een gedifferentieerd beeld op: boezemwater dat de polder omringt, hoofdwatergangen, ontginningsassen, een typisch Hollands veenweidelandschap, verkavelingsstructuren, open ruimten met herkenbare randen. Deze karakteristieken vormden de uitgangspunten voor het ontwerp. Vervolgens hebben we per kade bepaald wat we belangrijk vinden. Door met een ruimtelijke en landschappelijke bril te kijken hebben we per kadevak in beeld gebracht wat we het mooiste vonden, wat wij aantrekkelijk vonden.' Het ontwerpverhaal voor de Commandeurspolder als geheel en de verschillende kadevakken is door de ontwerpers opgebouwd uit cultuurhistorische en landschappelijke waarden, zoals historische lijnen,

In the *Commandeurspolder Veilig and Mooi* project, designers played a central role in formulating the spatial assignment and seeking solutions for the region. A landscape architect explained the design approach: 'We asked ourselves: what are typical values for the polder and does it have now? That produced a differentiated picture: drainage water surrounding the polder, main waterways, reclamation axes, a typical Dutch peat meadow landscape, land division structures, open spaces with recognizable borders. These features formed the starting points of the design. We then decided for each dyke what we consider important. By looking at the problem through planning and landscape eyes, we determined what we liked best, found attractive in each dyke section.'

The designers therefore built up the design story of the Commandeurspolder as a whole, and of the different dyke sections, from cultural-historical values, such as historical lines, forms and structures. With this story, the designers succeeded in widening the dominant story on water safety

De Middelwatering.
The Middelwatering.

to encompass a new, more landscape-related story. Linking the water story to the landscape not only broadened the discussion, but brought new solutions to the table: measures that offer a solution to the water problem and also fit in with, preserve and strengthen the landscape.

To a significant degree, the story of the designers gave direction to the identification, prioritization, and selection of possible solutions. The designers acted as inspirers and the designs led the way in finding a direction for the project. For the hydraulic engineers, the designs provided inspiration for new solutions.

The design story also got the project team, local residents, administrators and other stakeholders talking to each other. In doing so, it fulfilled two roles: it helped legitimize the project team's considerations and choices to the other parties, and it invited people from the region to become involved in and help draft the next stage. The project leader described this as follows: 'The design simply offered a framework within which things that people found interesting or attractive could be discussed. And it specified and described what people found important.' There were several moments during the project when the project team spoke to stakeholders, for example at two design studios, at information evenings, and during 'kitchen-table' conversations.

A total of twenty-four kitchen-table conversations were held with residents of the Commandeurspolder and representatives of interest groups. The conversations took place after the project team had reached agreement on the preferred designs for each dyke section and for the polder as a whole.

For the Hoogheemraadschap (District Water Control Board) and the municipality it was very important that these designs were broadly supported. During the kitchen-table conversations, the project team presented the design story and the corresponding measures to residents and other stakeholders. The objective was to make as much

vormen en structuren. Met dit verhaal wisten de ontwerpers het heersende verhaal over waterveiligheid te verbreden naar een nieuw, meer landschappelijk verhaal. Door de waterdiscussie te verbinden aan het landschap is niet alleen de discussie verbreed, maar kwamen nieuwe oplossingen op tafel: maatregelen die een oplossing bieden voor het waterprobleem en tegelijkertijd in het landschap passen, het landschap behouden en het landschap versterken. Het verhaal van de ontwerpers gaf in belangrijke mate richting aan het identificeren, prioriteren en selecteren van mogelijke oplossingen. De ontwerpers traden op als inspiratoren en de ontwerpen waren leidend voor de richting van het project. Voor de waterbouwkundig ingenieurs verschaften de ontwerpen inspiratie om tot nieuwe oplossingen te komen. Het ontwerpverhaal bracht verder het projectteam, bewoners, bestuurders en andere belanghebbenden met elkaar in gesprek. Het verhaal bleek daarbij twee rollen te vervullen. Enerzijds hielp het ontwerpverhaal de overwegingen en keuzes van het projectteam naar buiten toe te legitimeren, anderzijds nodigde het verhaal mensen in de regio uit aan te haken bij en mee te schrijven aan het vervolg. De projectleider omschreef dit als volgt: 'Het ontwerp bood gewoon handvatten om dingen die mooi gevonden worden te benoemen. Wat belangrijk is, wordt in de ontwerpen ook beschreven en benoemd.'

Tijdens het project waren er diverse momenten dat het projectteam in gesprek ging met belanghebbenden, bijvoorbeeld tijdens een tweetal ontwerpateliers – waar leden van de klankbordgroep lokale kennis, wensen en argumenten inbrachten – informatieavonden en zogenoemde keukentafelgesprekken. In totaal zijn 24 keukentafelgesprekken gehouden met bewoners van de Commandeurspolder en vertegenwoordigers van een aantal belangenorganisaties. De keukentafelgesprekken vonden plaats op het moment dat in het projectteam overeenstemming was over de voorkeursontwerpen per kadevak

Landschappelijke ontwerpen voor de Middelwatering
die in de Commandeurspolder tijdens keukentafelgesprekken zijn gebruikt. Van boven naar beneden:
huidige situatie van kadevak 5, landschappelijk streefbeeld voor kadevak 5 en dwarsdoorsnede van het
ontwerp voor kadevak 5.
Landscape designs for the Middelwatering used in the
Commandeurspolder. From top: situation of section 5,
target scenario of section 5 and cross section of the
design for section 5.

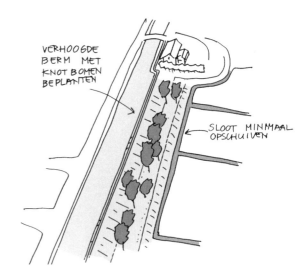

VERHOOGDE
BERM MET
KNOT BOMEN
BEPLANTEN

SLOOT MINIMAAL
OPSCHUIVEN

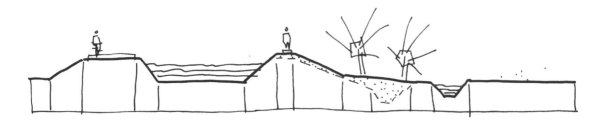

120

use as possible of local knowledge, while involving the stakeholders as closely as possible in the issues under consideration, the choices made and the steps taken. It was not only a matter of verifying and enriching the design story – whether they had forgotten or omitted anything – but also of involving residents in the story behind the proposed measures: could they go along with the story and the proposed measures, was the story recognizable and did the measures meet up to their wishes and expectations?

In a meeting room in the Maasland community centre, nine people sit around a large table. The woman at the head is an official of the Delfland Hoogheemraadschap and leader of the *Commandeurspolder Veilig and Mooi* project. At the table are six members of the project team: two officials from the Hoogheemraadschap, an external engineer, an official from the municipality of Midden-Delfland and two external landscape architects. The other three are representatives of three interest groups, the Bomenstichting (Tree Foundation), the conservation association Natuurmonumenten, and the Stichting Landschapsbeheer (Landscape Management Foundation).

On the table there is a profile sketch of the Middelwatering, one of the dykes in the Commandeurspolder. It is a large, hand-drawn sketch, showing the measures proposed in the preferred profile. Placemats of different pages show what specific sections of the dyke will look like. On the first pages there are large photographs of what the sections look like now, with a short description of their landscape values and the related safety problems underneath each photo. To the right of the pictures there are cross-sections of possible measures, such as reinforcing the ground or constructing a dam wall. The subsequent pages show the project team's preferred profiles, each with a short explanation. Under the profiles, the dyke sections are presented in a bird's-eye

en het ontwerp voor de Commandeurspolder als geheel.

Voor het Hoogheemraadschap en de gemeente was het van groot belang dat deze ontwerpen breed werden gedragen. Tijdens de keukentafelgesprekken legde het projectteam het ontwerpverhaal en bijbehorende maatregelen voor aan bewoners en belanghebbenden. De insteek was zo veel mogelijk gebruik te maken van lokale kennis en tegelijkertijd betrokkenen zo veel mogelijk mee te nemen in de gemaakte afwegingen, keuzen en stappen. Het ging niet alleen om het verifiëren en verrijken van het ontwerpverhaal – zijn we iets vergeten, hebben we iets over het hoofd gezien? – maar ook om bewoners mee te nemen in het verhaal achter de voorgestelde maatregelen – kunnen zij zich vinden in het verhaal en de voorgestelde maatregelen, is het verhaal herkenbaar, zijn de maatregelen in lijn met de verwachtingen en wensen?

In een vergaderzaal in het buurtcentrum van Maasland zitten negen mensen om een grote tafel. De vrouw aan het hoofd is medewerker van het Hoogheemraadschap van Delfland en projectleider van het project 'Commandeurspolder Veilig en Mooi'. Aan tafel zitten zes mensen van het projectteam: twee medewerkers van het Hoogheemraadschap, een ingehuurde ingenieur, een ambtenaar van de gemeente Midden-Delfland en twee ingehuurde landschapsarchitecten. Verder zijn aanwezig vertegenwoordigers van drie belangenorganisaties, namelijk de Bomenstichting, Natuurmonumenten en de Stichting Landschapsbeheer.

Op tafel ligt een profielschets van een van de kades van de Commandeurspolder, de Middelwatering. Het is een grote, handgemaakte tekening waarop de voorgestelde maatregelen uit het voorkeursprofiel staan ingetekend. Placemats van verschillende pagina's laten zien hoe specifieke delen van de kade – de kadevakken – eruit komen te zien. Op de eerste pagina's staan grote foto's van hoe de

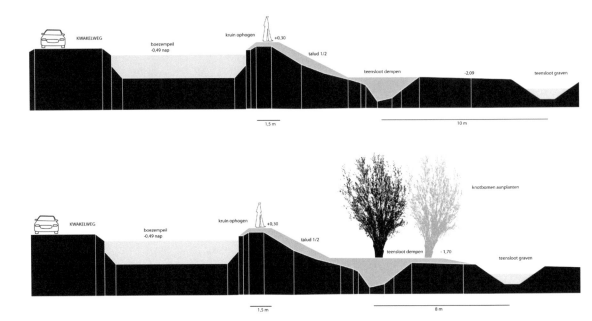

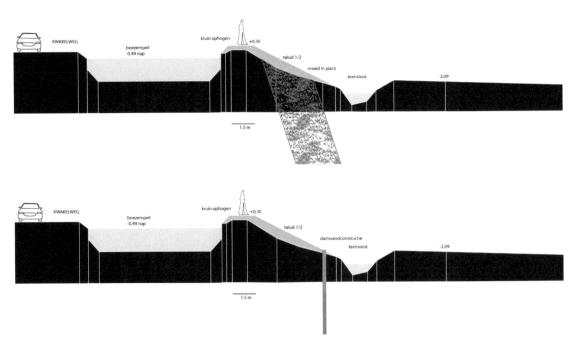

Verschillende varianten voor een kadevak. Van boven naar beneden: versterken in grond, versterken met steun-
berm met ruimte voor nieuwe bomen en versterken met stabiliteitsscherm en binnentalud.
Various types of embankment sections. From top to bottom: reinforced with earth, reinforced with a toe weight
with room for new trees, and reinforced with a retaining wall and inner slope.

view, showing the exact locations of the proposed changes. On the wall is a large poster, with a general description of the Middelwatering.

One of the landscape architects opens the meeting with a short description of the Middelwatering: 'What typifies this dyke is the varying degrees of openness. The first section is relatively closed, so that we consider replanting more important than restoration of the *teensloot*, the ditch at the foot of the slope. In the second section, there is a clearer view of the polder, while the third is more heavily built-up, and the fourth is again very open. Here there is a *kreekrug*, a ridge of land that was originally the bed of a stream before the land was reclaimed. This is one reason for preserving the *teensloot*. We have chosen here to plant trees a little randomly, so as not to create a solid 'wall'. In section eight, we can see that the *teensloot* changes course slightly, which we think is attractive, because it enables us to create a wide natural zone. The footpath is typical. We prefer to create reed banks on the outer side, on the other side of the water.'

In her explanation, the landscape architect mentions the characteristic elements of the landscape to justify the interventions. In a general sense the Middelwatering is presented as a varied landscape, where wide panoramas alternate with vegetation and buildings. The designers have used this 'open-closed' principle to divide the dyke into different sections. The designers' story about the diversity and the open and closed nature of the landscape legitimizes their preference for replanting, removing a *teensloot* in one place and restoring it in another, constructing a dam wall in one place and natural banks in another. With a clear argument, supported by colourful and attractive images, the landscape architect tries to get her audience on board and support the story and the proposed measures.

The landscape architect then closes by asking the participants to give their opinions. In this way, she directly invites them to

kadevakken er nu uitzien met daaronder een korte karakterisering van de landschappelijke waarden en het veiligheidsprobleem. Rechts van de foto staan dwarsdoorsneden van mogelijke maatregelen, zoals het versterken met grond of de constructie van een damwand. Op de volgende pagina's zien we de door het projectteam voorgestelde voorkeursprofielen met daaronder korte toelichtingen. Onder de voorkeursprofielen zien we de kadevakken in vogelvlucht met daarin de exacte plaatsen van de voorgestelde veranderingen. Aan de muur hangt een grote poster met een algemene beschrijving van de Middelwatering.

Een van de landschapsarchitecten opent de bijeenkomst met een korte karakterisering van de Middelwatering. 'Deze kade kenmerkt zich door een karakteristieke afwisseling van open en dicht. Het eerste deel is relatief dicht, zodat we hier meer waarde hechten aan herbeplanting dan aan het herstel van de teensloot. In het tweede deel is veel meer zicht op de polder, het derde deel kenmerkt zich door bebouwing en het vierde deel is weer heel open. Hier ligt een kreekrug, wat een reden is voor het behoud van de teensloot. We hebben ervoor gekozen hier op een losse manier bomen aan te planten, zodat geen dicht 'scherm' ontstaat. Bij deel acht zien we dat de teenloot opschuift, wat ons mooi lijkt. Hierdoor creëer je een brede natuurlijke zone. Het voetpad is typerend. Rietoevers maken we het liefst aan de buitenkant, aan de overkant van het water.'

In zijn toelichting noemt de landschapsarchitect de karakteristieke elementen in het landschap om de ingrepen te legitimeren. In algemene zin wordt de Middelwatering gekarakteriseerd als een divers landschap waar weidse panorama's, bebouwing en begroeiing elkaar afwisselen. De ontwerpers hebben dit 'open-gesloten'-principe gebruikt om de kade op te knippen in verschillende delen. Het verhaal van de ontwerpers over diversiteit van het landschap, over open- en beslotenheid legitimeert de keuze voor herbeplanting, de verwijdering van een teensloot op de ene plek en het herstel van de sloot op de andere, de constructie van een damwand hier en de aanleg van natuurlijke oevers daar. Met een helder betoog, ondersteund door kleurrijke en aansprekende beelden, probeert de landschapsarchitect de toehoorders mee te nemen in het verhaal en de voorgestelde maatregelen. Dan nodigt de landschapsarchitect de deelnemers uit hun reacties te geven. Hiermee worden de deelnemers direct aangesproken op hun expertise en krijgen zij de gelegenheid hun licht te laten schijnen over de voorgestelde ontwerpen. De grote overzichtstekening biedt de algemene structuur voor discussie: de voorstellen die zijn ingetekend worden besproken. Als extra informatie gewenst is worden de placemats erbij gepakt, voor bijvoorbeeld de geschetste maatregelen in dwarsprofiel of de foto van de huidige situatie. De deelnemers stellen veel toelichtende vragen − wat wordt hier precies voorgesteld en waarom? − corrigeren het ontwerp − er staat hier een rij bomen ingetekend die er in werkelijkheid niet is − en denken met het projectteam mee − je zou hier ook fruitbomen kunnen plaatsen. Een medewerker van het Hoogheemraadschap geeft technische achtergronden bij gemaakte keuzes en voorstellen. De ontwerpers doen hetzelfde voor meer landschappelijke overwegingen.

Het ontwerpverhaal spreekt de deelnemers aan en de voorgestelde ingrepen worden positief ontvangen. De vertegenwoordiger van Natuurmonumenten geeft aan dat het ontwerp er mooi uitziet en de afgevaardigde van de Stichting Landschapsbeheer heeft de indruk dat de situatie nu goed is neergezet. Hij uit zijn waardering en merkt op dat dit in het verleden wel anders was. Hij vindt het geruststellend en prettig dat meer aandacht is voor de omgeving en fijn dat er weer beweging zit in het project. De medewerker van de Bomenstichting bevestigt met: 'Ja, veel beter dan twee, drie jaar geleden.'

contribute on the basis of their expertise and gives them an opportunity to look at the proposals from their own perspectives.

In The large outline drawing provides the general framework for the discussion, which focuses on the proposals drawn on it. Extra information can be obtained from the placemats, for example from the cross-sections of the sketched interventions or the photographs of the current situation. The participants ask many questions (What exactly is proposed here and why?), correct the design (The drawing shows a row of trees here, which are not there in reality), and suggest ideas to the project team (You could also plant fruit trees here). One of the Hoogheemraadschap officials provides the technical background to the choices and proposals, while the designers do the same for more landscape-related issues.

The design story appeals to the participants and the proposed interventions are received positively. The representative of Natuurmonumenten says that the design looks good and the delegate from the Stichting Landschapsbeheer has the impression that the situation has now been portrayed accurately. He expresses his appreciation for this and says that it has not always been the case. He finds it pleasant and reassuring and that there is more attention for the environment and that the project is once again flexible. The official from the Bomenstichting agrees: 'Yes, it is much better than two or three years ago.'

The design story inspired the *Commandeurspolder Veilig and Mooi* project team not only to look for solutions that lay beyond their traditional field of vision, but also to provide a consistent foundation for and legitimation of the proposed measures. The story also contributed to the discussion with the citizens, and provided a framework for a systematic and thorough discussion of the proposals to upgrade the dykes. Furthermore, the story helped the designers present a consistent justification of the choices made and provided a shared framework of reference for discussion of the historical, current and desired future situation. Lastly, it enabled technical and administrative proposals to be communicated. In short, without the design story the different parties would probably have found it difficult to talk to each other and move forward on the basis of the knowledge available.

The kitchen table conversations in the Commandeurspolder illustrate a third strength of stories and designs: they make public participation productive. Citizens often find it easier to identify with a good story than with bureaucratic or technical proposals. And the story form offers opportunities to mix citizens' knowledge more easily with other kinds of knowledge. The extent to which the contributions of citizens are seen as obstructive is a consequence of the way in which the interaction between political actors and citizens is structured (Hajer, 2000).

Drawbacks

In his essay on the metropolis of Amsterdam, Zef Hemel argues for the planner as storyteller and suggests that the marketing of ideas could be useful for planners. His essay demonstrates a successful example of the power of stories and their potential for planning. However, the distinction between marketing and attractive stories is small. When is the planner a magician who blinds citizens with fine stories? When does a story obscure their vision of real conflicts of interest? When does the planner use a story

Het ontwerpverhaal inspireerde het projectteam van 'Commandeurspolder Veilig en Mooi' niet alleen tot het kijken naar oplossingen die buiten hun traditionele blikveld lagen, maar ook tot een consistente onderbouwing en legitimatie van de voorgestelde maatregelen. Zo droeg het ontwerpverhaal bij aan het gesprek met burgers. Het verhaal zorgde voor een structuur die een systematische en grondige bespreking van de voorstellen voor kadeverbetering mogelijk maakte. Daarbij hielp het ontwerpverhaal bij de presentatie van een consistente onderbouwing van de gemaakte keuzen en bood het een gemeenschappelijk referentiekader voor de discussie over de historische, huidige en wenselijke situatie. Bovendien maakte het ontwerp ook communicatie over technische en ambtelijke voorstellen mogelijk. Kortom: zonder het ontwerpverhaal hadden de betrokken partijen waarschijnlijk moeite gehad met elkaar te praten en vanuit de beschikbare kennis verder te komen.

De keukentafelgesprekken in de Commandeurspolder laten nog een derde kracht van verhalen en ontwerpen zien: ze maken participatie van burgers productief. Burgers vinden het vaak makkelijker aan te haken bij een goed verhaal dan bij ambtelijke en technische voorstellen. Tevens biedt de verhaalvorm mogelijkheden om kennis van burgers gemakkelijker te verweven met andere soorten kennis. Zo is de mate waarin de bijdrage van burgers als hinderlijk worden ervaren een effect van de wijze waarop de interactie tussen politiek en burger wordt vormgegeven (Hajer, 2000).

Schaduwzijden

Zef Hemel pleit in zijn essay over de metropool Amsterdam voor de planoloog als verhalenverteller en stelt dat een marketing van ideeën voor de planoloog nuttig kan zijn. Zijn essay toont een succesvoorbeeld van de kracht van verhalen en de potentie voor de planologie. Echter, het onderscheid tussen marketing en wervende verhalen is klein. Wanneer is de planoloog een magiër die met mooie verhalen zand in de ogen van burgers strooit? Wanneer ontneemt een verhaal burgers het zicht op reële belangentegenstellingen? Wanneer gebruikt de planoloog een verhaal om gemeenschappen met verschillende waarden en normen met elkaar te verbinden? Hetzelfde geldt voor ontwerpen. Wanneer zijn ontwerpen een voertuig voor een open dialoog en wanneer wordt met mooie plaatjes de daadwerkelijke omvang van ingrepen verhuld? Wanneer zijn verhalen de drager van de best beschikbare kennis en wanneer gaan verhalen juist aan die kennis voorbij? Kortom, wanneer versterken verhalen de democratische kwaliteit van planning en wanneer doen ze hier aan af?

De praktijkvoorbeelden tonen een aantal gevaren. Zo kan een verhaal los komen te staan van de kennis. Dit gebeurde in Ooijen-Wanssum. Het concept van een nieuwe rivier zorgde voor consensus onder de partijen, maar toen later bleek dat een nieuwe rivier niet mogelijk was in verband met te lage waterstanden was een nieuw verhaal nodig – zie het volgende tekstkader.

Een verhaal is alleen democratisch als alle belanghebbenden de kans krijgen aan het verhaal mee te werken. Te vaak komen verhalen en ontwerpen alleen tegemoet aan bestaande overheidsbelangen. Verder rijst de vraag hoe met alternatieve verhaallijnen, zoals in IJsseldelta Zuid, moet worden omgegaan. Wordt een poging gedaan alternatieve zienswijzen een plek te geven of worden ze buitengesloten? Een vierde gevaar is de vluchtigheid van verhalen: hoe zorgen we dat verhalen bestendig zijn en doorwerken in de besluitvorming? Tot slot het gevaar dat ambtenaren en politici hun taak teveel opvatten als het creëren van mooie verhalen, vergezichten en visies en vergeten dat goede planning ook berust op een aantal publieke verantwoordelijkheden, zoals grondigheid en consistentie.

to bring together communities with different norms and values? The same applies to designs. When are designs a vehicle for an open dialogue and when is the real scale of interventions hidden behind pretty pictures? When are stories the carriers of the best knowledge available and when do they simply pass that knowledge by? In short, when do stories strengthen the democratic quality of planning and when do they detract from it?

The case studies reveal a number of dangers. A story can become detached from the knowledge that underpins it. This happened in Ooijen-Wanssum (see box). The concept of a new river ensured consensus between the parties, but when it later emerged that a new river was not possible because of the too low water levels, a new story was required (see the description in the text box).

A story is only democratic if all stakeholders have the chance to work on it. Too often, stories and designs only take account of existing government interests. Moreover, the question arises – as in IJsseldelta Zuid – of how to deal with alternative storylines. Is an attempt made to give alternative viewpoints a place or are they excluded? A fourth danger is the transience of stories: how can we make sure that stories are resilient and remain intact right through the decision-making process? Lastly, there is the danger that public officials and politicians see their task too much as creating fine stories, panoramic views and visions, and forget that good planning also rests on a number of public responsibilities, such as thoroughness and consistency.

Het verhaal van de nieuwe rivier beklijft niet
The story of the new river does not take root

Eerder lazen we hoe in Ooijen-Wanssum het verhaal van de nieuwe rivier tot stand kwam. Volgens de bedenkers combineerde een nieuwe rivier de wens om de oude Maasarm weer in gebruik te nemen met de realisatie van extra ruimte voor de rivier en de ontwikkeling van een rondweg, woningbouw en nieuwe economische dragers.

Toen het verhaal een regionale invulling kreeg, publiceerde een van de bedenkers, het Innovatie-Netwerk Groene Ruimte en Agrocluster, het boek 'Bouwen aan nieuwe rivieren'. Deze publicatie genereerde veel media-aandacht, onder meer door interviews op radio en televisie. Het verhaal dat het InnovatieNetwerk in het boek vertelde leidde in Ooijen-Wanssum tot opschudding.

De reden hiervoor was dat het concept van de nieuwe rivier in het boek werd uitgelegd op een manier die niet in lijn was met het regionale verhaal dat een aantal belangrijke actoren in Ooijen-Wanssum voor ogen had. Waar een nieuwe rivier eerst had aangesproken, riep het hernieuwde verhaal zoals verteld in het boek twee negatieve reacties op: 'Dit willen we niet' en 'Dit kan niet'. Het grootste struikelpunt in het boek was het voorstel tot het plaatsen van zevenhonderd woningen in het winterbed. Hoewel het boek was bedoeld als inspiratie voor hoe een nieuwe rivier zou kunnen worden gerealiseerd, viel deze uitwerking in Ooijen-Wanssum in verkeerde aarde. Over het proces zei een van de procesregisseurs van Habiforum: 'Bij het InnovatieNetwerk ging de vlag uit, want er was ontzettend veel publiciteit. Maar bij ons lag het proces eventjes helemaal in puin.'

De vergissing die het InnovatieNetwerk maakte was

Above we read how the story of the new river evolved in Ooijen-Wanssum. According to the story's creators, a new river combined the desire to bring the old Maasarm back into use with the generation of extra space for the river and the development of a ring road, housing and new forms of economic activity.

When the story acquired a regional perspective, one of its creators – the InnovationNetwork Green Space and Agribusiness – published a book entitled *Bouwen aan nieuwe rivieren* (Building on New Rivers). The book generated a lot of media attention, including interviews on radio and television. The story that the InnovationNetwork told in the book led to new consternation in Ooijen-Wanssum. The concept of the new river described in the book was different to that in the regional story that a number of important actors in Ooijen-Wanssum had in mind. Where the idea of a new river had first appealed to them, they responded to the new story in the book in two negative ways: 'We don't want that' and 'That is impossible.'

The greatest stumbling block in the InnovationNetwork book was the proposal to build 700 homes in the river's winter bed. Although the book was intended to provide inspiration on ways to realize a new river, this variant was not well received in Ooijen-Wanssum. One of the Habiforum process directors said the following: 'At the InnovationNetwork they were hanging out the flag, because they had received a great deal of publicity, but at our end, for a while, the process was completely disrupted.'

The mistake that the InnovationNetwork made was not to allow the people of the region to participate in the story told in the om mensen in de regio niet te laten aanhaken bij het verhaal dat zijzelf in het boek vertelden. Wanneer zij samen met de mensen in de regio het verhaal van de nieuwe rivier hadden doorontwikkeld, hadden ze geleerd dat een inspiratiebeeld van zevenhonderd woningen met name voor burgers een negatieve betekenis heeft: die zien bij wijze van spreken die honderden woningen vanuit hun achtertuin staan. Om het proces uit de impasse te halen over het al dan niet plaatsen van zevenhonderd woningen besloot de procesregisseur van Habiforum het nieuwe rivier-verhaal te herschrijven: 'Ik dacht: ik moet het niet weer een nieuwe rivier noemen, want dan denkt iedereen aan dat plan met zevenhonderd woningen'. Door het verhaal vervolgens 'Verruiming' te noemen distantieerde Habiforum zich van het verhaal van het InnovatieNetwerk en werd het concept weer werkbaar voor het proces. In het rapport 'Gebiedsontwikkeling Oude Maasarm Ooijen-Wanssum' werd de strategie 'Verruiming' neergezet met de termen 'verruimde bedding binnen de oude Maasarm', waarbij verruiming werd gedefinieerd als 'met kwelwater gevulde laagte die vanaf een bepaald Maasdebiet naar keuze of zelfs permanent kan meestromen' (Habiforum, 2007). Het permanent stromende karakter werd niet langer aangemerkt als basisprincipe, maar als een mogelijke variant. Waar in het oude verhaal permanente stroming een centraal kenmerk en uitgangspunt was, bood het herschreven verhaal ruimte om te variëren tussen meer en minder verruiming, alsmede de mogelijkheid te spreken over tussenvarianten. Door een onderscheid te maken tussen verschillende varianten werd de discussie verbreed en wist de procesregisseur de verschillende partijen weer te laten aansluiten bij het beleidsproces. Al snel werd echter ook dit nieuwe verhaal ter discussie gesteld, door de lokale zandwinner. Zijn reactie op het boek was dat het uitgraven van een permanent stromende rivier beleidstechnisch niet mogelijk was. Volgens de zandwinner zorgt

book. If they had developed the story of the new river together with the local people, they would have soon learned that 700 new homes is by no means an inspirational image: people immediately have an image of looking out on hundreds of new houses from their own backyards.

To break the impasse about whether the 700 homes should be built or not, the Habiforum process director decided to re-write the new river story: 'I thought, I mustn't call it a new river again, or everyone will associate it with the plan for the 700 new homes.' By calling the story *Verruiming* ('Enlargement'), Habiforum distanced itself from the InnovationNetwork story and the concept once again became workable for the process. The report *Gebiedsontwikkeling Oude Maasarm Ooijen-Wanssum* (Area Development of the old Maasarm, Ooijen-Wanssum) incorporated the *Verruiming* strategy, describing in terms of 'enlarging the bedding of the old Maasarm', where enlargement was defined as 'a layer filled with seepage water, that can flow from a specific catchment discharge in the Maas, as necessary or even permanently' (Habiforum, 2007). In this way, the permanent flow was no longer identified as a basic principle, but a possible variant. Where, in the old story, a permanent flow was a central characteristic and starting point, the revised story offered the option of varying between more or less enlargement, and the possibility of discussing intermediate variants. Distinguishing between different variants broadened the discussion and enabled the process director to bring the different stakeholders back into the policy process. This new story, however, was also quickly called into question, now by the local sand excavation company. Its response to Building on New Rivers was that digging a permanently flowing new river was not possible in policy terms. He claimed that a new river would lead to the region drying out. He commissioned an engineering consultancy to calculate the impact of a new river on groundwater levels. The consultancy concluded that a permanently flowing river would not be possible without having a negative effect on the region's natural values.

This study initiated a broad discussion on the desirability and feasibility of a new river and initiated a period in which several parties commissioned studies. The process

een nieuwe rivier voor verdroging. Hij gaf een ingenieursbureau de opdracht de effecten van een nieuwe rivier op de grondwaterstand door te rekenen. De conclusie van het bureau was dat een permanent meestromende rivier niet haalbaar zou zijn zonder natuurwaarden aan te tasten.

Deze studie wakkerde een brede discussie aan over

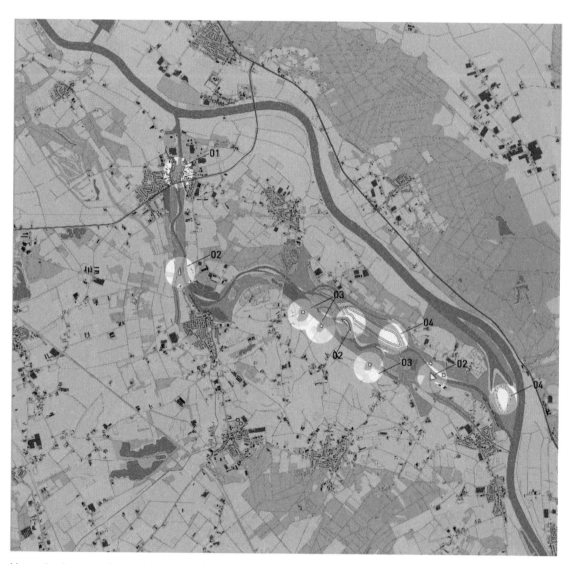

Het verhaal van de nieuwe rivier zorgde in Ooijen-Wanssum voor opschudding vanwege de bouw van zeven-honderd woningen.
The story of the new river caused a great deal of commotion in Ooijen-Wanssum, because of plans to build seven hundred housing units.

de haalbaarheid en wenselijkheid van een nieuwe rivier en luidde een periode in waarin meerdere partijen studies lieten uitvoeren. De procesregisseur vroeg een ander adviesbureau de effecten op het grondwater uit te rekenen. Deze studie bevestigde de bevindingen van de zandwinner, namelijk dat een nieuwe rivier inderdaad de grondwaterstand aanzienlijk zou beïnvloeden en dat verbreiding van de effecten te verwachten is (Habiforum, 2007). Uit gesprekken die de procesregisseur had met Bureau Stroming – de andere bedenker van het idee voor een nieuwe rivier – bleek dat het effect op de grondwaterstand bij hen al veel eerder bekend was. Stroming gaf aan het probleem desondanks niet te onderkennen, omdat zij ervan overtuigd

director asked another consultant agency to calculate the effects on the groundwater. This study confirmed the findings of the sand excavation company that a new river would have a considerable impact on the groundwater level and that a substantial broadening of the impact was to be expected (Habiforum, 2007).

Conversations between the process director and Stroming – the other originator of the idea for a new river – revealed that the latter had known about the impact on groundwater levels much earlier. Stroming indicated, however, that this would not necessarily cause problems as they were convinced that the impact on the ground-water could be reduced with a series of technical interventions. To substantiate their

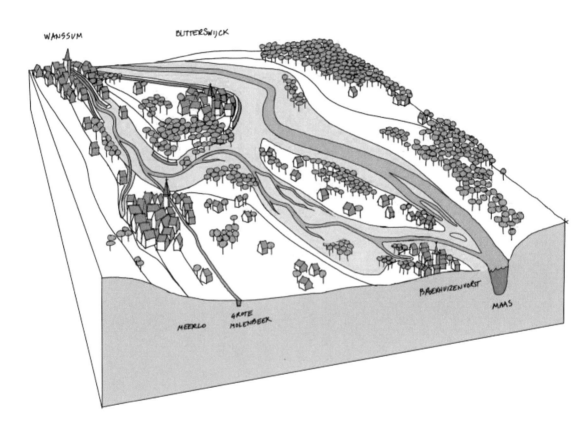

Doorsnede van het herschreven verhaal van de nieuwe rivier, getiteld 'Verruiming'.
Cross-section of the revised story of the new river, entitled 'Enlargement'.

argument, Stroming decided to make known the findings of the background studies, which had not been published before. Their report (Stroming, 2008) stated: 'With this report we wish to make known knowledge developed at an earlier stage, together with insights into knowledge gaps.'

The report also stated that the impact on nature could be absorbed by excavating ground along the banks of the new river to allow the envisaged wet nature to develop. It added that, as far as the fall in the level of the groundwater would have an impact on farming in the area, this could be positive.

The Habiforum process director, however, had even greater doubts about the feasibility of a new river. 'It felt less and less feasible by the day,' he said. 'It became clear that we would have to adjust the concept.' To obtain a conclusive picture of the real impact of a new river on groundwater levels, the Limburg provincial authorities commissioned a supplementary study. The study concluded that the impact of falling groundwater levels on nature and agriculture would be significantly greater than Stroming had suggested – it even spoke of destruction of the natural area – and that the impact of a new river on the groundwater would not be compatible with the policy to conserve water and combat drying out of the region. These findings were sufficient to persuade the process director to abandon the original idea of a new, permanently flowing river for good. Instead, a new story would have to be written, in which terms like 'enlargement' and 'green' and 'blue river' would play a role.

waren dat met een aantal technische ingrepen het effect op het grondwater kon worden verkleind. Om dit argument kracht bij te zetten besloot Stroming de nog niet eerder gepubliceerde inzichten uit de achtergrondstudies naar buiten te brengen. In een rapport (Stroming, 2008) valt te lezen: 'Met deze rapportage willen we de destijds ontwikkelde kennis en het inzicht in kennislacunes alsnog beschikbaar stellen.'

In het rapport werd gesteld dat de effecten voor natuur kunnen worden ondervangen door aan weerszijden van de nieuwe rivier grond af te graven zodat de beoogde natte natuur toch tot ontwikkeling kan komen. En dat voor zover de grondwaterdaling merkbare effecten heeft in het landbouwgebied, deze toch positief kunnen zijn.

Bij de procesregisseur van Habiforum namen de twijfels over de haalbaarheid van een nieuwe rivier echter toe. Hij zei: 'Je voelde met de dag dat het steeds minder haalbaar werd en dat we moesten schuiven in het concept.' Om uitsluitsel te krijgen over de daadwerkelijke effecten van een nieuwe rivier op de grondwaterstand liet de provincie Limburg een aanvullende studie verrichten. In deze studie werd gesteld dat het effect van grondwaterdaling op natuur en landbouw significant groter is dan door Stroming werd verondersteld – er werd zelfs gesproken over vernietiging van natuurgebied – en dat de grondwatereffecten van een nieuwe rivier in strijd zouden zijn met het waterconservering- en antiverdrogingsbeleid. Deze uitkomsten waren voor de procesregisseur aanleiding om definitief afstand te nemen van het oorspronkelijke idee om een permanent stromende nieuwe rivier aan te leggen. In plaats daarvan moest een nieuw verhaal worden gemaakt, waarin termen als 'verruiming' en 'groene' en 'blauwe rivier' een rol speelden.

De casus Ooijen-Wanssum laat zien wat er gebeurt als wensen en verwachtingen van mensen en kennis – zoals het effect van een nieuwe rivier op de grondwaterstand – buiten het verhaal worden gehouden. Het verhaal blijkt opeens niet te kloppen en is niet meer in staat een coalitie bij elkaar te houden. Partijen gaan zelf op zoek naar de juiste kennis, bijvoorbeeld door het inhuren van externe bureaus.

Sterke verhalen brengen visie in de ruimtelijke planning en kunnen leiden tot bestuurlijke daadkracht. Dat is een positieve constatering in een tijd waarin bestuurders lijden onder bestuurlijke drukte en gebrek aan doorzettingsmacht. Verhalen hebben de kracht een brede *coalition of the willing* te schragen.

Maar sterke verhalen hebben ook schaduwzijden, zoals de eerder beschreven gevaren. We noemen een verhaal pas sterk als het mensen weet te verenigen en de democratische kwaliteit van het planproces betracht. De democratische kwaliteit wordt op twee manieren bereikt. Ten eerste door alternatieve verhalen een plek te geven in het planproces en ten tweede door kennis en verhalen te verweven. Het voorbeeld van Ooijen-Wanssum laat zien hoe een sterk verhaal – de nieuwe rivier – zwak bleek doordat cruciale kennis buiten het verhaal was gehouden.

De noodzaak tot verweving van kennis en verhalen blijkt ook bij de ontwikkeling van toekomstscenario's. Susan van 't Klooster volgde vier jaar de toekomstverkenners van het toenmalige Ruimtelijk Planbureau (RPB).[8] Ze analyseerde de samenwerking tussen de twee pijlers van toekomstverkenning, namelijk onderzoek en ontwerp (Van 't Klooster, 2008).

Vetomacht

Verweving van kennis en verhalen is noodzakelijk omdat de toekomst onzeker is en observaties uit het verleden en heden niet zonder meer kunnen worden

The case of Ooijen-Wanssum shows what happens if the wishes and expectations of people, and knowledge – such as the impact of a new river on groundwater levels – are excluded from the story. The story then suddenly proves not to be correct, and can no longer hold a coalition together. The parties will then go looking for the right knowledge themselves, for example by calling in external agencies.

Strong stories bring vision to spatial planning and can lead to effective administration. That is a positive observation in a time when administrators are forced to work in a chaotic political environment where no one has the upper hand. Stories have the power to shore up a broad coalition of the willing.

But strong stories also have their drawbacks – like the dangers described earlier. We only call a story strong if it is able to unite people and show the democratic quality of the planning process. That democratic quality is achieved in two ways: by giving alternative stories a place in the planning process and by combining stories and knowledge. The example of Ooijen-Wanssum shows how a strong story – the new river – proved weak because crucial information had been excluded.

The need to interweave knowledge and stories is clear from the development of future scenarios. Susan van 't Klooster followed futurists at the former Netherlands Institute for Spatial Research (RPB) for four years.[8] She analyzed the cooperation between the two pillars of foresight – research and design (Van 't Klooster, 2008).

Veto power

It is necessary to interweave knowledge and stories because the future is unknown and observations from the past and present cannot be projected wholesale into the future. Forecasters therefore operate in a field of tension between the desire to generate insights into the future in a systematic way and the awareness that the future is by definition unknowable. Statements about the future cannot be empirically tested, because the future does not yet exist. The future is surrounded by complexity and uncertainty. That lack of certainty calls for a more design-related form of forecasting, where knowledge of the past and present are combined with alternative stories about the future (Van Asselt et al., 2010).

Regional planning – which is also often typified by complexity and inherent uncertainty – also calls for knowledge and stories to be interwoven. In practice, this means that there must be moments in the process where knowledge and storylines come together. That assumes that stories must continually be tested against scientific insights, and that new insights must be given a place in the stories.

In this respect, knowledge carriers possess a 'deliberative veto power' – the possibility of using their knowledge to block certain developments in the negotiation process. A process must be organized such that knowledge continually modifies the story. That applies to local knowledge – 'that is not possible here, the region will dry out' – and scientific knowledge – 'this plan takes no account of the volume of water that flows into the country as a consequence of climate change'. Dutch government bodies have experience with this deliberative veto power. Take, for example, the role of the Crown-appointed members of the Social and Economic Council (SER) or that of the planning bureaus in national policy development. In the case of area development, the deliberative veto power must be developed at an early stage and at regional level. In the case of IJsseldelta Zuid, there were moments at which this did or did not happen.

doorgetrokken naar de toekomst. Toekomstverkenners bevinden zich in een spanningsveld. Enerzijds is er de ambitie op systematische wijze inzichten over de toekomst te genereren, anderzijds is er het besef dat de toekomst per definitie niet te kennen is. Uitspraken over de toekomst kunnen niet empirisch worden getoetst, want de toekomst bestaat niet. De toekomst is omgeven met complexiteit en onzekerheid. Het ontbreken van zekerheden noopt tot een meer ontwerpmatige toekomstverkenning, waarbij kennis van verleden en heden wordt gecombineerd met alternatieve verhalen over de toekomst (Van Asselt et al., 2010).

Regionale planning, waarin men vaak kampt met complexiteit en inherente onzekerheid, vraagt eveneens om verweving van kennis en verhalen. Dit komt er in de praktijk op neer dat er momenten in het proces moeten zijn waarop kennis en verhaallijnen samenkomen. Het veronderstelt dat verhalen voortdurend aan wetenschappelijke inzichten worden getoetst en nieuwe wetenschappelijke inzichten een plek krijgen in de verhalen.

Kennisdragers beschikken hierin over een 'deliberatieve vetomacht', de mogelijkheid om in het onderhandelingsproces op basis van kennis zaken tegen te houden. Een proces moet zo georganiseerd zijn dat kennis steeds corrigerend is. Dat geldt voor lokale kennis – 'dit kan hier niet, dat leidt tot verdroging' – en wetenschappelijke kennis – 'dit plan houdt geen rekening met hoeveel water daadwerkelijk ons land binnenstroomt door klimaatverandering'. Nederlandse bestuursinstanties hebben ervaring met een dergelijke deliberatieve vetomacht. Denk bijvoorbeeld aan de rol van de kroonleden in de Sociaal Economische Raad (SER) of de rol van planbureaus in de nationale beleidsontwikkeling. Bij gebiedsontwikkeling moet de deliberatieve vetomacht vroegtijdig en op regionaal niveau vorm krijgen. In het praktijkvoorbeeld IJsseldelta Zuid waren momenten waarop dit wel en niet gebeurde.

Verweven van kennis en verhalen in IJsseldelta Zuid
Interweaving knowledge and stories in IJsseldelta Zuid

Kennis en verhalen komen samen

Moment 1: nut en noodzaak bypass

In het project IJsseldelta Zuid zagen we dat het in de tijd naar voren halen van de bypass kansen bood voor ruimtelijke kwaliteit. We lazen eveneens dat deze verhaallijn betwist werd door boeren en burgers die vonden dat de bypass helemaal niet nodig was. Dit alternatieve verhaal betwistte nut en noodzaak van de bypass. In reactie hierop onderzocht een taakgroep van betrokken overheden en adviseurs het moment waarop de bypass echt nodig zou zijn. Uit de berekeningen bleek dat dit bij 16.600 kubieke meter per seconde was en dat de bypass dus al kort na 2015 nodig zou zijn. Hierdoor werd het verhaal dat de bypass snel nodig was getoetst en versterkt met technische kennis.

Moment 2: lokale kennis en het zesde scenario

De boeren van Kamperveen maakten hun zesde scenario op basis van eigen kennis: het traject van de bypass doorkruist zo weinig mogelijk kavels. De boeren waren beter op de hoogte van het precieze verloop van de kavels en de eigendomsverhoudingen. Het verhaal van de participatieronde – eerst voelden ze zich niet betrokken, daarna is naar hen geluisterd en nu ligt er een scenario waar ze mee kunnen leven – is dus verweven met lokale kennis.

Moment 3: het zesde scenario en de knoop

Het zesde 'Kampervener' scenario kon op veel steun rekenen, mede door de krachtige verhaallijn dat er echt naar burgers is geluisterd. Maar desondanks moest blijken of het zesde scenario technisch haalbaar was. Met name 'de knoop',

Knowledge and stories come together

Moment 1: value and necessity of bypass

In the IJsseldelta Zuid project we saw that bringing the construction of the river bypass forward offered opportunities to improve spatial quality. We also saw that this storyline was contested by farmers and citizens who felt that a bypass was completely unnecessary. This alternative story challenged the value and necessity of the bypass. In response, a task group of involved authorities and advisors investigated when the bypass would really become necessary. Calculations showed that this would occur when the volume of water reached 16,600 cubic metres per second, which was expected to happen shortly after 2015. In this case, the story that the bypass was necessary in the short term was tested and strengthened by technical knowledge.

Moment 2: local knowledge and the sixth scenario

The farmers in Kamperveen drafted their sixth scenario on the basis of their own knowledge: the course of the bypass crossed as few parcels of land as possible. The farmers were better informed of the exact dimensions of the parcels and the corresponding property relations. The story of the participation round – first they felt that were not involved, then they were listened to, and now there is a scenario that they find acceptable – is thus interwoven with local knowledge.

Moment 3: the sixth scenario and the intersection

The sixth Kamperveen scenario could rely on considerable support, partly because of its strong storyline was based on actually listening to the local people. But it was still necessary to determine whether the scenario was technically feasible. The point where the bypass, the road and the Hanzelijn would intersect was especially technically challenging. A task group of advisors and officials eventually calculated that it was possible, but would require additional investment. The sixth scenario therefore not only had the support of the public, it was also technically possible. This strengthened the story of a broadly supported alternative. This was clear when the Minister of Housing, Spatial Planning and the Environment, the Minister of Transport, Public Works and Water Management, and the provincial representative from Overijssel decided to provide thirty million euros for the modifications to the intersection. This meant that the first funding was in place to implement the project.

Knowledge and stories do not come together

Moment 1: exclusion of historical knowledge
During a meeting in the village of Noordeinde, the Overijssel provincial representative pledged that the bypass would not cross the territory of the neighbouring province of Gelderland. The bypass would thus form the border between the two provinces. Specifying the provincial border as an absolute limit for the bypass was a response to the dissatisfaction among the people of Noordeinde about the whole state of affairs – they felt that they had been forgotten.

Moment 2: no opportunity for further study
After the participation round, the project team formulated a preferred scenario – based on the farmers' sixth scenario – which was approved by all government partners. The water authority, however, refused to give its approval, and had been asking for some time for a more thorough study of the safety of the bypass. It especially wanted more information on the impact on the groundwater system. Further study at this stage would have been difficult to reconcile with the deadline imposed because of the Hanzelijn project. Extra study would only lead to further delay. It was decided that a general study

het punt waar bypass, weg en Hanzelijn elkaar zouden kruisen, was technisch moeilijk. Een taakgroep van adviseurs en ambtenaren berekende uiteindelijk dat het mogelijk was, zij het met een paar extra investeringen. Het zesde scenario had dus niet alleen de steun van de burgers, maar was technisch onderbouwd. Hierdoor werd het verhaal van een breed gedragen voorkeursalternatief versterkt. Dit blijkt uit het feit dat de ministers van VROM en VenW en gedeputeerde staten van Overijssel besloten dertig miljoen euro beschikbaar te stellen voor aanpassingen die de knoop mogelijk maakten. Hiermee was de eerste investering voor uitvoering een feit.

Kennis en verhalen komen niet samen
Moment 1: uitsluiting van historische kennis
Tijdens een bijeenkomst in het dorp Noordeinde deed de Overijsselse gedeputeerde Rietkerk de toezegging dat de bypass niet over Gelders grondgebied zou lopen. De provinciegrens werd daarmee tevens de grens van de bypass. De benoeming van de provinciegrens tot ondergrens was een reactie op de onvrede van de burgers van Noordeinde over de hele gang van zaken; zij waren immers 'vergeten'.

Moment 2: geen ruimte voor extra onderzoek
Na de participatieronde formuleerde het projectteam een voorkeursscenario, gebaseerd op het zesde scenario van de boeren, dat alle overheidspartners goedkeurden. Het waterschap weigerde echter en had sinds geruime tijd gevraagd om grondiger onderzoek naar de veiligheid van de bypass. Met name de impact op het (grond)watersysteem wilde het waterschap verder onderzoeken. Verder onderzoek in deze fase was slecht verenigbaar met de deadline die vanuit het Hanzelijn-project was opgelegd. Extra onderzoek zou enkel vertraging opleveren. Besloten werd om alleen onderzoek op hoofdlijnen

te doen. Het waterschap bleef dit onvoldoende vinden en weigerde in te stemmen met het voorkeursalternatief. Uiteindelijk werd een adempauze van een aantal maanden ingelast om alsnog onderzoek te doen en het waterschap binnen boord te houden.

would be carried out. The water authority still found this inadequate and refused to agree to the preferred alternative. Eventually, it was decided to postpone further action for several months to allow further study, to keep the water authority on board.

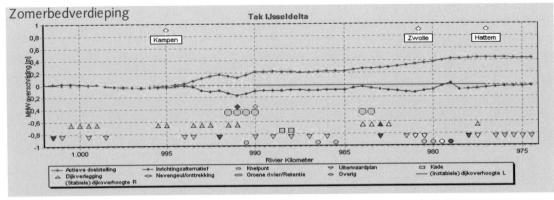

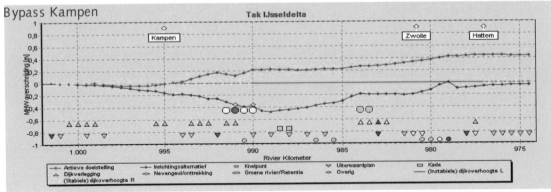

Berekening van nut en noodzaak van de bypass.
Calculation of usefulness and need of the bypass.

We can learn from IJsseldelta Zuid that the moments when knowledge can be used to reinforce or modify stories are crucial. We also learn that stories allow scientific insights to link up better with policy practice. Designers can help with this, but planners can also play an important role in combining stories with knowledge. Planning therefore needs strong stories. Strong stories have vision, are shared and written together with stakeholders, are interwoven with knowledge, and offer space for stakeholders' alternative viewpoints.

Knowledge and stories are not opposing entities. But in practice there are often partitions between actors who support planning with knowledge and those who practice it using stories and design. Those partitions have to be removed. For an effective planning process, knowledge and stories have to be interwoven. At the moment that knowledge and story do not meet, there is a risk that certain knowledge and knowledge carriers will be excluded. To prevent this, planners, policy-makers and designers must make plans with broadly supported stories and in which citizens, farmers and experts have had the opportunity to weaken or strengthen the story.

1 *Plan van Aanpak Project IJsseldelta Zuid* ('Plan of action for the IJsseldelta Zuid Project'), June 2004.
2 *Memo Advies gezamenlijke communicatiestrategie projecten Netwerkstadvisie en IJsseldelta en benodigde communicatiespecialisten* ('Recommendation on communication strategy for Netwerkstadvisie and IJsseldelta projects, and the necessary communication specialists'), Province of Overijssel, 21 October 2004.
3 'Uw mening over IJsseldelta Zuid-participatieverslag', Kampen, 10 June 2005.
4 Rik Nijland, 'Vergeten dorp vreest het ergste'. In *De Volkskrant*, 25 May 2005.
5 *Netwerk*, *6 In het land* and *Hart van Nederland*.
6 See www.landroof.nl for more information and to watch the programme (In Dutch).
7 This made use of the assessment method developed by Habiforum in the Nederland boven Water programme (www.nederlandbovenwater.nl)
8 Now the Netherlands Environmental Assessment Agency (PBL).

Van IJsseldelta Zuid leren we dat momenten waarop verhalen onderbouwd of gecorrigeerd worden door kennis cruciaal zijn. We leren ook dat wetenschappelijke inzichten via verhalen beter aansluiten op de beleidspraktijk. Ontwerpers kunnen hierbij helpen, maar ook planologen kunnen een belangrijke rol spelen in het verbinden van verhalen met kennis. Planning kan dus niet zonder sterke verhalen. Sterke verhalen hebben visie, zijn gedeeld en samen met belanghebbenden geschreven, zijn verweven met kennis en bieden ruimte aan alternatieve zienswijzen van belanghebbenden.

Kennis en verhalen zijn geen tegengestelde entiteiten. Maar in de praktijk zitten er vaak schotten tussen actoren die planvorming ondersteunen met kennis en actoren die planvorming beoefenen met verhalen en ontwerp. Die schotten dienen te worden verwijderd. Voor een effectief planproces moeten kennis en verhalen worden verweven. Op het moment dat kennis en verhaal niet samenkomen, is er een risico dat bepaalde kennis en kennisdragers buitengesloten worden. Om dit te voorkomen moeten planologen, beleidsmakers en ontwerpers plannen maken die met breed gedragen verhalen onderbouwd zijn en waarbij burgers, boeren en experts de kans hadden het verhaal te ontkrachten dan wel te verbeteren.

1 'Plan van Aanpak Project IJsseldelta Zuid', juni 2004.
2 Memo 'Advies gezamenlijke communicatiestrategie projecten Netwerkstadvisie en IJsseldelta en benodigde communicatiespecialisten', Provincie Overijssel, 21 oktober 2004.
3 'Uw mening over IJsseldelta Zuid-participatieverslag', Kampen, 10 juni 2005.
4 Rik Nijland, 'Vergeten dorp vreest het ergste'. In: *De Volkskrant*, 25 mei 2005.
5 Netwerk, 6 In het land en Hart van Nederland.
6 Zie www.landroof.nl voor meer informatie en de uitzending.
7 Hiervoor werd gebruikgemaakt van de beoordelingsmethode zoals die was ontwikkeld door Habiforum in het programma 'Nederland boven Water' (www.nederlandbovenwater.nl).
8 Nu het Planbureau voor de Leefomgeving (PBL).

Verhalenverteller. Storyteller.

Soft planning: medeplichtig aan een metropolitaan verhaal

Soft planning: collaborators in a metropolitan story

Zef Hemel

Het volgende verhaal laat zien dat wat voor de filosofie, het recht en de politiek geldt, ook lijkt op te gaan voor de ruimtelijke planning. Succesvolle planning is geen kwestie van doorzettingsmacht of planprocedures, maar bestaat bij de gratie van goede verhalen.
Eerst de feiten. In oktober 2005 neemt de Dienst Ruimtelijke Ordening (DRO) van de gemeente Amsterdam het initiatief tot een serie gesprekken met politieke partijen over de toekomst van Amsterdam. Het is aan de vooravond van de gemeenteraadsverkiezingen die in maart 2006 werden gehouden. De vertrekkende wethouder ruimtelijke ordening Duco Stadig heeft er dan drie termijnen opzitten. Hij heeft de ambtenaren van het Ontwikkelingsbedrijf een nota voor zijn opvolger laten schrijven waarin een somber financieel perspectief wordt geschetst: het geld voor nieuwe

The following story shows that what applies to philosophy, law, and politics, appears to hold good for spatial planning too. Successful planning is not about determination or planning procedures; it depends on good stories.
Let's start with some facts. In October 2005, the Physical Planning Department (DRO) of Amsterdam's municipal authority initiated a series of talks with political parties on the future of Amsterdam. Local elections were due to be held in March 2006. Duco Stadig, portfolio-holder for spatial planning in the outgoing municipal executive, had served for three terms. He told the officials of the Development Company (OGA) to draft a memorandum for his successor, outlining a gloomy financial picture: the money for new plans would soon be running out. The memorandum 'Creating Space' ('Ruimte Winnen'), blamed the depletion of

the cross-subsidization fund on the collapse of the office market.

The DRO officials declined to endorse this gloomy outlook. On their own initiative they wrote an alternative memorandum entitled 'Space creates money'. They hoped to galvanize opinions and create a new impetus, and they believed that new ideas could also generate funds. They thought it wrong for those holding the reins of political power to hold up their hands in despair right before an election. They decided to set up exploratory talks with the main political parties, to discuss the city's future.

Between October and December 2005, DRO met two or three times with each of those responsible for writing the local political programmes of the six largest parties. The parties could choose from a long list of topics that the officials gave them. But in each case the first question the politicians were asked was the same: what will Amsterdam look like in twenty years' time? This question remained unanswered in every single discussion. Not one party was capable of presenting a political narrative about the city's long-term future. When asked about housing, transport and traffic, water, culture, the economy, they all had their positions. But there was no cohesiveness.

Writing a Story

In the run-up to the election, the DRO officials decided to write a story about the future of Amsterdam. The story consisted of twenty chapters, each addressing a specific topical issue, with sections on what was conceivable, and possible paths for future development. Each chapter was projected onto a single layer, and together these layers formed a map. That map depicts a possible future of Amsterdam, presented within a wider context. The accompanying story discusses the conscious design of a metropolis, and it was presented at a gathering to mark the departure of a staff member in January 2006. At the end, those present criticized certain elements of the story. But

plannen is binnenkort op. Vooral de ingestorte kantorenmarkt ligt volgens de nota 'Ruimte winnen' ten grondslag aan de uitputting van het gemeentelijke vereveningsfonds.

De ambtenaren van DRO verzetten zich tegen dit sombere perspectief en schrijven op eigen initiatief een alternatieve nota, getiteld 'Ruimte maakt geld'. Zij verlangen naar nieuw elan en geloven dat nieuwe ideeën ook geld kunnen genereren. De politiek mag, zo vlak voor de verkiezingen, niet bij de pakken neer gaan zitten. Ze besluiten oriënterende gesprekken te voeren met de belangrijkste politieke partijen, om met hen te praten over de toekomst van de stad.

Tussen oktober en december 2005 wordt twee tot drie keer gesproken met de schrijvers van de lokale politieke programma's van de zes grootste partijen. De agenda is open, dat wil zeggen dat de partijen uit een groslijst van onderwerpen kunnen kiezen die hun door de ambtenaren is aangereikt. De eerste vraag aan de politici staat echter wel vast. Die luidt: hoe ziet Amsterdam er over twintig jaar uit? In elk gesprek blijft deze vraag onbeantwoord. Geen partij is in staat een politiek verhaal te vertellen over de toekomst van de stad op de lange termijn. Over volkshuisvesting, verkeer en vervoer, water, cultuur of economie hebben zij wel standpunten. Samenhang in deze dossiers ontbreekt echter.

Verhaal schrijven

In de periode voorafgaande aan de verkiezingen besluiten de ambtenaren van DRO een verhaal te schrijven over de toekomst van Amsterdam. Het verhaal bestaat uit twintig hoofdstukken, elk hoofdstuk sluit aan op een actuele kwestie. Wat is denkbaar? Hoe zou de kwestie zich verder kunnen ontwikkelen? Elk hoofdstuk wordt geprojecteerd op een laag en samen vormen de lagen een kaart. Die kaart geeft een beeld van een mogelijke toekomst van Amsterdam in groter verband. Het bijbehorende verhaal vertelt over de bewuste vormgeving van een metropool. Het verhaal wordt in januari 2006 verteld op een afscheidssymposium in Haarlem. Na afloop blijken mensen kritiek te hebben op elementen uit het verhaal. Maar naar het applaus gemeten valt het betoog in het algemeen in goede aarde.

Drie weken later gebeurt er iets bijzonders: een medewerker van het Amsterdamse stadhuis informeert of DRO het verhaal ook eens wil komen vertellen bij de bestuursdienst. Een maand later zitten vijfentwintig ambtenaren van de bestuursdienst, verantwoordelijk voor de fysieke infrastructuur, bij elkaar in een zaaltje. Voor de tweede keer wordt het verhaal verteld. Omdat ambtenaren van de bestuursdienst veel dossiers kennen reageren zij ter plekke door veel nieuwe informatie te geven. Voor de ambtenaren van DRO zijn de opmerkingen aanvullingen op het verhaal. Die aanvullingen verwerken ze in een nieuwe editie.

Niet lang daarna wordt DRO gebeld door de gemeentesecretaris: of de ambtenaren bereid zijn het verhaal nog eens te komen vertellen op het stadhuis, nu aan de staf van de bestuursdienst. Enkele weken later volgt opnieuw een presentatie. De stafleden, inclusief de gemeentesecretaris, reageren en weer worden talrijke suggesties gedaan. Kort daarop volgen de gemeenteraadsverkiezingen. De Partij van de Arbeid krijgt samen met Groen-Links een royale meerderheid in de raad. Eind april 2006 is de formatie van het nieuwe college van burgemeester en wethouders gereed. Niet lang daarna wordt DRO opnieuw uitgenodigd. Nu om het verhaal over de toekomst van de stad te vertellen in de ambtswoning van de burgemeester, aan het pas aangetreden college.

Medeplichtig

Uitnodiging op uitnodiging komt binnen: er is grote belangstelling voor het toekomstverhaal. Wie het gehoord en gezien heeft vertelt het verder. De burgemeester en de gemeentesecretaris

judging by the applause, the presentation as a whole went down very well.

Three weeks later, something remarkable happened: an official at the town hall asked DRO to come and repeat its story to the public administration department. The following month, twenty-five public administration officials gathered in a small room, and the story was told a second time. Since these officials were familiar with numerous dossiers, they reacted on the spot by providing a great deal of new information. The DRO spokesmen used all these comments to amplify their story, and produced a new version.

Not long afterwards, DRO received a telephone call from the town clerk, inviting it to come and tell its story once again at the town hall, this time to the senior staff of the public administration department. So another presentation followed a few weeks later. The senior staff, including the town clerk, responded, and once again numerous suggestions were made.

In the local elections that followed shortly after this, the Labour Party (PvdA) together with the Green-Left Alliance (GroenLinks) won a sizeable majority on Amsterdam's city council. By the end of April 2006, the new municipal executive had been formed. Shortly afterwards, DRO received another call, this time with an invitation to the mayor's official residence, to tell its story about the future of the city to the new executive.

Collaborators

The invitations started flooding in: there was enormous interest in hearing this story of the future. Everyone who had seen and heard it passed it on to others. The mayor and the town clerk put the story on the agenda of their regional meetings. Invitations were soon coming from the business world, the Rotary Club, Amsterdam Council for Urban Development, the regional umbrella organization of housing associations, management training courses, the municipal council, borough councils, and the executives of neighbouring municipalities.

The venues kept getting bigger, from small conference rooms to gymnasiums, lecture halls, theatres, works canteens, and eventually large conference centres. And the story itself – with its new title 'Destination AMS' – kept growing too, since at each new presentation the audience provided new information and suggestions, which were constantly incorporated. No one presentation was the same. Nothing was put down on paper. Some people heard the story three or four times, but since the content was constantly changing and there were no booklets about it, no one got bored. On the contrary, many people kept coming back, eager to hear how the storyline would develop.

Interestingly, the story tied in with a growing number of listeners' personal stories. Instead of a plan conceived in the offices of a municipal department or urban development agency, a vision of the future was gradually created to which many people had contributed. It seems that the story was absorbing all the knowledge, experience and insights from different parts of society, and giving them back to the city.

As time went on, this connection between personal stories and the story of the future metropolis spawned new initiatives. Projects were launched that related to the story or referred to it, some of them even arising from it directly. The story not only inspired people, but prompted them to identify with it. More and more people became 'collaborators'.

Metro Team

In the autumn of 2006, the DRO director distributed *The Tipping Point*, by the American writer Malcolm Gladwell, among the department's employees. It is a book about the power of new ideas. From then on, story-telling became the department's deliberate strategy. A team was set up with the specific mandate of developing new stories. This team, which was appointed at the end of 2006, consisted of a small core

agenderen het verhaal in hun regionale bijeenkomsten. Al snel komen uitnodigingen uit het bedrijfsleven, de Rotary, de Amsterdamse Raad voor de Stadsontwikkeling, de regionale koepel van woningbouwcorporaties, managementopleidingen, de gemeenteraad, stadsdeelraden en colleges van buurgemeenten. Vergaderzaaltjes worden verruild voor tennishallen, collegezalen, theaters, bedrijfskantines en conferentieoorden.

Het verhaal krijgt nu ook een titel: 'Bestemming AMS'. Evenzeer groeit het verhaal, want bij elke presentatie geven de toehoorders nieuwe suggesties en nieuwe informatie. Die informatie wordt telkens in het verhaal verwerkt. Geen presentatie is daardoor dezelfde. Niets staat op papier. Sommige mensen horen het verhaal wel drie of vier keer, maar doordat de inhoud voortdurend verandert en er geen boekjes over zijn, raakt niemand verveeld. Integendeel, trouwe bezoekers tonen zich nieuwsgierig naar de ontwikkeling van de verhaallijn. Opvallend is dat het verhaal aansluit bij steeds meer persoonlijke verhalen van mensen die het horen. In plaats van een plan uit de burelen van een gemeentelijke organisatie of een stedenbouwkundig bureau, ontstaat in de loop van de tijd een toekomstvisie waaraan door velen is bijgedragen. Het verhaal blijkt alle kennis, ervaring en inzichten vanuit verschillende hoeken op te zuigen en terug te geven aan de stad.

Uit die verbinding tussen persoonlijke verhalen en het toekomstverhaal van de metropool blijken na verloop van tijd ook nieuwe initiatieven voort te komen. Projecten worden gestart die met het verhaal verband houden, eraan refereren, sommige vloeien er zelfs rechtstreeks uit voort. Mensen voelen zich kennelijk niet alleen door het verhaal geïnspireerd, velen vinden er ook delen van hun eigen verhaal in terug. Steeds meer mensen worden medeplichtig.

Metroteam

In het najaar van 2006 verspreidt de DRO-directeur een boekje onder zijn medewerkers. Het heet *The Tipping Point* van de Canadees Malcolm Gladwell en gaat over de kracht van nieuwe ideeën. Vanaf dat moment wordt *storytelling* de bewuste strategie van de dienst. Er wordt een team ingesteld, speciaal belast met het ontwikkelen van nieuwe verhalen. Eind 2006 is het team geformeerd. Het bestaat uit een kleine kern van planologen en stedenbouwkundigen, aangevuld met stagiaires en trainees. Vooruitlopend op de komst van het 'Metroteam', presenteert de dienst aan de nieuwe wethouder een nieuw verhaal, dat aansluit op het oude. Ditmaal gaat het over de te volgen strategie ten aanzien van metropoolvorming. De wethouder brengt dit verhaal vervolgens in bij het college van burgemeester en wethouders. Het college wil aspecten van het strategieverhaal verder uitgewerkt zien om deze in de daaropvolgende maanden gezamenlijk te bespreken. Het 'Metroteam' kan direct aan de slag. In drie maanden tijd fabriceert het drie nieuwe verhalen: over de globalisering 'Red de Noordpool', over de goedereneconomie 'Goederen maken Amsterdam' en over de diensteneconomie 'Mensen voor mensen'. Geen van deze verhalen wordt naar buiten gebracht. Ze zijn, anders dan het oude verhaal, vertrouwelijk en uitsluitend bedoeld voor het college. Wel worden ze kort daarna in besloten zogenaamde 'Rosariumbijeenkomsten' aan de directies van het Ontwikkelingsbedrijf (OGA) en het Projectmanagementbureau (PMB) gepresenteerd.

Op kousenvoeten

Het is voorjaar 2007. De drie directies van OGA, DRO en PMB besluiten tot een gezamenlijke missie: ze willen samenwerken aan de metropool. Drie andere centrale diensten – Economische Zaken, Infrastructuur, Verkeer en Vervoer en het Ingenieursbureau – sluiten zich bij hen aan. In de zomer van 2007 krijgt de oprichting van de Ontwik-

of planners and urban developers, assisted by interns and trainees.

Pending the launch of the 'Metro Team', the department presented to the new portfolio-holder a new story, a sequel, on the strategy to be followed in metropolitanization. The portfolio-holder then presented this story to the municipal executive. The executive wanted to see aspects of this strategy story worked out in more detail before discussing it. The Metro Team started work straight away. Within the space of three months, it had produced three new stories: 'Save the Arctic' on globalization, 'Goods make Amsterdam' on the goods economy, and 'People for people', which was about Amsterdam's service economy. None of these stories was presented to the outside world; unlike the original one, they were intended to be confidential, and were written solely for the executive. They were, however, presented briefly at closed meetings of the directors of the Development Company (OGA) and the Project Management Bureau (PMB).

Softly softly

In the spring of 2007, the directors of the three agencies OGA, DRO, and PMB adopted a common mission: to pool their resources to develop the metropolis. Three other central agencies — Economic Affairs, Infrastructure, Transport, & Traffic, and the Engineering Office – decided to join them. By the summer of 2007, the new Development Alliance was a fact of life. For the first time since the collapse of the powerful Department of Public Works in the 1970s, the diverse components of the bureaucratic apparatus were reunited, albeit within a loose cooperative framework. Despite this loose structure, the alliance had a consultative meeting of directors from the outset, and its ambition was eventually to achieve close cooperation on all fronts and to find shared accommodation. One of the initiatives of the Development Alliance was the inauguration of a joint strategy group called 'Metropolis'.

At the beginning of 2007, the regional directors decided at a conference to create a development scenario for Greater Amsterdam, which was then still known as the 'North Wing'. The scenario was finished in just nine months. On 14 December 2007, at an animated follow-up conference, the North Wing was renamed Amsterdam Metropolitan Area: the change was even reported on national TV network news that night.

Meanwhile, in a relatively short period of time, much of Amsterdam's organizational structure was refashioned: emulating the Development Alliance, the city's central agencies in the social sector formed a Social Alliance, and those in the culture sector formed a Cultural Alliance. At the end of 2008, the committee on 'Improving the administration of Amsterdam' submitted a proposal to revise the city's existing divisions into boroughs. One of the tasks it identified was to find ways of improving regional cooperation. The portfolio-holder referred to the changes at one point as 'a paradigm shift, but softly softly'.

Oral presentation

The achievements in the planning process described above are far from cast-iron. In fact what determines success is not the hard edges of planning — money, the actual plans, procedures, instruments – but the 'soft' edges: the shaping of a vision, whipping up enthusiasm, getting people active. Interestingly, in the planning practice in Amsterdam that has been described, the design as such no longer plays a prominent role. In fact, the designer in his familiar role of draughtsman of the future seems to be missing altogether. His place has been taken by the urban planner as storyteller, in which the story is just that, a story: 'an oral presentation of events, whether true or invented, told with the aim of entertaining and enthralling an audience'. The narrative element actually plays a key role.

This raises the question of what it is that makes story-telling so successful. In

kelingsAlliantie zijn beslag. Voor het eerst sinds het uiteenvallen van de machtige Dienst der Publieke Werken in de jaren zeventig zijn de onderdelen van het apparaat weer verenigd, zij het nu binnen een licht samenwerkingsverband. Toch kent de alliantie van meet af aan een directeurenberaad en is de opgave om op termijn op alle fronten nauw samen te werken en naar gezamenlijke huisvesting te zoeken. Een van de initiatieven van de OntwikkelingsAlliantie is de instelling van een gezamenlijke strategiegroep 'Metropool'.

Begin 2007 besluiten de regionale bestuurders op een conferentie tot het maken van een ontwikkelingsbeeld voor Groot-Amsterdam, dan nog Noordvleugel geheten. In amper negen maanden is het gereed. Op 14 december 2007 wordt tijdens een geanimeerde vervolgconferentie de Noordvleugel omgedoopt in Metropool Regio Amsterdam. Dit nieuws haalt zelfs het NOS journaal die avond. Ondertussen wordt in betrekkelijk korte tijd een groot deel van de organisatie van de stad Amsterdam op een nieuwe leest geschoeid. Want als reactie op de vorming van de OntwikkelingsAlliantie verenigen de Amsterdamse centrale diensten in de sociale sector zich in een Sociale Alliantie en die in de culturele hoek in een Culturele Alliantie. Eind 2008 komt de commissie 'Verbetering Bestuur Amsterdam' met het advies om het Amsterdamse stadsdeelstelsel te herzien. Een van de opgaven is hoe op regionaal niveau verder kan worden samengewerkt. De wethouder spreekt op een zeker moment van 'een paradigmawisseling op kousenvoeten.'

Mondelinge voordracht

De wapenfeiten in het hierboven beschreven planproces zijn allerminst hard te noemen. Het zijn ook niet de harde kanten van de planning – geld, plan, procedures, instrumenten – die het succes bepalen. Betekenisvol zijn juist de zachte kanten: visievorming, verleiding, activering. Opvallend is dat in de beschreven Amsterdamse planningspraktijk het ontwerp als zodanig geen prominente rol meer speelt. De ontwerper in zijn vertrouwde functie van tekenaar van de toekomst lijkt zelfs geheel te ontbreken. In zijn plaats komt de planoloog als verhalenverteller, waarbij het verhaal niet anders is dan wat het is: 'een mondelinge voordracht van al dan niet verzonnen gebeurtenissen, met het doel het publiek te verstrooien, te boeien.' Het narratieve element speelt zelfs een sleutelrol.

Het roept de vraag op wat verhalen vertellen zo succesvol maakt. In de psychologie worden doorgaans vijf factoren onderscheiden. Bij elk hiervan zal ik kort langslopen. Het gaat om: ontvankelijkheid (*receptivity*), herkenbaarheid (*familiarity*), vertrouwdheid (*trust*), empathisch getuige zijn (*empathic witnessing*) en het herdefiniëren van de eigen persoon (*recreating the self*) (Gergen & Gergen, 1986). Allereerst ontvankelijkheid: *Storytelling* lijkt mensen ontvankelijk te maken. Zodra individuen een verhaal horen worden ze receptief. Dat komt doordat het vertellen van verhalen doorgaans wordt geassocieerd met plezier, ontspanning, gezelligheid of zelfs saamhorigheid. Dit bleek ook tijdens de bijeenkomsten. Het enthousiasme in de zaal was telkens groot. Mensen staken elkaar ook aan in hun enthousiasme.

In de tweede plaats is de herkenbaarheid van het verhaal door het anekdotische karakter groot, veel groter dan bij het tonen van kaarten of ontwerpen die dikwijls moeilijk leesbaar zijn. Ontwerpen zijn voor leken lastig te doorgronden, terwijl verhalen veelal direct aansluiten bij de belevingswereld van mensen.

In de derde plaats is het verhaal een kans om vertrouwen te ervaren. Mensen voelen vertrouwen in de toekomst als veel herkenbare situaties in een groter verband worden geplaatst. Dit was bij uitstek een kenmerk van 'Bestemming AMS': allerlei bekende ruimtelijke ontwikkelingen werden naar de toekomst doorgetrokken en in één geruststellend

psychology, five factors have been distinguished. I shall dwell briefly on each one in turn. They are receptivity, familiarity, trust, empathic witnessing, and recreating the self (Gergen & Gergen, 1986).

The first factor is receptivity: as soon as people hear a story, they become receptive. That is because story-telling is usually associated with pleasure, relaxation, sociability, or even togetherness. This was certainly borne out by the responses at the meetings. The stories were always received with great enthusiasm, and this enthusiasm proved to be infectious.

As for familiarity: because of their anecdotal quality, stories tend to strike a chord among listeners – far more so than maps or designs, which may be impenetrable for laymen. Stories tend to directly reflect the experiences of ordinary people.

The third factor is trust or confidence. Stories provide an opportunity to feel a sense of confidence. People tend to feel more confidence in the future when numerous recognizable situations are placed in a wider context. That was one of the key qualities of the story-based project known as 'Destination AMS'. A variety of known spatial developments were extrapolated into the future and placed within a single reassuring whole.

The fourth point is that the audience is, as it were, listening to someone's personal testimony. And personal testimony is far likelier to arouse trust and empathy than, say, a plan being presented by some official or administrator at a local residents' consultation evening.

Finally, listening to stories creates opportunities for redefining the self. The audience is invited to identify with different roles and characters. As a result, stories tend to soften the us-and-them attitude that people naturally adopt when facing an unknown future. Where planning is concerned, this is extremely important. Stories are embedded in relationships with others. Because of this specific relational value, they can help to alter perceptions of numerous scenarios, making them seem more palatable or even making them look like interesting challenges. Since in a narrative process, people lay themselves open to criticism and negotiation, and are willing to modify their own convictions, it is easier to reconcile diverse interests.

Pluralist perspective
There is something else. As we have seen, the story of the metropolitan region of Amsterdam was always changing, it was constantly being supplemented by contributions made by narrator and audience alike. This not only amplified the story, it also made it easy to absorb a plurality of personal and social perspectives. While designs — drawings or maps — often bear the personal signature of the designer, stories open up a pluralist perspective by constantly combining new insights. In fact, in a story, the contributions of others and the inevitable diversity of perspectives and meanings are actually right at the forefront of attention.

Story-telling thus reflects the fact that everyday reality appears by definition as contingent, in the sense of unpredictable and elusive. Well-told stories, as the philosopher Hannah Arendt emphasized, give us ways of finding a provisional and acceptable point of clearly-defined meaning, in the face of unpredictable human actions (Arendt, 1958). In other words, stories acknowledge the complex reality of human life. They are modest and do not seek to give a conclusive interpretation of reality. Stories are by definition open. In their dynamic form, they manifest themselves as a never-ending creative process of construing.

Narrative consciousness
In *Making Stories: Law, Literature, Life* (2003), the developmental psychologist Jerome Bruner explores the nature of stories and the ways in which people use them in their lives. Stories, asserts Bruner, arouse instinctive responses. People only really

geheel geplaatst.

Ten vierde: de toehoorders luisteren naar een getuigenis van iemand. En een getuigenis is iets waarin vertrouwen en empathie gemakkelijker tot stand komen dan bijvoorbeeld bij een plantoelichting door een ambtenaar of een bestuurder tijdens een inspraakavond.

Ten slotte ligt in het luisteren naar verhalen de mogelijkheid tot het herdefiniëren van de eigen persoon. Toehoorders van een verhaal worden uitgenodigd zich te verplaatsen in verschillende rollen en karakters. Het verhaal nuanceert daardoor de wij-zij-houding, waartoe mensen van nature geneigd zijn bij het tegemoettreden van een onbekende toekomst. Voor planning is dit buitengewoon belangrijk. Verhalen vinden hun bedding in relaties met anderen. Door hun specifieke relationele waarde slagen ze erin een veelheid van perspectieven tot draaglijk of zelfs uitdagend om te buigen. Omdat in een narratief proces mensen zich openstellen voor kritiek en onderhandeling en bereid zijn de eigen overtuiging bij te sturen kunnen uiteenlopende belangen gemakkelijk met elkaar worden verzoend.

Pluralistisch perspectief
Daar komt nog iets bij. Zoals we zagen veranderde het verhaal van de metropoolregio Amsterdam voortdurend, het werd telkens aangevuld met bijdragen van zowel de verteller als de toehoorders. Hierdoor kon het verhaal niet alleen aan inhoud winnen, het bleek ook in staat de pluraliteit aan persoonlijke en maatschappelijke zienswijzen soepel in zich op te nemen. Terwijl het ontwerp — de tekening, de kaart — nog vaak het persoonlijke handschrift draagt van de ontwerper, opent het verhaal een pluralistisch perspectief door telkens nieuwe inzichten te verenigen. De bijdragen van anderen en de onvermijdelijke verscheidenheid aan perspectieven en betekenissen treden in het verhaal zelfs op de voorgrond.

Daarmee sluit *storytelling* aan bij het gegeven dat

de wereldse realiteit per definitie verschijnt als contingent, in de betekenis van onvoorspelbaar en ongrijpbaar. Goed vertelde verhalen, benadrukte de filosofe Hannah Arendt, rusten ons uit met de mogelijkheid een voorlopig en aanvaardbaar punt van sluitende betekenis te vinden tegenover onvoorspelbaar menselijk handelen (Arendt, 1958). Anders gezegd, verhalen erkennen de complexe wereldse realiteit. Ze zijn bescheiden en er vindt geen finale duiding van de werkelijkheid plaats. Verhalen zijn per definitie open. In hun beweeglijke vorm manifesteren ze zich als een nimmer eindigend creatief proces van betekenisgeving.

Verhalende bewustzijn

De ontwikkelingspsycholoog Jerome Bruner onderzoekt in *Making Stories: Law, Literature, Life* uit 2003 de aard van verhalen en de wijze waarop mensen ze gebruiken in hun levens. Verhalen, aldus Bruner, zijn instinctmatig. Eigenlijk begrijpen mensen alleen intuïtief hoe ze werken. Zelden nemen wij de tijd en de moeite om te reflecteren over de kracht en invloed van verhalen op ons leven. Bruner beweert dat verhalen niet minder dan de bouwmaterialen van de menselijke ervaring zijn. Begin jaren zeventig lanceerde hij al de theorie dat het 'verhalende bewustzijn' voor de mens zeker zo belangrijk is als het 'informatieverwerkende bewustzijn', zo niet belangrijker. In *Making Stories* laat hij zien dat mensen niet snel bereid zijn om hun voorliefde voor verhalen toe te geven. Terwijl de strenge waarheden van logica en wetenschap zuiver en objectief op ons overkomen, wekken de sporen van retorica en overtuiging in verhalen juist onze achterdocht. Daardoor gaat onze voorkeur steevast uit naar juridische procedures en formele afspraken.

Maar de rol van het verhaal blijkt juist veel wezenlijker te zijn voor onze gezamenlijke prestaties dan al die formele regelingen en afspraken bij elkaar. '*Like scientific discoveries, stories show us ways to*

understand how they work in an intuitive sense. We rarely take the time or trouble to reflect on the power and influence of stories in our lives. Bruner claims that stories are nothing less than the building materials of human experience. In the early 1970s he launched the theory that people's 'narrative consciousness' is just as important as their 'information-processing consciousness', if not more so. In *Making Stories*, he shows that people are reluctant to admit their preference for stories. While the strict truths of logic and science strike us as pure and objective, the traces of rhetoric and beliefs in stories arouse our suspicion. That is why we always place our faith in legal proceedings and formal agreements.

But it appears that stories play a far more fundamental role in our collective achievements than any formal arrangement or agreement. 'Like scientific discoveries, stories show us ways to cope with error and surprise in our daily lives. And stories that are widely circulated become "collective coins" that begin to illuminate our world by revealing alternative ones', said the philosopher Richard Rorty. Jerome Bruner argues that *Uncle Tom's Cabin* – the famous nineteenth-century novel by Harriet Beecher Stowe – did more to abolish slavery than any political programme or philosophical pamphlet. And what applies to philosophy, law, and politics appears to be true of spatial planning too. Successful planning is not about powerful determination or planning procedures, but is contingent on good stories.

Epidemic

Bruner rightly draws attention to the dissemination of stories, pointing out that only those which are widely disseminated can fulfil their role as 'collective currency'. But how did the story known as 'Destination AMS', for example, end up reaching so many people? The story was not printed and despatched to thousands of people. On the contrary. The strategy was precisely *not* to make a booklet out of it or post it to the internet. This was partly based on the idea that nothing is as contagious as rumour. The rumour that there was a fascinating story about the future of Amsterdam somewhere, but that it was impossible to order it or study it, fired the imagination.

If people wanted to hear the story, they had to make an appointment. And making an appointment meant taking action, making a commitment. The first invitations trickled in slowly. After a while, the requests increased in frequency, until their numbers exceeded the capacity, and many had to be rejected. It was also strange to note that at a certain point they gradually petered out again. The rumour spread like an epidemic: it started imperceptibly, grew slowly, suddenly escalated like a raging fire, peaked abruptly, and then gradually died out.

In total, the story was told more than sixty times. About 2,000 people in the Amsterdam region have heard it. Many times more have heard others discussing it. That counts too. 'Ideas and products and messages and behaviours spread like viruses do', writes Malcolm Gladwell (2000). His theory of 'How little things can make a big difference' was tested in Amsterdam's planning practice. So marketeers are not the only people who can benefit from such knowledge; planners too can make it work for them.

This approach completely contradicts the idea that if plans are presented in beautifully designed publications, they will naturally take hold. Things don't work like that. What applies here is 'The Law of the Few'. Gladwell writes: 'That is the paradox of the epidemic: that in order to create one contagious movement, you often have to create many small movements first.'

Gladwell provides another surprising insight. The above description of the story's dissemination drew attention to the epidemic-like growth of the requests received by DRO. Gladwell explains how social change takes place: not gradually, but at a pace that accelerates dramatically after a clear turning-

cope with error and surprise in our daily lives. And those stories that are widely circulated become 'collective coins' that begin to illuminate our world by revealing alternative ones', zei de filosoof Richard Rorty. Jerome Bruner beweert dat *De negerhut van Oom Tom*, de in de negentiende eeuw veelgelezen roman van Harriet Beecher Stowe, veel belangrijker is geweest voor de afschaffing van de slavernij dan enig politiek programma of filosofisch pamflet. En wat voor de filosofie, het recht en de politiek geldt, lijkt ook op te gaan voor de ruimtelijke planning. Succesvolle planning is geen kwestie van doorzettingsmacht of planprocedures, maar bestaat bij de gratie van goede verhalen.

Epidemie

Terecht wijst Bruner op de verspreiding van verhalen en dat alleen verhalen die wijd verspreid raken hun rol van 'collectieve munt' kunnen vervullen. Hoe raakte bijvoorbeeld 'Bestemming AMS' zo wijd verspreid? Het verhaal werd niet gedrukt en in duizendvoud verzonden. Integendeel. De strategie was juist om er vooral géén boekje van te maken of het op internet te zetten. Dit hield mede verband met het idee dat niets zo besmettelijk werkt als het gerucht. Het gerucht dat er ergens een boeiend verhaal over de toekomst van Amsterdam bestaat maar dat dit niet is op te vragen of in te zien werkt aanstekelijk.

Als mensen het verhaal wilden leren kennen dan moesten ze een afspraak maken. En een afspraak maken betekent: in actie komen, committeren. Langzaam druppelden de eerste uitnodigingen binnen. Na verloop van tijd kwamen de verzoeken steeds sneller, tot ze op een gegeven moment wegens de enorme omvang en de beperkte capaciteit moesten worden afgewezen. Vreemd was het te merken dat ze later ook stilletjes weer opdroogden. Het gerucht verspreidde zich zoals een epidemie zich verspreidt: onderhuids beginnend, langzaam groeiend, dan ineens uitslaand als een felle brand,

149

om na een abrupte piek weer langzaam uit te doven.

In totaal is het verhaal ruim zestig keer verteld. Zo'n tweeduizend mensen in de Amsterdamse regio hebben het gehoord. Een veelvoud daarvan heeft anderen erover horen praten. Ook dat telt mee. *'Ideas and products and messages and behaviours spread like viruses do'*, schrijft Malcolm Gladwell (2000). Zijn theorie over 'hoe kleine dingen een grote verandering tot gevolg kunnen hebben' werd in de Amsterdamse planningspraktijk beproefd. Het zijn dus niet alleen marketeers die van dit soort inzichten profijt hebben, ook planologen kunnen er hun voordeel mee doen.

Deze werkwijze staat haaks op de gedachte dat met fraai vormgegeven publicaties planologisch gedachtegoed vanzelf zal 'indalen'. Zo werkt het dus niet. Hier geldt *the law of the few*. Gladwell zei hierover: '*That is the paradox of the epidemic: that in order to create one contagious movement, you often have to create many small movements first*.' Gladwell levert nog een ander verrassend inzicht. In de bovenstaande weergave van de verspreiding werd al gewezen op het epidemische verloop van de verzoeken aan het adres van DRO. Gladwell beschrijft hoe maatschappelijke verandering verloopt: niet geleidelijk, maar met een dramatische versnelling na een duidelijk omslagpunt. '*The name given to that one dramatic moment in an epidemic when everything can change all at once is the tipping point*.' In de Amsterdamse planningspraktijk deed de *tipping point* zich begin 2007 voor. Vanaf dat moment had iedereen het ineens over de metropool. Het ging vanzelf. Mensen deden dat onder elkaar, er kwam geen planoloog aan te pas. Hoe die metropool zich tot de Randstad verhield deed niet meer ter zake. Dat punt was al gepasseerd. Het gaf aanleiding tot verbazing en ook wel ergernis bij de andere steden. Zij hadden niet in de gaten gehad wat er in het Amsterdamse was gebeurd. Zij ervoeren het verhaal zelfs als bedreigend.

point. 'The name given to that one dramatic moment in an epidemic when everything can change all at once is the tipping point.' In Amsterdam's planning practice, the tipping point was reached at the beginning of 2007. From then on, everyone was suddenly talking about the metropolis. It just happened. It was something that people generated together, without the intervention of a single planning expert. The relationship between this metropolis and the wider Randstad conurbation was no longer considered relevant. That point had been passed. This provoked reactions of surprise and not a little resentment on the part of other cities. They did not realize what had been going on in Amsterdam. Some even believed that the story posed a threat.

Narrative element

In short, good stories are infectious. And spatial planning exists by the grace of good story-telling. Although this narrative element is often overlooked in the planning literature, it seems crucial to its success. It used to be the designers who introduced the narrative element: their planning proposals had a certain narrative structure. But although this helped to dismantle the complexity of the spatial concepts, the abstractness of these narratives often made them elusive and sometimes lacking in credibility, as in the case of the 'Green Heart' proposal. What is more, the planning world has witnessed a trend towards 'Balkanization' in recent years, which has not yet exhausted itself (Zonneveld & Verwest, 2005). Some commentators even speak of a conceptual poverty in today's spatial organization and structuring of society, and urge the need for renewed clarity. This is a sign that the narrative element is lacking. Regional designs may be more precise, but they often lack a narrative structure. The aesthetic element that they tend to highlight is less relevant in this context than designers would like to think, in spite of the recent upsurge of political interest in visual images (Hajer, Sijmons and

Feddes 2006).

Relationships between politicians and designers are always fragile, especially when decision-making proceeds along democratic lines. And any politician who uses a designer to impose his will is likely to place the relationship under extra strain: this is Louis-XIV-style patronage. Conversely, drawing techniques that set out specifically to create political will can be assigned to a category that the British journalist Deyan Sudjic recently dubbed 'the edifice complex': a kind of architecture that mainly nourishes egos (Sudjic, 2005). 'Whatever the architect's intentions, in the end they find themselves being defined not by their own rhetoric, but by the impulses that have driven the rich and the powerful to employ architects, and to seek to shape the world.' It is not the relationship between aestheticism and power but narrative structure that is crucial to the success of planning. Narrative practices such as the one described in Amsterdam present opportunities to create a public space that includes both a sense of solidarity and trust on the one hand, and respect and understanding for the need for different perspectives on the other. Good stories confront us with our moral responsibilities and encourage us to act collectively. They provide the best safeguards against 'blueprint thinking' and undue faith in the 'makeable society'. But none of this potential can be realized unless stories are first incorporated into our democratic planning procedures.

Zef Hemel is deputy director of the Physical Planning Department (DRO), Amsterdam.

References

Arendt, Hannah (1958). *The Human Condition*. Chicago: University of Chicago Press.
Bruner, Jerome (2003). *Making Stories: Law, Literature, Life*. Harvard: First Harvard University Press.
Gergen, Kenneth & Gergen, Mary (1986). *Social Psychology*. Springer.
Gladwell, Malcolm (2000). *The Tipping Point. How Little Things Can Make a Big Difference*. London: Brown and Company.

Narratieve element

Goede verhalen, kortom, zijn besmettelijk. En ruimtelijke planning bestaat bij de gratie van goede verhalen vertellen. Dit narratieve element is een ondergeschoven kindje in de planningsliteratuur, maar lijkt bepalend voor het succes ervan. Vroeger waren het de ontwerpers die het narratieve element inbrachten in de planningspraktijk. Hun planologische concepten hadden een zekere narratieve structuur. De complexiteitsreductie van ruimtelijke concepten was aangenaam, maar de abstractheid ervan maakte ze dikwijls ongrijpbaar en soms ook ongeloofwaardig, zoals in het geval van het concept van Het Groene Hart. Bovendien trad de laatste jaren een 'balkanisering' in conceptenland op die nog altijd niet is uitgewoed (Zonneveld & Verwest, 2005). Op dit moment zou er zelfs sprake zijn van een conceptueel tekort met betrekking tot de ruimtelijke organisatie en inrichting van de samenleving en zou er weer overzicht nodig zijn. Een signaal dat het narratieve element ontbreekt. Regionale ontwerpen, die vaak preciezer zijn, ontberen vaak een verhaalstructuur. Het veelal dominerende esthetische element doet, anders dan de ontwerpers graag denken, hier nauwelijks ter zake, de recente politieke herwaardering van het beeld ten spijt (Hajer, Sijmons & Feddes, 2006).

De verhouding tussen de politicus en de ontwerper is sowieso geen gemakkelijke, zeker in een democratische praktijk. De politicus die de ontwerper gebruikt om zijn wil door te drijven zet de verhoudingen al snel op scherp: hij gedraagt zich als zonnekoning. En omgekeerd: tekentechnieken die tot doel hebben politieke wil te scheppen vallen in dezelfde categorie als die de Londense journalist Deyan Sudjic onlangs aanduidde met *the edifice complex*: architectuur die vooral de ego's voedt (Sudjic, 2005). '*Whatever the architect's intentions, in the end they find themselves being defined not by their own rhetoric, but by the impulses that have driven the rich and the powerful to employ architects, and to seek to shape the world.'* Niet de esthetiek in relatie tot macht maar de verhalende structuur is voor het succes van planning belangrijk. Narratieve praktijken zoals de Amsterdamse dragen mogelijkheden in zich tot het creëren van een publieke ruimte waarin enerzijds een gevoel van verbondenheid en vertrouwen, anderzijds respect en begrip van de noodzakelijkheid van verschillende perspectieven aanwezig zijn. Goede verhalen confronteren ons met onze morele verantwoordelijkheden en zetten ons aan tot gezamenlijke actie. Zij zijn de beste waarborg tegen 'blauwdrukdenken' en te groot geloof in maakbaarheid. Maar dan moeten ze wel in onze democratische planningspraktijken worden opgenomen.

Zef Hemel is adjunct-directeur van DRO Amsterdam.

Referenties

Arendt, H. (1958). *The Human Condition*. University of Chicago Press, Chicago.

Bruner, J.S. (2003). *Making Stories: Law, Literature, Life*. First Harvard University Press, Harvard.

Gergen, K.J. & Gergen, M.M. (1986). *Social Psychology*. Springer.

Gladwell, M. (2000). *The Tipping Point. How Little Things Can Make a Big Difference*. London: Brown and Company.

Hajer, M.A., Sijmons, D. et al. (2006). *Een plan dat werkt: ontwerp en politiek in de regionale planvorming*. NAi Uitgevers, Rotterdam.

Rorty, R. (1989). *Contingency, irony and solidarity*. Cambridge University Press, Cambridge.

Sudjic, D. (2005). *The Edifice Complex. How the Rich and Powerful Shape the World*. Penguin, Londen.

Zonneveld, W. & Verwest, F. (2005). *Tussen droom en retoriek. De conceptualisering van ruimte in de Nederlandse planning*. Ruimtelijk Planbureau, Den Haag.

Hajer, Maarten, Sijmons, Dirk et al. (2006). *Een plan dat werkt: ontwerp en politiek in de regionale planvorming*. Rotterdam: NAi Uitgevers.

Rorty, Richard (1989). *Contingency, Irony and Solidarity*. Cambridge: Cambridge University Press.

Sudjic, Deyan (2005). *The Edifice Complex. How the Rich and Powerful Shape the World*. London; Penguin.

Zonneveld, Wim & Verwest, Femke (2005). *Tussen droom en retoriek. De conceptualisering van ruimte in de Nederlandse planning*. The Hague: Netherlands Institute for Spatial Research.

Ontwerpdialoog als integrerend gesprek

Design dialogue as an integrative discussion

Jannemarie de Jonge

Rond de eeuwwisseling deden wetenschap en politiek een nadrukkelijk appel op ruimtelijk ontwerpers. Zo adviseerde de Wetenschappelijke Raad voor het Regeringsbeleid in het rapport 'Ruimtelijke Ontwikkelingspolitiek' (1998) om in de regionale planning veel meer aandacht te schenken aan 'integrerend ontwerpen en ontwerpend onderzoek'. In 2000 schreven vier ministers in de derde architectuurnota dat het hun ambitie is de integrerende en onderzoekende kracht van de ontwerpende disciplines beter te benutten, in het bijzonder op de hogere schaalniveaus en in de verkennende en programmerende fase van planprocessen. Ook de Nationale Raad voor Landbouwkundig Onderzoek, het latere InnovatieNetwerk Groene Ruimte en Agrocluster, werkte in een aantal adviezen en studies deze gedachte verder uit. Hierin lag de nadruk op de bijdrage van ontwerpers aan innovatieprocessen in

Around the turn of the century, science and politics made an explicit appeal to spatial designers. In its 1998 report on Spatial Development Policy, for example, the Netherlands Scientific Council for Government Policy (WRR) recommended that regional planning should focus much more attention on 'integrative design and design-based research'. In 2000, four ministers wrote in *Designing the Netherlands*, the Third Policy Document on Architecture, that their ambition was to make better use of the integrative and investigative power of design-based disciplines, particularly at higher scales and in the exploratory and programming phases of planning processes. The National Council for Agricultural Research, later the Innovation Network for Green Space and Agro Cluster, elaborated on this idea in a number of recommendations and studies. The emphasis lay on the contribution by designers to innovation processes in rural areas where considerable knowledge, experience, and stakeholder interests come together in the design process (Hillebrand et al., 2003; National Council for Agricultural Research, 1998; Rutten & Van Oosten, 1999).

Rather than arising from theoretical considerations about the specific contribution of design to complex planning and ` renewal assignments, the appeals appear to be inspired much more by a number of successful projects in the spatial domain, in which designers played an important role. An example is the Netherlands Now as Design programme which successfully revitalized national spatial planning in the mid-1980s. To achieve this goal, the private NNAO Foundation organized a process involving more than two hundred designers, researchers, and policymakers. Interdisciplinary teams developed four policy-oriented scenarios for the Netherlands in 2050 which were publicly discussed, published, and presented. Policy innovations for rural areas, such as the national ecological network and the water system approach presented in the 1988 Fourth Policy Document on Spatial Planning, are largely based on experiences from regional and interdisciplinary design studies and have acquired form despite, rather than thanks to, formal planning processes (De Jonge & Van de Windt, 2007).

Misunderstandings

As experience with design-based contributions to national and regional planning was significant and encouraging, the appeal to designers was not completely unexpected. There was, however, no clarification of what makes the design process so special, or what specific added value designers offer in comparison to other disciplines involved in spatial planning.

This is an area which is regularly prone to misunderstandings. There is, for example, a tendency to think that the power of designers primarily lies in their ability to sketch

de landelijke gebieden waar in het ontwerpproces veel kennis, ervaring en belangen van stakeholders samenkomen (Hillebrand et al., 2003; Nationale Raad voor Landbouwkundig Onderzoek, 1998; Rutten & Van Oosten, 1999).

De oproepen lijken niet zozeer voort te komen uit theoretische beschouwingen over de specifieke bijdrage van het ontwerpen aan complexe plannings- en vernieuwingsopgaven, maar veel meer geïnspireerd te zijn door een aantal succesvolle acties in het ruimtelijk domein, waarin ontwerpers een belangrijke rol hebben gespeeld. Bijvoorbeeld het programma 'Nederland Nu Als Ontwerp', dat midden jaren tachtig met succes nieuw elan in de nationale ruimtelijke planning heeft gebracht. De private Stichting NNAO organiseerde hiertoe een proces waarin meer dan tweehonderd ontwerpers, onderzoekers en beleidsmakers betrokken waren. Interdisciplinaire teams ontwikkelden vier politiek georiënteerde scenario's voor Nederland in 2050 die publiekelijk werden bediscussieerd, gepubliceerd en geëxposeerd. Ook beleidsvernieuwingen voor het landelijk gebied zoals de ecologische hoofdstructuur en de watersysteembenadering, gepresenteerd in de *Vierde Nota Ruimtelijke Ordening* (1988), zijn in belangrijke mate gebaseerd op ervaringen uit regionale en interdisciplinaire ontwerpstudies. En die eerder ondanks dan dankzij formele planprocessen vorm hebben gekregen (De Jonge & Van de Windt, 2007).

Misverstanden

De ervaringen met de ontwerpende inbreng in de nationale en regionale planning waren veelbetekenend en smaakten naar meer. Het appel op ontwerpers kwam dan ook niet uit de lucht vallen. Waar het echter aan ontbrak was een verduidelijking van wat het ontwerpproces dan zo bijzonder maakt. Of wat de specifieke toegevoegde waarde is van ontwerpers ten opzichte van andere disciplines die zich met ruimtelijke planning bezighouden.

Op dit vlak doen zich geregeld misverstanden voor. Zo leeft nogal eens het idee dat de kracht van ontwerpers vooral is dat zij inspirerende toekomstbeelden kunnen schetsen waarmee publiek en politiek kunnen worden verleid. De ontwerper als almachtige visionair en het ontwerpproces als magie. Dit beeld legt niet alleen onrealistische verwachtingen op aan ontwerpers, maar ontkent ook het kritisch vermogen van het publiek.
Ook over de bedoeling van een ontwerp heerst vaak onduidelijkheid. Zeker bij regionaal ontwerpen is het idee van een plan als eindtoestand een misvatting die nog regelmatig opduikt. Een regionaal plan kan fungeren als kompas voor toekomstig handelen voor partijen die het plan hebben omarmd. Het beïnvloedt vooral volgende plancycli die op een operationeel ontwerp kunnen zijn gericht. De effectiviteit van het regionaal ontwerp moet blijken uit de communicatieve waarde: het vermogen om maatschappelijke uitvoeringscoalities te vormen rond (onderdelen van) het plan. De slaagkans daarvan is beduidend hoger als deze maatschappelijke krachten onderdeel zijn van het ontwerpproces in plaats van achteraf geconsulteerd of geïnformeerd worden.

Nieuw beeld
Het ontwerpen wordt dus vaak onterecht beschouwd als synoniem voor het schetsen van een plan als instructie aan de uitvoerders. Deze beperkte opvatting van ontwerpen heeft zich in de vorige eeuw vastgezet in het collectieve beeld over een beroepsgroep. Dit idee van *design by drawing* zoals de ontwerptheoreticus Jones dat heeft benoemd, is typisch voor het – architectonisch – ontwerpen als onderdeel in de keten van een industrieel, gespecialiseerd en in onderdelen opgedeeld productieproces. De huidige tijd, met andere dominante productieprocessen – accent op informatiestromen, communicatie, kennisontwikkeling – vraagt om een nieuw beeld van de

inspiring visions of the future which can seduce both politicians and the general public. This view sees the designer as an all-powerful visionary and the design process as a kind of magic. It not only imposes unrealistic expectations on designers, however, but denies the critical capacity of the general public.
There is also frequently a lack of clarity about the purpose of a design. Certainly in the case of regional designs, the idea of a plan being an end in itself is a common misconception. A regional plan can act as a compass for future actions by parties that have embraced it. It primarily influences subsequent plan cycles which may be aimed at an operational design. The effectiveness of a regional design must be demonstrated by its communicative value, that is the capacity to form social implementation coalitions on the basis of the plan, or parts of it. The chances of success are considerably higher if these coalitions participate in the design process rather than being consulted or informed afterwards.

New perception
Design is thus often wrongly regarded as being synonymous for outlining a plan, as an instruction for those implementing it. This limited perception of design became fixed as part of the collective image of a professional group in the previous century. The idea of what design theorist J. Christopher Jones called 'design-by-drawing' is typical of – architectonic – design as a link in a chain comprising an industrial, specialized and subdivided production process. The current era, characterized by different dominant production processes – with the emphasis on information flows, communication, and knowledge development – requires a new perception of design-based professional groups. Whereas, in the previous century, the designer was seen as a powerful draughtsman emphatically assigned an autonomous position in the production chain, with a specialization accompanied

by clear disciplinary limits, there is now an unmistakable need to abolish those limits and adopt an interdisciplinary and transdisciplinary method of working.

The involvement of designers alone, brilliant as they may be, is not enough to produce satisfying results. The appeal to designers requires clarification of what is expected of them and an insight into the conditions necessary to enable them to fulfil those expectations. The Reconstruction of Sandy Areas design project – a key project from the Third Policy Document on Architecture, within which considerable investments were made in involving design-based disciplines between 2000 and 2005 – demonstrated that this clarity was not readily present among either clients or those in the profession. The consequence was dissatisfaction with process and results (for a case description see: De Jonge, 2009).

What, then, is the real core of design as an intellectual activity, and how can this be interpreted in the reality of regional planning, as it is taking shape in the current network society?[1]

What is design?

Designing is a basic human skill and, as an intellectual activity, it can be distinguished from other ways of thinking, such as mathematical reasoning. The Greek philosopher Aristotle's ideas on 'intellectual virtues' are useful in identifying the individual characteristics of design-based thought.

Aristotle makes an primary, key distinction between theory and practice. Theoretical knowledge is thinking for the sake of thinking. It means seeking to know things which are generally applicable, irrespective of who knows them, where, or when. It is knowledge which comes from observing and analysing reality. It describes and explains reality. Theoretical knowledge can be recorded objectively and exist outside the 'knower'.

Practical knowledge is stored in people

ontwerpende beroepsgroepen. Waar in de vorige eeuw de ontwerper als machtige tekenaar juist een autonome plek in de productieketen kreeg toebedeeld en specialisatie gepaard ging met duidelijke disciplinaire grenzen, is er nu een onmiskenbare behoefte om grenzen te slechten en inter- en transdisciplinair te werken.

Het inschakelen van ontwerpers alleen, hoe briljant ze wellicht zijn, is onvoldoende om tot bevredigende resultaten te komen. Het appel op de inzet van ontwerpers vraagt om een verduidelijking van de verwachte bijdrage van de discipline en inzicht in noodzakelijke condities om aan de verwachtingen te kunnen voldoen. Het ontwerpproject 'Reconstructie Zandgebieden', een van de 'Grote Projecten' uit de derde architectuurnota waar tussen 2000 en 2005 veel geïnvesteerd is in betrokkenheid van ontwerpende disciplines, heeft aangetoond dat noch bij opdrachtgevers, noch bij de beroepsgroep zelf deze duidelijkheid scherp aanwezig was. Met ontevredenheid over proces en resultaten tot gevolg (voor een beschrijving van deze casus, zie: De Jonge, 2009).

Wat is dan eigenlijk de kern van ontwerpen als intellectuele activiteit? En hoe is dat te interpreteren in de realiteit van de regionale planning, zoals die in de huidige netwerkmaatschappij vorm krijgt?[1]

Wat is ontwerpen

Ontwerpen is een basisvaardigheid van mensen en als intellectuele activiteit te onderscheiden van andere manieren van denken, bijvoorbeeld wiskundig redeneren. Het inzicht dat de Griekse filosoof Aristoteles biedt in verschillende 'intellectuele deugden' blijkt behulpzaam te zijn in de zoektocht naar het eigene van ontwerpend denken.

Een eerste belangrijk onderscheid dat Aristoteles maakt is tussen theorie en praktijk. Theoretische kennis is denken om te denken. Het gaat erom dingen te weten die algemeen geldig zijn, onafhankelijk van wie het weet of waar of wanneer. Het is kennis die ontstaat door observatie en analyse van de werkelijkheid. Ze beschrijft en verklaart die werkelijkheid. Theoretische kennis is objectief vast te leggen en kan bestaan buiten de 'kenner'. Praktische kennis is opgeslagen in mensen en heeft een directe functie in het dagelijks leven. Het is persoonsgebonden kennis die zich ontwikkelt door ervaring op te doen. Binnen de praktische kennis onderscheidt Aristoteles twee soorten: de praktische wijsheid en het vakmanschap.

Mensen hebben praktische wijsheid nodig om te kunnen beslissen wat goed is om te doen, om verstandig te kunnen handelen. Het gaat om vragen als 'is het rechtvaardig, is het verantwoord om dit te doen?' Vragen waarvoor je inzicht moet hebben in wat belangrijk en waardevol is voor mensen. Antwoorden gelden in die ene specifieke situatie, waarin alles tegen elkaar is afgewogen. Zoals koning Salomon moest beslissen wie van twee vrouwen de echte moeder van de baby was. Hij gebruikte zijn praktische wijsheid door voor te stellen het kind in tweeën te hakken en elk de helft te geven. Door de reactie van de echte moeder – 'geef het dan maar aan de ander' – kon hij zijn keuze trefzeker maken.

De tweede soort praktische kennis, het vakmanschap, hebben mensen nodig om dingen te kunnen maken of iets tot stand te brengen. Iets maken betekent dat je uit onderdelen een geheel gemaakt. Een geheel dat aansluit op het doel dat iemand ermee heeft. Het is productieve kennis gericht op integratie en synthese.

Denkproces

De verschillende intellectuele deugden zijn binnen hun eigen domeinen verder ontwikkeld: de theoretische kennis (*episteme* in het Grieks) in het wetenschappelijke domein, de praktische wijsheid (*phronesis*) in politiek en ethiek en het vakmanschap (*techne*) in tal van kundigheden en kunsten. Dit laatste is het domein van de ontwer-

and has a direct function in daily life. It is personal knowledge gained through experience. Aristotle identifies two kinds of practical knowledge: practical wisdom and expertise.

People need practical wisdom to be able to decide what is the right thing to do in order to act sensibly. The focus is on questions like 'is it fair, is it wise to do this?' These are questions which call for insight into what people consider important and valuable. the answers apply to one specific situation in which all the elements have been weighed up. A good example is King Solomon having to decide which of two women was the real mother of a baby. He used his practical wisdom and proposed that he chop the child into two and give each woman half. The response of the real mother, who said that he should then give the child to the other woman, enabled him to make the right choice.

The second kind of practical knowledge – expertise – is what people need to make things or create something. Making something means you make a whole out of parts, a whole that relates to a goal that someone intends to achieve with that whole. This is productive knowledge aimed at integration and synthesis.

Thought process

The intellectual virtues have been developed in more detail within their own specific domains: theoretical knowledge – *episteme* in Greek – in the scientific domain, practical wisdom – *phronesis* – in politics and ethics, and expertise – *techne* – in skills and arts. The latter is the domain of design-based professions like architecture, urban development, and landscape architecture. Design as an intellectual activity can be described as 'thinking before you start making something'. Like making things, design-based thought is also about synthesis.

Aristotle said that, although the knowledge needed to make something and design-based thought can be differentiated from practical wisdom and theoretical knowledge, they are still related. You cannot design something without asking what is important or valuable in the result, that is without a good sense of judgment or practical wisdom. Nor can you make something new if you are not properly familiar with the qualities and systems of its constituent parts, that is without objective knowledge of the facts or theory.

Design is a thought process whereby creative imagination of something that does not yet exist goes together with an assessment of human values – practical wisdom – and generally applicable facts – scientific 'erudition'. The process involves continuous thought exercises of the type 'if I were to make this, I would think that about it'. The first step requires creative imagination, while the second implies a reflective judgment. In this context reflective means: there can be no general rule because different issues are weighed up against each other. Some can be assessed using universal rules, such as: water flows downwards. Others cannot, such as: is road safety more important than saving a row of trees?

Design processes are essentially learning and argumentation processes. The design phases or thought exercises continue until reflective judgment decides it is 'good enough'. That judgment depends on people, context, and time.

Permanent uncertainty

A design problem is sometimes referred to as a 'wicked problem', in the sense of being stubborn or intractable. German mathematician and designer Rittel presented his wicked problem approach in 1974 at a conference on design theory in New York. Since then this approach has been widely applauded, both in and outside the design-based domain (Buchanan, 1992). While the Design Methods Movement had focused up to then on the question of how unstructured design problems can be structured in a rational way, Rittel made it clear that design

pende vakken zoals architectuur, stedenbouw en landschapsarchitectuur. Ontwerpen als intellectuele activiteit is te omschrijven als 'nadenken voordat je iets gaat maken'. Net als het maken zelf, is ook het ontwerpend denken gericht op synthese.

Aristoteles zegt dat de kennis om iets te maken en het ontwerpend denken weliswaar te onderscheiden zijn van praktische wijsheid en theoretische kennis, maar dat ze wel aan elkaar gerelateerd zijn. Je kunt niet iets ontwerpen zonder de vraag wat belangrijk of waardevol is in het resultaat, dus zonder goed oordelend vermogen of praktische wijsheid. Evenmin kun je iets nieuws maken als je de eigenschappen en wetmatigheden van samenstellende delen niet goed kent, dus zonder objectieve feitenkennis of theorie.

Ontwerpen is een denkproces waarbij creatieve verbeelding van iets wat er nog niet is, samengaat met beoordeling op menselijke waarden – praktische wijsheid – en algemeen geldige feiten – wetenschappelijke 'geleerdheid'. In dit proces vinden voortdurend denkoefeningen plaats van het type 'als ik dit zou maken, dan vind ik er dat van'. De eerste stap vraagt om creatieve verbeelding, terwijl de tweede stap een reflectief oordeel inhoudt. Reflectief wil in dit verband zeggen: er is geen algemene regel te geven omdat verschillende ongelijksoortige zaken tegen elkaar worden afgewogen. Sommige zaken zijn wel met universele regels te beoordelen, bijvoorbeeld: water stroomt van boven naar beneden. Maar andere niet, bijvoorbeeld: is verkeersveiligheid belangrijker dan het sparen van een rij bomen?

Ontwerpprocessen zijn in essentie leer- en argumentatieprocessen. Er zijn net zoveel ontwerpslagen of denkoefeningen nodig tot het reflectieve oordeel uitkomt op 'goed genoeg'. Dat oordeel is afhankelijk van personen, context en tijdstip.

Permanente onzekerheid

Een ontwerpprobleem wordt ook wel een *wicked*

problem genoemd: een hardnekkig of weerbarstig probleem. De Duitse wiskundige en ontwerper Rittel presenteerde zijn *wicked problem approach* in 1974 op een conferentie over ontwerptheorie in New York. Sindsdien heeft deze aanpak, ook buiten het ontwerpende domein, veel bijval gekregen (Buchanan, 1992). Waar de *Design Methods Movement* zich tot dan toe had beziggehouden met de vraag hoe ongestructureerde ontwerpproblemen langs rationele weg gestructureerd kunnen worden, maakte Rittel duidelijk dat in ontwerpproblemen sprake is van *fundamental indeterminacy*: we zullen moeten accepteren dat bij ontwerpproblemen onzekerheid en onbepaaldheid permanente condities zijn. Ontwerpproblemen zijn geen geïsoleerde vraagstukken, maar zogenaamde systeemproblemen: onderdelen in het systeem zijn onlosmakelijk verbonden en ingrijpen op een onderdeel zet een keten van gevolgen of veranderingen in gang. Daarbij gaat het ook nog om sociale systemen. Er is geen sprake van een objectief te definiëren probleem – zoals wellicht bij een technisch vraagstuk mogelijk zou zijn – maar om een interpretatie van de situatie die als probleem wordt aangemerkt. Een mogelijk te volgen pad zal zich gaandeweg ontvouwen als resultaat van denkoefeningen, die tegelijkertijd probleemarticulatie en oplossingsrichtingen omvatten. Ontwerpvoorstellen onderzoeken niet alleen de toekomst, maar ook de opgave zelf. Een keuze voor een oplossing is tegelijk een keuze voor een bepaalde probleeminterpretatie. Ook Aristoteles besteedde in zijn betoog aandacht aan het fenomeen onzekerheid. Hij zei dat er binnen het productieve domein – het vakmanschap – verschil bestaat tussen het maken van een duidelijk product, bijvoorbeeld een kast, of een interventie in een onvoorspelbaar krachtenveld, zoals navigeren op een wilde zee. Bij voorspelbare taken kun je gebruikmaken van bekende regels en procedures en algemeen geldige kennis. Je kunt heel doelgericht, instrumenteel, te werk gaan. Een

problems are a matter of fundamental indeterminacy: we have to accept that uncertainty and indeterminacy are constant factors when addressing design problems. Design problems are not isolated issues but 'system problems': elements in the system are inextricably linked and tackling one element initiates a chain of consequences or changes.

Then there are social systems. The problem cannot be defined objectively – as might be possible in the case of a technical problem – but requires an interpretation of the situation which is regarded as a problem. A possible path will unfold gradually as the result of thought exercises which, at the same time, articulate the problem and seek solutions. Design proposals examine not only the future but also the assignment itself. Choosing a solution also means choosing a certain interpretation of the problem.

In his writings, Aristotle also focused on the phenomenon of uncertainty. He said that there is a difference within the productive domain – expertise – between making a clear product, for example a cupboard, or intervening in an unpredictable field of influence, like navigating on a rough sea. In the case of predictable tasks you can use known rules and procedures, and generally applicable knowledge. You can adopt a very goal-oriented, instrumental approach. An apprentice carpenter is perfectly capable of making a standard cupboard with the proper instructions. This is a rational, scientific approach.

Faced with enormous uncertainty, however, you have to be able to improvise and generalities are not that helpful. You have to assess the situation, choose a position strategically and trust your experience. As well as ready knowledge of the rules, a generous dose of practical wisdom is essential. During a storm you do not leave the ship in the hands of the youngest sailor. It is then not the qualifications, but the years of experience that count.

Exploratory design

The distinction between a strategic and an instrumental orientation is extremely applicable to landscape planning and design. The landscape is full of uncertainties. A strategic approach is certainly advisable for regional landscape design. There is much emphasis on articulating the assignment, searching for apparently opposing desires and interests, by exploring and investigating possible futures. Exploration leads to one or more design concepts which frame the design assignment and offer the prospect of meaningful solutions.

A design concept therefore links the problem and solution perspectives, will provide an answer to the most important conflicts in the assignment, and aim to reconcile them. The exploratory design process generates knowledge of rules which then directs additional elaboration of the solution. Choosing a concept, with the logic this contains, makes it possible to address that elaboration in a more instrumental, goal-oriented manner.

Concept development is the expertise that designers can best contribute to a planning process. The permanent uncertainty surrounding design problems teaches designers that a concept provides a framework for supporting reflective judgements and substantiating choices. The building of a concept with internal logic, incorporating both objective knowledge of the facts and normative knowledge of values, requires a combination of analytical and synthetic thought, creativity, and balanced judgement.

Consistent concept

The effect of concepts as an aid to making choices is illustrated by the following practical example. During design studies in Walcheren, area plans were drawn up in an initial round by area planners without specific design expertise, and in a second round with intensive assistance from experienced designers. The main assignment was to explore alternatives for general reinforcement of the coast in the longer term, and to

leerling-timmerman kan met een goede handleiding prima een standaardkast maken. De aanpak heeft verwantschap met een rationele, wetenschappelijke aanpak.

Bij grote onzekerheid moet je echter kunnen improviseren en heb je weinig aan algemeenheden. Je moet oordelen in de situatie, je moet strategisch een positie kiezen en vertrouwen op ervaring. Behalve parate regelkennis is daarbij een flinke dosis praktische wijsheid onontbeerlijk. Bij storm laat je het schip niet over aan de jongste matroos. Dan telt niet het diploma, maar tellen de jaren van ervaring.

Verkennend ontwerpen

Het onderscheid in een strategische en een instrumentele gerichtheid is heel toepasselijk voor landschapsplanning en -ontwerp. Het landschap zit vol onzekerheden. Zeker voor het regionale landschapsontwerp is een strategische aanpak geboden. Veel nadruk ligt op de articulatie van de opgave, een zoektocht naar schijnbaar tegengestelde verlangens en belangen, door het verkennen en onderzoeken van mogelijke toekomstbeelden. De verkenning leidt naar een of meer ontwerpconcepten die aan de ene kant de ontwerpopgave inkaderen en aan de andere kant uitzicht bieden op betekenisvolle oplossingen.

Een ontwerpconcept verbindt dus het probleem- en oplossingsperspectief, zal antwoord geven op de belangrijkste conflicten in de opgave en wil deze tot verzoening brengen. Het verkennende ontwerpproces levert regelkennis op die richtinggevend is bij verdere uitwerking. De keuze voor een concept, met de daarin gevatte logica, maakt het mogelijk om die uitwerking op een meer instrumentele, doelgerichte manier aan te pakken.

Conceptontwikkeling is bij uitstek de expertise die ontwerpers inbrengen in een planningsproces. De permanente onzekerheid die ontwerpproblemen omgeeft, leert ontwerpers dat een concept houvast biedt om reflectieve oordelen te ondersteunen en keuzes te onderbouwen. Het opbouwen van een concept met interne logica, waarin zowel objectieve feitenkennis is verwerkt als normatieve waardekennis, vraagt om een combinatie van analytisch en synthetisch denken, om creativiteit en een afgewogen oordeel.

Consistent concept

Het effect van concepten als hulpmiddel bij keuzen laat zich illustreren met het volgende praktijkvoorbeeld. Bij ontwerpverkenningen in Walcheren werden in een eerste ronde gebiedsplannen gemaakt door gebiedskenners zonder specifieke ontwerpexpertise, en in een tweede ronde met intensieve hulp van ervaren ontwerpers. De centrale opgave was om alternatieven te verkennen voor een algemene versterking van de kust op de langere termijn en het maken van inrichtingsvoorstellen voor een drietal zwakke schakels in de kust voor de korte termijn. De resultaten lieten interessante verschillen zien. In de eerste ronde ontstonden wilde plannen waar het geenszins ontbrak aan creativiteit. De plannen lieten een waaier aan mogelijkheden zien, een optelsom van ideeën, vooral gericht op de functionele occupatielaag.

In de tweede ronde daarentegen, waar ontwerpers de regie voerden, ontstonden plannen waar het accent lag op consistentie in het landschappelijk systeem, beredeneerd vanuit de onderlaag van bodem, water en ecologische condities, afgewogen aanpassingen van de netwerklaag van infrastructuur en daarop gebaseerd een reeks mogelijke invullingen van de occupatielaag. In de plannen uit de eerste ronde was geen sterke interne samenhang en bepaalde projecten konden ongestraft uit het plan worden weggelaten. Onderbouwing waarom een bepaald project cruciaal zou zijn voor het welslagen van het geheel was in de tweede serie veel beter mogelijk, omdat een consistent concept was opgebouwd vanuit de logica van het landschappe-

make layout proposals for three weak links in the coast in the short term. The results reveal interesting differences. In the first round wild plans were devised which were certainly not lacking in creativity. The plans revealed a wide range of possibilities, a sum of ideas, aimed particularly at the functional occupation layer.

By contrast, the second round, which was controlled by designers, generated plans where the accent was on consistency in the landscape system, reasoned from the perspective of the underground of soil, water, and ecological conditions, considered adaptations of the network layer of infrastructure and, based on this, a series of possible applications of the occupation layer. There was little internal cohesion in the plans from the first round and some projects could be dropped without any detrimental consequences. In the second round, it was much easier to substantiate why a certain project was crucial for the success of the whole, because a consistent concept was built up from the perspective of the logic of the landscape system and the key issues emerging from the coastal assignment (De Jonge, 2005).

Time and opportunity

We generally think of planning in terms of order, of placing activities in the correct time sequence so as to achieve a predetermined result. If the result is clear, such an instrumental planning approach can be adopted. However, it is debatable whether the same connotations might be applicable to planning in the case of strategic assignments involving considerable complexity and uncertainty.

This problem also inspired Aristotle. He linked a different concept of time to predictable and unpredictable tasks. With a clear assignment and an instrumental focus, clock time – referred to in Greek as *chronos* – applies. This is linear time, of one thing following another, with each line on the clock lasting an equally long period of time.

This concept of time has became dominant in our Western society since the advent of the industrial era.

Clock time is inadequate in the case of assignments full of uncertainties and unpredictability. Another concept of time then applies, which the Greeks called *kairos*, 'the right moment'. It is the moment or period when the time is ripe for something, when an opportunity presents itself. With unpredictable tasks, which demand a strategic approach, you therefore have to distance yourself from the idea of planning according to the clock. Or that you can follow fixed procedures, or always apply the same rules. You have to search for the right concept, at the right moment. A sound concept does not allow itself to be dictated to by clock time. After all, 'sound' means that it also fits in with the moment, that it is recognized as an adequate response to the current problem and a promise of attractive outcomes.

The development of meaningful concepts for complex area assignments is a time-consuming activity. Individual professionals use their experience to fashion previously developed ideas into new solutions. They do not continually re-invent the wheel. The same applies to a planning community. If it has a robust knowledge network, it can tackle new issues more forcefully and efficiently. That will generate sufficient interesting concepts to enable further development when the time is ripe.

Social design dialogue
Exploratory or investigative design is a process of 'slow thinking', whereby more and more new questions are raised as a consequence of the assessment of outlined futures. These may be aspects which require a scientific approach or which primarily call for social deliberation of what is really important and valuable. The design process acquires the form of a conversation in which the different sorts of knowledge meet and together generate added value. It is a process of joint design, a social design dialogue.

lijk systeem en de centrale vragen die voortkwamen uit de kustopgave (De Jonge, 2005).

Tijd en opportuniteit
Bij planning denken we in het algemeen aan het ordelijk, in de juiste volgorde in de tijd plaatsen van activiteiten, om tot een vooraf bedacht resultaat te komen. Als het resultaat eenduidig is, kan een dergelijke instrumentele planningsbenadering gevolgd worden. De vraag is echter of bij strategische opgaven, bij grote complexiteit en onzekerheid, dezelfde connotaties bij planning van toepassing kunnen zijn. Ook op dit punt inspireert Aristoteles. Hij koppelt een verschillend tijdsbegrip aan voorspelbare en onvoorspelbare taken. Bij een duidelijke opdracht, een instrumentele focus, geldt de kloktijd, in het Grieks *chronos*. Dat is lineaire tijd: de tijd van eerst dit en dan dat, waarbij ieder streepje op de klok even lang duurt. Het is het tijdsbegrip dat in onze westerse maatschappij tijdens het industriële tijdperk dominant geworden is.

Bij een opgave met veel onzekerheden en onvoorspelbaarheid voldoet deze kloktijd niet. Dan is een ander tijdsbegrip aan de orde, bij de Grieken *kairos* genoemd, dat staat voor 'het juiste moment'. Het is het moment of de periode dat de tijd ergens rijp voor is, dat er een kans ligt, het gaat om opportuniteit. Bij onvoorspelbare taken, die om een strategische benadering vragen, moet je dus afstand nemen van het idee dat iets volgens de klok kan worden gepland. Of dat je vaste procedures kunt volgen of altijd dezelfde regels kunt toepassen. Je bent op zoek naar het juiste concept, op het juiste moment. Een goed concept laat zich niet dicteren in de (klok)tijd. 'Goed' betekent immers dat het ook past bij het moment, dat het herkend wordt als adequaat antwoord op de actuele problematiek en als belofte voor aantrekkelijke uitwerkingen.

Het ontwikkelen van betekenisvolle concepten voor complexe gebiedsopgaven is een tijdrovende bezigheid. Individuele professionals maken gebruik van opgebouwde ervaringen en referenties om eerder ontwikkelde ideeën tot nieuwe oplossingen te bewerken. Het wiel wordt niet steeds opnieuw uitgevonden. Op het niveau van een planningsgemeenschap is dat niet anders: als er een stevig kennisnetwerk bestaat kunnen nieuwe vraagstukken met meer slagkracht en efficiency worden aangepakt. Dan komen er voldoende interessante concepten in omloop om verder te ontwikkelen, als de tijd er rijp voor is.

Maatschappelijke ontwerpdialoog

Verkennend of onderzoekend ontwerpen is een proces van 'langzaam denken', waarbij steeds nieuwe vragen worden opgeworpen naar aanleiding van de beoordeling van geschetste toekomsten. Dat kunnen aspecten zijn die om een wetenschappelijke benadering vragen of waar vooral maatschappelijke deliberatie aan de orde is over wat werkelijk belangrijk en van waarde is. Het ontwerpproces neemt de vorm aan van een conversatie waarin de verschillende soorten kennis elkaar ontmoeten en samen tot meerwaarde leiden. Dit is een proces van gezamenlijk ontwerpen, een maatschappelijke ontwerpdialoog.

Deelnemers aan de dialoog zijn niet willekeurig en deelname is niet vrijblijvend. Een houding gericht op reflectie en samen leren is een wezenlijk uitgangspunt. Kennis van en ervaring met feiten en waarden rond de opgave en integrerend vakmanschap zullen zorgvuldig bij elkaar gezocht moeten worden. Dit levert in het algemeen een mix op van planners en ontwerpers, onderzoekers, materiedeskundigen en gebiedskenners.

De dialoog is geen Poolse landdag waar alles eenmalig bij elkaar komt, maar eerder een doorlopend proces van ontmoetingen, uitwisseling, ontwerp en onderzoek. Het organiseren en programmeren van opeenvolgende bijeenkomsten en tussenliggende ontwerp- en onderzoeksactiviteiten vergt zorgvuldige regie. Zowel het deelnemen aan als het

Participants in the dialogue are not arbitrary and participation requires a degree of commitment. It is essential that they have an attitude aimed at reflection and learning together. Knowledge and experience of facts and values relating to the assignment, and integrative expertise will have to be brought together carefully. Generally speaking this generates a mix of planners and designers, researchers, material experts, and authorities in the area concerned.

The dialogue is not a confused and disorderly one-off gathering, but a continuous process of encounters, exchanges, design, and research. Organizing and programming subsequent meetings and intervening design and research activities calls for careful management. Participating and directing design dialogues require practical experience. Generic process managers who rely on general rules or procedures lack the substantive involvement and expertise to know when the time is ripe to change course or intervene in the process. Design is by nature a reflective practice and each step generates new insights which are used to good effect in a subsequent phase. A reflective practice cannot be laid down in predictive models, but is continually adjusted on the basis of specific knowledge and experience (Schön, 1983).

Text and pictures

A design dialogue is a multilingual conversation. It is not only about words and pictures but also facts and value judgements, and the language of different domains like science and politics.

A dialogue is a research discussion involving different layers of meaning. The Greek word *logos* can be interpreted as meaning word, reason, or explanation, as well as a normative idea or even underlying principles. The first meaning is more compatible with the language of objective science, while the second is more suited to the normative language of social values. During a discussion, facts and opinions tend to all be mixed in together. An experienced discussion leader will ensure that the different layers of meaning are addressed and help bring order to facts and meanings.

In a design dialogue, visual language also plays an important role. Like words in a discussion, sketches in a design process serve to render ideas concrete and transferable. Successive sketches convey a story line. And like the verbal *logos*, visual language also has different layers of meaning. Here, too, it is important to make a distinction between images which can be made objective and which help understand and clarify the landscape, and normative images which interpret the assignment and which try to portray underlying principles, or which – as a teaser – offer the prospect of an attractive outcome. This also demands conscious 'image discussion management' that clarifies which type of images are needed and what function they have in the dialogue.

There is still a world to be won here. A new, expressive vocabulary is needed for the changing role of design in strategic planning processes. Furthermore, the changing position of planners and designers in a network society with a complex administrative context requires a more conscious approach to visual language as a means of communication. Visual language is not an isolated element of design dialogue, but is an integrative medium for the joint learning and argumentation process.

Free space

A design dialogue needs free space: for content, in time, and in partnerships. Participants have to have the freedom to distance themselves, even temporarily, from existing interests, established theories, or the tendency to force decisions. That is a personal choice, a mental state which cannot be expressed in agreements.

It takes courage to conduct a proper dialogue. A familiar pattern is one in which, once the usual courtesies have been exchanged, the discussion at some point reaches boiling point. Polite conversation

regisseren van ontwerpdialogen vereist praktische ervaring. Generieke procesmanagers die vertrouwen op algemene regels of procedures ontberen de inhoudelijke betrokkenheid en expertise om te weten wanneer de tijd rijp is voor een wending of interventie in het proces. Ontwerpen is bij uitstek een reflectieve praktijk: iedere stap levert nieuwe inzichten op, waarvan in een volgende stap wordt geprofiteerd. Een reflectieve praktijk is niet vast te leggen in voorspellende modellen, maar wordt met kennis van zaken en op basis van ervaring voortdurend bijgestuurd (Schön, 1983).

Woord en beeld

De ontwerpdialoog is een meertalige conversatie. Niet alleen gaat het om beelden en woorden, maar ook om feiten en waardeoordelen, en om de taal van verschillende domeinen zoals wetenschap en politiek.

Een dialoog is een onderzoeksgesprek dat verschillende betekenislagen op elkaar betrekt. Het Griekse *logos* heeft zowel de betekenis van woord, rede, uitleg, als van normatief idee of zelfs onderliggende principes. Het eerste past meer bij de taal van objectieve wetenschap, het tweede past bij de normatieve taal van maatschappelijke waarden.

In een gespreksvoering lopen feiten en meningen veelal door elkaar. Een ervaren gespreksleider zorgt ervoor dat de verschillende betekenislagen aan bod komen en is behulpzaam bij het ordenen van feiten en betekenissen.

Bij een ontwerpdialoog heeft ook beeldtaal een belangrijke functie. Net als woorden in een gesprek hebben schetsen in een ontwerpproces de functie om gedachten concreet en overdraagbaar te maken. Opeenvolgende schetsen geven een verhaallijn weer. En net als de verschillende betekenislagen van de verbale *logos*, heeft ook beeldtaal verschillende betekenislagen. Ook daar is onderscheid belangrijk tussen objectiveerbare beelden die helpen het landschap te begrijpen en

te verklaren en normatieve beelden die een interpretatie vormen van de opgave, die onderliggende
principes proberen te verbeelden, of die als *teaser*
uitzicht bieden op een aantrekkelijke uitwerking.
Ook dit vraagt om een bewuste 'beeldgesprekregie'
waarbij duidelijk wordt welk type beelden nodig zijn
en welke functie die beelden hebben in de dialoog.
Hierin is nog een wereld te winnen. Voor de
veranderende rol van het ontwerpen in strategische
planprocessen is een nieuw, beeldend vocabulaire
nodig. Daarnaast vraagt de veranderende positie
van planners en ontwerpers in een netwerksamenleving met een complexe bestuurlijke context om een
meer bewuste omgang met beeldtaal als communi-
catiemiddel. In een ontwerpdialoog staat beeldtaal
niet op zichzelf, maar is een integratief medium voor
het gezamenlijke leer- en argumentatieproces.

Vrije ruimte

Een ontwerpdialoog heeft vrije ruimte nodig: inhoudelijk, in tijd, in samenwerkingsrelaties. Deelnemers
moeten de vrijheid nemen om (tijdelijk) afstand te
nemen van bestaande belangen, gevestigde theorieën of de neiging om beslissingen te forceren. Dat
is een persoonlijke keuze, een mentale staat die niet
in afspraken te vatten is.
Voor het voeren van een goede dialoog is moed
nodig. Een bekend patroon is dat nadat de
gebruikelijke beleefdheden zijn uitgewisseld, er op
enig moment een hittepunt ontstaat. De beleefde
conversatie maakt plaats voor een indringende confrontatie, waarin waardeconflicten expliciet benoemd
worden. Het articuleren van dat conflict, en het
ontwerpend uitwerken van mogelijke keuzen en consequenties, is een belangrijke stap om tot nieuwe
perspectieven op zowel problemen als oplossingen
te komen. Het kaderen en herkaderen van de
opgave in de vorm van inhoudelijke concepten is
elementair in ontwerpdialogen die niet een besten-
diging van de status-quo tot doel hebben, maar een
nieuwe stap in de ontwikkeling van gebieden.

makes way for a probing confrontation in
which value conflicts are explicitly mentioned. Articulating that conflict, and the
design-based development of possible
choices and consequences, is an important
step towards finding new ways of viewing
both problems and solutions. Framing
and reframing the assignment in the form
of substantive concepts is an elementary
feature of design dialogues which are not
intended to perpetuate the status quo, but
instead facilitate a new step in the development of areas.

In formal planning processes controlled by
clock time there is often anxiety about allow-
ing fundamental value conflicts. The process
then threatens to become uncontrollable
since a decision does, after all, require a
certain degree of consensus. This was a
particular problem in the Reconstruction
of Sandy Areas project, already mentioned
above. The pursuit of consensus and attempts to expand the mental space with pro-
vocative images during the supplementary
design process were greeted with suspicion
(De Jonge, 2009). Design dialogues must
therefore not be conducted within a regime
of formal, instrumental planning processes.
They do not provide a context for taking decisions, but for the joint creation of insights,
as preparation for decision-making outside
the free space of the dialogue. When
participants in the dialogue consider the
time ripe to embrace a certain concept and
forge coalitions, they will do this on the basis
of their own positions and responsibilities.
This underlines the importance of including
people who occupy 'powerful' positions in
the insight creation process.

The long term

The organization of 'slow design' in the form
of regional or thematic design dialogues – in
which expertise, science, and practical
wisdom engage in a discourse without any
direct instrumental focus – is, in the longer
term, a key factor for the successful and
effective execution of plans. That longer

term is, at the same time, an obstacle in the world of politics and money. A fifteen-year period can be applied as a rule of thumb before successful concepts have permeated through to the practicalities of execution (De Jonge & Van de Windt, 2007).

Examples like the Netherlands Now as Design programme mentioned above, the Eo Wijers Foundation, or the Northern Limburg Regional Dialogue Foundation are exceptional initiatives which have both organized the necessary free space and reached out to decision-makers (De Jonge, 2008; Mansfeld et al., 2003).

An inspired and inspiring planning community – transcending institutional borders and forging smart relationships between the domains of science, politics, and design-based expertise – would appear to be a defining factor for success when it comes to circulating plans which have good content and are likely to be implemented.

Jannemarie de Jonge is a landscape architect and the director of Wing Process consultancy.

1 This essay is based on the research for my dissertation entitled 'Landscape Architecture between Politics and Science' (De Jonge, 2009).

References
Buchanan, R. (1992). 'Wicked Problems in Design Thinking'. *Design Issues* 8:5-21.
Hillebrand, H., Hetsen, H. & Souwer, M. (2003). *System Innovations in Rural Areas*. Innovation Network Rural Areas and Agricultural Systems, The Hague.
Jones, J.C. (1980). *Design Methods: Seeds of Human Futures*. New York: John Wiley & Sons.
De Jonge, J. M. (2005). *Voortschrijdende inzichten Ruimtelijke Kwaliteit Walcheren: Reflectie op planontwikkeling voor veiligheid en ruimtelijke kwaliteit*. Wageningen: Wing/ Alterra.
De Jonge, J.M. (2008). *Een kwart eeuw Eo Wijers-stichting: Ontwerpprijsvraag als katalysator voor gebiedsontwikkeling*. Gouda: Habiforum/Eo Wijers-stichting.
De Jonge, J.M. (2009). *Landscape Architecture between Politics and Science: An integrative perspective on landscape planning and design in the network society*. Wageningen: Uitgeverij Blauwdruk/Techne Press.
De Jonge, J.M. & van de Windt, N. (2007). *Doorbraken in het rivierengebied: De levensloop van transformerende concepten en hun netwerken in het centrale rivierengebied 1970-2005*. Wageningen: Alterra.

In formele planprocessen die geregeerd worden door kloktijd bestaat vaak vrees voor het toelaten van fundamentele waardeconflicten. Het proces dreigt dan onbeheersbaar te worden want een besluit vraagt immers om een zekere mate van consensus. Bij het eerder genoemde project 'Reconstructie Zandgebieden' was dit nadrukkelijk aan de orde: het streven op consensus en de pogingen om in het aanvullende ontwerpspoor de mentale ruimte op te rekken met provocatieve beelden werden met argwaan bekeken (De Jonge, 2009). Ontwerpdialogen moeten dan ook niet onder het regime van formele, instrumentele planprocessen worden gebracht. Ze vormen geen context om beslissingen te nemen, maar een context voor gezamenlijke inzichtvorming, als voorbereiding op besluitvorming buiten de vrije ruimte van de dialoog. Als deelnemers aan de dialoog de tijd rijp achten om een bepaald concept te omarmen en coalities te smeden, zullen zij dat vanuit hun eigen posities en verantwoordelijkheden organiseren. Dit onderstreept het belang om personen die 'machtige' posities bezetten mee te nemen in het proces van inzichtvorming.

Lange termijn
Het organiseren van *slow design* in de vorm van regionale of thematische ontwerpdialogen waarin vakmanschap, wetenschap en praktische wijsheid met elkaar in gesprek gaan, zonder directe instrumentele focus, is op langere termijn een belangrijke succesfactor voor goede uitvoerbare plannen. Die langere termijn is tegelijk een hindernis in de wereld van politiek en geld. Een termijn van vijftien jaar kan als vuistregel gelden voordat succesvolle concepten zijn doorgedrongen tot de uitvoeringspraktijk (De Jonge & Van de Windt, 2007).
Voorbeelden zoals de eerder genoemde Stichting Nederland Nu Als Ontwerp, maar ook de Eo Wijers-stichting of de Stichting Regiodialoog Noord-Limburg zijn initiatieven van buitengewone

orde die zowel de noodzakelijke vrije ruimte hebben georganiseerd als hun verbindingen hebben geregeld met de wereld van besluitvorming (De Jonge, 2008; Mansfeld et al., 2003). Het lijkt erop dat een geïnspireerde en inspirerende planningsgemeenschap, die zich niet stoort aan institutionele grenzen en slimme relaties organiseert tussen de domeinen van wetenschap, politiek en ontwerpend vakmanschap, een bepalende succesfactor is om plannen met goede inhoud en zicht op uitvoering in omloop te brengen.

Jannemarie de Jonge is landschapsarchitect en directeur van adviesbureau Wing.

1 Dit essay is gebaseerd op het onderzoek uit mijn dissertatie *Landscape Architecture between Politics and Science* (De Jonge, 2009).

Referenties
Buchanan, R. (1992). *Wicked Problems in Design Thinking.* In: *Design Issues*, vol 8, pp 5-21.
Hillebrand, H., Hetsen, H. & Souwer, M. (2003). *System Innovations in Rural Areas.* InnovatieNetwerk Groene Ruimte en Agrocluster, Den Haag.
Jones, J.C. (1980). *Design Methods; Seeds of Human Futures.* John Wiley & Sons, New York.
De Jonge, J.M. (2005). *Voortschrijdende inzichten Ruimtelijke Kwaliteit Walcheren. Reflectie op planontwikkeling voor veiligheid en ruimtelijke kwaliteit.* Wing/ Alterra, Wageningen.
De Jonge, J.M. (2008). *Een kwart eeuw Eo Wijers-stichting. Ontwerpprijsvraag als katalysator voor gebiedsontwikkeling.* Habiforum/Eo Wijers-stichting, Gouda.
De Jonge, J.M. (2009). *Landscape Architecture between Politics and Science. An integrative perspective on landscape planning and design in the network society.* Uitgeverij Blauwdruk/Techne Press, Wageningen.
De Jonge, J.M. & van de Windt, N. (2007). *Doorbraken in het rivierengebied. De levensloop van transformerende concepten en hun netwerken in het centrale rivierengebied 1970-2005.* Alterra, Wageningen.
Van Mansfeld, M., Pleijte, M., de Jonge, J.M. & Smit, H. (2003). *De regiodialoog als methode voor vernieuwende gebiedsontwikkeling. De casus Noord-Limburg.* In: Bestuurskunde, vol 12, pp 262-273.
Ministeries van OCW, VROM, VenW, LNV (2000). *Ontwerpen*

Van Mansfeld, M., Pleijte, M., de Jonge, J.M. & Smit, H. (2003). 'De regiodialoog als methode voor vernieuwende gebiedsontwikkeling. De casus Noord-Limburg'. *Bestuurskunde* 12:262-273.
Ministries of OCW, VROM, V&W, LNV. 2000. *Designing the Netherlands.* The Hague: Sdu Uitgevers.
Nationale Raad voor Landbouwkundig Onderzoek (1998). *De groene ruimte op de kaart! Kennis- en innovatieagenda: Ambities voor de 21e eeuw.* NRLO report 98/19. The Hague: Nationale Raad voor Landbouwkundig Onderzoek.
Rutten, H., & van Oosten H.J. (1999). *Innoveren met ambitie: Kansen voor agrosector, groene ruimte en vissector.* NRLO report 99/17. The Hague: NRLO.
Schön, D.A. (1983). *The Reflective Practitioner: How professionals think in action.* New York: Basic Books.
WRR (1998). *Spatial Development Policy.* The Hague: Sdu Uitgevers.

aan Nederland. Sdu Uitgevers, Den Haag.

Nationale Raad voor Landbouwkundig Onderzoek (1998). *De groene ruimte op de kaart! Kennis- en innovatieagenda; Ambities voor de 21e eeuw; NRLO-rapport 98/19.* Nationale Raad voor Landbouwkundig Onderzoek, Den Haag.

Rutten, H., & van Oosten, H.J. (1999). *Innoveren met ambitie. Kansen voor agrosector, groene ruimte en vissector 99/17.* NRLO, Den Haag.

Schön, D.A. (1983). *The Reflective Practitioner. How Professionals Think in Action.* Basic Books, New York.

WRR (1998). *Ruimtelijke ontwikkelingspolitiek.* Sdu Uitgevers, Den Haag.

Ruimten van het (on)mogelijke

Creating Spaces of (Im)Possibility

John Forester

In omstandigheden die worden gekenmerkt door ongelijkheid, onevenwichtige machtsverhoudingen en fundamentele verschillen in waarden en normen laten velen van ons – inclusief stedenbouwkundigen van diverse pluimage – te snel het hoofd hangen: we construeren ruimten van het onmogelijke waar anderen in precies dezelfde omstandigheden juist ruimten van het mogelijke zien. Ik hoop te laten zien hoe dit werkt en stel daarbij natuurlijk ook de vraag of het construeren van dergelijke ruimten van het (on)mogelijke niet eveneens kenmerkend is voor politiek handelen en nalaten, politiek cynisme en hoop in meer algemene zin.

Ik ben geïnteresseerd in conflicten van het type waarmee stedenbouwkundige annex mediator Mike Hughes in Colorado werd geconfronteerd toen hij homoactivisten en religieuze fundamentalisten bijeenbracht om financieringsprioriteiten voor de

In settings of inequality, power imbalances, and deep value differences, many of us, including planners of various kinds, quit too early: we construct spaces of impossibility where others in just the same settings see spaces of possibility instead. I hope to show how this works – and of course to suggest that constructing such spaces of (im)possibility might characterize political action and inaction, political cynicism and hope, more generally.

I am interested in conflicts like the one planner-turned-mediator Mike Hughes faced in Colorado when he brought gay activists and religious fundamentalists together to shape HIV/AIDS funding priorities – and like the ones Shirley Solomon and Peter Adler faced as they did land-use planning with Native Americans and county officials near Seattle, and with Native Hawaiians and state officials in Hawaii.

It is often said that politics is about the distribution of resources. Yet it also reflects the art of the possible, bringing new relationships into the world – as Hannah Arendt and Sheldon Wolin, among other political theorists, have long argued. In planning, politics then means that as city and community residents, we not only typically confront one another with competing claims over ways to allocate resources but we also struggle over widely differing senses of possibility. In other words, we differ both about who should get what as well as about what it is possible to do in the first place.

So if we imagine our forms of planning not only somewhat technocratically as problem-solving, but more deeply as the organization or disorganization of hope, we can see planning as a struggle in the face of ideology, resignation, cynicism – and even of a rhetorical 'agonism' that might lead us to avoid the actual politics of dealing with differences. The micro-politics of planning focuses upon a scale of action, but it assesses work in real settings of structural inequality, institutional racism, environmental injustice, and sheer ugliness. Situated in real contexts, micro-political work focuses our attention on day-to-day praxis, pragmatic actions, and the building blocks of every larger 'movement.' (Payne, 1995)

But we need to do far more than express or 'recognize' difference, conflict, and ineradicable oppositions of identities, inescapable and deep value contradictions. Acknowledging these turns out to be the easy part: in contrast, what challenges anyone professing to care about plurality, domination, and politics in planning is carefully assessing the varieties of lived and improvised, created and crafted alternatives to violence or rhetorical posturing – some alternatives created by mutual adjustment, some by mutual concession, some by transformative agreements. So we need to ask: How do – and how, perhaps still better, can – deeply differing communities, groups, and actors live with and across, against

bestrijding van hiv en aids te regelen, of het conflict waarin Shirley Solomon en Peter Adler belandden tijdens overleg over ruimtelijkeordeningsvraagstukken met indianen en districtsambtenaren in de buurt van Seattle en met oorspronkelijke bewoners en overheidsambtenaren in Hawaï.

Micropolitiek van stedenbouw

Vaak wordt gezegd dat politiek draait om de verdeling van hulpbronnen. Maar politiek is ook de uitdrukking van de kunst van het mogelijke, de kunst om nieuwe verhoudingen in de wereld te zetten, zoals Hannah Arendt, Sheldon Wolin en andere politieke theoretici hebben gesteld. Met betrekking tot stedenbouw en ruimtelijke ordening betekent politiek dat we elkaar als stadsbewoners in de regel niet alleen confronteren met concurrerende claims over de toekenning van hulpbronnen, maar elkaar ook bevechten omdat we heel verschillende opvattingen hebben over het mogelijke. Met andere woorden: we verschillen zowel van mening over wie wat zou moeten krijgen als over de vraag wat er überhaupt mogelijk is.

Dus als we ons onze vormen van stedenbouw niet alleen technocratisch voorstellen als probleemoplossend, maar op een fundamenteler niveau als het organiseren of desorganiseren van hoop, kunnen we stedenbouw zien als een strijd op het vlak van ideologie, berusting, cynisme – en zelfs van een retorisch 'agonisme' dat ons ertoe zou kunnen brengen een politiek die daadwerkelijk met verschillen omgaat, te vermijden. De micropolitiek van de stedenbouw richt zich op een bepaalde schaal van handelen, maar beoordeelt werk onder reële omstandigheden van structurele ongelijkheid, geïnstitutionaliseerd racisme, milieuonrecht en pure lelijkheid. Geplaatst in een reële context richt micropolitiek onze aandacht op alledaagse praktijken, pragmatische maatregelen en de bouwstenen van elke grotere 'beweging' (Payne, 1995).

Maar we moeten veel meer doen dan verschillen,

conflicten, onuitroeibare tegenstellingen van identiteit, onontkoombare en diepe waardetegenstel-
lingen onder woorden brengen of 'herkennen'. Het
onderkennen daarvan blijkt niet het echte probleem:
voor iedereen die beweert belang te stellen in
pluraliteit, dominantie en de rol van de politiek in
de stedenbouw schuilt de ware uitdaging in het
zorgvuldig beoordelen van de verschillende soorten
geleefde en geïmproviseerde, gecreëerde en
uitgewerkte alternatieven voor geweld of retorische
aanmatiging – waarbij sommige alternatieven tot
stand komen door wederzijdse aanpassing, andere
door wederzijdse concessies en weer andere door
transformerende overeenkomsten. Dit roept de volgende vraag op: hoe leven wezenlijk verschillende
gemeenschappen, groepen en actoren daadwerkelijk met en tussen, tegen en voor hun wezenlijk
verschillende claims op hulpbronnen en rechten, op
aandacht en status, en, misschien nog belangrijker,
hoe zouden zij dat kunnen doen?

Reële transformaties

De democratie van de ruimte bevat zodoende
tegenstrijdige claims over de toekomst en wat er
kan worden gecreëerd, maar net zo goed over
het verleden en wie wat wie heeft aangedaan,
wie wat te goed heeft of wie wat verdient, welke
hulpbronnen we hebben en welke we kwijt zijn. Dat
betekent dat stedenbouwkundig beleid ondenkbaar
is zonder dat burgers bijeenkomen in de meest
uiteenlopende fora – een op een, via allerlei media,
via vertegenwoordigers in juridische arena's, door
de mobilisering van burgers in kerken of parken of
andere publieke ruimten, enzovoorts – om samen
te evalueren en ruimten van het mogelijke of het
onmogelijke te helpen bouwen, ruimten waarvan de
burgers aannemen dat doeltreffende maatregelen er
onmogelijk of juist heel goed mogelijk zijn.
Soms lijken analisten van stedenbouwkundig beleid
er veel meer op gebrand in samenwerking tot stand
gekomen en communicatieve stedenbouwkundige

and affirming their deeply different claims
on resources and rights, on attention and
status?

The democracy of space contains conflicting claims, then, about the future and what
can be created, as well as about the past
and who has done what to whom, who is
owed or deserves what, what resources we
have or no longer have at hand. This means
that the politics of planning inevitably involves community members coming together
in a wide variety of fora – face to face,
via many forms of media, via representatives in legislative arenas, via community
mobilizations in church basements or parks
or other public places – and so on – to
assess together and co-construct spaces
of possibility or impossibility, spaces in
which these community members suppose
effective action to be impossible or actually
yet possible.

At times, though, analysts of the politics of
planning seem much more eager to debunk
collaborative and communicative theories of
planning than they are to explore, much less
theorize, the real lived varieties of spaces
in which diverse identity and value claims
(and claimants) in fact face one another.
Sometimes we seem to find it easier, first, to
assume what Habermas must be assuming
and then, second, to criticize our imputed
assumptions – than we find it possible to
analyze how neighbours of many kinds with
deep differences already do find ways to
live together. Do they all do it via a benign
neglect? If not, and we don't know, then we
need to ask: What forms of deference, recognition, respect (and so on) do such Others (even now) bring into play? How even
within religious 'communities' (so-called) can
we now see capacities for handling deep
differences for better and worse?

Instead of bowing to presumed essential
and inescapable differences and leaving it
a mystery as to how real human beings live
with, across and against these, we need
to examine imputed theorists' assumptions
a little less and examine real forms of life

involving real differences a lot more. This will show us that different beliefs and values can engage one another in a variety of settings and processes, some verbal involving dialogue or even debate, some ritualized involving meals and celebrations, or speak outs, or talking circles, or sacred spaces – or other forms of revelatory story-telling – a few perhaps formal and many more perhaps informal and all continually and creatively improvised (Hughes, 1995; Sarkissian, 2005; Sherman, 2004; Solomon, 1995).

Asking how these deeply differing identities and value commitments can engage one another without excessive violence poses, crucially, a question of ethics more than one of epistemology, a question of performance more than a question of logic. This means seeing an agonistic politics as indeed right, but not nearly yet right enough, leaving us with a lack of possibilities to explore real change, real transformations of social relations in space and time, more or less violently.

So if we care about plurality of values and identities, traditions and aesthetics, interests and desires, yearnings and fantasies, we come to an important question: do we care about plurality as a static mapping of difference or as a dynamic, moving and continuously transforming set of relationships in space and time in which domination and autonomy, racism and respect, ugliness and beauty always potentially stare us in the face? If we care about plurality as lived, improvised and possibly transformed 'for the better' (if we make no a priori assumptions that prevent 'better' from having any meaning), then we must explore 'possibility,' the politically possible future: the contingent transformation or evolution or change of social relations over time in space.

Indeed, planning as a vocation involves this construction of impossibility and possibility, for as a societal function or as a personal one, planning involves confronting future prospects with politically informed judgment: what can (a socially and politically

theorieën aan de kaak te stellen dan om de reëel bestaande varianten van ruimten waarin uiteenlopende identiteits- en waardeclaims – en claimers – tegenover elkaar staan, te verkennen, laat staan te theoretiseren. Soms lijken we het gemakkelijker te vinden om eerst te veronderstellen wat filosoof Habermas wel zal veronderstellen en vervolgens de ons toegedichte veronderstellingen te bekritiseren – dan om te analyseren hoe allerlei soorten buren met grote onderlinge verschillen toch manieren vinden om samen te leven. Doen ze dat allemaal door elkaar welwillend te negeren? Zo niet, en we weten het niet, dan moeten we vragen: welke vormen van respect, herkenning brengen die anderen in het spel? Hoe kunnen we nu zelfs binnen religieuze 'gemeenschappen' mogelijkheden zien voor een al dan niet geslaagde omgang met grote verschillen? In plaats van veronderstelde wezenlijke en onoverkomelijke verschillen voor lief te nemen en het mysterie hoe reële mensen met, tussen en tegen die verschillen leven te laten voortduren, moeten we wat minder de veronderstellingen van theoretici onderzoeken en juist veel meer de reële vormen van leven, met alle reële verschillen van dien. Dan zullen we zien dat verschillende overtuigingen en waarden zich met elkaar kunnen inlaten in allerlei uiteenlopende omstandigheden en processen, soms verbaal door middel van dialoog of zelfs debat, soms in geritualiseerde vorm met maaltijden en vieringen, of discussiebijeenkomsten, of gesprekskringen of heilige plaatsen – of andere onthullende vormen van vertellen – sommige misschien formeel, veel meer andere misschien informeel en allemaal continu en creatief geïmproviseerd (Hughes, 1995; Sarkissian, 2005; Sherman, 2004; Solomon, 1995).

De vraag hoe deze wezenlijk verschillende identiteiten en waardeovertuigingen zich met elkaar kunnen inlaten zonder excessief geweld is in de kern meer een ethische vraag dan een epistemologische, een vraag die meer met concrete daden te maken heeft en minder met logica. Dit betekent dat een agonistische politiek – een politiek waarin conflict ook als een kracht ten goede wordt beschouwd – als goed wordt gezien, zij het nog lang niet goed genoeg, waardoor het ons ontbreekt aan mogelijkheden om reële verandering, reële transformaties van sociale relaties in ruimte en tijd, meer of minder geweld-dadig, te onderzoeken.

Strijd voor verandering

Als de pluraliteit van waarden en identiteiten, tradi-ties en esthetiek, belangen en wensen, verlangens en fantasieën ons ter harte gaat, moeten we een belangrijke vraag beantwoorden: gaat pluraliteit ons ter harte als een statische uitdrukking van verschil-len of als een dynamische, continu veranderende reeks van relaties in ruimte en tijd waarin dominantie en autonomie, racisme en respect, lelijkheid en schoonheid voortdurend latent aanwezig zijn? Als pluraliteit ons ter harte gaat als iets concreets, geïmproviseerds en iets dat mogelijk 'ten goede' getransformeerd is – als we geen a priori veronder-stellingen doen op grond waarvan 'ten goede' geen betekenis kan hebben – moeten we 'het mogelijke' verkennen, de politiek mogelijke toekomst: de eventuele transformatie of evolutie of verandering van sociale verhoudingen in tijd en ruimte.

In het beroep van stedenbouwkundige speelt deze constructie van het onmogelijke en het mogelijke zelfs onvermijdelijk een rol, want zowel op maat-schappelijk als op persoonlijk niveau gaat het bij planning om toekomstperspectieven af te zetten tegen een politiek verantwoorde beoordeling: wat kunnen een maatschappelijk en politiek geconstru-eerd 'wij' doen, en wat kunnen we niet doen?

Het is dus zaak preciezer te kijken naar de rol die bijvoorbeeld stedenbouwkundigen en managers, of leidinggevenden van gemeentes en ngo's spelen, niet alleen ten aanzien van wezenlijke agonistische verschillen, maar ook van werkelijke en desondanks onvoldoende in kaart gebrachte mogelijkheden tot verandering? Wat kunnen we zeggen om deze

constructed) 'we' do, and what can we not do?

So we need to ask more carefully, what role can planners and public managers, community organization and NGO leader-ship, for example, play in the face not only of agonistic deep differences, but also of real and yet underdetermined possibilities of change? What can we say that might help such 'planners' (broadly construed) assess real possibilities rather than miss them altogether?

Activists of all kinds share this problem. We see racism, poverty, religious intoler-ance, threats of nuclear and environmental catastrophe, and we wonder how to respond, what is possible – and impos-sible – to do now? We must then examine not just the assumptions of theorists but the assumptions of practical actors, kinds of working hypotheses and tacit presumptions that might fuel change processes or retard them, encourage struggles for change or undermine them.

What can we say, then, about the ways planners and activists construct spaces of (im)possibility, spaces of potential transfor-mation of social-spatial-temporal relations? We can explore this question now in a simultaneously theoretical and practical way, by asking: Just what might planners be thinking in the face of a complex conflict when, for good reasons, they think it is 'most likely impossible to get anything done here,' even as experienced process organizers or mediators in just the same case might well, for yet other good reasons, see 'there are lots of possibilities to consider here'? Why might many planners see the doors to a bet-ter future as being locked, while mediators or organizers might see that those doors can be opened after all?

We can start from settings of real conflict. Note that the very move to explore conflict empirically rather than analytically involves a move to assess performance. All of a sudden we are no longer only interested in a clash of disembodied belief systems

– property viewed as a commodity or as a trust, perhaps. But now we make the world more complex (and perhaps more open to practical solution!) by assessing how these actors construct their conflict, how these actors transform a logical contradiction of belief systems or 'frames,' an apparently logical contradiction, into a practical matter of lived and contrary diction, differing practical claims articulated and emphasized in real time and space. By looking at performance, we transform logical contradiction into lived, contrary diction.

Now we can ask whether we ought to take either the religious representatives' or the environmentalists' or the gay activists' words as 'last words' or first words, as the truth from on high or (far more plausibly) as partially posturing, rhetorically produced for the occasion at hand, not for all time.

So now we can ask what planners, and planning academics too, might learn about working with the antagonistic and adversarial claims of actors in real conflict settings. If these planners and planning academics are not to be like social scientists observing and taking as quite sincere the early stages of a hand of poker in which players are posturing, bluffing, often trying to deceive one another, then what are they to do?

In recent years I have conducted many interviews with mediators of public disputes to assess what they seem to have learned about cases of public contentiousness that many planners (and academic social scientists) might have yet to learn. My initial supposition suggests that in the face of complex public conflicts, planners and social scientists may indeed be too much like spectators at the beginning of a high stakes poker game: they see the posturing, gamesmanship and opening rhetoric, and in the name of respect for difference and Others' identities they err on the side of gullibility, believing that what is claimed and said from various identity standpoints is authentic, fixed, to be respected as deeply definitive or even constitutive.

'planners' te helpen reële mogelijkheden te analyseren in plaats van ze volledig over het hoofd te zien? Activisten van de meest uiteenlopende soort hebben hetzelfde probleem. We zien racisme, armoede, religieuze intolerantie, de dreiging van milieu- en nucleaire rampen, en we vragen ons af hoe te reageren, wat we nu wel en wat we niet kunnen doen. We moeten dus niet alleen de veronderstellingen van theoretici onderzoeken, maar ook die van personen die praktisch handelen, en de verschillende werkhypothesen en stilzwijgende vooronderstellingen die veranderingsprocessen kunnen voeden of vertragen, die de strijd voor verandering bevorderen of ondergraven.

Wat kunnen we in dit licht zeggen over de manieren waarop stedenbouwkundigen en activisten ruimten van het (on)mogelijke construeren, ruimten van de potentiële transformatie van sociaal-ruimtelijk-temporele verhoudingen? We kunnen deze vraag tegelijk theoretisch en praktisch onder de loep nemen door te vragen: wat zouden stedenbouwkundigen die worden geconfronteerd met een ingewikkeld conflict denken als ze alle reden hebben om te veronderstellen dat 'het hoogstwaarschijnlijk onmogelijk is hier iets gedaan te krijgen', terwijl ervaren bestuurders of mediators in precies hetzelfde geval wellicht met evenveel reden vinden dat 'hier talrijke mogelijkheden het overwegen waard zijn'? Waarom zijn de deuren naar een betere toekomst volgens veel stedenbouwkundigen gesloten, terwijl ze volgens mediators of bestuurders ondanks alles heus wel geopend kunnen worden?

Kibbelzucht

We kunnen beginnen met reële conflictsituaties. Om conflicten niet analytisch maar empirisch te onderzoeken moet er naar concrete daden wordt gekeken. Plotseling zijn we niet meer alleen geïnteresseerd in een botsing van onstoffelijke geloofssystemen – zoals bezit kan worden gezien als een artikel of misschien als vermogen. Nu maken we de wereld complexer – en misschien vatbaarder voor praktische oplossingen – door vast te stellen hoe deze actoren hun conflict construeren, hoe ze een logische tegenstelling van geloofssystemen of 'geloofskaders', een schijnbaar logische tegenstelling, transformeren tot een praktische aangelegenheid van concrete en tegengestelde dictie, verschillende praktische claims die in de reële tijd en ruimte worden uitgesproken en benadrukt. Door te kijken naar concrete daden transformeren we een logische contradictie in een concrete, tegengestelde dictie.

Vervolgens kunnen we vragen of we de woorden van de religieuze afgevaardigden of milieuactivisten of homoactivisten moeten opvatten als 'laatste woorden' of als eerste woorden, als de waarheid van boven of – veel plausibeler – gedeeltelijk als uitingen van vertoon, als retorische uitlatingen voor de gelegenheid, niet voor de eeuwigheid.

De volgende vraag is dan wat stedenbouwkundigen, met inbegrip van planologen, zouden kunnen leren over het werken met de antagonistische claims van actoren in reële conflictsituaties. Als we niet willen dat stedenbouwkundigen en planologen zich gedragen als sociale wetenschappers die doodserieus de vroege fasen observeren van een partijtje poker waarin spelers elkaar met uiterlijk vertoon en bluffen voortdurend proberen te misleiden, wat moeten ze dan wel doen?

De afgelopen jaren heb ik veel interviews afgenomen met bemiddelaars in publieke conflicten om te zien of ze misschien dingen hebben geleerd over gevallen van publieke kibbelzucht die veel stedenbouwkundigen (en sociale wetenschappers) wellicht nog moeten leren. De eerste veronderstelling die zich aandient is dat stedenbouwkundigen en sociale wetenschappers ten overstaan van complexe publieke conflicten misschien inderdaad te veel lijken op toeschouwers aan het begin van een partij poker met hoge inzet: ze zien het vertoon, de gewiekstheid en de retoriek, en uit zogeheten

Now we should ask here: what makes our deeper examination of the emphatic interplay and the transformation of the parties' righteously felt, differing claims so difficult? Let us consider five impediments to good work here.

First comes the issue of respect. Planners wishing to respect all parties and resist playing favourites can find themselves in a position of pulling back from challenging and probing questions of Others rather than risking charges of paternalism, condescension, racism, or other versions of disrespect they might engender – and so, again, they may err on the side of not just generosity but gullibility.

Second comes the temptation to focus on the meaning of the uttered words rather than on the performance produced in saying those words. At dinner, for example, this might mean that you ask someone, 'Can you pass the salt?' and they simply respond 'Yes' and do no more. They have understood every word, of course, but they have missed altogether what you have done. What has happened here is that a listener (or an planning theorist!) ineptly focuses on the semantic meaning of a sentence but misses the performative, pragmatic meaning of that very same uttered sentence! In planning this means mistakenly attending to the words of the emphatic bluff instead of attending to the action of the bluff – being taken by the words of the righteous (religious or community member's) demand, and missing altogether the political action, the demanding!

Third, and not surprisingly, in practical settings of conflict, what one does not say matters as much, often, as what one does actually say. But how can planners and others explore what is not being said? There are many ways, of course, not least of which might be considering what political actors might well wish – again, strategically – not to say.

A fourth difficulty challenges planners and social scientists alike, who see themselves as trying to figure out what really matters to conflicting parties. They see the ambiguity or conceptual fuzziness as obstacles. Such assumptions hardly help us understand the ambiguities of what we call deep value commitments.

A fifth challenge involves analysts' presumptions of methods available for resolving conflicts. Planners and academics who hear contradictory claims as semantic arguments rather than practical performances understandably see those conflicting claims as irreconcilable. They see the underlying 'rationalities' as irreconcilable – as if a logical-argumentative rationality were the only way of resolving disputes. To make matters worse, the emotions of anger and distrust often present seem to some to threaten any prospects of rational reconciliation – even if an emotionless, unfeeling rationality would likely be far less astute, far less sensitive and far less intelligent than any of us would want. Believing emotion to threaten rather than potentially enrich cognition, planners sometimes try to launder citizens' language and claims – a move, of course, that does not endear the planners to anyone. The planners' and academics' blind-spot here involves their lack of imagination of other methods that deeply differing parties can use to deal with their differences: particularly non-argumentative ritualized methods (thus the importance of 'relationship-building,' of meals and breaking bread together, of rituals of story-telling and spaces and times enabling listening, of small group processes complementing plenary sessions, and so on and on) (Sclavi, 2006).

Mediators and organizers – planners, I believe, to a lesser extent – are savvy enough to respect posturing and bluffing as just that, as moves in politically constructed games. They respect the capacities of contentious adversaries to learn, to be surprised, to discover new concerns and reformulate interests as new information and new options emerge. So how, then, in the face of complex conflicts involving deep differences, can it be that planners and theorists of planning might construct the prospects of actually improving

respect voor verschillen en de identiteit van anderen glijden ze af naar lichtgelovigheid in de overtuiging dat wat er vanuit verschillende identiteitsstandpunten wordt beweerd en gezegd authentiek is, vastligt, gerespecteerd moet worden als volstrekt definitief of zelfs constitutief.

Vijf factoren

Hier rijst de vraag wat het zo moeilijk maakt om de empathische wisselwerking en de transformatie van de verschillende, oprecht gevoelde claims van de partijen nader te onderzoeken. Laten we vijf factoren onder de loep nemen die hierbij een rol spelen. Ten eerste is er de factor respect. Stedenbouwkundigen die alle partijen wensen te respecteren en niet op bepaalde favorieten willen inzetten kunnen in een positie terechtkomen waarin ze lastige en indringende vragen van anderen ontwijken om maar niet het risico te lopen beschuldigd te worden van paternalisme, hooghartigheid, racisme of andere vormen van respectloosheid die ze wellicht veroorzaken – waardoor ze misschien opnieuw afglijden, niet enkel naar grootmoedigheid, maar ook naar lichtgelovigheid.

Ten tweede is er de verleiding zich puur te richten op de betekenis van het gesproken woord in plaats van op de achterliggende gedachte. Tijdens het avondeten zou dat bijvoorbeeld kunnen betekenen dat je iemand vraagt: 'Kun je me het zout aangeven?', en dat de ander dan simpelweg 'ja' zegt en verder niets doet. De ander heeft, uiteraard, elk woord begrepen, maar het is hem volledig ontgaan wat je bedoelt. Wat hier gebeurt is dat een luisteraar – of een stedenbouwkundige – ten onrechte zijn aandacht richt op de semantische betekenis van een zin en dat de performatieve, pragmatische betekenis van precies diezelfde zin hem ontgaat. In een stedenbouwkundige context betekent dit abusievelijk luisteren naar de woorden van het empathisch vertoon in plaats van te letten op wat dat vertoon uitricht – de ander geloven op de woorden van diens gerechtvaardigde – religieuze of sociaal getinte – eis, maar tegelijkertijd de politieke daad, het eisen, volledig missen.

Ten derde, en dat zal niemand verbazen, is wat men niet zegt in concrete conflictsituaties vaak even belangrijk als wat men wel zegt. Maar hoe kunnen stedenbouwkundigen en anderen dat wat niet wordt gezegd onderzoeken? Dat kan uiteraard op allerlei manieren, en niet in de laatste plaats door te kijken naar wat politieke actoren wellicht doelbewust – opnieuw om strategische redenen – niet zeggen.

Het vierde probleem doet zich zowel bij stedenbouwkundigen als bij sociale wetenschappers voor. Zelf zijn ze ervan overtuigd dat ze echt proberen te achterhalen wat voor conflictpartijen van belang is. Helaas beschouwen ze daarbij elke ambiguïteit of conceptuele vaagheid als obstakel. Dit soort veronderstellingen helpt ons nauwelijks een beter inzicht te krijgen in de ambiguïteiten van wat we diepe waardeovertuigingen noemen.

Het vijfde probleem heeft te maken met de vooronderstellingen van analisten ten aanzien van de beschikbare methoden om conflicten op te lossen. Stedenbouwkundigen en planologen die tegengestelde beweringen eerder horen als semantische argumenten dan als concrete handelingen beschouwen die beweringen begrijpelijkerwijs als onverenigbaar. Ze zien de achterliggende 'rationaliteiten' als onverenigbaar – alsof een logisch-argumentatieve rationaliteit de enige manier zou zijn om geschillen op te lossen. Daar komt bij dat de vaak aanwezige emoties woede en wantrouwen volgens sommigen elk vooruitzicht op een rationele verzoening in de weg staan – ook al zou een emotieloze, harteloze rationaliteit waarschijnlijk veel minder slim en minder intelligent zijn. In de overtuiging dat emotie de kennisverwerving eerder bedreigt dan verrijkt, proberen stedenbouwkundigen de taal en de beweringen van burgers soms te kuisen – een maatregel die hen uiteraard bij niemand geliefd maakt. De blinde vlek

parties' life chances as 'impossible', just as mediators and organizers might see those prospects, in just the same settings, quite differently: as reflecting many real possibilities nevertheless? Let me suggest five ways that this can happen.

First, Misunderstanding 'Fundamental' Value Differences: Planners seem particularly vulnerable to being captured by their own imputation of deeply conflicting, 'incommensurable' value frames or perspectives, standpoints or identities, to political 'adversaries'. Celebrating this 'recognition' of deep and ineradicable difference, these planners and theorists fall prey to the 'fallacy of misplaced abstraction'; they fail to see what organizers and mediators might: that political actors can differ deeply about what they require from God, about incommensurable doctrines, and still they might agree quite practically, even come to working consensus, about where the stop signs should go (Blechman). Yes, our religious commitments might differ fundamentally, but we might still agree where to put the traffic signs.

Second: Presuming Pathetic Political Processes and Destructive 'Meetings': In the face of conflicts involving deeply differing identities, substantial distrust and contentiousness, many planners and planning academics despair. Standard political and administrative public hearings promise little help, so that it seems practically impossible to go forward. That is true enough, but we have alternatives that actually can integrate inclusive participation with action-oriented politically-negotiated outcomes too (Buetler, 2005; Forester 2006). Public hearings promise few possibilities, but skilful midwifery (modes of facilitative leadership, facilitation, mediation, done with an eye to justice as much as any other value) opens up many possibilities in the face of religious and power differences (Hughes, 1999), bigotry (Umemoto, 2005), and resource inequalities (Diepeveen, 205; Lederach, 2003; Podziba, 2005).

Third: Anticipating Contentiousness and Histories of Anger: Planners and especially

planning academics (particularly those critical of collaborative methods!) sometimes
seem to think that public deliberation
depends on political adversaries being
willing to be nice to each other; some planners and perhaps more academics believe
that when parties distrust each other, have
attacked each other for years in the courts
and/or in the press and by other means, little
might be possible. This is a little like telling
organizers that social mobilization cannot
be possible because many people seem
apathetic (or that sleeplessness is caused
by the incapacity of the dormitive faculty).
Skilled mediators and organizers can teach
planners (and planning academics) a good
deal about working in the face of anger and
distrust, about seeing and working with real
anger not as an impediment to change but
as motivation and fuel for change (Beutler, in
Forester, 2006).

Fourth: Giving In to Expectable Traps of
Negotiations: Planners and academics alike
seem at times notoriously uncritical about
less than ideal negotiated outcomes, even as
academics are first in line to reject abstract
ideals. Of course negotiated outcomes will
seem an impossible avenue to explore if
we presume that every negotiated outcome
reflects betrayals of deep values or identities, reflects weak compromises that hardly
satisfy stakeholders' real interests. But such
a mistaken a priori presumption throws the
baby away with the bathwater, while skilled
mediators can teach planners a good deal
about the differences between the lose-lose
outcomes that always threaten strategic
negotiators and the win-win outcomes that
aggressive, strategic stakeholders can still
achieve in skilfully mediated processes. But
then some planners and academics forget
that mediators no more make agreements
than midwives make babies! When parties to
mediated processes find themselves pleas-
antly surprised at their own agreements,
planners and academics should listen: these
parties, knowing their issues intimately,
found more possible than they expected

die stedenbouwkundigen en academici hierbij in de
weg zit is dat ze zich niet kunnen voorstellen dat er
andere methoden zijn die wezenlijk verschillende
partijen kunnen hanteren om met hun verschillen
om te gaan: met name niet-argumentatieve geritualiseerde methoden – vandaar het belang van het
opbouwen van relaties, van gezamenlijke maaltijden,
van het ritueel van verhalen vertellen en van ruimte
en tijd maken om te luisteren, van kleine groeps-
processen met plenaire bijeenkomsten, enzovoort
(Sclavi, 2006).

Vooruitzichten

Mediators en organisatoren – en volgens mij in mindere mate stedenbouwkundigen – zijn slim genoeg
om vertoon en gebluf op de juiste waarde te schatten, als zetten in het politieke spel. Ze respecteren
het vermogen van wedijverende opponenten om te
leren, verrast te worden, nieuwe aandachtspunten
te ontdekken en belangen opnieuw te formuleren
wanneer er nieuwe informatie komt en zich nieuwe
opties aandienen. Hoe is het bij ingewikkelde conflicten met fundamentele verschillen dan mogelijk
dat praktische en theoretische stedenbouwkundigen de vooruitzichten op verbetering van de
levenskansen van partijen interpreteren als 'onmogelijk', terwijl mediators en organisatoren dezelfde
vooruitzichten in precies dezelfde omstandigheden
heel anders zien: als vooruitzichten met veel reële
mogelijkheden? Hieronder geef ik hiervoor vijf
mogelijke verklaringen.

Ten eerste: een verkeerd begrip van 'fundamentele'
verschillen in waarden en normen. Met name stedenbouwkundigen lopen gevaar verstrikt te blijven
in de door henzelf veronderstelde fundamentele
tegenstelling tussen hun eigen 'onvergelijkbare'
waardekaders of -perspectieven, standpunten of
identiteiten en die van politieke 'tegenstanders'. Blij
als ze zijn met deze 'herkenning' van diepgaande
en onuitwisbare verschillen vallen deze stedenbouwkundigen en theoretici ten prooi aan de 'valse

schijn van misplaatste abstractie': het ontgaat hun wat organisatoren en mediators misschien wel zien: dat politieke actoren diepgaand van mening kunnen verschillen over wat ze van God verlangen, over onvergelijkbare doctrines, en het toch op een heel praktisch niveau eens kunnen worden, zelfs kunnen komen tot een werkbare consensus over waar de stoptekens moeten komen (Blechman, 2005). Ja, ook al verschillen onze religieuze overtuigingen misschien fundamenteel, we kunnen het er nog wel over eens worden waar we de verkeersborden moeten plaatsen.

Ten tweede: de veronderstelling dat er sprake is van pathetische politieke processen en destructieve 'bijeenkomsten'. Bij conflicten met fundamenteel verschillende identiteiten, diep wantrouwen en grote wedijver slaat bij veel stedenbouwkundigen en planologen de wanhoop toe. De gebruikelijke openbare politieke en bestuurlijke bijeenkomsten leveren weinig op, zodat er nauwelijks enige vooruitgang mogelijk lijkt. Maar we hebben wel degelijk alternatieven die participatie kunnen bewerkstelligen en ook actiegerichte, politiek onderhandelde resultaten kunnen opleveren (Beutler, 2005; Forester 2006). Openbare hoorzittingen lijken weinig op te leveren, maar enige vakkundige 'verloskunde' – vormen van faciliterend leiderschap, facilitatie, mediatie, evenzeer uitgevoerd met het oog op gerechtigheid als op welke andere waarde dan ook – opent de weg voor tal van mogelijkheden om machts- en religieuze verschillen (Hughes, 1999), bigotterie (Umemoto, 2005) en de ongelijke verdeling van hulpbronnen aan te pakken (Diepeveen, 2005; Lederach, 2003; Podziba, 2005).

Ten derde: uitgaan van wedijver en een verleden van slechte verhoudingen: stedenbouwkundigen en met name planologen – vooral degenen die wars zijn van collaboratieve methoden – lijken soms te denken dat een publieke discussie alleen mogelijk is als politieke opponenten bereid zijn aardig tegen elkaar te zijn. Sommige stedenbouwkundigen en

beforehand, and so academics who carefully explore these processes might likewise find a good deal more to be possible than they similarly had thought in their past (Laws & Forester, 2007).

Fifth: Fearing Talk, Talk, Endless Talk: Planners and planning academics rightfully worry about too much talk. Planners see dialogues and meetings that lead perhaps to better understanding, but little action. Recent environmental justice policies, for example, create fora for public discussion very weakly connected, if at all, to environmental remediation efforts (Baptista, 2007). Planning academics, for their part, seem to pay more attention to the spare axioms of political scientists' theories of public deliberation than to the messiness of actual deliberative processes – so they see progress on complex conflicts via public deliberations as quite unlikely, if not altogether impossible. But again, we see spaces of impossibility constructed here that de facto pre-empt either empirical or probing theoretical analysis of actual possibilities (Forester 2009). In contrast, mediators and organizers alike see more that they can accomplish here, in part because they recognize both that processes of deliberation involve changing not just arguments but social relations in space over time, and that these processes involve distinct, if at times integrated, practices of dialogue, debate, and negotiation. Observers confuse these three at their own practical risk: dialogues seek understanding; debates seek the more justified argument; negotiations seek agreements on practical action. Dialogues require skilled facilitators; debates require skilled moderators; multi-stakeholder negotiations require skilled mediators – and these represent different (theoretical and practical) interventions, transformations of relationships. By distinguishing these practices, mediators see possibilities in real cases where planners might see only impossibilities.

Conclusion

Wittgenstein warned us not to be captivated by our own rhetoric – whether that involves 'truth' or 'deliberation' – but instead to look at the messiness of instances in the world and learn from them (Wittgenstein, 1950). I have argued that, both theoretically and practically, planners and planning academics have created 'spaces of impossibility' for themselves. Through their own presumptions, they do not see the 'spaces of real political possibility'. These spaces, however, do exist – even as we face settings rife with racism, inequalities, and deep differences.

So we might think more critically in the future about the ways we construct spaces of possibility and impossibility in our ongoing political, practical and academic lives. Not least of all, we might find that if critiques ostensibly from the progressive or emancipatory 'left' lead us to see impossibility too quickly, those critiques ironically will contribute to needless quiescence and resignation, to hegemony rather than to resistance, with the left becoming – quite incorrectly – a reactionary right. If critiques of power, for example, are to be effective as critiques, rather than merely consoling as complaints, they must teach us both about how power limits us and no less about the limits of that power: they must teach us about the construction of real impossibility but also about our tragically self-limiting constructions of mistakenly imputed impossibility. Planning theories – and theorists – wishing to be critical at all must learn by studying real possibilities where they exist, so they can teach us too about paths we might now actually explore, not wringing our hands in resignation but perhaps joining them at times in coalition to do better than we have.

John Forester is professor of urban and regional planning and NICIS professor at the Amsterdam Centre for Conflict Studies (ACS) of the University of Amsterdam (UvA).

planologen denken dat er weinig mogelijk is wanneer partijen elkaar wantrouwen, elkaar jarenlang hebben bevochten in rechtbanken en/of in de pers of met andere middelen. Dat is net zoiets als tegen organisatoren zeggen dat er geen sociale mobilisatie mogelijk is omdat veel mensen een apathische indruk maken – of dat slapeloosheid wordt veroorzaakt door falend slaapvermogen. Deskundige mediators en organisatoren kunnen stedenbouwkundigen veel leren over hoe ze kunnen werken wanneer woede en wantrouwen in het spel zijn, dat ze woede niet moeten zien als een belemmering voor verandering, maar juist als een stimulans en prikkel voor verandering (Beutler, 2006).

Eindeloos overleg

Ten vierde: bij onderhandelingen in bekende valkuilen trappen. Stedenbouwkundigen en planologen lijken soms uitgesproken onkritisch over allesbehalve ideale onderhandelingsresultaten, ook al zijn planologen vaak de eersten om abstracte idealen te verwerpen. Natuurlijk lijkt het zinloos onderhandelingsresultaten verder te onderzoeken als we ervan uitgaan dat elk onderhandelingsresultaat de weerspiegeling is van verraad aan fundamentele waarden of identiteiten, van zwakke compromissen die nauwelijks tegemoetkomen aan de ware belangen van belanghebbenden. Maar met een dergelijke onterechte a priori veronderstelling wordt het kind met het badwater weggegooid, terwijl deskundige mediators stedenbouwkundigen veel kunnen leren over de verschillen tussen de *lose-lose*-resultaten die bij strategische onderhandelaars altijd op de loer liggen en de win-win-resultaten die offensieve, strategische belanghebbenden in vakkundig bemiddelde processen nog steeds kunnen behalen. Maar sommige stedenbouwkundigen en academici vergeten nu eenmaal dat mediators net zo min overeenkomsten maken als verloskundigen baby's. Wanneer partijen in mediatieprocedures zich aangenaam verrast tonen door hun eigen overeenkomsten, is het voor stedenbouwkundigen en academici tijd om te luisteren: deze partijen, tot in detail bekend met hun eigen zaak, hebben ontdekt dat er meer mogelijk is dan ze vooraf hadden verwacht, en zo zouden ook de academici die deze processen zorgvuldig onderzoeken er wel eens achter kunnen komen dat er heel wat meer mogelijk is dan ook zij in het verleden dachten (Laws & Forester, 2007). Ten vijfde: de vrees voor eindeloos overleg. Stedenbouwkundigen en planologen maken zich terecht zorgen over te veel overleg. Stedenbouwkundigen zien dialogen en vergaderingen die misschien meer inzicht, maar weinig concrete maatregelen opleveren. Zo is het recente beleid op het gebied van milieurechtvaardigheid gericht op de oprichting van fora voor publiek debat waaraan nauwelijks of geen concrete maatregelen voor milieuherstel verbonden zijn (Baptista, 2007). Planologen op hun beurt lijken meer aandacht te besteden aan de gebrekkige axioma's van de door politieke wetenschappers verkondigde theorieën over het publieke debat dan aan de rommeligheid van de feitelijke overlegprocessen – waardoor ze het erg onwaarschijnlijk of volstrekt onmogelijk achten om via publiek debat vooruitgang te boeken in ingewikkelde conflicten. Hier zien we opnieuw dat er ruimten van het onmogelijke worden geconstrueerd die elke empirische of verkennende theoretische analyse van de werkelijke mogelijkheden de facto onmogelijk maken (Forester, 2009). Anderzijds zien mediators en organisatoren hier juist meer dan ze kunnen bereiken, deels doordat ze onderkennen dat overlegprocessen behalve over de uitwisseling van argumenten ook over de uitwisseling van sociale verhoudingen in ruimte en tijd gaan, én dat het bij deze processen gaat om duidelijk onderscheiden, zij het soms geïntegreerde praktijken van dialoog, debat en onderhandeling. Waarnemers verwarren deze drie, met alle praktische risico's voor henzelf van dien: dialogen zijn gericht op begrip, debatten op het beste argument en onderhandelingen op

References

Arendt, H. (1998). The Human Condition. Chicago: University of Chicago Press.

Baptista, A. (2008). Evaluating Environmental Justice Policy Outcomes: The Promise & Peril of State Intervention. Doctoral Dissertation for Rutgers University.

Beutler, L. (2005). 'From Nightmare to National Implications: A Profile of Lisa Beutler.' In Mediation in Practice, ed. J. Forester, 224–42. Ithaca, NY: Cornell University, Department of City and Regional Planning.

Blechman, F. (2005). 'From Conflict Generation through Consensus-Building Using Many of the Same Skills: A Profile of Frank Blechman.' In Mediation in Practice, ed. J. Forester, 1-17. Ithaca, NY: Cornell University, Department of City and Regional Planning. (Edited from original interview, January 21, 1993.)

Diepeveen, W. (2005). 'From Environmental to Urban to Inter-Municipal Disputes: A Profile of Bill Diepeveen's Mediation Practice. In Mediation in Practice, ed. J. Forester, 341-82. Ithaca, NY: Cornell University, Department of City and Regional Planning.

Forester, J. (2006). 'Making Participation Work When Interests Conflict: From Fostering Dialogue and Moderating Debate to Mediating Disputes.' Journal of the American Planning Association 72, no. 4 (Fall): 447-56.

Forester, J. (2009). Dealing with Differences: Dramas of Mediating Public Disputes. New York: Oxford University Press.

Hughes, M., Forester, J. & Weiser, I. (1999). 'Facilitating Statewide HIV/AIDS Policies and Priorities in Colorado: A Profile of Mike Hughes.' In The Consensus Building Handbook: A Comprehensive Guide to Reaching Agreement, ed. Lawrence Susskind, S. McKearnan, and J. Thomas-Larmer, 1011-30. Thousand Oaks CA: Sage.

Laws, D. & Forester, J. (2007). 'Public Policy Mediation: From Argument to Collaboration.' In Handbook of Public Policy Analysis, ed. Frank Fischer, Gerald J. Miller, and Mara S. Sidney, 513-36. Boca Raton, FL: CRC Press.

Lederach, J.P. (2003). The Moral Imagination. New York: Oxford University Press.

Payne, C. (1995). I've Got The Light of Freedom, University of California Press.

Podziba, S. (2005). 'Collaborative Civic Design in Chelsea, Mass.: A Profile of Susan Podziba.' In Mediation in Practice, ed. J. Forester, 203-31. Ithaca, NY: Cornell University, Department of City and Regional Planning.

Sarkissian, W. (2005). 'Stories in a Park: Giving Voice to the Voiceless in Eagleby, Australia.' Planning Theory and Practice 6(1): 101–28.

Sclavi, M. (2006). 'Postface: Why Understanding the Bronx Requires the Humorist's Touch: The Art of Listening, Thick Descriptions, and Layered Emotions.' Translated by Henry Martin, 2002. In La Signora va nel Bronx, 3rd ed. Milan: Bruno Mondadori.

Sherman, L. (2004). 'Mediation and Collaboration in Community Planning and Architecture: A Profile of Larry Sherman,' ed. J. Forester, available from Department of City and Regional Planning, Cornell University.

Solomon, S. (1995). 'Facilitation, Ethnicity and the Meaning of Place: A Profile of Shirley Solomon,' ed. J. Forester, available from Department of City and Regional Planning, Cornell University.

Umemoto, K. (2005). 'Dispute Resolution and Deliberation

and Racial Violence: A Profile of Karen Umemoto.' In Media-
tion in Practice, ed. J. Forester, 291-312. Ithaca, NY: Cornell
University, Department of City and Regional Planning.
Wittgenstein, L. (1950). Philosophical Investigations. Oxford:
Blackwell.
Wolin, S. (2006). Politics and Vision. Princeton: Princeton
University Press.

overeenkomsten over concrete maatregelen. Dialogen vereisen deskundige facilitatoren, debatten vereisen deskundige moderatoren, onderhandelingen
tussen meerdere belanghebbende partijen vereisen
deskundige mediators – die allemaal staan voor
verschillende theoretische en praktische interventies
en transformaties van verhoudingen. Door deze
praktijken te onderscheiden zien mediators in reële
gevallen mogelijkheden waar stedenbouwkundigen
wellicht alleen onmogelijkheden zien.

Conclusie

De filosoof Wittgenstein waarschuwde ons niet
verstrikt te raken in onze eigen retoriek – of het nu
gaat om 'waarheid' of 'overleg' – maar te kijken naar
de onhelderheid van de voorbeelden in de wereld
en daarvan te leren (Wittgenstein, 1950). Ik heb
gesteld dat stedenbouwkundigen en planologen
voor zichzelf, zowel theoretisch als praktisch, 'ruimten van het onmogelijke' hebben gecreëerd. Door
hun eigen vooronderstellingen zien ze de 'ruimten
van het politiek reëel mogelijke' niet, terwijl die
wel bestaan – ook al worden we geconfronteerd
met omstandigheden die bol staan van racisme,
ongelijkheid en fundamentele verschillen.
In de toekomst doen we er daarom goed aan kritischer te kijken naar de manieren waarop we in ons
politieke, alledaagse en academische leven ruimten
van het mogelijke en het onmogelijke creëren.
Niet in de laatste plaats zullen we dan misschien
constateren dat als kritiek uit de zogeheten progres-
sieve of emancipatiegerichte 'linkse' hoek ons er te
snel toe brengt het onmogelijke te zien, die kritiek
ironisch genoeg zal bijdragen tot nodeloze daden-
loosheid en berusting, tot hegemonie in plaats van
verzet, waarbij links bij vergissing reactionair rechts
wordt. Als bijvoorbeeld een machtskritiek niet alleen
als klacht wil fungeren maar ook werkelijk doeltref-
fend wil zijn als kritiek, moet zij ons iets leren over
de manier waarop macht ons beperkt, maar ook
en niet minder over de beperkingen van die macht:

ze moet ons iets leren over de constructie van het
werkelijk onmogelijke, maar ook over onze tragische
zelfbeperkende constructies van abusievelijk
toegedichte onmogelijkheid. Stedenbouwkundige
theorieën – en theoretici – die überhaupt kritisch
wensen te zijn, moeten leren door reële mogelijkheden te bestuderen waar die bestaan, zodat ze
ook ons iets kunnen leren over de paden die we
concreet kunnen verkennen. Dan zullen we niet han-
denwringend berusten maar ons soms misschien bij
hen kunnen aansluiten om het samen beter te doen
dan we tot nog toe hebben gedaan.

John Forester is hoogleraar Stads- en Regionale
Planning en NICIS-professor bij het Amsterdam
Centre for Conflict Studies (ACS) aan de Universi-
teit van Amsterdam (UvA).

Referenties
Arendt, H. (1998). *The Human Condition.* University of Chicago
Press, Chicago.
Baptista, A. (2008). *Evaluating Environmental Justice Policy
Outcomes: The Promise & Peril of State Intervention.* Proefschrift
voor Rutgers University.
Beutler, L. (2005). *From Nightmare to National Implications: A
Profile of Lisa Beutler.* In: Forester, J. (red.). *Mediation in Practice,*
pp 224–242. Cornell University, Department of City and Regional
Planning, Ithaca, NY.
Blechman, F. (2005). *From Conflict Generation through
Consensus-Building Using Many of the Same Skills: A Profile
of Frank Blechman.* In: Forester J. (red.). *Mediation in Practice,*
pp 1-17. Cornell University, Department of City and Regional
Planning, Ithaca, NY.
Diepeveen, W. (2005). *From Environmental to Urban to Inter-
Municipal Disputes: A Profile of Bill Diepeveen's Mediation
Practice.* In: Forester J. (red.). *Mediation in Practice,* pp 341-382.
Cornell University, Department of City and Regional Planning,
Ithaca, NY.
Forester, J. (2006). *Making Participation Work When Interests
Conflict: From Fostering Dialogue and Moderating Debate to
Mediating Disputes.* In: *Journal of the American Planning Associ-
ation* 72, no 4 (najaar), pp 447-456.
Forester, J. (2009). *Dealing with Differences: Dramas of Media-
ting Public Disputes.* Oxford University Press, New York.
Hughes, M., Forester, J. & Weiser, I. (1999). *Facilitating Statewide*

HIV/AIDS Policies and Priorities in Colorado: A Profile of Mike Hughes. In: Lawrence Susskind, S. McKearnan en J. Thomas-Larmer (red.). *The Consensus Building Handbook: A Comprehensive Guide to Reaching Agreement*, pp 1011-1030. Thousand Oaks, Sage, CA.

Laws, D. & Forester, J. (2007). *Public Policy Mediation: From Argument to Collaboration*. In: Frank Fischer, Gerald J. Miller en Mara S. Sidney (red.). *Handbook of Public Policy Analysis*, pp 513-536. CRC Press, Boca Raton, FL.

Lederach, J.P. (2003). *The Moral Imagination*. Oxford University Press, New York.

Payne, C. (1995). *I've Got The Light of Freedom*. University of California Press.

Podziba, S. (2005). *Collaborative Civic Design in Chelsea, Mass.: A Profile of Susan Podziba*. In: Forester J. (red.). *Mediation in Practice*, pp 203-231. Cornell University, Department of City and Regional Planning, Ithaca, NY.

Sarkissian, W. (2005). *Stories in a Park: Giving Voice to the Voiceless in Eagleby, Australia*. In: *Planning Theory and Practice* 6(1), pp 101–128.

Sclavi, M. (2006). *Postface: Why Understanding the Bronx Requires the Humorist's Touch: The Art of Listening, Thick Descriptions, and Layered Emotions*. Vertaald door Henry Martin, 2002. In: *La Signora va nel Bronx*, derde editie. Bruno Mondadori, Milaan.

Sherman, L. (2004). *Mediation and Collaboration in Community Planning and Architecture: A Profile of Larry Sherman*. In: Forester J. (red.). *Mediation in Practice*. Cornell University, Department of City and Regional Planning, Ithaca, NY.

Solomon, S. (1995). *Facilitation, Ethnicity and the Meaning of Place: A Profile of Shirley Solomon*. In: Forester J. (red.). *Mediation in Practice*. Cornell University, Department of City and Regional Planning, Ithaca, NY.

Umemoto, K. (2005). *Dispute Resolution and Deliberation and Racial Violence: A Profile of Karen Umemoto*. In: Forester J. (red.). *Mediation in Practice*, pp 291-312. Cornell University, Department of City and Regional Planning, Ithaca, NY.

Wittgenstein, L. (1950). *Philosophical Investigations*. Blackwell, Oxford.

Wolin, S. (2006). *Politics and Vision*. Princeton University Press, Princeton.

Maker van het plan. Creator of the plan.

De politieke verankering van verhalen

Anchoring stories in the political process

Sinds het boek *The Rise of the Network Society* van de Spaanse socioloog Manuel Castells spreken we over ruimtelijke ontwikkelingen in termen van 'netwerken', 'plekken', 'knopen' en 'verbindingen'. Castells beschreef als een van de eersten de betekenis van informatie- en communicatietechnologie voor economische, sociaal-culturele en ruimtelijke processen. In een netwerksamenleving is geen machtscentrum of centrale regie, maar wordt de samenleving via netwerken georganiseerd.

Die netwerksamenleving heeft gevolgen voor hoe een democratische planning vorm krijgt en stelt andere eisen aan het planningsproces. Het moderne democratische bestel is op een territoriale leest geschoeid. Ruimtelijke netwerken doorsnijden territoriale grenzen. Dit zet het oude systeem onder druk en biedt tevens nieuwe kansen. Met de introductie van het begrip gebiedsontwikkeling heeft Nederland gekozen voor een niet-hiërarchische manier van planning – dus niet meer top-down vanuit een machtscentrum of centrale regie. De democratische legitimiteit van een plan wordt niet langer verkregen door de besluitvorming 'op te tillen' naar een hoger schaalniveau. Sterker nog, dat zou de democratie juist aantasten. Want het waren vaak de niet gehoorde stemmen van lokale belanghebbenden die in de traditionele hiërarchische planning de legitimiteit van besluitvorming ter discussie stelden.

Tegenwoordig claimen diverse maatschappelijke belangengroepen, in naam van een soms amorfe achterban, inspraak in de besluitvorming. Inmiddels wordt deze betrokkenheid van de zogenoemde *civil society* gezien als een logisch onderdeel van democratisch bestuur. Maar tegelijkertijd zien we hoe wordt geworsteld met de vorm die deze brede betrokkenheid moet krijgen. Daarbij functioneert een democratisch proces alleen wanneer de legitimiteit op meerdere bestuursniveaus wordt gewaarborgd. Het is echter een hele opgave gemeenteraden, waterschappen, provincies en

The Rise of the Network Society, by Spanish sociologist Manuel Castells, taught us to describe spatial development in terms of 'networks', 'places', 'nodes', and 'connections'. Castells was the first to describe the central role of information and communication technology in economic, social, cultural, and spatial processes. In a network society, there is no centre of power, or even a central coordinator; instead, society is organized through networks.

The organization of the network society has consequences for democratic planning procedures and makes new demands on the planning process. Modern democracies are based on a territorial system, but spatial networks cross territorial boundaries, putting pressure on the old system and creating fresh opportunities. In embracing the new concept of area development, the Netherlands has opted for a non-hierarchical approach to planning, rather than a top-down system with a centre of power or central coordination. Plans no longer acquire their democratic legitimacy from decisions at 'the highest levels'. In fact, a reliance on top-down decision-making is now recognized as detrimental to democracy. The legitimacy of traditional, hierarchical planning often came into question because the voices of local stakeholders went unheard.

Nowadays, a wide range of societal interest groups are claiming a role in decision-making, in the name of a sometimes ill-defined group of supporters. Participation by civil society, as these groups are collectively known, is seen as a logical part of democratic governance. But at the same time, it is often a struggle to determine what form this broad-based participation should take. For the democratic process to work properly, legitimacy must be safeguarded at multiple levels of government. But it is a daunting challenge to keep all those levels—in the Netherlands, municipal councils, water boards, provinces, and ministries—adequately involved.
We believe that democracy can be revitalized through a well-designed planning process.

Network governance – an approach in which solutions to social problems are not imposed from above but developed within a network of interdependent government bodies, citizens, and interest groups – is the best guiding strategy for this purpose (Hajer, 2009).

It remains crucially important to focus on the anchoring of planning procedures in the democratic process. Network governance is not something that takes place outside established democratic frameworks. It connects the constitutional frameworks of local, regional, and national government with other deliberative forums, thus enhancing their quality and legitimacy. The concept of network governance is still far from being fully developed, and there are as many failures as successes. To move forward with this approach, we need a better understanding of how the network society influences regional planning processes.

A less predictable world

One key characteristic of the network society is that local contexts are often less straightforward and less predictable. Firstly, it is no longer immediately apparent what knowledge is needed for successful regional development. As a result, knowledge no longer enjoys an uncontested place at the heart of policymaking. Secondly, the division of labour between planners, policymakers, politicians, experts, and citizens is less clearly defined. Ordinary citizens can become experts when they draw up a scenario of their own and ask university professors to calculate its effects – as one group did when there were plans to relocate a dyke in Lent. Planners, too, can play all sorts of roles, varying from that of independent chairperson to that of advocate for a local initiative. Thirdly, there is no longer any single, uncontested centre of decision-making. Instead, there are many stages at which knowledge is developed, choices are made, and decisions are taken. In the case studies in this book, there is no one point at which a single, all-encompassing decision is taken. Take the IJsseldelta Zuid project, in

ministeries betrokken te houden.

Naar onze overtuiging kan de democratie nieuwe inhoud gegeven worden door het planningsproces goed op te zetten. *Network governance*, een benadering waarbij oplossingen voor maatschappelijke problemen niet van bovenaf worden opgelegd, maar binnen een netwerk van onderling afhankelijke overheden, burgers en belangengroepen, is hiervoor de beste sturingsstrategie (Hajer, 2009).

Het blijft overigens van eminent belang zorg te besteden aan de democratische verankering van planningsprocessen. Netwerkbestuur is tenslotte niet iets dat buiten de gevestigde democratische kaders plaatsvindt. Het verbindt de constitutionele kaders van gemeenteraden, Provinciale Staten en Tweede Kamer met andere plekken van deliberatie met een verbeterde legitimiteit en kwaliteit als resultaat. Het idee van netwerkbestuur is nog lang niet uitgekristalliseerd. Het gaat net zo vaak mis als dat het goed gaat. Daarom is een beter begrip nodig van de invloed van de netwerksamenleving op het regionale planningsproces.

Minder voorspelbaar

Een belangrijk aspect van de netwerksamenleving is dat lokale contexten minder vanzelfsprekend en minder voorspelbaar zijn. Ten eerste is niet meer evident welke kennis nodig is om een regio tot een succesvol gebied te ontwikkelen. Daarmee heeft kennis haar vanzelfsprekende plaats vooraan in het beleidsproces verloren. Ten tweede is de taakverdeling tussen planners, beleidsmakers, politici, experts en burgers minder helder afgebakend. Burgers kunnen experts worden wanneer zij zelf hoogleraren vragen hun scenario door te rekenen, zoals bij een dijkverlegging in Lent. En planners kunnen verschillende rollen aannemen, variërend van onafhankelijk voorzitter tot pleitbezorger van een lokaal initiatief. Ten derde bestaat er geen eenduidig en enkelvoudig centrum van besluitvorming meer, maar is er een veelheid aan momenten waarop kennis wordt ontwikkeld, keuzes worden gemaakt en beslissingen genomen. In de praktijkvoorbeelden in dit boek is niet een moment aan te wijzen waarop het allesomvattende besluit werd genomen. Neem IJsseldelta Zuid, waar elf overheden van elkaar afhankelijk waren voor het nemen van beslissingen. Dit betekende dat de overheden er eerst samen uit moesten komen om vervolgens allemaal de formele besluitvormingsprocedures te doorlopen, eindigend bij de gemeenteraad, Provinciale Staten of het nationale parlement.

Het bestaan van netwerkstructuren vraagt dat besturen zich meer als netwerk organiseren en netwerken gebruiken als stuurmiddel. Wanneer wethouders en gedeputeerden alleen in bestuurlijke netwerken investeren bestaat de kans dat zij later boze burgers op hun weg vinden. Visievorming en bestuurlijke coördinatie moeten dus worden verbonden met de verankering in het publieke debat. Bestuurders en beleidsmakers weten dit wel, maar tot op heden is er geen nieuw normatief model dat zorgt voor de borging van de democratische legitimiteit. Het gevolg is dat betekenissen en afspraken lastig beklijven en soms alles 'vloeibaar' lijkt.

Om met de Franse filosoof Bruno Latour te spreken: op bepaalde momenten in het beleidsproces moet de betekenis van plaatjes, cijfers, procedures, posities, belangen en kennis een 'netwerk van betekenissen' vormen waarin alles nog mogelijk is en op andere momenten moet ze 'stollen' waardoor betekenissen tot oplossingen en besluiten leiden. De vraag hoe bij meerdere partijen een gedeeld idee zich ontwikkelt, dominant en gezaghebbend wordt en zich handhaaft – *politics of meaning* – staat centraal in het boek *Authoritative Governance* (Hajer, 2009). Hierin komt met name de rol van de media in het proces van betekenisgeving naar voren. Politieke betekenisgeving is volledig afhankelijk van hoe de politiek via de media haar burgers bereikt en andersom. Het oude beeld van communicatie als een proces tussen 'zenders' en 'ontvangers' weer-

which eleven different government authorities were dependent on each other when taking decisions. They first had to agree on a joint decision, and then each one had to follow the usual formal decision-making procedures, culminating in approval by the municipal or provincial council or the national parliament.

The existence of network structures compels government authorities to organize themselves into more network-like forms and to use networks as means of public administration. When municipal and provincial executives invest solely in governmental networks, there is a chance that they will later run up against angry citizens. Coordination between government authorities, including the development of official standpoints, therefore has to be firmly anchored in public debate. Public administrators and policymakers know that this is so, but have not yet adopted a new normative model with the power to ensure democratic legitimacy. Consequently, it is difficult to settle on well-defined concepts or commitments, and at times everything seems 'fluid'.

At certain stages in the policymaking process the meanings of pictures, numbers, positions, interests, and knowledge must form a loose 'network of meanings' in which all possibilities remain open and at other stages, they must coalesce, so that meanings can lead to solutions and decisions. (This is comparable to the network processes described by the French philosopher Bruno Latour.) The question of how, among multiple parties, a shared idea can develop, become dominant and authoritative, and endure – the politics of meaning – is central to the book *Authoritative Governance* (Hajer, 2009), which devotes special attention to the role of the media in the meaning-making process. Political meaning-making is entirely dependent on how politicians come across to the public through the media, and vice versa. The old model of communication, with 'senders' and 'recipients', does not reflect today's realities, especially since each individual has the capacity to contribute a meaning of his or her own to the policymaking process. Citizens can place messages on Twitter that create new perspectives and give measures or plans a new meaning. The meaning of government action can then become a subject of dispute. In the case of the IJsseldelta Zuid project, citizens used the media to place government action in a different light. Suddenly, policymakers were said to have forgotten a group of citizens in another province–namely, the residents of Noordeinde.

The intimate relationship between politics and the media can be analyzed very effectively by approaching politics as theatre. The 'dramaturgical' study of politics and government provides a glimpse of the ever-changing, heterogeneous political situations in which policymakers, citizens, and experts address one another. The manner and the setting in which this takes place are sometimes just as important as what is said. This analysis offers new points of departure for a viable concept of democratic legitimacy, as illustrated in practice by an informational meeting about the IJsseldelta Zuid project.

spiegelt niet langer de realiteit, zeker nu eenieder in staat is een eigen betekenis aan het beleidsproces toe te voegen. Burgers kunnen berichtjes op Twitter plaatsen waardoor nieuwe perspectieven ontstaan en (voorgenomen) acties een nieuwe betekenis krijgen. Er kan dan een gevecht om de betekenis van overheidshandelen ontstaan. In IJsseldelta Zuid vonden burgers de media om zo het handelen van de overheid in een ander daglicht te plaatsen. Opeens gold dat de bestuurders een groep burgers in een andere provincie – namelijk de inwoners van Noordeinde – vergeten waren.

De intense relatie tussen media en politiek laat zich goed analyseren door politiek te benaderen als theater. Juist de 'dramaturgie' van politiek en bestuur biedt een kijkje in de veranderlijke en heterogene politieke situaties waarin bestuurders, burgers en experts tot elkaar spreken. De manier waarop en de omgeving waarin iets plaatsvindt zijn soms net zo belangrijk als wat gezegd wordt. Deze analyse biedt nieuwe aanknopingspunten voor een vitale notie van democratische legitimiteit. Een voorlichtingsbijeenkomst over het project IJsseldelta Zuid illustreert dit.

Het belang van 'staging' in IJsseldelta Zuid
The importance of staging in IJsseldelta Zuid

Tijdens een voorlichtingsbijeenkomst over de bypass in IJsseldelta Zuid zaten de Overijsselse gedeputeerde, de projectleiders en de adviseurs die vijf scenario's hadden ontworpen achter een tafel. Tegenover hen zaten tweehonderd burgers. Zie hier een *staging* die de 'acteurs' – gedeputeerde, projectleiders, adviseurs – van de 'toeschouwers' onderscheidt.

Onder de aanwezigen was een grote groep boeren uit Kamperveen. Op eerdere bijeenkomsten hadden zij laten weten tegen de aanleg van de bypass te zijn. Ze wantrouwden de politiek en vonden dat niet naar hen geluisterd werd. De uitkomst van het planproces stond volgens hen al lang vast. De *staging* in actieve 'acteurs' en passieve 'toeschouwers' sterkte de boeren in hun overtuiging. De beleidsmakers gaven aan dat ze juist wel wilden luisteren en dat de scenario's nog niet vaststonden. Door deze woorden werd het onderscheid tussen 'acteurs' en 'toeschouwers' wederom versterkt.

Daarna zei de gedeputeerde dat de adviseurs tot de beschikking van de boeren stonden en dat zij samen een eigen scenario konden ontwerpen. Later die avond kondigden de boeren aan dat ze samen met de adviseurs een zesde scenario zouden ontwikkelen. Door deze actie slaagde de gedeputeerde erin de verhaallijn van de boeren – er wordt niet naar ons geluisterd – om te draaien. Zo werd het onderscheid tussen 'acteurs' en 'toeschouwers' doorbroken. De boeren werden 'spelers', 'coproducenten'. Verder liet de gedeputeerde zien dat hij bereid was meer te doen dan luisteren: hij liet de boeren toe in de kennisontwikkeling.

Een onbedoeld effect van de bijeenkomst was

During an informational meeting about the river bypass in IJsseldelta Zuid, the portfolio holder from the Overijssel provincial executive, the project leaders, and the consultants who had developed the five scenarios were seated behind a table, face to face with two hundred citizens. This is a form of staging, which distinguishes the 'actors' – the portfolio holder, project managers, and consultants – from the 'spectators'.

The people present included a large group of farmers from Kamperveen. At earlier meetings, they had made it clear that they were opposed to the bypass. They distrusted politicians and felt that no one was listening to them. As they saw it, the outcome of the planning process had been decided long before. The staging of the meeting, with active actors and passive spectators, reinforced this sense among the farmers. The policymakers said that they were, in fact, prepared to listen, and that the scenarios had not yet been finalized. These words reinforced the actor-spectator dichotomy.

Then the portfolio holder said that the consultants were at the farmers' disposal and would develop a new scenario with them. Later that evening, the farmers announced that, with the help of the consultants, they would develop a sixth scenario. By taking this step, the portfolio holder managed to take the farmers' narrative – "no one is listening to us" – and invert it, doing away with the distinction between actors and spectators. The farmers became actors, or co-producers, in their own right. The portfolio holder also showed that he was prepared to do more than listen; he let the farmers enter into the process of knowledge development.

One unintended effect of the meeting

was that the farmers' sixth scenario was thrust into the spotlight. The meeting ended with the kind of cliffhanger that never fails to excite the media. On the one hand, the event was a victory for the farmers, but on the other, it enhanced the legitimacy of the planning process, because the portfolio holder showed that he was listening to the public. The narrative of listening to the public gained additional force from the fact that this turn of events was unplanned and took place in public at a carefully staged informational meeting.

As numerous actors become involved, there is a risk of endless discussion without any concrete decisions. The planning process remains fluid, rather than coalescing into measures and actions. To prevent this from happening, it is important to introduce anchoring points, key moments in the policy-making process when a variety of knowledge elements and stories meet, merge, and stabilize. Anchoring points consolidate results, so that they are not washed away by the next current of ideas. They are the moments in the process at which new coalitions can grow stronger and create a broader base for collective action.

Laying these anchors is an art. There is more to it than ending a productive meeting with the usual pleasantries: 'That was very useful' or 'This will help us to move forward'. Anchoring involves actively reaffirming new insights, and sometimes endowing them with democratic legitimacy – through council decisions, for example. An anchoring point is like a ratcheting mechanism, which makes it possible to tighten a nut without ever removing and refitting the wrench. Every policymaking process needs a ratchet, to tighten it firmly into place without ever removing the pressure or sense of urgency.

Anchoring points are crucial in processes of consultation and negotiation; they lay the essential groundwork for moving from joint efforts to concrete results, and they serve as a

dat het zesde scenario van de boeren veel meer aandacht kreeg. De bijeenkomst eindigde met een 'cliffhanger', waar de media dol op zijn. Aan de ene kant was het een overwinning voor de boeren, aan de andere kant versterkte het de legitimiteit van het planproces, omdat de gedeputeerde liet zien dat hij luisterde naar zijn burgers. Dat dit moment ongepland en publiekelijk plaatsvond tijdens de *staging* van de voorlichtingsbijeenkomst gaf het verhaal dat naar de burgers geluisterd werd extra zeggenschap.

Als vele actoren betrokken raken, dreigt het gevaar van oeverloze gesprekken, waarin geen besluiten worden genomen. De planvorming blijft 'vloeibaar' en 'stolt' niet in maatregelen en ingrepen. Om dit te voorkomen is het belangrijk ankerpunten te introduceren. Ankerpunten zijn cruciale momenten in het beleidsproces waarop verschillende keniselementen en verhalen met elkaar samenkomen, samensmelten en stabiliseren. Ankerpunten zorgen dat resultaten worden vastgehouden en niet wegvloeien met een volgende stroom ideeën. Het zijn de momenten in het proces waarop nieuwe coalities zich versterken en een bredere basis wordt gelegd voor gezamenlijke acties.

Ankers leggen is een kunst. Het veronderstelt meer dan een goede bijeenkomst afsluiten met obligate dooddoeners als 'dit was zinnig, hier kunnen we mee aan de slag'. Verankeren veronderstelt het actief bevestigen van nieuwe inzichten, die soms democratisch geborgd worden via (raads)besluiten. Het ankerpunt is als een ratelaar, een gereedschap waarmee men moeren vastdraait zonder de druk van de dopsleutel te hoeven halen. Elk beleidsproces heeft een ratelaar nodig die het proces steeds vaster klikt, zonder de druk of urgentie van het proces te halen.

Ankerpunten zijn cruciaal in een proces van overleg en onderhandeling, belangrijke randvoorwaarden voor de vertaling van gezamenlijke inspanningen naar resultaten en een medicijn tegen al te vrijblijvend polderen. In complexe processen komt het er op aan steeds te identificeren op welk niveau iets moet worden verankerd of 'vastgeklikt'. Er zijn vaak meerdere 'vastklikmomenten' nodig om tot uitvoering over te gaan.

Uit het praktijkvoorbeeld Ooijen-Wanssum – over hoogwaterproblematiek in Noord-Limburg – herleiden we drie kenmerken van ankerpunten: procedureel, materieel en symbolisch. Vervolgens bespreken we een cruciale voorwaarde voor een positieve werking van ankerpunten: ze moeten gedeeld worden met de belangrijkste belanghebbenden.

corrective to prolonged, sterile discussion. In complex processes, it is essential to identify at what level any given conclusion should be anchored or 'clicked' into place. Several anchoring moments, or 'turns of the screw', are often needed before a plan is finalized and carried out.

The case study of anti-flooding measures in the municipality of Ooijen-Wanssum in North Limburg illustrates three characteristics of anchoring points; they are procedural, material, and symbolic. In the section that follows, we examine one of the conditions that must be in place for anchoring points to have a positive effect: they must be shared with the primary stakeholders.

Ankermomenten in Ooijen-Wanssum

Anchoring moments in Ooijen-Wanssum

The planning process in Ooijen-Wanssum was guided by a process model developed by Habiforum. This model identified three stages, not including implementation, management, and maintenance:

1. A preliminary investigation by public authorities to determine urgent needs, possibilities, and the level of determination to tackle the problems (among both public officials and other stakeholders).
2. A stage of open exploration in which a number of stakeholders are involved in the process, additional research takes place, and strategies for solving the problems are developed.
3. A preparatory planning study of the implementation of the project, emphasizing the development of a joint implementation plan and management outlook (De Rooy et al., 2006).

The process model involved more than a mere breakdown of the regional planning process into stages. It also defined goals, activities, and products, and can be seen as a way of 'scripting' the process in advance (Akkrich, 1992; De Laat, 2000). A script identifies not only the stages of the process and when each type of information and knowledge has to be mobilized, but also provides 'stage directions': the ground rules for each stage, the leading actors, and what is expected of them. At each stage, it indicates how to act. The practical impact of a generic process model of this kind at the level of thought, speech, and action was described by the process manager, who talked about how the model gave structure to the area process: "The process model showed us what steps we had to take. It made it clear to us that in the exploratory stage we should no

Het planproces in Ooijen-Wanssum (zie schema op blz. 200 werd gestructureerd door een zogenoemd processchema, gemaakt door Habiforum. In dit schema werd een drietal fasen onderscheiden – realisatie en beheer en onderhoud niet meegenomen.

1. Een publieke voorverkenning van urgenties, mogelijkheden en de (bestuurlijke) wil om problemen aan te pakken.
2. Een open verkenning, waarin meerdere belang hebbenden bij het proces betrokken werden, aanvullend onderzoek is gedaan en oplossings-strategieën zijn ontwikkeld.
3. Een planstudie ter voorbereiding van de realisatie, waarin het accent lag op de ontwikkeling van een gezamenlijk uitvoeringsplan en beheersperspectief (De Rooy et al., 2006).

Het processchema was meer dan een simpel onderscheid tussen fasen in een regionaal planvormingsproces. Het definieerde doelen, activiteiten en producten. Het processchema kan worden gezien als een van tevoren geschreven 'script' (Akkrich, 1992; De Laat, 2000). Een script definieert niet alleen de verschillende fasen in het proces en wanneer welke informatie en kennis moet worden gemobiliseerd, maar zegt ook iets over de *staging*: wat zijn binnen elke fase de spelregels, wie zijn de belangrijkste spelers en wat wordt van hen verwacht. Het geeft voor elke fase aan hoe gehandeld moet worden. De wijze waarop zo'n generiek processchema in de praktijk doorwerkt naar het niveau van het denken, handelen en het spreken wordt verwoord door de procesregisseur die vertelt over de manier waarop het processchema hielp het gebiedsproces te ordenen. 'Het processchema gaf

197

aan welke stappen we moesten doorlopen. Het vertelde ons dat we in de verkenningsfase niet langer moesten spreken over 26 mogelijkheden, maar dat we moesten toewerken naar vijf of zes strategieën.' Het processchema geeft dus aanwijzingen voor het type kennis en expertise dat per fase dient te worden gemobiliseerd en hoe daarover gecommuniceerd moet worden. In de voorverkenning ging het bijvoorbeeld om een brede inventarisatie van mogelijkheden. In de fase daarop dienden de 26 mogelijkheden te worden samengesmeed tot een handzaam aantal van vijf tot zes strategieën. Het processchema gaf daarmee heel concreet richting aan het denken, handelen en spreken.

In hoeverre bood het processchema een structuur voor het bij elkaar brengen en verankeren van kennis en verhalen? Uit het gebiedsproces in Ooijen-Wanssum blijkt dat het gehanteerde processchema aanleiding was voor de constructie van ankerpunten in drie dimensies: procedureel, materieel en symbolisch.

Procedureel. Met het processchema had de procesregisseur een instrument om complexe participatieve gebiedsprocessen te structureren. Hij zei hierover: 'Want anders blijf je praten en vergaderen, zeker in een gebied waar de opdracht en het gewenste eindresultaat niet helemaal duidelijk zijn. Je kunt je voorstellen dat dan hele mooie processen ontstaan, zonder begin en einde. Het schema kreeg een bepaalde autoriteit die ik gebruikte om op een gegeven moment te zeggen: nu moeten we gewoon kiezen, nee, we gaan geen verder onderzoek doen.'

Materieel. Naast de procedurele ankerpunten voorzag het processchema in een aantal materiële ankerpunten die de overgang van de ene naar de andere fase markeerde. Een voorbeeld hiervan was de verslaglegging van de belangrijkste bevindingen, overwegingen, voorkeuren, keuzen en besluiten. In deze rapporten werden verschillende kenniselementen en verhalen samengebracht en 'verpakt' als de opbrengst van de voorgaande periode. Het rapport

longer be discussing twenty-six possibilities, but winnowing the set down to five or six.'

In short, the process model gives instructions about the types of knowledge and expertise to be mobilized at each stage and the appropriate way of communicating about them. For instance, the preliminary investigation involved the identification of a broad range of possibilities. In the following stage, these twenty-six possibilities had to be merged into a more manageable number of strategies: five or six. This example makes it clear that the process model guided thought, speech, and action in a very tangible way.

To what extent did the process model provide a structure for bringing together and anchoring knowledge and stories? Looking at the area development process in Ooijen-Wanssum, we can see that the use of the chosen process model led to the construction of anchoring points in three dimensions: procedural, material, and symbolic.

The procedural dimension: The process model gave the process director a tool for organizing complex, participatory area processes. He commented, 'Otherwise you just keep on talking and meeting, especially in a domain where the task at hand and the desired end result are not entirely clear. As you might imagine, that can lead to some fairly astonishing processes, without any starting point or end point. The model had a kind of authority, which I used at certain points to say, 'Now we have to choose' or 'No, we need to do more research'.

The material dimension: The process model provided, not only procedural, but also a number of material anchoring points that marked the transition from one stage to another. A case in point was the method of reporting on the main conclusions, considerations, preferences, choices, and decisions. The reports combined a variety of knowledge elements and stories, 'packaged' as the accomplishments of the preceding period. The report *Gebiedsontwikkeling Oude Maasarm Ooijen-Wanssum* ('Area Development of the Old Maasarm in Ooijen-Wanssum'; Habiforum, 2006) was one such material anchoring point. It contained a historical analysis, a description of current and expected problems, and a list and evaluation of possible paths to a solution. The report describes the state of affairs at the time when it was written and marks the transition from the exploratory stage to the planning study stage. Public administrators and elected political representatives needed to use the report to make a well-founded, collective choice of one of the paths to a solution, which could then be worked out in greater detail in the planning study stage.

The symbolic dimension: The process model also includes symbolic anchoring points. For instance, it instructs public administrators and political representatives to mark each transition from one stage to another with a particular document: the first transition with an initial statement, the second with a letter of intent, and the third with a cooperative agreement. This publicly demonstrates their engagement with the project, gives politics a human face, and makes a symbolic connection between the regional process and the political sphere.

'Gebiedsontwikkeling Oude Maasarm Ooijen-Wanssum' (Habiforum, 2006) was zo'n materieel ankerpunt. Hierin stonden een historische analyse, een beschrijving van de huidige en verwachte problemen en een inventarisatie en beoordeling van mogelijke oplossingsrichtingen. Het rapport is een weergave van de stand van zaken op dat moment en markeerde de overgang van de verkenningsfase naar de planstudiefase. Bestuurders en volksvertegenwoordigers moesten het rapport gebruiken als basis voor een gemotiveerde en gedeelde keuze voor een van de oplossingsstrategieën die dan in de planstudiefase kon worden uitgewerkt. Symbolisch. Het processchema bevat tevens symbolische ankerpunten. Het schrijft bijvoorbeeld voor dat bestuurders en volksvertegenwoordigers de overgang van de ene naar de andere fase dienen te markeren met respectievelijk een startverklaring, intentieovereenkomst en samenwerkingsovereenkomst. Hiermee tonen zij publiekelijk hun betrokkenheid, krijgt de politiek een gezicht en wordt een (symbolische) verbinding gelegd tussen het regionale proces en het politieke domein.

Voorverkenning

- De of-vraag (vaak gesteld door publieke partijen)
- Nadruk op probleemstelling en verwachtingen voor de toekomst
- 6-12 maanden
  - ◼ Wat is nodig? (beleidsargumenten en urgenties)
  - ◼ Wat willen we? (ambities en ambassadeurs)
  - ◼ Wat kan? (condities en competenties)
  - ◼ Beslissers stellen kaders in relatie tot het initiatief

Verkenning

Startovereenkomst

- De wie-vraag (vaak gesteld door publieke partijen)
- De wat-vraag (door publieke en private partijen)
- Nadruk op oplossingsstrategieën en voorkeursstrategie
- 12-24 maanden
  - ◼ Haalbaarheid (beleid, effecten, acceptatie)
  - ◼ Betaalbaarheid (incidentele en structurele kosten en financieringsbronnen)
  - ◼ Duurzaamheid (ecologie, economie, sociaal-cultureel, ruimte voor volgende generaties)
  - ◼ Beslissers leiden voorkeursstrategie af en nemen hierover (politieke) besluiten

Planuitwerking

Intentieovereenkomst

- De hoe-vraag (vaak gesteld door ondernemende groep van publieke, private en particuliere partijen)
- Nadruk op uitwerking voorkeursstrategie en basis voor realisatie
- 24-36 maanden
  - ◼ Ontwerp (verbinden en verbeelden in ruimte en tijd)
  - ◼ Financiering (publiek, privaat, particulier)
  - ◼ Procedures (verplichtingen en wet- en regelgeving)
  - ◼ Beslissers nemen besluit over structuurvisies, masterplan, bestemmingsplan of inpassingsplan

Realisatie

Samenwerkingsovereenkomst*
Realisatieovereenkomst(en)*

Beheer en onderhoud

Beheerovereenkomst*

*Bij keuze voor concessiemodel gaat het om consessieovereenkomst

Het processchema dat Habiforum gebruikte in het praktijkvoorbeeld Ooijen-Wanssum.

Preliminary investigation

- Question of WHETHER OR NOT (generally considered by public parties)
- Emphasis on defining the problem underlying the initiative and the perspectives for the future
- 6-12 months
  - ■ What is necessary (policy arguments and urgent local needs)
  - ■ What is desirable (ambitions and ambassadors)
  - ■ What is possible (conditions and competencies)
  - ■ Decision-makers establish goal-oriented frameworks for the latest, enhanced version of the initiative.

Initial agreement

Exploration

- Question of WHO (generally considered by public parties, at least initially)
- Question of WHAT (generally considered by public and private parties)
- Emphasis on problem-solving strategies and a preferred strategy
- 12-24 months
  - ■ Feasibility (policy, effects, acceptance)
  - ■ Affordability (one-off and recurring costs and sources of funding)
  - ■ Sustainability (ecological, economic, social, cultural, and space for future generations)
  - ■ Decision-makers derive the preferred strategy from the process and make relevant political decisions

Letter of intent

Making a detailed plan

- Question of HOW (usually considered by an enterprising group of public and private parties)
- Emphasis on working out the details of the preferred strategy and establishing a basis for implementation
- 24-36 months
  - ■ Design (connection and conceptualization in space and time)
  - ■ Financing (public and/or private)
  - ■ Procedures (determining legal and regulatory requirements)
  - ■ Decision-makers settle on a strategic plan, a master plan, and/or a land-use plan

Cooperation agreement,
Implementation agreement(s)

Implementation

Management agreement

Management and maintenance

The process modal used by Habiforum in Ooijen-Wanssum.

Het rijpen van consensus in IJsseldelta Zuid
The emergence of consensus in IJsseldelta Zuid

Na de participatieronde kon een voorkeursalternatief gemaakt worden voor het tracé van de bypass in het project IJsseldelta Zuid. Dit voorkeursalternatief liet twee keuzes open: een korte, door sluizen gesloten bypass waarbij de bypass zou uitmonden in het zuidelijk gelegen Drontermeer en een lange, open bypass die uit zou monden in het noordelijk gelegen Vossemeer. Door de lange variant zou een continue stroming ontstaan van de IJssel door dc bypass naar het Vossemeer. Binnen de twee varianten waren enkele tussenvarianten mogelijk, zoals een half gesloten bypass, waarin de sluizen altijd een stukje open zouden staan zodat enige waterstroming mogelijk bleef. Voor alle varianten was onvoldoende duidelijk wat de technische mogelijkheden en milieuconsequenties waren. Dit moest verder onderzocht worden, zodat de partners een keuze konden maken.

De ingehuurde ontwerpers van het bureau H+N+S Landschapsarchitecten tekenden daarop beide varianten als een statische korte bypass en een dynamische lange bypass. Deze tekeningen fungeerden als ankerpunten in het proces. De procedurele waarde was dat ze gemaakte keuzen vastlegden en aantoonden welke keuzes in de aanloop naar het masterplan nog gemaakt moesten worden. De tekeningen hadden een sterke symbolische kant. De lange, open optie symboliseerde een dynamische bypass – wat stond voor stroming en nieuwe natuur. De korte, gesloten optie stond voor een statische bypass – met de symboliek van een kanaal.

Dit ankerpunt had een polariserende werking, omdat partijen tegenover elkaar werden geplaatst.

After the participation round, it was possible to draw up a preferred scenario for the route of the bypass in the IJsseldelta Zuid project. This preferred scenario left two options open: (1) a short bypass closed off by sluice gates, discharging into the Drontermeer, a lake to the south, and (2) a long, open bypass discharging into the Vossemeer to the north. In the longer variant, water would flow continuously through the bypass from the River IJssel to the Vossemeer. There were also a number of intermediate options, such as a half-closed bypass, in which the sluice gates would always be left at least slightly open so that some water could pass through. In every case, it was not sufficiently clear what was feasible in practice, and what the consequences would be for the environment. These issues required further study so that the partners in the project could take a decision.

The designers who were brought in from the Utrecht landscape architecture firm of H+N+S then drafted designs of both variants: a short, static bypass and a long, dynamic bypass. These designs served as anchoring points in the process. Their procedural value lay in the fact that they reinforced the choices already made and showed which choices still had to be made in order to arrive at a master plan. The drawings also had a strong symbolic dimension. The long, open option symbolized a dynamic bypass, which stood for free-flowing water and new nature. The short, closed option stood for a static bypass, with the symbolism of a canal.

The dynamic variant held the promise of a free-flowing, natural system and was appealing to public officials involved with environmental issues. The 'water officials', in contrast, preferred the static variant, which made it possible to control the water with sluice gates. Yet this same prospect was unattractive to their more ecologically oriented counterparts. In the end, the project group was unable to choose between the dynamic and static designs. One explanation for this polarization was that stakeholders were not involved in developing variants. The H+N+S designers had operated outside the process, drafting their designs in relative isolation.

After a breathing space, the planning process was resumed. This time, it did involve a collective anchoring moment. Two workshops took place, bringing together public officials, consultants, and stakeholder representatives from the focus group. The objective of these workshops was to explore how a positive scenario might look. The participants had a number of puzzle pieces to play with: a short or long bypass, an open or closed bypass, and low or high water levels. First, each task group gave a presentation about the pros and cons of all the options in their topic area. The representative of the water task group explained that a high water level would require high dykes, while an open and dynamic bypass would require a regulated inflow. The chair of the environmental task group described the ecological risks and opportunities presented by a long bypass, such as an increase in water vegetation in the adjoining lakes, and those presented by a short bypass, such as a reduction in suitable areas for nesting marsh birds. The economic planning task group showed which options would be most costly: sluice gates and dams accounted for thirty to forty percent of the costs. The chair of the spatial quality task group indicated the strategic options for the design of the bypass in connection with the new housing envisaged as part of the project: a large, unified new urban island or an archipelago.

After the presentations, the participants were divided into small groups, each composed of individuals from different public authorities and organizations. Each small group chose among the puzzle pieces and drew up a scenario, which it presented to the entire group and put

Het lukte dan ook niet om op dat moment een keuze te maken tussen de twee varianten. Het planproces werd na een adempauze hervat. Dit keer werd wel een gezamenlijk ankermoment gecreëerd. Tijdens twee workshops kwamen ambtenaren, adviseurs en belangenvertegenwoordigers uit de klankbordgroep bij elkaar. Het doel van de workshops was te verkennen wat een gewenst scenario zou kunnen zijn. Daartoe werden een aantal puzzelstukken aangereikt: een korte of lange bypass, een open of gesloten bypass, een laag of hoog waterpeil. Eerst hield elke taakgroep een presentatie over de voor- en nadelen van keuzes voor een bepaald vakgebied. De vertegenwoordiger van de taakgroep 'water' vertelde dat bij een hoog waterpeil hoge dijken nodig zouden zijn en bij een open en dynamische bypass een gereguleerde inlaat. De voorzitter van de taakgroep 'milieu' presenteerde de kansen en bedreigingen van de lange bypass – uitbreiding van de watervegetaties van de randmeren – en de korte bypass voor de natuur – beperkte mogelijkheden voor broedende moerasvogels. De taakgroep 'planeconomie' liet zien welke aspecten de grootste kosten met zich mee zouden brengen – sluizen en dammen bedragen dertig tot veertig procent van de kosten. De voorzitter van de taakgroep 'ruimtelijke kwaliteit' gaf aan welke strategische keuzen er lagen in het ontwerp van de bypass en de gewenste woningen – een samenhangende inrichting van een groot nieuw stadseiland of de ontwikkeling van een archipel. Na de presentaties werden de aanwezigen in kleinere groepen verdeeld. Hierbij werd gezorgd dat mensen van verschillende overheden en organisaties bij elkaar zaten. Iedere groep maakte keuzes uit de puzzelstukken en tekende een scenario. Dit scenario werd aan de hele groep gepresenteerd en opgehangen. Tot slot mocht elke aanwezige een sticker op het scenario van zijn voorkeur plakken. Het winnende scenario was een halfopen korte bypass met stormkering, lage dijken en een polderpeil zodat wonen op eilanden mogelijk werd. De workshop bleek als ankerpunt cruciaal om de consensus over het scenario te laten rijpen en te delen met alle betrokkenen. Het was een moment van gezamenlijk overleg en inperking van keuzevarianten. Wederom waren de drie dimensies duidelijk. De procedurele verankering was dat de workshops de eerste momenten waren waarop geprobeerd werd een scenario te maken. De materiële verankering waren de tekeningen met stickers. De symbolische verankering was dat na een aantal conflicten en een adempauze alle partners gezamenlijk werkten aan een uitkomst. Dit symbolische moment werd bekrachtigd doordat de workshops plaatsvonden in een party- en vergadercentrum met uitzicht op het Vossemeer. Symbolische verankering vond tevens plaats door de bekrachtiging van het moment door gezamenlijk stickers te plakken op het gewenste scenario.

on display. Finally, each participant placed a sticker on the scenario of his or her choice. The winning scenario was a short, half-open bypass with a storm surge barrier, low dykes, and a polder water level (that is, a low, artificially maintained level) that would make it possible to live on islands.

This workshop proved to be a crucial anchoring point, where all the parties involved all reached consensus on a single scenario. It was a moment of collective discussion and of narrowing down the options. Again, the three dimensions were clearly visible. Procedurally, the workshops were the first stage at which an attempt was made to draw up a scenario. The designs and stickers represented the material dimension. And in symbolic terms, after a number of conflicts and a breather, all the participants reunited to work towards a solution together. The symbolic value of the moment was all the greater because the workshops took place in a centre overlooking the Vossemeer. Symbolic anchoring also took place through the collective act of placing stickers on the preferred scenario, which underscored the moment of decision.

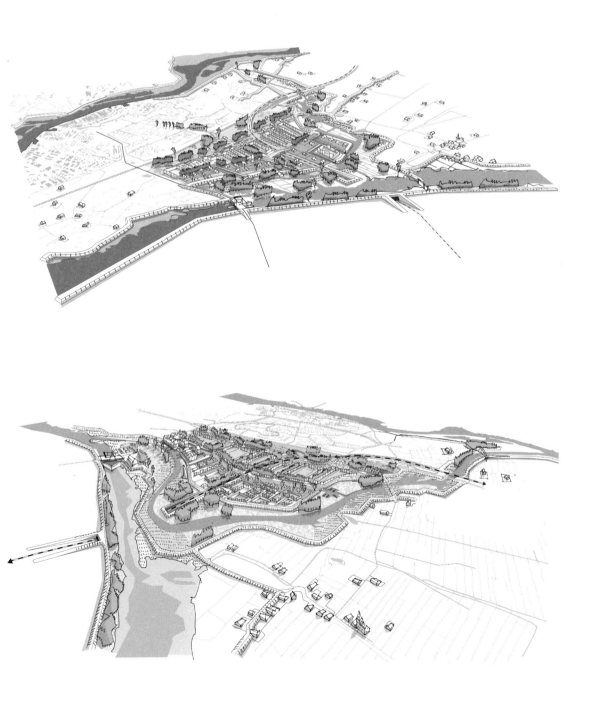

De 'korte statische' bypass (boven) en de 'lange dynamische' bypass.
The 'short, static' bypass (top) and the 'long, dynamic' bypass.

Het proces in Ooijen-Wanssum laat zien dat succesvolle ankermomenten drie dimensies hebben: procedureel, materieel en symbolisch. Procedureel betekent dus dat duidelijk is hoe een ankermoment zich verhoudt tot de rest van het beleidsproces. Het is belangrijk dat duidelijk is hoe het proces op dit punt gekomen is en hoe daarna verder wordt gegaan. Materieel betekent dat afspraken zijn vastgelegd in een document of tekening. Symbolisch tot slot betekent dat het ankerpunt voor verschillende partijen diverse betekenissen kan hebben. Zo kan een samenwerkingsovereenkomst een symbool zijn voor de goede relatie tussen bestuurders of de betrokkenheid van bestuurders bij het beleidsproces.

In de symbolische dimensie wordt het belang van de eerder genoemde dramaturgische aspecten duidelijk. Daarmee geldt voor planningsprocessen hetzelfde als voor toneel: je hebt goede en minder goede voorstellingen. Anders gezegd: de drie dimensies onderkennen is een ding, een goede beleidsdramaturgie in elkaar schroeven iets anders. Wie door een 'dramaturgische bril' naar de werkelijkheid van gebiedsontwikkeling kijkt, ziet tal van pogingen deze elementen te gebruiken. Meestal zijn deze pogingen niet gebaseerd op een analyse van en reflectie op dramaturgische dimensies en hun effecten op het beleidsproces.

De waarde van een workshop als in IJsseldelta Zuid is de koppeling tussen participatie en kennis. In het 'oude' klassiek-moderne model werkte de deskundige in een eigen taal en context aan de kennisinbreng voor beleid. Het hier gepresenteerde voorbeeld laat zien dat diezelfde deskundigen een wezenlijk andere invloed hadden afhankelijk van de manier waarop zij hun kennis inbrachten. De interactie met belanghebbenden leidde tot meer draagvlak en een betere plankwaliteit: uiteindelijk werd niet gekozen voor een statische of dynamische bypass, maar voor een halfopen bypass, zowel gereguleerd als met waterdynamiek. Deskundigheid en participa-

The process in Ooijen-Wanssum shows that successful anchoring moments have three dimensions: procedural, material, and symbolic. Procedurally, an anchoring moment should relate to the rest of the policymaking process in a clear way. It is important that it be readily apparent how the process reached this stage and how it will proceed further. Materially, commitments should be set out in a document or diagram. And finally, in symbolic terms, the anchoring point can have different meanings for different parties. For instance, a cooperative agreement can symbolize the good relationship between different public authorities or the engagement of the public authorities in the policymaking process.

In the symbolic dimension, the above-mentioned dramaturgical aspects come to the fore. In this respect, planning processes are like theatre: there are good performances, and disappointing ones. In other words, recognizing these three dimensions is one thing, and skilled political dramaturgy is another. If we look at the realities of area development through a dramaturgical lens, we see numerous attempts to make use of these elements. Usually, these attempts are not founded on analysis of and reflection on dramaturgical dimensions and their effects on the policymaking process.

The value of a workshop like the one in IJsseldelta Zuid lies in the link it forges between participation and knowledge. In the 'old' or 'modern traditional' model, experts contributed their knowledge to policymaking in their own jargon and their own context. The example presented here shows that these same experts can influence the process in a fundamentally different way, depending on how they put their knowledge to use. Interaction with stakeholders built support for the project and improved the quality of the plans; the ultimate scenario did not involve a static or dynamic bypass, but a half-open one, which involved elements of both regulation and free-flowing water. In short, expertise and participation are not a zero-sum game in which one party takes all and the other loses everything. Instead, they are mutually reinforcing.

The two anchoring moments in the case study of IJsseldelta Zuid show that even negative meanings in a policymaking process can be 'clicked into place'. Stakeholders did participate in the second anchoring moment (namely, the workshops). This brings us back to one of the central messages of this book: policymaking must be a collective process, shared with the whole range of stakeholders and knowledge holders. This not only creates democratic legitimacy but also leads to more robust policymaking. When an anchoring moment is not shared with all stakeholders, the road to implementation grows longer. Strong anchoring moments bring together the knowledge and stories of various stakeholders from diverse perspectives.

Furthermore, anchoring moments must be embedded in the institutional setting in which they take place. Spatial planning processes are not autonomous, but take place in a lively institutional setting involving many different government bodies and various legislative and regulatory regimes. Because spatial planning processes often consist of informal discussion between these bodies, there is a risk that they will unfold outside the scope of formal institutional and legislative authority.

Visibility

By linking the informal consultative process to formal decision-making channels, it is possible to embed spatial planning processes in government institutions and legislation. Anchoring moments can ensure that this linking and embedding take place, for instance by producing a preferred scenario for debate by the municipal or provincial council.

This brings us to the third characteristic of a strong anchoring point: a connection to political leaders, the public faces of area development. It is members of municipal and provincial executives, and the ministers at national level, who must take responsibility for the commitments made. They can only

tie zijn dus geen *zero sum game* – de een wint alles, de ander niet – maar versterken elkaar.

De twee ankermomenten in het praktijkvoorbeeld IJsseldelta Zuid laten zien dat ook negatieve betekenissen voor een beleidsproces kunnen worden 'vastgeklikt'. Bij het tweede ankerpunt, de workshops, waren de belanghebbenden wel aanwezig. Hiermee zijn we terug bij een belangrijke boodschap van dit boek: beleidsvorming moet gedeeld worden door verschillende belanghebbenden en kennisdragers. Dit zorgt niet alleen voor democratische legitimiteit, maar ook dat beleidsvorming bestendigd wordt. Wanneer een ankermoment niet gedeeld wordt met alle belanghebbenden wordt de weg naar uitvoering langer. Sterke ankermomenten brengen kennis en verhalen van verschillende belanghebbenden vanuit diverse perspectieven samen.

Ankermomenten moeten bovendien ingebed worden in de institutionele omgeving waarin ze plaatsvinden. Ruimtelijke planprocessen staan niet op zichzelf maar vinden plaats in een drukke institutionele omgeving van verschillende overheidinstanties en wet- en regelgeving. Omdat ruimtelijke planprocessen vaak bestaan uit informeel overleg tussen deze overheden ontstaat het gevaar dat het planproces zich onttrekt aan de formele institutionele en wetgevende macht.

Zichtbaarheid

Door verbindingen te leggen tussen het informele overlegproces en het formele circuit van besluitvorming kunnen ruimtelijke planprocessen ingebed worden in overheidsinstituties en wet- en regelgeving. Momenten van verankering kunnen ervoor zorgen dat verbinding en inbedding daadwerkelijk plaatsvindt, bijvoorbeeld door een voorkeursscenario op de agenda te plaatsen van gemeenteraad of Provinciale Staten.

Dit brengt ons bij een derde eigenschap van een sterk ankerpunt: aansluiting bij politieke leiders. Bestuurders zijn de gezichten van gebiedsontwikkeling. Het zijn de wethouders, gedeputeerden en ministers die verantwoording moeten afleggen voor gemaakte afspraken. Dit kunnen zij alleen doen wanneer ze betrokken zijn bij het proces. Juist ankerpunten zijn door politici te gebruiken in hun onderbouwing van keuzes naar de buitenwereld toe. Hiermee komen we bij het laatste belangrijke punt: de zichtbaarheid van een ankermoment. De kring van belanghebbenden en geïnteresseerden in ruimtelijke planning is vaak zo groot dat niet iedereen aan tafel zit. Daarom is de zichtbaarheid en openbaarheid van ankermomenten cruciaal. Dit betekent niet dat het hele planproces in de openbaarheid moet plaatsvinden – er moet ruimte zijn voor het gebruikelijke politieke spel van onderhandelen – maar wel dat ankermomenten de gelegenheden zijn om de transparantie en democratische legitimiteit te vergroten, bijvoorbeeld door gemaakte afspraken in een persbericht naar buiten te brengen. Juist het openbaar maken van tussentijdse ankermomenten kan het gevoel van transparantie en vertrouwen in het project vergroten.

Het praktijkvoorbeeld Ooijen-Wanssum laat ankermomenten zien die gedeeld zijn, institutioneel ingebed en zichtbaar en politieke aansluiting hebben.

do that if they are involved in the process. Anchoring moments are particularly useful to politicians who wish to justify their decisions to the outside world.

This leads us to the last major point: the visibility of anchoring moments. In spatial planning, the group of stakeholders and interested parties is often so large that not everyone has a place at the table. That makes it crucial for anchoring moments to be visible and public. This is not to say that the entire planning process should take place in public – there should be some scope for the usual dance of political negotiation. But anchoring moments do provide opportunities to increase transparency and democratic legitimacy, for instance through a press release announcing the commitments made. When interim anchoring moments like these are made public, there is often a stronger sense of transparency and public confidence in the project.

The case study of Ooijen-Wanssum illustrates anchoring moments that are shared with all the stakeholders, institutionally embedded, and connected to political leaders.

Het delen van ankermomenten
Sharing anchoring moments

To what extent did Habiforum's process model encourage the embedding of knowledge and stories in the planning process in Ooijen-Wanssum? The structure provided by the model was mainly relevant to the process director and, to a lesser extent, the project group. In contrast, local residents, farmers, landowners, and civil-society organizations made it clear in interviews that they felt fairly uninvolved in the planning process. Although the early stage had involved a large number of 'kitchen-table conversations', in which they were informed about the problems in their region and had an opportunity to express their concerns, their general sense in the period that followed was that they were not kept informed, that little had been done with their knowledge, and that public administrators and elected representatives had been absent from view throughout the process. As one interviewee memorably phrased this last point, 'No one ever came by from the municipality, or the water board, or the ministry. I have no idea what's going on, because no one ever comes by to tell me.'

Despite the ambitions and efforts of the process director and the central role of the process model, the knowledge and input of the inhabitants of the region were insufficiently anchored in the process. This is because the acquisition and application of knowledge took place along parallel tracks – consultation with local residents, with public authorities, and with external consultants – and the external process director was the only knowledge broker, the only one selecting, evaluation, and communicating knowledge between these tracks (see chapter 1).

But why was it the inhabitants of the region, above all, who felt excluded from the proc-

In hoeverre gaf het processchema van Habiforum aanleiding tot de verankering van kennis en verhalen in het planvormingsproces van Ooijen-Wanssum? Het bleek dat het schema vooral structuur en houvast bood aan de procesregisseur en, in tweede instantie, de projectgroep. Daartegenover gaven bewoners, boeren, grondeigenaren en maatschappelijke organisaties tijdens interviews aan geen of weinig aansluiting te hebben met het planvormingsproces. Hoewel zij in de beginfase tijdens diverse keukentafelgesprekken waren geïnformeerd over de problemen in hun regio en zij de ruimte hadden hun zorgen, wensen en ideeën te ventileren, domineerde in de periode daarna het gevoel dat zij niet op de hoogte zijn gehouden, dat weinig met hun kennis was gedaan en dat bestuurders en volksvertegenwoordigers gedurende het proces afwezig waren. Dit laatste werd door een geïnterviewde treffend verwoord: 'Er is nog nooit iemand van de gemeente langs geweest, nooit iemand van het waterschap, nooit iemand van het rijk. Ik weet dus niks, want er komt niemand langs.'

Ondanks de ambities en inspanningen van de procesregisseur en de centrale rol van het processchema bleken de kennis en inbreng van de mensen uit de regio onvoldoende verankerd. De verwerving en toepassing van kennis vond plaats op naast elkaar bestaande kennissporen – van bewoners, van overheden, van externe adviseurs – met de externe procesregisseur als de enige makelaar die kennis selecteerde, waardeerde en over en weer communiceerde – zie hoofdstuk 1. Gedurende het planvormingsproces was dus zeer beperkt sprake van directe kennisuitwisseling tussen de verschillende sporen waardoor verankering van kennis en verhalen zich grotendeels buiten het zicht van de verschillende betrokkenen voltrok. Waarom waren het dan juist de mensen in de regio die geen aansluiting konden vinden? Snel na de keukentafelgesprekken verschoof het accent naar het bijeenbrengen, afstemmen en verankeren van enkel institutionele belangen. Een belangrijke factor daarbij was de verschuiving in de probleemdefinitie: van een waterprobleem werd het project Ooijen-Wanssum een ruimtelijk probleem. Het planproces is sindsdien vooral een zoektocht naar manieren om ambities met betrekking tot woningbouw, delfstofwinning, toerisme en recreatie en infrastructuur te verankeren. En dit zijn juist de ambities van overheden en marktpartijen. De belangen van bewoners, grondeigenaren en boeren verschoven naar de periferie en het werd steeds onduidelijker hoe hun inbreng zich verhield tot de bijdragen van overheden en marktpartijen. Toch werd de gekozen voorkeursvariant uiteindelijk naar buiten toe gepresenteerd als het resultaat van een lang en grondig consultatietraject, waarin zowel bewoners, boeren, grondeigenaren en maatschappelijke organisaties als overheids- en marktpartijen geraadpleegd zijn.

ess? Soon after the kitchen-table conversations, the emphasis shifted to the collection, harmonization, and anchoring of a number of institutional interests. One major development at this stage was a shift in the problem definition: rather than a water management issue, the Ooijen-Wanssum project became a spatial planning issue. From that point onward, the planning process was mainly a search for ways of anchoring ambitions related to housing, mineral extraction, tourism, recreation, and infrastructure, the ambitions of public authorities and organizations in the private sector. The interests of residents, landowners, and farmers were marginalized, and their input was gradually drowned out by contributions from public authorities and commercial organizations. Nevertheless, the preferred scenario was ultimately presented to the public as the result of a long, thorough consultation process involving not only public authorities and commercial organizations, but also local residents, farmers, landowners, and civil-society organizations.

This case study shows that anchoring moments are not sufficient in themselves, but have to be shared with all interested parties. In the Ooijen-Wanssum planning process, major anchoring moments and their outcomes were hardly shared with local residents, landowners, and farmers, and as a result these parties were effectively excluded from the process. The example also shows the importance of visible institutional embedding and connections with political leaders. Because it was unclear how the results of the participatory process were to be validated by democratic institutions, and because the process itself lacked political visibility, people in the region had the feeling that their involvement early in the process was no more than a formality.

Dramaturgical aspects play a decisive role in the dynamics of policymaking processes. It is therefore important to be mindful of the material components of that process (Gomart & Hajer, 2005; Latour, 2005) – of 'things' such as maps and designs, which can serve as vehicles for tying together various knowledge elements, stories, meanings, and interests. This is the reason that such 'things' play a central role in anchoring moments and can form the links between such moments. In the sociological subfield of science and technology studies, they are known as boundary objects (Star & Griesemer, 1989), because they can either blur or sharpen the boundaries between discourses (Bijker, Bal & Hendriks, 2002; Van 't Klooster, 2008; Metze, 2008). Boundary objects provide an infrastructure for boundary-crossing, for cooperation between people with different backgrounds and interests.

The two essays at the end of the chapter discuss cases in which policy instruments functioned as boundary objects. The instruments in question are the sustainability assessment (*duurzaamheidsbalans*) and the planning EIA (*plan-MER*), a type of environmental impact assessment. These boundary objects helped to create and connect a

Het praktijkvoorbeeld laat zien dat ankermomenten alleen niet voldoende zijn, maar dat het delen van dergelijke momenten met alle belanghebbenden minstens zo belangrijk is. In het planproces van Ooijen-Wanssum werden belangrijke ankermomenten en de uitkomsten daarvan in zeer beperkte mate gedeeld met bewoners, grondeigenaren en boeren, waardoor zij de aansluiting met het proces misliepen. Het voorbeeld laat verder het belang zien van een zichtbare institutionele inbedding en politieke aansluiting. Onduidelijkheid over hoe uitkomsten van het participatieve proces via democratische instituties moeten worden geborgd en het ontbreken van politieke zichtbaarheid tijdens het proces leidden ertoe dat mensen in de regio het gevoel hadden dat hun betrokkenheid aan het begin bij het proces slechts een formaliteit was.

Dramaturgische aspecten zijn bepalend voor de dynamiek in beleidsprocessen. Dit vraagt om aandacht voor materiële 'dingen' in het beleidsproces (Gomart & Hajer, 2005; Latour, 2005), zoals kaarten en ontwerpen. Deze kunnen voertuigen zijn voor het verknopen van verschillende kenniselementen, verhalen, betekenissen en belangen. Ze spelen daarom een centrale rol in ankermomenten en kunnen het verbindingsstuk vormen tussen die momenten. In *Science & Technology Studies* worden deze 'dingen' grensobjecten genoemd (Star & Griesemer, 1989), omdat ze grenzen tussen verschillende discoursen vervagen of juist verscherpen (Bijker, Bal & Hendriks, 2002; Van 't Klooster, 2008; Metze, 2008). Grensobjecten bieden een infrastructuur waardoor grensverkeer plaatsvindt en samenwerking mogelijk wordt tussen mensen met verschillende achtergronden en belangen.

De twee essays aan het eind van dit hoofdstuk laten voorbeelden zien van beleidsinstrumenten die als grensobjecten werken: de duurzaamheidbalans en de Plan-mer, een type milieueffectrapportage. Het zijn grensobjecten die helpen bij het creëren en verbinden van meerdere ankerpunten in beleidsprocessen.

De Tilburgse hoogleraar vrijetijdswetenschappen Hans Mommaas beschrijft in zijn essay de rol van de duurzaamheidsbalans. Dit instrument wordt door de provincie Noord-Brabant ingezet om duurzaamheidsambities in initiatieven te monitoren. Mommaas beschrijft hoe dit instrument een structuur biedt voor het verknopen en daarmee zichtbaar, hanteerbaar en bespreekbaar maken van een grote hoeveelheid aan voorheen versnipperde kennis. De duurzaamheidsbalans is tevens een discussiemedium voor verschillende stakeholders. De hoogleraar beschrijft hoe via het instrument nieuwe coalities worden gevormd, waardoor verschillende inzichten en afwegingen zich niet alleen tot elkaar, maar ook tot het besluitvormingsproces verhouden.

Marianne Kuijpers-Linde, directeur van Geodan Next, beschrijft de verankering van kennis in de totstandkoming van provinciale structuurvisies en de centrale rol van de zogenaamde Plan-mer, een procedureel instrument voor de beoordeling van plannen en programma's ter voorbereiding van belangrijke ruimtelijke beslissingen. Het instrument is gericht op het expliciet en vroegtijdig betrekken van mogelijke milieueffecten. De Plan-mer is volgens Kuijpers-Linde het instrument om kennis te mobiliseren en te organiseren. Zij laat ook zien dat dit in de praktijk lang niet altijd goed verloopt, omdat de dynamiek achter en spelregels van onderzoek vaak niet overeenkomen met beleid.

Verhalen zijn een voertuig voor visie en het scheppen van vergezichten in de ruimtelijke planning. Maar verhalen blijven te vaak zweven. Wanneer we kijken naar gebiedsontwikkeling zien we hoe effectieve planvorming kan worden begrepen door de politieke en bestuurlijke verankering van sterke verhalen. Ankerpunten zijn die momenten waarop kennis, verhalen, betekenissen en politieke kracht worden 'vastgeklikt'.

Legitieme ankerpunten ontstaan door een combinatie van factoren. Ze zorgen voor procedurele, materiele en symbolische verankering, ze worden gedeeld

number of anchoring moments in policy processes.

In his essay, Hans Mommaas, professor of leisure studies at Tilburg University, describes the role of the sustainability assessment, an instrument is used by the province of North Brabant to monitor the sustainability objectives of public initiatives. He describes how this instrument provides a structure for tying together large amounts of previously fragmented knowledge, thus making it visible, manageable, and open to discussion. The sustainability assessment also facilitates discussion between different stakeholders. Professor Mommaas describes how this instrument can play a role in the formation of new coalitions, so that a variety of insights and considerations are brought into connection not only with each other, but with the decision-making process as a whole.

Marianne Kuijpers-Linde, the director of Geodan Next, describes how knowledge is anchored in the development process for the provincial strategic plans known as structural visions (*structuurvisies*) and discusses the central role of the planning EIA, a procedural instrument for assessing plans and programmes prior to major spatial planning decisions. The planning EIA is designed to make potential environmental impact an explicit part of the discussion at an early stage. Kuijpers-Linde argues that it is the appropriate instrument for mobilizing and organizing knowledge. At the same time, she shows that its use is frequently problematic in practice, because the dynamics and ground rules that govern research often differ from those at play in policymaking.

Stories are a vehicle for vision and the creation of broader perspectives in spatial planning. But all too often, they remain divorced from reality. Looking at area development, we can see how to analyze effective planning in terms of the political and governmental anchoring of strong stories. Anchoring points are the moments at which knowledge, stories, meanings, and political authority are 'clicked into place'.

Legitimate anchoring points are the product of a combination of factors. They provide procedural, material, and symbolic anchoring; they are shared with interested parties; they are embedded in the institutional environment; they are connected to political leaders at different levels of government; they are visible and transparent; and they are based on the use of boundary objects that help different parties to find common ground, as well as of anchoring moments that forge links between the participants.

Everyone involved in planning has felt the power of strong stories at one time or another. When we become more mindful of the dramaturgical aspects of the policymaking process, we can harness that power to develop a democratic mode of network governance.

met belanghebbenden, ze zijn ingebed in de institutionele omgeving, ze hebben aansluiting bij politieke gezagsdragers op verschillende schaalniveaus, ze zijn zichtbaar en transparant en ze berusten op de inzet van grensobjecten die helpen partijen bij elkaar te brengen en ankerpunten te verbinden.

Iedereen die actief is in de planvorming heeft wel eens de kracht van sterke verhalen gevoeld. Door meer aandacht voor de dramaturgische aspecten van het beleidsproces wordt het mogelijk die kracht in te zetten voor de ontwikkeling van een democratisch netwerkbestuur.

Procesbegeleider. Process coordinator.

PlanMER en verankering van kennis in provinciale structuurvisies

The planning EIA and anchoring knowledge in provincial strategic plans

Marianne Kuijpers-Linde

In het ruimtelijk beleid komt de provincie als gebiedsregisseur een cruciale rol toe. De provincie stelt provinciale structuurvisies op die het kader vormen voor de bestuurlijke omgang met andere partijen die betrokken zijn bij de ruimtelijke inrichting. Voor het maken van een visie is veel kennis nodig. Kennis over huidige knelpunten in het ruimtegebruik, over ruimtelijke samenhang, over de ruimtelijke consequenties van mogelijke maatschappelijke ontwikkelingen en de daaruit voortvloeiende ruimtelijke vraagstukken. Kennis die moet worden verzameld, geordend, gedeeld in het beleidsproces en moet worden geactualiseerd.

Wat mij opvalt is dat de kennishuishouding voor regionale ruimtelijke visievorming nog niet goed is ingericht voor de nieuwe taakverdeling in de praktijk van ruimtelijke ordening. Dit kan leiden tot vertraging in beleidsontwikkeling: bij het maken van

As area managers, the provinces play a crucial role in spatial planning policy. Each province develops a strategic plan known as a *structuurvisie* ('structural vision') for the region in order to provide a framework for interaction between public officials and other parties involved in spatial planning activities. A great deal of knowledge is needed to develop the strategic plan: knowledge about current land-use trouble spots, about spatial coherence, and about how potential social developments are likely to affect land use and the ensuing spatial planning questions. All this knowledge must be collated, structured, shared in the policy process, and kept up to date.

The knowledge management system for developing the regional strategic plan is not structured to meet the challenges posed by the new distribution of tasks in planning practice. This leads to delays in policy development: while the strategic plan is in development, new insights emerge constantly, so the planning challenge may appear to be fluid and discussions will tend to be repeated. This can also obscure the obstacles and opportunities that will impact implementation of the strategic plan. As a result, it may be too far removed from reality and consequently of little value. This is unfortunate because of the tremendous cost to government and society. It is also frustrating for researchers and policymakers to see so much knowledge go unused.

Policy-supporting research in regional planning processes could be organized and anchored more effectively and thus reduce costs significantly. Spatial planning law already provides instruments that are very useful for transferring knowledge to the regions, so there is no need for major change. These instruments, the environmental impact assessment for planning (the planning EIA) and digital plan sharing,[1] provide multiple opportunities for solidifying the foundations that underpin the province's strategic plan, plan development, and realization, and for increasing cohesion between these processes and reducing bureaucracy. This essay describes how knowledge is mobilized in the context of strategic plan development and where the obstacles lie. Two case studies are presented to illustrate the process and answer the question: how can the provinces improve their approach? We have focused primarily on the way in which each instrument is used today.

The planning EIA and digital sharing
How does the planning EIA contribute knowledge to the strategic-plan development process and how is digital data sharing used? The planning EIA runs parallel to the process as a whole, from day 1 to the final decision, and underpins the choices that are made. For this reason, it is the ideal instrument for structuring knowledge during the policy process. The planning EIA comprises a number of steps that are laid down in a

een visie komen steeds nieuwe inzichten boven tafel, waardoor er geen stabiel beeld ontstaat over opgaven, en discussies herhaald worden. Of het wordt onvoldoende duidelijk waar de knelpunten en kansen in de uitvoering van de visie zitten, waardoor men een visie maakt met een geringe realiteitswaarde. Zonde, want dit kost de overheid en de samenleving een hoop geld. Daarbij is het frustrerend voor onderzoekers en beleidsmakers: er is zoveel kennis die niet gebruikt wordt. Beleidsondersteunend onderzoek in regionale planprocessen is beter te organiseren en te verankeren waardoor een hoop geld te besparen is. Bestaande wettelijke instrumenten bieden goede handvatten voor de verplaatsing van kennis naar de regio. Er hoeft dus helemaal niet zoveel te veranderen: het doorlopen van een PlanMER en de digitale uitwisseling van plannen[1] geven veel kansen om de onderbouwing en de samenhang tussen ruimtelijke visies, planontwikkeling en planrealisaties te versterken en de bestuurlijke drukte wat te remmen. In dit essay gaan we in op de wijze waarop kennismobilisatie rond structuurvisies plaatsvindt en welke knelpunten optreden. Dit illustreren we aan de hand van twee voorbeelden. Op basis van deze ervaringen beantwoorden we vervolgens de vraag: hoe kan het beter? Hierbij kijken we vooral naar de wijze waarop beide handvatten nu worden gebruikt.

PlanMER en digitale uitwisseling
Hoe gebeurt kennisinbreng via een strategische milieubeoordeling – PlanMER – bij het ontwikkelen van een structuurvisie en hoe wordt gebruikgemaakt van digitale uitwisseling van gegevens? De PlanMER loopt parallel aan het gehele proces: van de start tot de vaststelling en legt de argumenten voor de gemaakte keuzes vast. Het is daarmee volgens mij bij uitstek het instrument om tijdens het beleidsproces kennis te ordenen. De PlanMER bestaat uit een aantal stappen die in een handreiking is vastgelegd. Het aankondigen van een

nieuwe structuurvisie gebeurt gelijktijdig met het aankondigen van de PlanMER. Het bestuur dat de structuurvisie maakt is verantwoordelijk voor de PlanMER. De inhoud van de PlanMER wordt in een notitie 'Reikwijdte en detailniveau' vastgelegd. Iedereen kan hierop reageren en een deskundige 'Commissie voor de mer' geeft advies over het op te stellen milieurapport. Hiermee wordt de kennisontwikkeling onderdeel van het democratisch planproces. Tegelijkertijd met het ontwerp van de structuurvisie wordt het concept van het PlanMER gepubliceerd en is er mogelijkheid tot reageren. Als het goed is biedt een PlanMER betrokken partijen informatie over de mogelijke effecten van een visie voor collectieve waarden zoals het milieu en natuur. De Commissie voor de mer geeft advies op het concept en dit advies wordt meegenomen in de besluitvorming. De PlanMER adviseert ook over monitoren van beleid en welke kennis ontbrak bij het beoordelen van de visie.

Per 1 januari 2010 zijn provincies verplicht om de ruimtelijke verbeelding van hun visie via het internet voor iedereen beschikbaar te stellen in een gestandaardiseerd formaat. Omdat straks alle plannen digitaal beschikbaar zijn, zijn de kaartbeelden gemakkelijk te vergelijken door ze te combineren. Zo is snel duidelijk waar verschillen bestaan in de ambities tussen verschillende partijen.

Wat zijn de belangrijkste knelpunten in de kennismobilisatie bij visieontwikkeling? Kennisinbreng bij visieontwikkeling verloopt om de volgende redenen moeizaam:
- de regionale kennishuishouding is niet op orde;
- de samenwerking tussen onderzoekers, ontwerpers en beleidsmedewerkers is vaak onvoldoende;
- de formele kaders voor kennisinbreng zijn verouderd.

Knelpunt 1: de regionale kennishuishouding voor ruimtelijke plannen is niet op orde

Provincies hebben net zoals veel andere organi-

manual. When the development of a new strategic plan is announced, the planning EIA is announced concurrently. The administrative authority developing the new strategy is responsible for the planning EIA. A document setting out the scope and level of detail of the substance of the planning EIA report is made available for comment. Anyone can respond and an EIA expert committee issues recommendations for drafting the report. In this way, knowledge development is integrated into the democratic planning process. While the standpoints of the new strategy are being designed, a draft version of the planning EIA report is published and made available for comment. A sound planning EIA offers stakeholders information about the potential effects of the official standpoints on public goods such as the environment, habitats, and flora and fauna. The EIA committee reviews the draft version of the strategic plan and makes recommendations, which are then incorporated into the decision-making process. The planning EIA report also makes recommendations for policy monitoring and identifies the information that was lacking when the standpoints were assessed.

As of 1 January 2010 the provinces are required to publicize visual representations of their strategic plans on the internet in a standardized format. Soon all plans will be available electronically, making it easy to combine and compare map images and identify differences between the ambitions of the various parties.

What are the main obstacles impeding the mobilization of knowledge in the process of developing the standpoints that comprise the strategic plan? Knowledge input is difficult when:
- knowledge management at regional level is poorly structured;
- there is too little collaboration between researchers, design professionals, and policy officers; and
- the formal frameworks for contributing knowledge are antiquated.

Obstacle 1: poorly structured regional knowledge management for spatial planning

Like many other organizations, the provinces have made considerable investments in the digitization of their knowledge management systems. Knowledge management is primarily sector oriented, and most provinces lack an effective spatial approach. The sectoral perspective also dominates the strategic-plan development process. Building-block reports usually describe the spatial challenges for each sector separately; a report analyzing the overall spatial planning situation is a rarity. It is difficult, for example, to find information incorporating both the nature-related and water-related tasks in a particular area because people tend to think in terms of policy dossiers rather than spatial planning challenges and the maps that illustrate them. You have to search for information about the spatial effects of water and nature tasks separately. There are often several maps for the province and it is not immediately apparent which you should use to produce a representation of the spatial-planning challenges.

The process of digitization appears to be more advanced in sectoral policy than in spatial policy. For example, in the Netherlands environmental policy and nature policy are underpinned by effective knowledge chains, such as the emissions registry, detailed national air-quality databases, and a database on protected species and habitats in Natura 2000 areas. This is not a controversial matter. A similar knowledge base for spatial plans has been in development for years. The main barrier is the complexity inherent in making spatial plans available in digital form: the difficulty lies in the need to agree on a uniform legend system. In addition, there is a wide array of data sources, and the data have legal significance for society.

In the Netherlands, knowledge development primarily takes place at national level. There are national research institutes for the environment, water, agriculture, and transport,

saties geïnvesteerd in digitalisering van de kennishuishouding. Deze is vooral sectoraal georiënteerd en een goede ruimtelijke ingang ontbreekt bij de meeste provincies. Ook tijdens het visievormend proces domineert de sectorale invalshoek: bouwstenenrapporten beschrijven de ruimtelijke opgaven per sector. Een bouwsteen waarin de ruimtelijke samenhang wordt geanalyseerd ontbreekt meestal. Wanneer je bijvoorbeeld snel wilt weten wat de ruimtelijke samenhang is tussen de natuuropgaven en de wateropgaven in een bepaald gebied, blijkt het lastig deze informatie op tafel te krijgen. Men denkt in beleidsdossiers en niet in ruimtelijke opgaven en bijbehorende kaartbeelden. Je moet eerst informatie verzamelen over de ruimtelijke uitwerking van de wateropgaven en vervolgens informatie verzamelen over de ruimtelijke uitwerking van de natuuropgaven. Mijn ervaring is dat er meestal meerdere kaarten binnen de provincie beschikbaar zijn en dat niet op voorhand duidelijk is welke kaart je moet gebruiken voor het in beeld brengen van de ruimtelijke opgaven.

Daarnaast constateren we dat digitalisering in sectoraal beleid voorloopt op de digitalisering van het ruimtelijk beleid. We beschikken in Nederland bijvoorbeeld voor de onderbouwing van het milieubeleid en natuurbeleid, over goedlopende kennisketens zoals de emissieregistratie, landelijke databases met gedetailleerde gegevens over luchtkwaliteit en de database met gegevens over de te beschermen natuur in Natura 2000-gebieden. Hierover bestaat geen discussie. Voor ruimtelijke plannen is een dergelijke kennisbasis al jaren in ontwikkeling. Dit heeft alles te maken met de complexiteit van het digitaal beschikbaar stellen van ruimtelijke plannen: het gaat om het maken van afspraken over de te hanteren legenda's. Daarnaast gaat het om heel veel verschillende gegevensbronnen en deze gegevens hebben een juridische betekenis voor de samenleving.

Kennisontwikkeling vindt in Nederland vooral op

nationaal niveau plaats. Er zijn in Nederland rijksin-
stituten voor onderzoek op het gebied van milieu,
water, landbouw, verkeer en vervoer; planbureaus
en adviesraden die beleid evalueren en monitoren.
En dan zijn er ook nog onderzoeksagenda's voor-
zien van onderzoeksbudgetten waarmee onderzoekers bij universiteiten en adviesbureaus aan de slag
gaan. Regio's hebben nauwelijks een rol in de sturing van het onderzoek. Zij worden vooral betrokken
bij het uitvoeren van onderzoek. Door het grote aantal gebiedsateliers georganiseerd vanuit nationale
onderzoeksprogramma's, is het voor gemeenten
zo langzamerhand niet meer duidelijk wanneer een
gebiedsatelier relevant is voor beleidsontwikkeling
en wanneer het gaat om kennisontwikkeling.

Knelpunt 2: afgesproken beoordelingsprocedu-
res sluiten niet aan bij het grillige verloop van
besluitvorming

Een tweede reden waarom de kennisinbreng bij
regionale visievorming niet goed loopt, hangt samen
met de geringe interactie tussen onderzoekers
en de mensen die de structuurvisie schrijven. Zo
hebben we een projectleider van een structuurvisie
horen zeggen dat hij de PlanMER nooit gelezen
heeft. In de ogen van beleidsmedewerkers is de
uitvoering van een PlanMER een verplicht nummer
en niet een permanente dialoog.
De kennisinbreng bij visievorming is erg geformali-
seerd en sluit niet aan op de ontwikkelingsgerichte
aanpak in de planpraktijk van vandaag. De formele
werkwijze bij het beoordelen van visies is een
reactie op knelpunten in de vroegere planpraktijk.
De inbreng van milieukennis bij visievorming
bijvoorbeeld is via de milieueffectrapportage
(mer) georganiseerd. Omdat in het verleden in de
ruimtelijke ordening sprake was van onvoldoende
aandacht voor milieuonderwerpen, is een formele
procedure ontwikkeld om de kennisinbreng te
organiseren. Vanuit het waterspoor is om dezelfde
reden, naast de mer, een watertoets ontwikkeld.

and planning agencies and advisory boards
that assess and monitor policy. There are
also research agendas and research budgets
that fund the work of university researchers
and consulting firms. The regions play no
significant role in steering the research;
they are primarily involved in the execution.
Due to the large number of area workshops
(*gebiedsateliers*) ensuing from national research programmes, it is becoming more and
more difficult for municipalities to determine
whether the focus of a given area workshop
is policy development or knowledge development.

Obstacle 2: assessment procedures in-
compatible with variable decision-making
processes

The second reason why knowledge input
falls short is the lack of interaction between
researchers and the people developing the
strategic plan. We once heard a project
leader say that he had not read the planning
EIA report. Policy officers see the planning
EIA as an inescapable chore rather than a
permanent dialogue.
   Knowledge input during this process
is highly standardized and incompatible
with the development-oriented approach
that characterizes contemporary planning
practice. The formal method of assessing
official standpoints was instituted as a result
of problems in the past. For example, the
environmental knowledge used to develop a
strategic plan comes from the environmental
impact assessment (EIA) process. Because
environmental issues were given too little
consideration in spatial planning in the past, a
formal procedure was established to organize
the knowledge input. For the same reason,
a water assessment process was instituted
to supplement the EIA for water-related
planning. The social cost-benefit analysis was
introduced to identify the costs and benefits
of spatial investments. These mandatory
procedures are usually contracted out, but
that is an outdated approach. There is a very
strong connection between environmental

policy and spatial planning policy. The environment is given high priority when a strategic plan is in development, if only to avoid incompatibilities with statutory policy rules in a subsequent phase.

Examples

In recent years, the provinces of Overijssel and South Holland have conducted planning EIAs for their strategic plans (the *Omgevingsvisie Overijssel* and the *Provinciale Structuurvisie Zuid-Holland,* respectively). In both cases, the provinces used the planning EIA process to mobilize as much knowledge as they could on sustainability. The project leaders in charge of developing the provinces' official standpoints invested in the knowledge base.

Omgevingsvisie Overijssel [2]

The province of Overijssel developed its strategic plan (*Omgevingsvisie Overijssel*) in three phases. The first phase – the definition round – involved setting the policy agenda and formulating research questions on the basis of that agenda. These questions were articulated in explicit terms. In this phase, the groundwork was laid for the assessment framework, which would serve as a bridge between policy and knowledge. As part of the project, experts assisted in the development of two 'lenses': one for sustainable development and one for spatial quality. Subsequently, the EIA project was launched. The policy agenda also served as the initial document laying out the scope and level of detail for the planning EIA (*notitie Reikwijdte en detailniveau planMER*). This is a useful step: it ensures that the researchers and the policy officers apply the same task definition.

In the second phase – the enrichment round – policy choices were worked out for the primary themes through close consultations with municipalities and other parties. At the same time, the questions from the first phase were answered. In this phase, residents were consulted and the designers literally mapped out the spatial quality

Om de kosten en baten van ruimtelijke investeringen in beeld te brengen, is de maatschappelijke kosten-batenanalyse uitgewerkt. Deze verplichte nummers worden meestal uitbesteed, maar eigenlijk is dat achterhaald. Het milieubeleid en het ruimtelijk beleid zijn zeer sterk verbonden. In ruimtelijke visies krijgt milieu veel aandacht, al was het maar om te voorkomen dat men in een volgende fase hard tegen wettelijke beleidsregels aanloopt.

Voorbeelden

In de afgelopen jaren is de PlanMER voor de Omgevingsvisie Overijssel opgesteld en de PlanMER voor de Provinciale Structuurvisie Zuid-Holland. In beide trajecten is geprobeerd zoveel mogelijk kennis over duurzaamheid te mobiliseren via het opstellen van een PlanMER. De projectleiders van beide structuurvisies investeerden in de kennisbasis.

Omgevingsvisie Overijssel[2]

Het opstellen van de Omgevingsvisie Overijssel heeft in drie fasen plaatsgevonden. In de eerste fase – ronde van inzet – is de beleidsagenda bepaald en zijn aan de hand van de beleidsagenda onderzoeksvragen geformuleerd. De vraagarticulatie was hier expliciet. In deze eerste fase is gestart met het nadenken over een beoordelingskader: de brug tussen beleid en kennis. Samen met deskundigen zijn twee 'brillenglazen' – een voor duurzame ontwikkeling en een voor ruimtelijke kwaliteit – uitgewerkt als onderdeel van het project. Vervolgens is het mer-project gestart. De beleidsagenda is tevens het startdocument voor de PlanMER, de notitie 'Reikwijdte en detailniveau'. Een handige zet: zo zorg je dat de onderzoekers en de beleidsmedewerkers gebruikmaken van dezelfde opdrachtformulering.

In de tweede fase – ronde van verrijking – zijn voor de voornaamste thema's beleidskeuzes uitgewerkt via intensief overleg met gemeenten en andere partijen. Parallel aan dit overleg zijn de vragen uit de eerste fase beantwoord. In deze fase heeft een burgerraadpleging plaatsgevonden en is door ontwerpers de ruimtelijke kwaliteit van Overijssel letterlijk op de kaart gezet via de lagenbenadering. De resultaten van het overleg en de beantwoording van de onderzoeksvragen uit de agenda zijn vastgelegd in een notitie Bouwstenen. Deze bevat een eerste verkenning voor beleidsvernieuwende thema's en bevat belangrijke informatie over ruimtelijke ontwikkelingen per sector. De ruimtelijke dilemma's kwamen veel minder aan bod.

In de derde fase – ronde van *commitment* – is toegewerkt naar overeenstemming over beleid en is het conceptontwerp Omgevingsvisie gemaakt. In deze fase is de PlanMER opgesteld. De daarin beschreven beoordeling is in nauwe samenwerking met het projectteam van de omgevingsvisie uitgevoerd. De PlanMER is aanleiding geweest voor het opstarten van aanvullend onderzoek voor verkeer en heeft uiteindelijk doorgewerkt in de uitvoeringsstrategie. Zo is een programma voor geluidsoverlast in de stedelijke gebieden gestart. Ook werd duidelijk dat sommige problemen niet op te lossen zijn. Zoals de reductie van de ammoniakdeposities in kwetsbare natuurgebieden. Deze kennis is niet verder verwerkt in het beleid, maar is een terugkerend agendapunt bij het bestuurlijk overleg tussen rijk en provincie. Na het afronden van de PlanMER zijn de ruimtelijke gegevens aan de afdeling beleidsinformatie overgedragen met de bedoeling deze in de monitoring van het beleid te gebruiken. Omdat er echter geen goed loket is voor deze kennis is nog onduidelijk of deze kennis daadwerkelijk voor monitoring wordt ingezet. Hier lijkt de kennisketen te stoppen.

Bij het opstellen van deze structuurvisie zijn externe ontwerpers betrokken geweest. Via de lagenbenadering hebben ze de verschillende kaarten gemaakt. Deze kaarten moesten worden omgezet in digitale kaarten waaraan kenmerken te koppelen zijn: een tijdrovend karwei. Pas achteraf is het kaartmateriaal

of Overijssel using a multi-layered method (*lagenbenadering*). The outcomes of the consultations and the answers to the research questions based on the agenda were set out in a building-block document. This document comprised an initial exploration of innovative policy themes and contained important sector-specific information about spatial developments. There was little discussion about the spatial dilemmas.

In the third phase – the commitment round – the participants worked towards agreement on policy and created an initial design for the *Omgevingsvisie*. The planning EIA report was drafted during this phase. The assessment described in the report was carried out in close cooperation with the *Omgevingsvisie* project team. The planning EIA report revealed a need for supplementary research on traffic and was ultimately incorporated into the implementation strategy. For example, a programme to reduce noise nuisance was launched in urban areas. It also became clear that some problems were unsolvable, such as ammonia deposits in vulnerable nature reserves. This knowledge was not integrated into the policy, but it was, and remains, a recurring topic of discussion in administrative consultations between central government and the province. Once the planning EIA was finalized, the spatial data were transferred to the policy information unit for use in policy monitoring activities. However, because there is no dedicated repository for this knowledge, it is unclear whether it will actually be deployed for monitoring purposes. The knowledge chain appears to terminate here.

The external designers involved in the development of the strategic plan produced a series of maps using the multi-layered method. It was then necessary to digitize the maps and add links to features. This was a time-consuming process. It wasn't until afterwards that the maps were digitized and links were made between the main elements of the text and maps. The added value that could have been gained from using GIS to process and combine data was lost.

Structuurvisie Zuid-Holland³

Structuurvisie Zuid-Holland ³

The first step in the process of developing official spatial planning standpoints for the province of South Holland (*Structuurvisie Zuid-Holland*) began with a document describing in general terms the common basis for the province's strategic plan (*Provinciale Structuurvisie*, required under the Spatial Planning Act), its water plan (*Waterplan*, required under the Water Act) and the climate and environment action programme (*Actieprogramma Klimaat en Ruimte*). Initially, the intention was to run the three processes simultaneously, but more time was needed to develop the official standpoints. From the start, intense consultations were held with municipalities, the region, neighbouring provinces, central government, and other stakeholders.

During the planning process, a distinction was made between the initial document, the description of the province's interests, and the translation of these interests into a policy strategy. The list of provincial interests was remarkably long: it contained nearly a hundred points of special consideration because the provinces wished to continue existing policy under the new Spatial Planning Act. This had repercussions for the required research and evaluation. No comprehensive analysis was made of spatial tasks by means of a building-block report. The problems had already been identified in previous decision-making processes, such as the *Voorloper Groene Hart* (a joint document of the provinces of South Holland, Utrecht and North Holland concerning the future of the 'green heart' of the Netherlands), the provincial water plan, and the *Bestuurlijk Platform Zuidvleugel* (a plan to strengthen the international competitive position of the south-western quadrant of the Randstad urban agglomeration area).

Initially, the planning EIA process was steered by another part of the organization and was only integrated into the policy process at a later stage. As a result, the document defining the scope and level of

gedigitaliseerd en is op hoofdlijnen een koppeling gemaakt tussen tekst en kaarten. De meerwaarde van GIS om gegevens te bewerken en te combineren is niet benut.

Structuurvisie Zuid-Holland³

Het opstellen van de Structuurvisie Zuid-Holland is gestart met een hoofdlijnendocument waarin de gemeenschappelijk basis voor de Provinciale Structuurvisie (Wro), het Provinciaal Waterplan (Waterwet) en het Actieprogramma Klimaat en Ruimte is beschreven. Aanvankelijk was het de bedoeling om de drie processen gelijk te laten oplopen. Voor de Provinciale Structuurvisie was echter meer tijd nodig. Voor de nieuwe structuurvisie is vanaf de start intensief overleg gevoerd met gemeenten, de regio, aangrenzende provincies, rijk en andere belanghebbenden.

Ook in dit planproces is onderscheid gemaakt tussen een startnotitie, een beschrijving van provinciale belangen en de vertaling van deze belangen naar een beleidsstrategie. Wat opvalt, is de lange lijst van provinciale belangen. De lijst omvatte bijna honderd aandachtspunten. Dat komt doordat de provincie het bestaande beleid onder de nieuwe Wro wil voortzetten. Dit heeft ook zijn weerslag op het uit te voeren onderzoek en beoordeling. Een integrale analyse van ruimtelijke opgaven via een bouwstenenrapport is hier niet uitgevoerd. De knelpunten waren al verkend in eerdere besluitvormingsprocessen zoals de Voorloper Groene Hart, het Provinciaal Waterplan en het Bestuurlijk Platform Zuidvleugel.

Het PlanMER-proces werd aanvankelijk aangestuurd door een ander deel van de organisatie en is pas in een later stadium geïntegreerd in het beleidsproces. Dit had tot gevolg dat de notitie 'Reikwijdte en detailniveau', de reacties op deze notitie en het advies van de Commissie mer, niet goed aansloten op de dilemma's die gedurende het planproces aan de orde kwamen en via besluitnota's in Gedeputeerde Staten werden besproken. De PlanMER liep daardoor niet synchroon met de beleidsdiscussie en belandde op een zijspoor. Het verrijken van het inhoudelijke debat door gesprekken met onderzoekers, heeft slechts beperkt plaatsgevonden.

De nieuwe visie is voor de provincie aanleiding geweest om de plankaarten in geografische informatiesystemen vast te leggen. Deze informatiedeskundigen zijn nauw betrokken geweest bij het proces. Hoewel de tekst niet 'objectgeoriënteerd' is geschreven, is veel tijd besteed aan het opleiden van mensen om met digitale kaarten te werken. Het is de bedoeling dat beleidsmedewerkers in gebiedsprocessen gebruik gaan maken van de digitale gegevens. Doordat de ontwerpers bij de provincie werken was hun kennis direct in te brengen in lopende planprocessen. En hebben zij wijzigingen in parallel lopende beleidsprocessen – herbegrenzing van de EHS, intergemeentelijke structuurvisies – mee kunnen nemen bij het opstellen van het beleidsproces. Dit heeft veel werk bij het opstellen van de PlanMER bespaard.

Het monitoren van beleid is via een parallel lopend spoor georganiseerd. Een koppeling tussen de kennis die verzameld is voor de strategische milieubeoordeling en de monitoring is vooralsnog niet gemaakt.

Bij het opstellen van de Omgevingsvisie Overijssel was de samenwerking tussen beleidsmedewerkers en onderzoekers goed geregeld. Maar het probleem was dat er geen duidelijk aanspreekpunt was voor het verkrijgen van digitale gegevens. Met als gevolg dat het verzamelen van ruimtelijke gegevens (GIS-bestanden) veel tijd kostte.

Bij de Structuurvisie Zuid-Holland was dit juist wel goed geregeld. De geo-experts waren zeer nauw betrokken bij het opstellen van de visie en het uitvoeren van beleid. De digitale kaarten waren beschikbaar voor onderzoek. De grote betrokkenheid had wel tot gevolg dat de kaarten voortdurend

detail, the reactions to that document, and the advice of the EIA Committee were poorly attuned to the dilemmas that arose during the planning process and were discussed by the Provincial Executive by means of decision documents. The planning EIA process was sidelined because it did not coincide with the policy discussion. As a consequence, there were few discussions with researchers aimed at enriching the debate substantively.

The province took the opportunity afforded by the strategic-plan development process to enter the planning maps into geographical information systems. The information experts were closely involved in the process. Although the text was not written with an 'object orientation', a great deal of time was spent training people to work with digital maps, the idea being that policy officers involved in area processes would begin using the digital data. Because the designers worked for the province, their knowledge could be directly incorporated into ongoing planning processes. In addition, they could beef up their own policy process by including changes being made in parallel policy processes, such as the redefinition of the National Ecological Network (EHS) and intermunicipal development of official standpoints. This saved a great deal of work in the planning EIA process. There is a parallel but separate track for policy monitoring. To date, no link has been established between the knowledge collated for the strategic environmental assessment and monitoring activities.

The collaboration between policy officers and researchers involved in the development of Overijssel's official standpoints was well organized. The problem was that there was no contact desk for digital data. As a result, gathering spatial data (GIS files) was a time-consuming undertaking.

By contrast, this part of the process was well organized in South Holland. The geo-experts were closely involved in developing the strategic plan and implementing policy, and the digital maps were available for research. Due to the close involvement of the experts, the maps were continuously updated. Finishing the assessment and the draft strategic plan at the same time, in accordance with the phased timetable, posed a problem. In South Holland, there was a formal procedure for knowledge input, so there was little interaction between the policy process and research, and the planning EIA was barely a factor in the policy process.

What can be done to improve the process?
The cases described above lead to the conclusion that the ground rules need to be altered to ensure that the policy process is supported by the instruments developed to bridge the gap between policy and knowledge.

Invest in knowledge management at provincial level
An inventory should be drawn up identifying the information required and the relevant sources for each policy theme. In addition, an information model should be generated for the important spatial policy themes and monitoring data should be structured. The input for the information model needs to be drawn from the strategic plan development process; it is not a summation of the information requirements identified for the sectoral policy issues. The information model is what links the building blocks that make up the strategic plan.

Though a great deal of spatial planning data is available, access is a problem. In recent years, major investments have been made to improve access to data, but knowledge sharing remains a thorny issue: each theme is handled differently in the province's digital information systems. In each of the case studies examined above, obtaining the information needed to work out the policy challenges in the planning EIA processes was a time-consuming undertaking. It proved difficult to effectively chart all the sectoral policy challenges and spatial issues derived from them.

werden aangepast. Het was lastig om, conform het stappenschema, de beoordeling gelijktijdig met het concept van de visie klaar te hebben. In Zuid-Holland was de inbreng formeel georganiseerd waardoor de interactie tussen het beleidsproces en het onderzoek gering was en de PlanMER nauwelijks een rol speelde bij de uitwerking van het beleid.

Hoe kan het beter?
Op basis van deze ervaringen komen we tot de conclusie dat we de spelregels iets moeten wijzigen zodat het beleidsproces wordt ondersteund door de instrumenten die zijn ontwikkeld om een brug te slaan tussen beleid en kennis.

Investeer in de kennishuishouding van provincies
Inventariseer per beleidsthema welke informatie nodig is en welke bronnen relevant zijn.
Maak een informatiemodel voor de belangrijke thema's in het ruimtelijk beleid en orden de gegevens van monitoring. Het informatiemodel moet vanuit de visieontwikkeling worden ingevuld en is geen optelsom van de informatiebehoefte van de sectorale beleidsvraagstukken. Het informatiemodel is de rode draad door de bouwstenen van de visie. Veel gegevens over de ruimtelijke inrichting zijn aanwezig, maar deze zijn weinig toegankelijk. In de afgelopen jaren is fors geïnvesteerd in de digitale ontsluiting van gegevens. Maar kennisuitwisseling blijft lastig: elk thema kent zijn eigen weg door de digitale provincie. Vooral het verzamelen van benodigde kennis voor het uitwerken van de beleidsopgaven heeft in beide PlanMER-trajecten veel tijd gekost. Het goed in beeld krijgen van alle sectorale beleidsopgaven en de daarvan af te leiden ruimtelijke vraagstukken, bleek lastig. Onderzoekers maken het fundament voor beleidskeuzes door antwoorden te geven op beleidsvragen en deze te ordenen. Het goed ontsluiten van kennis over beleidsopgaven is een voorwaarde om beleidsondersteunend onderzoek te kunnen uitvoeren.

Het is niet efficiënt om voor elke beleidsevaluatie opnieuw te beginnen. De provincies zouden via het Interprovinciaal Overleg samen deze kennisbasis verder kunnen ontwikkelen. Dit gebeurt al voor het informatiemodel voor een convenant met het rijk over investeringen in het landelijk gebied. Het advies is om deze kennisbasis zo eenvoudig mogelijk te houden. De gemeenschappelijke legenda voor de digitalisering van ruimtelijke plannen kan als informatiemodel van structuurvisies worden opgevat. Nog belangrijker is dat beleidsmedewerkers de meerwaarde inzien van kennismobilisatie voor de kwaliteit van de besluitvorming en kennis gaan delen.

Zorg voor een discussie over een gemeenschappelijke kennisagenda
Er is voor regionale planprocessen geen strategische ruimtelijke kennisagenda. Hierdoor wordt onderzoek naar ruimtelijke dilemma's en mogelijke beleidseffecten vaak laat in het planproces gestart. Omdat er niet nagedacht wordt over een ruimtelijke onderzoeksagenda kan het voorkomen dat visieontwikkeling en onderzoek niet parallel lopen. Een helder beeld welke beleidskaders en welke investeringen nodig zijn ontbreekt. Vragen over bijvoorbeeld het aantal locaties dat in aanmerking komt voor verdichting, vragen over kosten en instrumenten, blijven onbeantwoord.

Maak in een zo'n vroeg mogelijk stadium een goed overzicht van de interne en externe randvoorwaarden voor het beleidsproces
Hiermee voorkom je dat reeds genomen beleidsbeslissingen opnieuw ter discussie worden gesteld. Bij beide provincies ontbrak een goed toegankelijk overzicht van welke bestuurlijke afspraken zijn gemaakt, welk beleid vastgesteld is en welke ruimtelijke plannen aanwezig zijn. Als dit overzicht ontbreekt kost het onderzoekers veel tijd om te beoordelen wat de mogelijke additionele effecten

Researchers build the foundation for policy choices by providing and structuring answers to policy questions. Knowledge about policy challenges has to be accessible for policy-underpinning research. Reinventing the wheel every time a policy assessment needs to be carried out is inefficient. The provinces could work together through the Interprovincial Consultation Board (*Interprovinciaal Overleg*) to further develop this knowledge base. This is already happening with respect to the information model for a voluntary agreement with central government on investments in rural areas. It is advisable to keep this knowledge base as simple as possible. The uniform legend system for digital spatial plans can be conceived as an information model for strategic plans. More importantly, policy officers need to realize that mobilizing knowledge improves the quality of decision making and act accordingly by sharing their knowledge.

Facilitate discussion of a common knowledge agenda
There is no strategic knowledge agenda for regional spatial planning processes. As a consequence, research into spatial dilemmas and potential policy effects often begins late in the planning process. If no thought has gone into a spatial research agenda, the strategic-plan development process may not coincide with the research process. There will be no clear picture of what is needed in terms of policy frameworks and investment. Questions about the number of locations that qualify for densification, for example, or questions about costs and instruments will go unanswered.

At the earliest possible stage, make an inventory of internal and external limiting conditions for the policy process
This will preclude discussion of policy decisions that have already been made. In the case studies, neither province had an easily accessible inventory of existing administrative agreements, policies, and spatial plans

at its disposal. Without such an overview, it takes researchers much longer to assess the potential impact of new policy relative to existing policy.

Make an inventory of current research
Without an overview of current research, the level of predictability in a process is lower than necessary and surprises can occur. In the province of South Holland, various studies were in progress, for example on the advantages and disadvantages of alternative locations for greenhouse horticulture. A takes a lot of time to draw up new inventories of current research for each planning process. The field of policy-oriented research is dynamic. In fact, so much is going on that researchers and policymakers can no longer see the forest for the trees. This is another good reason to focus more attention on knowledge management.

Policy, design, and research
Ensure that policymakers, design professionals, and researchers discuss dilemmas thoroughly
Interaction between policymakers, design professionals, and researchers should be adapted to each phase of the planning process and new agreements should be made concerning the outcome of their interaction.

Delegate responsibility for managing data and knowledge for the duration of the policy process to someone from the project team
In addition to designing an information model and facilitating access to data, effort needs to be invested in knowledge transfer and knowledge sharing. To ensure that these priorities are given sufficient attention, the knowledge management tasks can be delegated explicitly to a project team. The official standpoints in the strategic plan should reflect the prevailing political principles and knowledge about current and future developments. In many cases, there will be no shared vision of policy challenges. In each phase of the policy process, knowledge input

van nieuw beleid ten opzichte van bestaand beleid zijn.

Maak een overzicht van het lopend onderzoek
Er is geen inventarisatie van lopend onderzoek, waardoor men tijdens het proces voor verrassingen kan komen te staan. Bij de provincie Zuid-Holland liepen verschillende onderzoeken, bijvoorbeeld naar voor- en nadelen van alternatieve locaties voor glastuinbouw. Het kost veel tijd om het lopend onderzoek voor elk planproces opnieuw te inventariseren. Tegelijkertijd constateren we dat er heel veel gebeurt op het gebied van beleidsgericht onderzoek. Zoveel dat onderzoekers en beleidsmakers door de bomen het bos niet meer zien. Dit is een extra reden voor meer aandacht voor kennismanagement.

Beleid, ontwerp en onderzoek
Zorg voor een goede discussie over dilemma's van beleidsmakers, ontwerpers en onderzoekers
In elke fase van het planproces moet de interactie tussen de drie rollen opnieuw worden ingevuld en afspraken worden gemaakt over de resultaten van de interactie.

Maak iemand van het projectteam, gedurende het gehele beleidsproces verantwoordelijk voor het beheer van gegevens en kennis
Naast het ontwerpen van een informatiemodel en beschikbaar stellen van gegevens, moet aandacht besteed worden aan kennisoverdracht en het delen van kennis. Dit kan door de taken van kennismanagement in een projectteam expliciet te beleggen. Visies ontwikkel je op basis van de politieke uitgangspunten en kennis over huidige en toekomstige ontwikkelingen. Vaak is geen sprake van een gedeeld beeld van beleidsopgaven. In elke fase in het beleidsproces wordt vanuit verschillende disciplines kennis aangedragen, waardoor in de discussies steeds nieuwe argumenten op tafel

komen. Dit maakt het proces spannend, maar vervelend wordt het als discussies zich blijven herhalen.

Maak de ruimtelijke keuzes expliciet door beleiduitspraken aan kaartbeelden te koppelen
De Wro stelt verplicht om een nieuw ruimtelijk plan ook digitaal te ontsluiten. De legenda bij de kaart is de sleutel naar de beleidsteksten. Gebruik dit proces om vanaf de start van het project de visie helder te structureren, gegevens goed te ordenen, te valideren en te ontsluiten. Dit is een gouden kans: aan het begin van het proces wordt nagedacht over waarom men wat op de kaart tekent.

Mijn ervaring is dat wanneer je kaart en tekst koppelt, je beleidskeuzes veel duidelijker voor het voetlicht brengt. Je moet goed nadenken over de invulling van een beleidsconcept. Wat is bijvoorbeeld bestaand stedelijk gebied? Welke ambities hebben we? En als we naar het kaartbeeld kijken, zijn deze ambities dan haalbaar? Indien we de ruimtelijke verbeelding van de ambities kunnen verbinden met ruimtelijke gegevens uit monitors, komt naar voren waar het spannend wordt. Bijvoorbeeld wanneer voor het bestaand stedelijk gebied wordt beschreven dat in de toekomst verdichting moet plaatsvinden. Als uit onderzoek blijkt dat dit de afgelopen jaren niet is gehaald, dan kun je jezelf afvragen of dit een realistische ambitie is. Zorg dat er goed contact is tussen de mensen die verantwoordelijk zijn voor het digitaliseren van de visie en de mensen die het beleid beoordelen. Onderzoekers hebben in deze aanpak al snel een beeld van de beleidswijzigingen en kunnen hun onderzoek richten op deze wijzigingen.

Deel kennis in een beleidsproces met andere beleidsprocessen en versterk het delen van kennis door het aantal beoordelingsprocedures te beperken
Voordat de schop de grond ingaat is veel beleid ontwikkeld. Zoals in de inleiding is beschreven

will come from a range of disciplines, and as a result new arguments will be brought up in the discussions. This makes the process interesting, but it can be counterproductive if discussions are repeated over and over again.

Make the spatial choices explicit by linking policy statements to maps
The Spatial Planning Act makes it mandatory to publish new spatial plans in a digital format. The map legend is the key that unlocks the policy texts. This process should be used from the start of the project to create a clear structure of the vision underpinning the strategic plan and to structure, validate, and publish the data. This is a golden opportunity: from the start, the team will be thinking about the kind of information they want to include in the maps and why.

Experience teaches us that linking maps to text clarifies policy choices. It forces us to think about the details of a policy concept. For example, where are the boundaries of an existing urban area? What are our ambitions? Based on the map, are our ambitions achievable? Linking the spatial image of our ambitions to spatial data from monitors reveals potential stumbling blocks. For example, if the plan calls for densification in existing urban areas, but research shows that there has been no densification over the past few years, it calls into question whether this is a realistic ambition. It is important to facilitate effective contact between the people responsible for digitizing the strategic plan and the people who assess policy. This approach will ensure that researchers are kept abreast of policy changes and are able to factor them into their research.

Ensure that knowledge flows between policy processes and improve knowledge sharing by limiting the number of assessment procedures
Before the spade hits the dirt, a great deal of policy has already been developed. As

stated in the introduction, the process is more diffuse in nature than linear. The current institutionalized frameworks, which dictate how knowledge is incorporated into planning processes, tend to lead to repetition. This can be prevented by combining different methods of knowledge input and improving the way knowledge management is organized. It is possible to consolidate the planning EIA and other assessment procedures, such as the water assessment and the social cost-benefit analysis, to form a single assessment framework. The more advanced a plan is, the more quantitative and oriented towards financial issues these analyses will be. An assessment framework of this nature will cover ecological, economic, social, and cultural effects, while giving the additional impact of new policy more thorough consideration than in the past. The only path to this type of integrated policy assessment is a major policy change at strategic level, shifting the normative parameters. This can be achieved by investing in a shared database of digital plans. The proposed improvements will greatly simplify the ground rules governing research for use in developing strategic plans.

Marianne Kuijpers-Linde is the director of the geo-information company Geodan Next.

1 Under the Spatial Planning Act, as of 1 January 2010 all spatial development plans must be published electronically on a dedicated public website where they can be viewed and downloaded.
2 *Omgevingsvisie Overijssel* (Province of Overijssel, 2009).
3 *Ontwerp Structuurvisie Zuid-Holland* (Province of South Holland, 2010).

gaat het niet meer om een lineair proces, maar om een meer diffuus proces. De huidige geïnstitutionaliseerde kaders waarin de kennisinbreng in de planpraktijk moet plaatsvinden neigen tot herhaling van zetten. Dit is te voorkomen door verschillende methoden van kennisinbreng samen te voegen en de kennishuishouding beter te organiseren. De PlanMER en andere beoordelingsprocedures zoals de Watertoets en de MKBA zijn naar mijn mening onder te brengen in één beoordelingskader. Naar mate een plan meer is uitgewerkt zijn deze analyses meer kwantitatief en meer gericht op de financiële aspecten. Een dergelijk beoordelingskader bevat zowel de ecologische als de economische en sociaal-culturele effecten. Hierbij moet meer dan voorheen getoetst worden op het additionele effect van het nieuwe beleid. Alleen wanneer er een grote beleidswijziging op strategisch niveau plaatsvindt waarbij ook de normatieve randvoorwaarden verschuiven kan het totale beleid worden beoordeeld. Dit is mogelijk door de investering in een gemeenschappelijk database van digitale plannen.
De voorgestelde verbeteringen zorgen dat de spelregels van het onderzoek rond ruimtelijke visievorming een stuk eenvoudiger worden.

Marianne Kuijpers-Linde is directeur van het geo-informatiebedrijf Geodan Next.

1 Conform de Wro moeten alle ruimtelijke plannen per 1 januari 2010 digitaal beschikbaar zijn. Hiervoor is een website waar iedereen de plannen kan bekijken en downloaden.
2 Omgevingsvisie Overijssel (Provincie Overijssel, 2009).
3 Ontwerp Structuurvisie Zuid-Holland (Provincie Zuid-Holland, 2010).

Duurzame ontwikkeling als arena: de Telos-ervaring

Sustainable development as an arena: the Telos experience

Hans Mommaas

Gedurende de afgelopen tien jaar heeft Telos, Brabants Centrum voor Duurzame Ontwikkeling, ervaring opgedaan met de operationalisering van het gedachtegoed van een duurzame ontwikkeling. Telos is eind 1999 begonnen als een instituut dat de duurzaamheidsambities van de provincie Noord-Brabant moest monitoren en is in de loop der tijd uitgegroeid tot een kenniscentrum voor de operationalisering van duurzame ontwikkeling op tal van beleidsterreinen en schaalniveaus. Duurzaamheid wordt daarbij opgevat als meer dan een ecologische modernisering. In lijn met het gedachtegoed van de toenmalige Brundtland Commissie (1987) gaat het bij duurzame ontwikkeling vooral om de inpassing van ecologische doelen in een meeromvattende samenstel van ontwikkelingsbelangen. Duurzame ontwikkeling is zo te zien als onderdeel van een langetermijnproces

Over the past ten years, Telos, Brabant Centre for Sustainable Development, has built up experience with the operationalization of ideas about sustainable development. Telos started out at the end of 1999 as an institute responsible for monitoring the sustainability aspirations of the province of North Brabant, and over the years it has evolved into a centre of expertise for operationalizing sustainable development in numerous policy areas and on many different scales.

Sustainability is seen here as encompassing more than ecological modernization. In line with the views of the former Brundtland Commission (1987), the primary aim of sustainable development is defined as fitting ecological objectives into a more comprehensive complex of development interests. From this vantage point, sustainable development is one part of a long-term process of ongoing 'modernization'. In the past, the emphasis was

mainly on defining and organizing political/
economic and sociocultural rationalities,
and on their subsequent incorporation, as
independent interests, into a new social
development model.

Nowadays, sustainable development is
not just about the separate definition of an
ecological rationality; what counts above all
its reintegration – or 're-embedding' – into
a more comprehensive social development
perspective. Sustainable development is essentially about attempts to flesh out that new,
more integrated development perspective, in
the context of a society that is more open, in
terms of time and space as well as governance. More than anything else it is about
forging links between knowledge areas, interests, and actors – not just between different
sectors, and between public and private, but
also between different scales of time and
space – here and there, now and later.

In a simplified form, sustainable development has acquired the shape of the Triple
P model: social trends are expected to be
proportional to 'people-planet-profit' interests. To put it more positively: social trends
are valued more highly to the extent that
they are capable of strengthening economic, sociocultural, and ecological values
or interests in their mutual interrelationship.
While the development story of the social or
welfare state rather tended to stimulate the
mutual harmonization of economic and social
interests, sustainable development includes
ecological interests in the equation.

Narrative perspectives

Telos operated from the outset on the basic
principle that this mutual harmonization cannot simply be the result of a formula devised
by experts, however sophisticated and critical
their models might look. Rather, what we are
dealing with now is a new discursive arena
within which views, claims and ambitions
must take account of each other in a more
inclusive way and encompass a wider
spectrum of interests and developments.

Telos is in the business of helping to shape

van voortgaande 'modernisering'. In eerdere
perioden lag de nadruk vooral op het benoemen en
organiseren van politiek-economische en sociaal-
culturele rationaliteiten, om deze vervolgens als
eigenstandige belangen op te nemen in een nieuw
maatschappelijk ontwikkelingsmodel.

Vandaag de dag is onder de noemer van duurzame
ontwikkeling niet alleen de aparte benoeming van
de ecologische rationaliteit aan de orde, maar
bovenal de herintegratie – *re-embedding* – daarvan
in een meeromvattend maatschappelijk ontwikkelingsperspectief. Duurzame ontwikkeling slaat in
essentie op pogingen om dat nieuwe, meer integrale ontwikkelingsperspectief handen en voeten te
geven – in een context van een in tijd-ruimtelijke en
bestuurlijke zin meer open samenleving. Het gaat
bij uitstek om het verknopen van kennisdomeinen,
belangen en actoren. Zowel tussen diverse
sectoren en tussen publiek en privaat, als tussen
tijd-ruimtelijke schalen – hier en daar, nu en later.
In een versimpelde vorm heeft duurzame ontwikkeling de gedaante gekregen van het Triple
P-scenario: maatschappelijke ontwikkelingen
dienen zich in evenredige mate te verhouden tot
people-planet-profit-belangen. Of meer positief
geformuleerd: maatschappelijke ontwikkelingen
worden hoger gewaardeerd naarmate ze in staat
zijn economische, sociaal-culturele en ecologische
waarden of belangen in onderling verband te
versterken. Waar het ontwikkelingsverhaal van de
sociale of verzorgingsstaat eerder stimuleerde tot
een onderlinge afstemming van economische en
sociale belangen, daar is duurzame ontwikkeling
gericht op de onderlinge afstemming van economische, sociale én ecologische belangen.

Verhalende perspectieven

Bij Telos is vanaf het begin het uitgangspunt
geweest dat die onderlinge afstemming niet
simpelweg het resultaat kan zijn van een door
experts samen te stellen rekenkundige som, hoe

sophisticated en kritisch de modellen er ook uitzien. Eerder hebben we van doen met een nieuwe discursieve arena waarbinnen inzichten, aanspraken en ambities zich op een meeromvattende manier tot elkaar en een breder spectrum van belangen en ontwikkelingen dienen te verhouden.

De inzet van Telos is om die nieuwe discursieve arena te helpen vormgeven, in een zowel informatieve als argumentatieve zin. In een subtiel, maar effectief samenspel tussen 'inhoud' en 'proces', tussen procedure, materie en symbolische betekenis. Geobjectiveerde informatie is daarbij van belang. Net zo goed als gevestigde wetenschappelijke inzichten, bijvoorbeeld met betrekking tot de relatie tussen het gebruik van fossiele brandstoffen en de opwarming van de aarde, of met betrekking tot de rol van het evenwicht tussen culturele diversiteit en sociale samenhang in economische ontwikkeling. Maar ook zijn meer verhalende perspectieven van belang en de manier waarop die perspectieven samenhang organiseren in 'de stand der dingen'. Zowel in perspectivische zin – wat hangt hoe samen – als in sociale zin – wie is daarvoor nodig. Daarbij is ook de manier van belang waarop participerende partijen zich tot die verhalende perspectieven verhouden. Zijn partijen betrokken bij en nemen zij verantwoordelijkheid voor de verdere vormgeving van het verhaal? Of is dit toch vooral een zaak van experts, zodat het oordeel als een moeilijk te doorgronden en daardoor gemakkelijk terzijde te leggen orakel over de betrokkenen neerdaalt? Aangezien duurzame ontwikkeling per definitie een normatieve afweging impliceert tussen uiteenlopende belangen en waarden, en daarmee een complex verhaal, was het voor Telos evident dat monitoringinstrumenten niet alleen de effecten van die normatieve afweging, maar ook de normatieve afweging zelf in kaart dienen te brengen. Een slimme koppeling van inhoud en proces moet het mogelijk maken dat duurzame ontwikkeling meer wordt dan een plichtmatige *benchmark* die eens

that new discursive arena, in an informative as well as a rhetorical sense – in a subtle but effective interplay between content and process, between procedure, material, and symbolic meaning. Objectified information plays an important role here. And so do established scientific views, for instance about the relationship between the use of fossil fuels and global warming, or about the importance to economic development of achieving equilibrium between cultural diversity and social cohesion.

But other, more narrative perspectives are also relevant – as is the way in which these perspectives organize cohesiveness in 'the existing state of affairs'. This applies both in the sense of perspective (which factors are connected, and how?) and in a social sense (who is needed to achieve this?). What also matters here is the way in which the different parties relate to those narrative perspectives. For instance, are people involved in the further shaping of the story, and do they take responsibility for it? Or is this primarily left to the experts, so that the verdict descends on those concerned in the manner of an inscrutable oracle, which is therefore all the more easily dismissed?

Since sustainable development by definition involves a normative balancing of diverse interests and values — inevitably a complex story — it was clear to Telos that monitoring instruments should actually clarify that normative assessment, not only its effects. If content and process are linked intelligently, it should be possible for sustainable development to become more than an obligatory benchmark that occasionally triggers a lively but short-lived debate. Above all, the monitor must be educational and promote cohesion, in the sense that it makes the stakeholders partners in a shared perspective.

Sustainability Balance
The first result of this multiple effort was the Sustainability Balance, an interactive monitoring instrument that does not consist, as usual, of a series of more or less arbitrarily

chosen, independent indicators, but which expressly incorporates stakeholders' ambitions and their assessment of developments. Essentially, the Balance is constructed as follows: the assessment starts in each domain (e.g. economic, ecological or sociocultural considerations) by identifying the most important factors, from a scientific point of view, in relation to the resilience of the relevant domain or its capacity for development.

Where the economic assessment is concerned, for instance, the key factors are labour, capital, knowledge, raw materials and consumables, spatial conditions for establishment, and economic structure. Where the ecological assessment is concerned, the key factors are the state of the natural environment, the quality of the air, soil and water, what is being done with the minerals that are present, and the size and quality of the landscape.

In the language of the Sustainability Balance – chosen partly as a symbolic bridge between scientific jargon and everyday language – the relevant 'stocks' are considered to be of essential importance in building up the related 'capital'. In consultation with the institutionalized stakeholders – employers and employees, official domain experts, public administrators, environmental organizations, civic society organizations – long-term criteria are formulated for each 'stock'. In relation to the stock of labour, for instance, this may lead to the following criteria: that there must be a quantitative and qualitative balance on the labour market, that the labour force is well trained, and that the work itself is healthy.

The next stage is to determine, on the basis of desk research, what indicators are needed in order to assess to what extent the criteria have been fulfilled. It is then up to the stakeholders to determine for public policy documents and existing benchmarks – in accordance with statutory provisions – which zero values and target values should be set for the results. This makes it possible to arrive at a quantitative measure for the degree to

in de zoveel tijd wat kortstondige reuring organiseert. De monitor moet bovenal een 'lerend' en 'bindend' effect hebben, in die zin dat het betrokken stakeholders deelgenoot maakt van een gedeeld perspectief.

Duurzaamheidsbalans

Het eerste resultaat van deze samengestelde inzet vormde de duurzaamheidsbalans, een interactief monitoringinstrument dat niet, zoals gebruikelijk, bestaat uit een reeks van min of meer willekeurig gekozen, op zichzelf staande indicatoren, maar waarin uitdrukkelijk de ambities en weging van ontwikkelingen door stakeholders zelf is meegenomen. De bouwprocedure komt op het volgende neer: per domein – economie, ecologie, sociaal-cultureel – worden allereerst vanuit wetenschappelijk inzicht de belangrijkste factoren geïdentificeerd, in verband met de veerkracht of het ontwikkelvermogen van het betreffende domein.

In economisch opzicht gaat het dan bijvoorbeeld om de factoren arbeid, kapitaal, kennis, grond en hulpstoffen, ruimtelijke vestigingsvoorwaarden en de economische structuur. In ecologisch opzicht om de stand van de natuur, de kwaliteit van lucht, bodem en water, de omgang met delfstoffen, de omvang en kwaliteit van het landschap.

In de taal van de duurzaamheidsbalans – deels gekozen omwille een symbolische overbrugging van wetenschappelijk jargon en alledaagse taal – heet het dat de betreffende 'voorraden' van essentieel belang worden geacht in de opbouw van het bijbehorende 'kapitaal'. In samenspraak met de geïnstitutionaliseerde stakeholders – werkgevers, werknemers, ambtelijke domeindeskundigen, bestuurders, milieuorganisaties, sociale organisaties – worden per 'voorraad' langetermijneisen geformuleerd. Dit resulteert met betrekking tot de voorraad arbeid bijvoorbeeld tot de eisen dat er sprake moet zijn van een kwantitatief en kwalitatief evenwicht op de arbeidsmarkt, dat de beroepsbevolking goed opgeleid is en dat het werk gezond is.

Daarna wordt op basis van *deskresearch* bepaald welke indicatoren er moeten komen om te beoordelen in welke mate aan de eisen is voldaan. De stakeholders zijn vervolgens weer aan zet om – in afstemming op wettelijke bepalingen – voor publieke beleidsdocumenten en bestaande *bench-marks* te bepalen welke nul- en streefwaarden voor de resultaten worden gehanteerd. Afhankelijk daarvan ontstaat een kwantitatieve maat voor de mate waarin aan eisen is voldaan. Per voorraad worden vervolgens de indicatorresultaten bij elkaar opgeteld en per kapitaal vervolgens weer de voor-raadresultaten – bemiddeld door een weging van indicatoren, afhankelijk van hun aantal en belang, alweer in samenspraak met stakeholders. De balans ordent en evalueert zo de informatie van 100 à 120 indicatoren tot een grafisch simpel weergegeven eindresultaat, uitgedrukt in een percentage 'behaald' economisch, sociaal-cultureel en ecolo-gisch kapitaal. De inzet is dat door de jaren heen de omvang van de voorraden en kapitalen groeit, zonder dat dit ten koste gaat van andere kapitalen. Al met al vormt de ontwikkeling van de duurzaam-heidsbalans een bewerkelijk proces. Althans in eerste aanleg; bij herhaalde toepassing is op een gezamenlijk geconstrueerd verleden terug te vallen. Het belang ervan moet op waarde worden geschat. De betrokkenheid van groepen stakeholders bij de ontwikkeling ervan, in wisselwerking met enerzijds de wetenschappelijke omgeving en anderzijds de noodzaak tot een normatieve weging van ambities en resultaten, resulteert in een gedeeld verhaal. Niet alleen wat betreft het resultaat, maar nog belang-rijker: wat betreft de onderliggende analyse en informatie. De vormgeving van de balans is daarmee daadwerkelijk een collectief traject.

Meer dan *benchmark*

Voor Noord-Brabant staat een vierde duurzaam-heidsbalans op het programma, voorafgaand aan

which the criteria have been fulfilled. After that, the indicator results for each 'stock' are added up, after which the stock results for each capital are calculated – applying a weighting of the indicators, depending on their number and importance, which is again determined in consultation with the stakeholders. What all this means is that the Sustainability Balance can condense the information relating to some 100 or 120 in-dicators into a final result and evaluation that can be displayed in a simple graphic form, expressed in a percentage of economic, sociocultural and ecological capital that has been 'realized'. The underlying goal is that the size of the stocks and capitals should grow over the years, but not at the expense of other capitals.

All in all, constructing the Sustainability Balance is a laborious process, the first time round in any case; when it is applied again, a jointly constructed past can be used. Its im-portance must be evaluated. The involvement of groups of stakeholders in its development, combined with the academic environment on the one hand, and the need to arrive at a normative assessment of aspirations and results on the other, produces a shared story – not just as far as the results are concerned, but more importantly, in relation to the underlying analysis and information. Constructing the Balance is therefore a truly collective process.

More than a benchmark

A fourth Sustainability Balance is planned for the province of North Brabant, before the provincial elections of 2011. Meanwhile, the Balance has also been used in other provinces, in regional projects, and in several municipalities. It will be clear that the effect will be greater in proportion to the breadth of involvement, the degree of continuity, and the translation into policy processes. As far as this effect is concerned, two striking points have become clear. In the first place, the Balance has proved itself to be an instrument capable of highlighting the interrelationships between large quantities of information flows (which are locked into sectoral contexts) and making them manageable. This allows us to study economic and ecological considerations and findings in relation to each other and to the decision-making process. In this sense, the Balance functions as a so-called 'boundary object'. In other words, it makes it possible to see the actual relationships between different areas of knowledge and interests.

The second striking thing to emerge is that the Balance did not function merely as the product of external intervention by experts. On the contrary, from the outset it was part of people's own identification and assessment of developments. Since numerous groups of stakeholders from Brabant society – representatives of public authorities, civil society organizations, sectoral lobbies and so forth – were involved in its construction, the Sustainability Balance became far more than a benchmark. It came to function as the bearer of a new political and social perspective or development model, in terms that revealed interrelationships not only between the provincial political parties and the provincial authorities, but increasingly between other public authorities, civil society organizations, and even the business sector, as well as their relationships with the development of the region.

Cohesive platform

The 'Telos triangle', as the Sustainability Balance has been dubbed in its application in Brabant, has acquired a key role in the attitudes adopted by the parties in Brabant to the development of their region. What is really striking here is that an assessment framework that essentially identifies and accentuates different interests has ended up functioning more as a cohesive platform than a polarizing one.

One possible cause for this is that people in Brabant tend to identify strongly with the wider development of their own region. In the modern history of the province, economic

de provinciale verkiezingen van 2011. Inmiddels is de balans ook toegepast in andere provincies, bij regionale projecten en in diverse gemeenten. Het zal duidelijk zijn dat het effect toeneemt naar gelang de breedte van betrokkenheid, de continuïteit en de doorwerking in beleidsprocessen. Wat betreft het effect vallen twee zaken op. In de eerste plaats de manier waarop de balans een grote hoeveelheid in sectorale contexten opgesloten informatiestromen in onderling verband zichtbaar en hanteerbaar maakt. Daardoor kunnen economische en ecologische inzichten en afwegingen zich tot elkaar en het besluitvormingsproces gaan verhouden. De balans fungeert op deze manier als een grensobject. Het instrument maakt dat verschillende kennis- en belangendomeinen zich daadwerkelijk tot elkaar verhouden.

In de tweede plaats valt op dat de balans niet louter is gaan fungeren als het product van een externe interventie van experts. De balans vormde vanaf het begin onderdeel van een eigen onderlinge benoeming en beoordeling van ontwikkelingen. Door de betrokkenheid van groepen stakeholders uit de Brabantse samenleving – vertegenwoordigers van overheden, maatschappelijke organisaties, sectorbelangen et cetera – bij de opbouw van de balans, is deze veel meer geworden dan een *benchmark*. De duurzaamheidsbalans ging fungeren als de drager van een nieuw politiek-maatschappelijk perspectief of ontwikkelmodel. In termen waarvan niet alleen de provinciale politieke partijen en de provinciale overheid, maar meer en meer ook andere overheden, maatschappelijke organisaties en zelfs het bedrijfsleven zich tot elkaar en tot de ontwikkeling van de regio gingen verhouden.

Verbindend platform

De Telos-driehoek, zoals de duurzaamheidsbalans in de Brabantse praktijk is gaan heten, heeft een centrale plaats gekregen in de manier waarop Brabantse partijen zich tot regionale ontwikkeling zijn gaan verhouden. Opvallend daarbij is hoe een afwegingskader, dat in de kern van de zaak verschillende belangen aanscherpt en benoemt, meer is gaan werken als verbindend platform dan als polariserend platform.

Een mogelijke oorzaak is de sterke identificatie in Brabant met de bredere ontwikkeling van het eigen grondgebied. In de moderne geschiedenis van de provincie zijn economische ontwikkelingen altijd al verbonden geweest met bredere maatschappelijke agenda's. Of het nu ging om de emancipatie van het vooroorlogse Brabant vanuit haar positie als katholiek wingewest, of om de vormgeving van een sociaal beheersbare modernisering daarna. En ondanks dat de bovenregionale netwerkdynamiek Oost- en West-Brabant voortdurend uit elkaar neigt te trekken, houdt ook vandaag de dag het idee van Brabant beide delen bij elkaar.

Het denken in termen van een duurzame ontwik-keling daagde uit tot een speurtocht naar nieuwe 'waardenfiguraties', zowel in ruimtelijk-landschappe-lijke zin als in institutioneel-organisatorische zin, met nieuwe manieren voor uiteenlopende partijen en belangen om zich tot elkaar te verhouden. Van de Brabantse ZLTO en de Brabants-Zeeuwse Werkge-versorganisatie tot en met de Brabantse Milieufe-deratie en het Brabants Landschap. Op die manier heeft het gedachtegoed van duurzame ontwikkeling, met de duurzaamheidsbalans en de Telos-driehoek als ankerpunten, een nieuwe impuls gegeven aan de vormgeving van een gemeenschappelijk discur-sief platform, in termen waarvan publieke en private partijen zich tot elkaar en tot de bredere ontwikke-ling van Brabant zijn gaan verhouden. Voorbeelden daarvan zijn het met elkaar optrekken van economi-sche en landschappelijke partijen rondom projecten als de ontwikkeling van het Nationaal Landschap Groene Woud, de uitbreiding van de Efteling en de aanleg van de Eindhovense Groene Corridor. Maar daarbij is het niet gebleven. Naarmate het inzicht in de potentiële werking van de duurzaam-

trends have always gone hand in hand with wider-ranging social agendas. Examples include the emancipation of Brabant from the position it had before the Second World War, as a Catholic 'enclave', and the subsequent shaping of a socially manageable form of modernization. And in spite of the constant threat of splits in the supra-regional network dynamics between East and West Brabant, the idea of Brabant has continued to keep the two sides together, down to the present day.

Thinking in terms of sustainable develop-ment challenged people to search for new 'value configurations', in relation to spatial/landscape as well as institutional and organizational matters, to devise new ways for diverse parties and interests to exchange views. Examples of such new frameworks include Brabant's Southern Agriculture & Horticulture Organization (ZLTO), the Brabant-Zeeland Employers' Organization, the Brabant Environmental Federation, and Brabant Landscape Foundation. In this way, the body of ideas on sustainable develop-ment, with the Sustainability Balance and the Telos triangle as fixed reference points, have injected new life into the shaping of a common discursive platform, where public and private parties can thrash out differ-ences and exchange views about the wider development of Brabant. Examples include the joint consultations of parties representing economic interests and the preservation of the natural landscape in projects such as the development of the National Landscape known as the Groene Woud ('Green Forest'), the expansion of Efteling theme park, and the construction of Eindhoven's 'Green Corridor'.

But matters did not end there. As people became more aware of the potential useful-ness of the Sustainability Balance as a plat-form for forming new coalitions, new avenues opened up for deploying the idea further as an instrument for making and developing choices in society. Important lessons having been learned after abortive attempts at an overly 'instrumental' export of this instrument

– where it was applied too rigidly elsewhere, there was too little ownership of the process – renewed efforts were made to achieve an effective interaction between content and process, between procedure, material, and symbolic meaning. Besides the Sustainability Monitor as 'ex post instrument', we now also have an 'ex ante test' for provisional plans – the Sustainable Development Assessment Framework (ToDo). In addition, the concept has been used for explorations and in-depth discussions of fresh opportunities for regional development.

Argument Matrix

The Sustainable Development Assessment Framework (ToDo) was derived more or less directly from the Sustainability Balance. The procedure was devised for use in the planning phase, to facilitate the assessment of plans submitted for approval or preliminary outlines of plans. And here too, the aim is to achieve an interactive approach, enabling different stakeholders to compare the entire range of possible effects, whether as individuals or as groups.

The result falls into two parts. The framework and the basic philosophy of the Balance provide the foundations. Stakeholders then express their views as to the relative importance of the set criteria and the extent to which they believe they have been met, and what challenges they envisage in that regard. On the one hand, the assessment framework makes it possible to relate the entire range of potential interests and interested parties to the plan that has been presented; who has what ecological, sociocultural, or economic stake in the proposed plans? On the other hand, the framework provides a procedure through which different stakeholders can articulate their mutual interests and their related demands and make them known to each other.

Using this procedure, an 'argument matrix' can be drawn up, which makes it clear, in concrete detail, which requirements need further work in the planning in order to achieve

heidsbalans als platform van nieuwe coalitievorming toenam, openden zich ook nieuwe wegen om het gedachtegoed verder in te zetten als instrument voor maatschappelijke afweging en ontwikkeling. Wijs geworden door mislukte pogingen tot een al te instrumentele export van het instrument – een al te rechtlijnige toepassing ervan elders leidde tot onvoldoende toe-eigening – is daarbij opnieuw gezocht naar een effectieve interactie tussen inhoud en proces, tussen procedure, materie en symboliek. Inmiddels bestaat er naast de duurzaamheidmonitor als 'ex post-instrument' ook een 'ex ante-toets' van geformuleerde plannen – Toetsingskader Duurzame Ontwikkeling – en is het gedachtegoed bovendien ingezet ter doordenking en verkenning van nieuwe kansen voor gebiedsontwikkeling.

Argumentenmatrix

Het Toetsingskader Duurzame Ontwikkeling (ToDo) vormt een min of meer directe afgeleide van de duurzaamheidsbalans. De procedure is bedoeld om in te zetten in de planvormingsfase, ter toetsing van voorliggende plannen of de eerste contouren daarvan. En alweer wordt daarbij ingezet op een interactieve benadering, waarbij verschillende stakeholders zich individueel dan wel groepsgewijs tot de volle breedte van mogelijke effecten hebben te verhouden.

Het resultaat is tweeledig. Het kader en de basisfilosofie van de balans vormen de onderleggers. Vervolgens laten de stakeholders zich uit over in welke mate beoogde eisen van belang worden geacht en in welke mate zij menen dat daaraan wordt voldaan, c.q. welke uitdaging zij zien op dat vlak. Enerzijds brengt het toetsingskader het geheel van potentiële belangen en belanghebbenden in verband met het voorliggende plan; wie heeft welke ecologische, sociaal-culturele of economische *stakes* bij de planontwikkeling? Anderzijds levert het kader een procedure aan de hand waarvan diverse stakeholders hun onderlinge belangen met de bijbehorende eisen kunnen articuleren en aan elkaar kenbaar kunnen maken.

Op die manier is een 'argumentenmatrix' op te stellen die concreet duidelijk maakt aan welke eisen in de planvorming verder moet worden gewerkt voor een duurzame ontwikkeling en maatschappelijke acceptatie. Het kader formeert zo een inhoudelijk en procedureel speelveld waarbinnen vervolgens een speurtocht kan plaatsvinden naar optimale ontwikkelkansen. De procedure is inmiddels toegepast bij een reeks van programma's en projecten, van onderdelen van de Brabantse reconstructie tot aan de plannen voor een *shopping mall* nabij Tilburg. Van de ToDo-scan is ook een vereenvoudigde internetapplicatie gebouwd, de PPP-scan.

Nieuwe markten

Voor eerdere fasen in het planvormingsproces is in een reeks van projecten de zogenaamde Nieuwe Markten-benadering ontwikkeld. De bedoeling is om samen met gebiedsactoren nieuwe duurzame ontwikkelkansen te identificeren, met de bijbehorende ontwikkelcoalities.

In eerste instantie is het perspectief ingezet voor de doordenking van toeristisch-recreatieve ontwikkelkansen. Maar in het verlengde daarvan kwamen al snel ook andere mogelijke toekomsten in het vizier, zoals in verband met de landbouw, de zorg, het wonen en werd het nodig verbindingen te leggen tussen publiek en privaat. Het een stimuleerde min of meer het ander. Een optiek van duurzame ontwikkeling, gericht op een maximering van de onderlinge waardecreatie, stimuleert tot samenwerking tussen maatschappelijke deelsectoren: hoe kunnen bijvoorbeeld onderwijs en bedrijfsleven beter samenwerken ten behoeve van een optimalisering van sociale stijgingskansen? Maar ook: welke economische kansen doen zich voor op het grensgebied van zorg en toerisme, of tussen landbouw en recreatie. Door een inventarisatie van aanwezige gebiedskwaliteiten – in economische, ecologische,

sustainable development and social acceptance. In this way, the framework provides a substantive and procedural playing-field on which to search for the best development opportunities. The procedure has since been applied in a series of programmes and projects, from parts of Brabant's reconstruction to the plans for a new shopping mall outside Tilburg. A simplified internet application of the ToDo scan, the PPP scan, has also been constructed.

New markets

For earlier phases in the planning process, in a series of projects, the so-called New Markets approach was devised. The aim was to join with regional actors to identify new opportunities for sustainable development, together with the relevant development coalitions.

This approach was initially adopted to think through development opportunities for tourist and recreational development opportunities. But other possible applications soon suggested themselves, for instance in relation to agriculture, the care sector, and residential surroundings, and it became necessary to forge links between public and private platforms. In general, each such step tended to stimulate others. Thus, a view of sustainable development, geared towards maximizing reciprocal value creation, tends to stimulate cooperation between different sectors (or sub-sectors) of society: For instance, how can education and the business community cooperate more effectively to boost upward social mobility? And what economic opportunities exist at the interface between care and tourism, or between agriculture and recreation?

By taking stock of the existing regional qualities – in all senses from spatial to economic, ecological, and sociocultural – and by looking at all these qualities in the context of emerging markets, it becomes possible to identify opportunities for spatial and economic development. These windows of opportunity can then be discussed with development coalitions in the context of 'entrepreneurs' tables'. These tables lead to the further mobilization of regional and entrepreneurial knowledge, which culminates, in mutual consultations, in the definition of regional development themes, under the general heading of the development programme.

Town and country

The New Markets procedure, which was originally deployed to move 'beyond the plan', proved to generate new ways of relating numerous positions and interests to each other – knowledge and investment interests, for instance. Spatial/planning, cultural, and economic expertise are confronted at an early, brainstorming phase with the experiential knowledge of the actors in the development process – both public and private. This encourages the parties involved in development to adopt an open attitude to new knowledge and regional values, seeking to generate new ideas. At the same time, the procedure brings together parties with different private backgrounds.

In this way, in-depth thinking about a new regionally-oriented care economy can bring agriculturalists, nature management professionals, banks, health insurance companies, and heritage developers to sit around the table for consultations. Certainly when talks are focused on the regional scale, the story of a sustainable development will also bring municipal and national parties together in new relationships. Care entrepreneurs from the city are related to heritage development in rural districts, in much the same way as food distributors and retailers are related to agriculturalists. The development of new value chains linking the urban and rural economies and space is seen, potentially, as a profitable enterprise.

The idea will also bring public and private parties together in a new coalition. This is a dynamic process, certainly when new developments are at stake. On the one hand, parties want space for their own interests and objectives, on the other hand, they want

sociaal-culturele en ruimtelijke zin – en middels een confrontatie van die gebiedskwaliteiten met nieuwe opkomende markten, worden ruimtelijk-economische ontwikkelkansen geïdentificeerd, zogenaamde *windows of opportunity,* die vervolgens in de context van 'ondernemerstafels' verder worden doorgesproken met ontwikkelcoalities. De tafels leiden tot de verdere mobilisatie van gebieds- en ondernemerskennis, wat vervolgens in onderlinge samenspraak uitmondt in de vormgeving van regionale ontwikkelthema's, met het overkoepelende ontwikkelprogramma.

Stad en land

De Nieuwe Markten-procedure, oorspronkelijk ingezet om 'voorbij het plan' te komen, bleek meerdere posities en belangen op nieuwe manieren met elkaar in verband te brengen – kennis- en investeringsbelangen bijvoorbeeld. Ruimtelijk-planologische, culturele en economische expertise komt in een vroege, brainstormende fase in contact met de ervaringskennis van ontwikkelende actoren – zowel publieke als private. Ontwikkelende partijen worden op deze manier gestimuleerd zich op een ideeënvormende en open manier te verhouden tot nieuwe kennis en tot gebiedswaarden. Tegelijkertijd brengt de procedure ontwikkelende partijen uit verschillende private achtergronden bij elkaar. Zo kan het doordenken van een nieuwe gebiedsgerichte zorgeconomie agrariërs, natuurbeheerders, banken, zorgverzekeraars en erfgoedontwikkelaars rond de tafel brengen. Zeker wanneer het gaat om de regionale schaal brengt het verhaal van een duurzame ontwikkeling bovendien stedelijke en landelijke partijen in nieuwe verbanden bij elkaar. Zorgondernemers uit de stad verhouden zich tot erfgoedontwikkeling in het buitengebied, net zo goed als voedseldistributeurs en detaillisten aan de ene kant en agrariërs aan de andere. Men ziet letterlijk brood in de ontwikkeling van nieuwe waardeketens die de stedelijke en de landelijke economie en ruimte met elkaar verbinden. Daarnaast brengt het gedachtegoed publieke en private partijen in een nieuwe coalitie tot elkaar. Hier is, zeker wanneer het gaat om nieuwe ontwikkelingen, sprake van een dynamisch spel. Enerzijds willen partijen ruimte voor eigen belangen en doelstellingen, anderzijds willen ze heldere kaders voor een voorspelbaar risicomanagement. De gevoeligheden liggen daarbij niet alleen op het vlak van de relatie tussen publiek en privaat, ook private partijen onderling hebben uiteenlopende belangen die niet altijd in een publieke context gewisseld kunnen worden. Binnen het Nieuwe Markten-procedé is er dan ook ruimte voor een wisseling van collectieve en bilaterale gespreksrondes.

Succesfactoren

Maar desondanks is succes niet verzekerd. De ervaringen met de inzet van duurzame ontwikkeling als verhalende onderlegger voor de doordenking en vormgeving van regionale ontwikkelingskansen in een tiental regionale projecten – van het Zuid-Limburgse Heuvelland, via het Brabantse Land tot aan de stad Amsterdam – tonen op z'n minst drie essentiële succesfactoren.

De eerste betreft de populariteit van duurzame ontwikkeling zelf als onderliggend perspectief. Met name ondernemende partijen moeten daar brood in zien. Persoonlijke opvattingen en marktinschattingen spelen daarbij in wisselende samenstelling een rol, naast natuurlijk het investeringsvermogen van bedrijven. Zodra marktkansen lastig benoembaar blijken, haakt men snel af. Bijvoorbeeld omdat onduidelijk is hoe de 'verwaarding' van nieuwe kansen plaatsvindt, omdat men inschat dat de consument daar nog niet aan toe is of omdat wet- en regelgeving kansen in de weg staan.

Dit brengt een tweede factor naar voren: de noodzaak van een partij die de zaak 'aan de gang' houdt. Verschillende partijen werken vanuit een verschillende tijdshorizon en verschillende achterlig-

clear frameworks for predictable risk management. The sensitivities here are not just about the relationship between public and private; private parties too may have diverse interests that cannot always be changed in a public context. The New Markets procedure therefore includes scope for switching between collective and bilateral rounds of talks.

Success factors

In spite of all this, success is not assured. Past experience gained with the use of sustainable development as a narrative foundation for the exploration and shaping of regional development opportunities in ten regional projects – from the Heuvelland ('hill country') in South Limburg and rural Brabant to the city of Amsterdam – have revealed the importance of at least three essential success factors.

The first factor relates to the popularity of sustainable development itself as an underlying perspective. Entrepreneurial parties in particular have to be convinced of the benefits of this approach. Personal views and market estimates play a role here, in changing compositions – and so, naturally enough, does companies' investment capacity. If market opportunities prove difficult to pin down, people quickly lose interest. This may happen, for instance, because it is unclear how new opportunities will translate into value, because it is believed that consumers are not yet ready for them, or because there are obstacles in the form of legislation or regulations.

This highlights a second factor: the need for a party that will 'keep the pot boiling'. Parties will differ in terms of horizons and underlying interests. Projects may get temporarily bogged down for a variety of reasons, only to revive and prove really promising at a later stage. Choosing the government to act in this mediating role is certainly not the obvious solution; in fact, this may actually be counterproductive. Public authorities are poorly equipped for this role, since they are themselves interested parties, besides which they are compartmentalized, attached to the political cycle, and insufficiently equipped in terms of knowledge and development instruments. More and more often, it is knowledge organizations that take on this role, in a range of hybrid public-private constructions.

But the question arises – and this is the third success factor – of the qualities that these hybrid knowledge organizations need to develop if they are to act effectively in the role of a third party. What combination of competencies is needed to devise innovative practices that actually work, that combine relevant innovative knowledge practices with development capacity and the support base in society at large?

Our experience in this area, in any case, suggests that what matters most is arriving at effective combinations of knowledge institutions and development agencies. One provides the necessary expertise, while the other is responsible for market-oriented development venture capital. Development agencies are better placed than government bodies to call enterprises to account for their entrepreneurial qualities. On the one hand they speak 'the language of the market', while on the other hand they are connected, through their shareholders, with public goals. Ideally this produces a combination of expertise and development practice that basically constitutes a regionally-oriented translation of precisely those things that have always been the strengths of successful architects, planners, and designers.

Hans Mommaas is professor of leisure studies at the University of Tilburg and the director of Telos, the Brabant centre for sustainable development.

gende belangen. Om uiteenlopende redenen kunnen projecten tijdelijk in het slop raken, om na verloop van tijd toch weer kansrijk te worden. Het is niet vanzelfsprekend of vaak zelfs contraproductief om de overheid die bemiddelende rol toe te delen. Daartoe is de publieke omgeving onvoldoende geëquipeerd, want deze is zelf belanghebbende, verkokerd, gebonden aan de politieke cyclus en onvoldoende toegerust qua kennis en ontwikkelinstrumenten. Steeds vaker duiken kennisorganisaties op als bemiddelende instantie, in allerlei hybride publiek-private gedaanten.

Maar de vraag is, en dat is de derde factor, welke eigenschappen die hybride kennisorganisaties moeten ontwikkelen om daadwerkelijk als derde partij op te kunnen treden. Welke competenties moeten bij elkaar worden gebracht om innovatieve praktijken in te richten die er toe doen, die relevante vernieuwende kennispraktijken samenbrengen met ontwikkelvermogen en maatschappelijk draagvlak? Onze ervaringen op dat vlak wijzen in ieder geval in de richting van werkzame combinaties van kennisinstellingen en ontwikkelmaatschappijen. De een zorgt voor de inhoudelijke expertise en de ander voor marktgericht en risicodragend ontwikkelvermogen. Beter dan overheidsinstellingen zijn ontwikkelingsmaatschappijen in staat ondernemingen aan te spreken op hun ondernemerskwaliteiten. Enerzijds spreken ze 'de taal van de markt', anderzijds zijn ze via hun aandeelhouders verbonden met publieke doelen. Zo ontstaat in het ideale geval een gecombineerde kennis- en ontwikkelpraktijk die feitelijk een gebiedsgerichte vertaling vormt van datgene waarin succesvolle architecten, planners en ontwerpers altijd al goed zijn geweest.

Hans Mommaas is hoogleraar Vrijetijdswetenschappen aan de Universiteit van Tilburg en directeur van Telos, het Brabants centrum voor duurzame ontwikkeling.

Kunstenaar. Artist.

Verantwoordelijkheid voor kwaliteit en democratie

Responsibility for quality and democracy

Dit boek is een pleidooi voor het belang en de kracht van de narratieve, symbolische en emotionele aspecten van ruimtelijke planning. Het geeft een nieuw perspectief op de betekenis van kennisinbreng, burgerparticipatie en procesbegeleiding. Ruimtelijke planning draait om de verweving van deze elementen.

Een groot aantal mensen is betrokken bij ruimtelijke planprojecten. Ontwerpers, beleidsmakers, ondernemers, burgers, belangenbehartigers: allemaal hebben ze een rol in het streven naar een democratische planning. Wie werkzaam is voor het openbaar bestuur – politicus, beleidsmedewerker en/of projectleider – heeft een officiële publieke verantwoordelijkheid. Dit hoofdstuk gaat over situaties die ontstaan wanneer overheden taken 'wegzetten' bij externe partijen. Daarbij spreken we over de verantwoordelijkheden die externen dan toekomen.

Vaandeldragers van kwaliteit

De professie van planner is ontstaan uit een groeiende staatsbemoeienis met de ontwikkeling van welvaart en sociale rechtvaardigheid. Een definitie van de Amsterdamse planoloog en onderzoeker Hans van der Cammen aan het einde van de jaren zeventig illustreert dit: 'De planoloog is een expert met een wetenschappelijke opleiding in ruimtelijke planning in dienst van een overheidsorganisatie.' Planners waren in die tijd ambtenaren in dienst van een overheid. In deze rol werden zij gezien als bewakers van de kwaliteit van publieke plannen en acties. De Duitse socioloog Max Weber typeerde ambtenaren als neutrale en vaardige professionals, gekenmerkt door een inhoudelijke deskundigheid en een loyale ondersteuning van bestuurders. In dit hoofdstuk pleiten we voor een herpositionering van planners als vaandeldragers van kwaliteit. De praktijkvoorbeelden laten zien dat dit geen planners in dienst van een overheid hoeven te zijn. In het bypassproject in IJsseldelta Zuid en het luchtkwali-

This book makes a case for the power and importance of the narrative, symbolic, and emotional aspects of spatial planning. It presents a new perspective on the significance of knowledge contribution, citizen participation, and process supervision. Spatial planning revolves around the interconnections between these three elements.

A large number of people are involved in spatial projects: designers, policymakers, entrepreneurs, citizens, and representatives of interest groups. They all play a role in the quest for a democratic planning process. Those in government – politicians, policy officials, and project managers – have official responsibilities to the public. This chapter addresses the situations that arise when public authorities delegate tasks to external parties. We then discuss the responsibilities that accrue to those external parties.

Standard-bearers of quality

The profession of planner emerged in response to the growing involvement of the public sector in the pursuit of prosperity and social justice. This is illustrated by a definition proposed by the Amsterdam planner and researcher Hans van der Cammen in the late 1970s: 'The planner is an expert with a university education in spatial planning who works for a government organization.'

At that time, planners were civil servants working for government bodies. As such, they were seen as guarantors of the quality of public plans and measures. The German sociologist Max Weber described civil servants as skilled and impartial professionals, characterized by expertise in their field and loyal support for policymakers. In this chapter, we advocate repositioning planners as standard-bearers of quality. The case studies show that such planners do not have to be working in the public sector. In the bypass project in IJsseldelta Zuid and the air quality project in the Arnhem-Nijmegen Urban Region, most of the planners involved were consultants rather than public servants. Even when some activities have been partly privatized, planners in the public sector still have various roles and responsibilities, such as the responsibility to safeguard long-term interests and the principles of good public administration.

These days, ensuring the quality of plans is no easy task. Not only do government bodies have fewer resources at their disposal than in the past, but also, over a period of many years, planners have seen their influence diminishing. Firstly, the abilities of the state, and thus of planners, have been under heavy fire since the 1980s, and confidence in them has diminished. As part of this trend, planners' expertise has been called into question. Democratization has given the general public a larger role in the planning process, and the authority of expert planners is no longer taken for granted. Secondly, there is a growing awareness of the limits of social engineering and our understanding of society. This makes it difficult for planners to define clearly what they can know and what sorts of plans they can make.

Such scepticism about the authority of planners makes it necessary to re-evaluate the profession. Public responsibilities imply a different role than that of the authoritative planner 'in the white coat', as the renowned twentieth-century urban planner Cornelis van Eesteren described himself. We can distinguish between three roles for contemporary planners: (1) knowledge supplier or broker; (2) director; and (3) client or commissioning authority. In this chapter we focus on planners in the public sector.

Knowledge suppliers and knowledge brokers

In the old survey-before-plan model, sound research formed the basis for spatial planning. Public officials were 'expert planners' who used their analytical skills to convert research findings into plans. But planning has now become an arena in which countless actors demand a role. The traditional, linear planning procedure (survey, analysis, plan) has made way for a more diffuse one,

teitsproject in de Stadsregio Arnhem Nijmegen was het grootste deel van de planners werkzaam als consultant, en niet als ambtenaar. In het geval van een gedeeltelijke privatisering van taken heeft de planner in overheidsdienst nog steeds een aantal verantwoordelijkheden en rollen, zoals het bewaken van de lange termijn en de regels van behoorlijk bestuur.

Het bewaken van de kwaliteit van plannen is tegenwoordig geen gemakkelijke opgave. Niet alleen heeft de overheid minder dan voorheen de beschikking over publieke middelen. Al veel langer wordt de positie van planners uitgehold. Ten eerste is het geloof in het vermogen van de staat, en daarmee van planners, sinds de jaren tachtig hevig bekritiseerd. In samenhang daarmee is de deskundigheid van planners ter discussie komen te staan. Democratisering heeft ervoor gezorgd dat burgers zeggenschap hebben in planning, en dat het gezag van planners als experts niet meer als vanzelfsprekend wordt ervaren. Ten tweede is het besef van de beperkingen van de maakbare samenleving en de kennis over deze samenleving toegenomen. Dit maakt het voor planners lastig een houvast te vinden voor wat ze kunnen weten en plannen.

De twijfels over het gezag van planners vraagt om een herwaardering van het vak. Het hebben van publieke verantwoordelijkheden impliceert namelijk een andere rol dan die van de gezaghebbende planner 'in de witte jas', zoals stedenbouwkundige Cornelis van Eesteren zichzelf zag.

Voor hedendaagse planners zijn drie rollen te onderscheiden: de planner als kennisinbrenger of kennismakelaar, de planner als regievoerder en de planner als opdrachtgever. In dit hoofdstuk richten we ons op planners in dienst van de overheid.

Kennisinbrenger en kennismakelaar

In het oude survey-before-plan-model vormde consistent onderzoek de basis van ruimtelijke plannen. Ambtenaren waren 'expertplanners' die met analytische vaardigheden wetenschappelijke kennis omzetten in plannen. Inmiddels is planning een arena geworden waarin tal van actoren een plek hebben opgeëist. De lineaire organisatie van het planproces – in termen van survey-analysis-plan – heeft plaatsgemaakt voor een diffuser proces met terugkoppelingen en parallelle sporen en waarin de kennisbehoefte pas gedurende het planproces duidelijk wordt, bijvoorbeeld omdat bepaalde oplossingsstrategieën nieuwe kennisvragen oproepen. Van ambtenaren wordt verwacht dat zij verschillende soorten kennis samenbrengen. Onderzoeker bij het Planbureau voor de Leefomgeving Ed Dammers stelt in zijn essay dat lokale overheden veel kennis in huis hebben – gebiedskennis en economische, planologische en juridische kennis – en een deel van buiten moet halen, bij planbureaus, universiteiten, burgers, adviesbureaus en maatschappelijke organisaties. Dit bijeenbrengen van verschillende soorten kennis verloopt in de praktijk niet altijd vlekkeloos. Dit kwam naar voren uit de bevindingen van de onderzoekscommissie onder leiding van Peter Elverding over de versnelling van besluitvormingsprocessen rond infrastructurele projecten. Die wees het niet of onvoldoende uitvoeren van de onderzoeksfase aan als een van de oorzaken waarom processen misgaan.[1]

Het samenbrengen van verschillende soorten kennis is geen eenvoudige opgave. Het gaat namelijk om uiteenlopende disciplines – economie, planologie, hydrologie, enzovoort – en andersoortige kennis – toegepast, fundamenteel, strategisch – die betrekking hebben op verschillende schaalniveaus – landelijk, regionaal, lokaal. Ed Dammers problematiseert in zijn essay de mobilisatie van kennis. Hij signaleert dat voor elke planningsopgave en fase in het beleidsproces meerdere soorten kennisbehoeften bestaan. Hij pleit voor actief kennismanagement. Onderdelen hiervan zijn: bemiddelen tussen kennisvragers en kennisaanbieders, investeren in een regionaal innovatienetwerk en voorlichting van

with iterative operations and parallel tracks, in which it becomes clear only during the planning process what knowledge is required – for instance, because proposed solutions raise new questions that require further study.

Public officials are expected to possess several different types of knowledge. Ed Dammers, a researcher at the Netherlands Environmental Assessment Agency (*Planbureau voor de Leefomgeving*; PBL) argues in his essay that local authorities must have a great deal of in-house knowledge – knowledge about specific regions, economic issues, planning methods, and legal frameworks – and must obtain additional knowledge from external parties, such as national public research institutes, universities, members of the public, consultancies, and civil society organizations. In practice, these different types of knowledge cannot always be combined neatly. This clearly emerged from the conclusions of the research committee led by Peter Elverding on expediting decision-making procedures for infrastructure projects. The committee identified the absence or inadequacy of the research stage as one of the causes of procedural failure.[1]

Combining different types of knowledge is no easy task. A wide variety of disciplines are involved (economics, planning, hydrology, etc.), as well as different types of knowledge (applied, fundamental, and strategic), which relate to different levels of organization (national, regional, and local). In his essay, Ed Dammers examines the problem of mobilizing knowledge, observing that multiple types of knowledge are required by each planning challenge and each stage in policymaking. He argues in favour of active knowledge management, which involves mediating between knowledge seekers and knowledge suppliers, investing in a regional innovation network, and informing regional policy actors about what knowledge is available. It is important that relevant knowledge be made available to all relevant parties and that the parties with less knowledge receive support.

In chapter 1, we stated that mobilization of knowledge, on its own, is insufficient. A collective learning process must take place, in conjunction with policy development, in which a variety of knowledge holders – policymakers, civil society organizations, experts, and members of the public – enter into dialogue and make policy together. There is a tendency to assign each type of knowledge holder to a particular moment or stage in the process. For instance, one might begin by designing scenarios, then organize public consultation, and subsequently present the scenarios to environmental experts for environmental impact assessment. Combining different types of knowledge at the right moment is a serious challenge for knowledge mobilization and for public officials in their role as guarantors of quality. Officials must be more than knowledge managers or brokers. They must not only unite different forms of knowledge, but must also make sure that additional knowledge, or new questions about that knowledge, will make it possible for parties to connect in new ways. That requires competence in the relevant subject areas and the ability to act as a coordinator.

Coordinators

The rise of the network society makes it necessary for public officials to play a new role. In a network society, where policymaking is much less confined to well-trodden government paths, and approaches to policymaking are determined by shifting coalitions of public and private actors, public authorities have less scope to control the process directly. Instead, those authorities would be better advised to create strong networks on policy themes, with enough power and resilience to resolve policy issues successfully. In other words, the public sector should encourage the emergence of self-managing public-private networks. Public officials then become coordinators, focusing on promoting and developing high-performing coalitions that can solve public problems, rather than presenting solutions produced by a single

beleidsactoren in de regio over de beschikbare kennis. Belangrijk is dat relevante kennis aan alle betrokkenen beschikbaar wordt gesteld en dat de betrokkenen die over minder kennis beschikken, worden ondersteund.

In hoofdstuk 1 is gesteld dat mobilisatie van kennis alleen niet voldoende is. Er moet een gezamenlijk leerproces plaatsvinden – tegelijk met de ontwikkeling van beleid – waarbij verschillende kennisdragers – beleidsmakers, maatschappelijke organisaties, experts, burgers – met elkaar in gesprek gaan en samen beleid ontwerpen. Er bestaat de neiging die verschillende kennisdragers op verschillende momenten en 'stages' in te zetten. Bijvoorbeeld: eerst worden scenario's ontworpen, dan inspraak georganiseerd en vervolgens worden de scenario's in een milieueffectrapportage door milieudeskundigen doorgelicht. De uitdaging om op het juiste moment verschillende soorten kennis samen te brengen stelt hoge eisen aan kennismobilisatie en de rol van ambtenaren als bewakers van kwaliteit. Ambtenaren moeten meer zijn dan kennismanagers of makelaars. Ze moeten niet alleen kennis samenbrengen, maar ook zorgen dat door het toevoegen van kennis, of het stellen van kennisvragen, nieuwe koppelingen tussen partijen mogelijk worden. Dat vraagt om inhoudelijke kwaliteiten en het kunnen optreden als regievoerders.

Regievoerder

De opkomst van de netwerksamenleving vraagt om een andere rol van ambtenaren. Omdat in een netwerksamenleving beleidsontwikkeling veel minder via de gedefinieerde paden van de overheid verlopen en wisselende coalities van publieke en private actoren bepalen hoe met beleidsthema's wordt omgegaan, is de mogelijkheid van directe sturing door overheden verkleind. In plaats daarvan kunnen overheden beter zorgen voor krachtige netwerken rond beleidsthema's, die veerkracht hebben om beleidsvragen succesvol op te lossen. Overheden moeten dus sturen op zelfsturing van publiek-private netwerken. Ambtenaren worden regievoerders: zij richten zich op het aanjagen en het ontwikkelen van slagkrachtige coalities die publieke problemen kunnen oplossen – in plaats van het aanbieden van oplossingen door één overheid (Sørensen, 2006; Klijn en Koppenjan, 2000; O' Toole, 1998).

Het idee van gebiedsontwikkeling is op dit gedachtegoed gebaseerd. Ambtenaren moeten ontwikkelaars zijn die samen met betrokken partijen kansen benutten voor het creëren van ruimtelijke kwaliteit.[2] Zij moeten visies van verschillende actoren samenbrengen, procedures en besluitvormingscircuits op elkaar afstemmen, voorstellen toetsen en processen verankeren. Het gevaar is dat de nadruk teveel op procesbegeleiding komt te liggen – coördinatie van besluitvorming – wat ten koste gaat van de 'articulatie' van inhoudelijk goede plannen – formulering van vragen, kennis en wensen – en ambtenaren hun rol van kennisinbrenger en -makelaar dreigen te vergeten.

De Wageningse hoofddocent maatschappijwetenschappen Jan van Tatenhove plaatst deze worsteling in een historische context. In zijn essay vergelijkt hij de veranderende rol van ambtenaren in de zogenoemde gebiedsgerichte regionalisering uit de jaren negentig – zoals Gebiedsgericht Beleid en ROM – met huidige gebiedsspecifieke initiatieven. Bij gebiedsgerichte regionalisering stond de beheersing en ombuiging van ongewenste ontwikkelingen in een door de nationale overheid gewenste ontwikkeling centraal. Hierbij definieerden rijk en provincies de regels van het spel, de doelen, de problemen, de oplossingsrichtingen en beslisten zij wie aan de processen mochten meedoen.

De regie in huidige gebiedsontwikkelingen ligt veel meer bij lokale en regionale actoren. Lokale processen en structuren geven vorm aan initiatieven en benadrukken de autonomie en eigenheid van gebieden. De rol van ambtenaren is in beide processen verschillend. Hadden ambtenaren bij

level of government (Sørensen, 2006; Klijn en Koppenjan, 2000; O'Toole, 1998).

This line of thinking has led to the area development concept, which envisages public officials as developers, working with the relevant parties to take advantage of opportunities to create spatial quality.[2] These officials are responsible for bringing together the views of wide range of actors, harmonizing procedures and decision-making mechanisms, reviewing proposals, and anchoring processes. The danger is an overemphasis on process supervision, on the coordination of decision-making. This interferes with the articulation of plans that deal adequately with the specific issues at stake (that is, with the formulation of questions, knowledge, and preferences). Furthermore, officials may then lose sight of their role as knowledge suppliers and brokers.

Jan van Tatenhove, senior lecturer in social sciences at Wageningen University, places this struggle for balance in a historical context. In his essay, he compares the role of public officials in the 'area-based' (gebiedsgericht) Dutch regionalization policies of the 1990s, such as Area-Based Policy (Gebiedsgericht Beleid) and Spatial and Environmental Projects (ROM-projecten), with their new and different role in today's 'area-specific' (gebiedsspecifiek) initiatives. Area-based regionalization focused on gaining control of undesirable tendencies and rerouting them in the direction desired by national government. In this context, the national and provincial authorities defined the ground rules, the objectives, the problems, and the potential types of solution, and they decided who was allowed to participate in the processes. Current forms of area development are much more likely to be led by local and regional actors. Local processes and frameworks give shape to these initiatives, highlighting the autonomy and individuality of the areas in question. Public officials play different roles in these two processes. While in Area-Based Policy they paved the way for substantive discussion, prepared materials for debate, or acted as project managers, in interactive forms of area development, they play the roles of process coordinator, process manager, and sometimes co-decision-maker.

One illustration of the emphasis on coordination is the Area Development Study Groups (*Leergroepen Gebiedsontwikkeling*) organized by the Association of Provincial Authorities (*Interprovinciaal Overleg*; IPO). These groups convened in 2006 and 2007. In these groups, managers of area development projects discussed the dilemmas that they encountered in their day-to-day work. More than 77 percent of these dilemmas had to do with coordination and processes, with bringing together actors and keeping them together. Only 8 percent related to public participation, to the question of how to give members of the public and interest groups a full role in the process. And only 15 percent related to mobilizing knowledge. In short, the large majority of the problems experienced by public officials relate to cooperation between public authorities and other parties. This shows how difficult coordination is in spatial planning. The problem is the narrowing role of the public official; now that officials are no more than coordinators, crucial factors in the quality and legitimacy of planning – namely, substantive issues, participation, and knowledge – are receiving less attention (Grijzen, 2010). The emphasis now lies on simply coaxing government bodies into reaching some kind of decision. What they decide is less important. With the spotlight on coordination, the specialized expertise and skills of public officials have faded into the background. Officials are becoming no more than the managers of area development processes, and this situation has compromised their ability to shoulder their public responsibilities.

It should be clear that, by 'coordinator', we do not mean a process manager who is disengaged from the substantive issues – indeed, such a role would be more appropriate for an independent consultant or policy mediator. Nor is it necessary for every public

gebiedsgericht beleid de rol van inhoudelijk wegbereider, inhoudelijk voorbereider of projectleider, bij interactieve vormen van gebiedsontwikkeling is de rol procesbegeleider, procesmanager en soms medebesluitvormer.

Een voorbeeld van de nadruk op coördinatie waren de in 2006 en 2007 door het Interprovinciaal Overleg (IPO) georganiseerde Leergroepen Gebiedsontwikkeling. Hierin bespraken projectleiders van gebiedsontwikkeling de dilemma's die zij in hun dagelijkse praktijk tegenkwamen. Ruim 77 procent van de dilemma's ging over coördinatie en proces: het bij elkaar brengen en houden van actoren. Slechts 8 procent ging over problemen rond participatie: hoe betrekken we burgers en belangengroepen op een volwaardige manier? Maar 15 procent ging over de mobilisatie van kennis. Dat de problemen die ambtenaren ervaren vooral over de samenwerking tussen overheden en actoren gaan geeft aan hoe moeilijk coördinatie in de ruimtelijke planning is. Het is de versmalling van de positie van de ambtenaar: door alleen maar coördinator en regievoerder te zijn krijgen andere pijlers die cruciaal zijn voor de kwaliteit en de legitimiteit van planning – inhoud, participatie en kennis – minder aandacht (Grijzen, 2010). De nadruk komt te liggen op het zo ver krijgen van overheden dàt ze een beslissing nemen. Wàt ze beslissen is minder belangrijk. Door de nadruk op coördinatie raken inhoudelijke kwaliteiten en vaardigheden van ambtenaren op de achtergrond. Ambtenaren worden gereduceerd tot managers van gebiedsprocessen en hun vermogen om op te treden als hoeders van publieke verantwoordelijkheden kalft af.

Het is duidelijk dat we met regievoerder niet een procesmanager bedoelen die inhoudelijk aan de zijlijn staat – sterker nog, deze rol kan beter door een onafhankelijke consultant of beleidsbemiddelaar gespeeld worden – noch dat elke ambtenaar een regievoerder moet zijn. Ambtenaren als kennisinbrengers zijn net zo belangrijk als ambtenaren die regie voeren. Beide rollen vragen om andere vaardigheden en andere typen planners.

Opdrachtgever

Om te voorkomen dat overheden zich te veel richten op de samenwerking van coalities van publieke en private partijen en publieke verantwoordelijkheden op de achtergrond raken besteden overheden steeds vaker regievoering en 'articulatie' van beleid uit.[3] Dit kan verschillende vormen aannemen. De ambtenaar fungeert dan als opdrachtgever. Zo werd het projectleiderschap in de rivierverruiming in Ooijen-Wanssum door de provincie Limburg toevertrouwd aan iemand die zich vanuit zijn achtergrond als natuurbeheerder al jaren sterk maakte voor de regio, veel lokale kennis had en een groot regionaal netwerk. In de Commandeurspolder werkten de opdrachtgevende ambtenaren van het Hoogheemraadschap nauw samen met ingehuurde waterbouwkundig ingenieurs en landschapsarchitecten. In het project 'Luchtkwaliteit' in de Stadsregio Arnhem Nijmegen en in IJsseldelta Zuid traden ambtenaren op als opdrachtgever en waren de meeste projectleiders ingehuurde consultants. Auteur Jantine Grijzen laat in haar proefschrift zien dat het uitbesteden van de 'articulatie' van beleid een toegevoegde waarde kan hebben voor ruimtelijke planning. Zelfs als externen ingehuurd zijn door één overheid, worden zij minder geïdentificeerd met het belang van die overheid dan ambtenaren. In regionale besluitvormingsprocessen is er niet één overheid die het algemeen belang vertegenwoordigt, maar zijn overheden vertegenwoordigers van deelbelangen. Externe consultants kunnen vanuit hun onafhankelijke positie makkelijker tussen overheden bemiddelen. Deze intermediaire rol wordt niet alleen ingevuld op het niveau van relaties, maar ook op het niveau van inhoud. Omdat externe consultants voor verschillende overheden werken kunnen zij op zoek gaan naar windows of opportunity om beleid en kennis aan elkaar te verbinden.

official to act as a coordinator. The public officials who contribute specialist knowledge are just as important as those in a coordinating role. Each role demands different skills and different types of planners.

Commissioning authorities

Public authorities are increasingly likely to engage external parties for process coordination and policy 'articulation', so that they do not have to focus too much of their own attention on public-private partnerships at the expense of their public responsibilities.[3] This phenomenon can take various forms. In such cases, there is a public official who represents the commissioning authority.

For instance, the provincial authority in Limburg chose a manager for the riverbroadening project in Ooijen-Wanssum who had served the region's interests for many years as a nature manager. This manager had a great deal of local knowledge and a large regional network. In the Commandeurspolder project, officials representing the commissioning authority (the *Hoogheemraadschap*, or water board) worked together closely with external hydraulic engineers and landscape architects. In an air quality project in the Arnhem-Nijmegen Urban Region and in IJsseldelta Zuid, public officials represented the commissioning authority, and most of the project managers were outside consultants.

In her doctoral thesis, Jantine Grijzen showed that outsourcing the articulation of policy can create added value in spatial planning. Even when external parties are working for a single government body, they are not as strongly identified with government interests as are public officials. In regional decision-making, there is no one government body that represents the public interest; rather, each one represents an aspect of the public interest. The independent status of external consultants makes it relatively easy for them to mediate between public authorities. This intermediary role is played not only at the level of relationships, but also at that of substantive issues. Because external consultants work for more than one government body, they can seek out opportunities for tying together policy and knowledge. As outsiders, they can often see the big picture, and they are frequently able to break through administrative boundary lines (Grijzen, 2010). The outside status of such project managers gives them an advantage over public officials, who are, by definition, insiders. Public officials can also act as project managers, of course, but only if they achieve a degree of independence from the government body for which they work. That is not possible as long as they are expected to represent the interests of that body. This implies that if the project manager is a public official, other officials must take responsibility for directly representing government interests.

There is one dangerous thing about outsourcing, however: if external managers become too central to a project, then all too often the process of meaning-making is channelled through them. This development, like the tendency for public officials to act as directors or coordinators, forms a threat to the fulfilment of public responsibilities. The case studies in this book illustrate the importance of a project manager's ability to play an intermediary role, making knowledge from diverse parties available for sharing, ensuring that citizens have a voice in the process, and so forth. When a project manager becomes a kind of mastermind, standing at the centre of the project rather than facilitating, it can have a negative impact on the joint process of meaning-making and knowledge mobilization. This might be the case, for instance, if the project manager communicates with all the parties, but the parties do not communicate with each other. That is what happened in Ooijen-Wanssum and in the air quality project in the Arnhem-Nijmegen Urban Region. The project managers collected knowledge at different stages and from a wide range of parties, but they neglected to forge connections between these different stages. Crucial knowledge went unshared and unanchored in the process, and the participants never

Als outsiders hebben zij vaak een complete blik en zijn zij in staat grenzen te doorbreken (Grijzen, 2010). De 'externe positie' van projectleiders geeft een voorsprong ten opzichte van ambtenaren, die per definitie een 'interne positie' hebben. Ambtenaren kunnen natuurlijk als projectleiders optreden, maar alleen als ze erin slagen om los te komen staan van de overheid waar ze voor werken. Dit kan niet als ze het belang van de overheid waarvoor ze werken moeten vertegenwoordigen. Dit betekent dat het directe overheidsbelang geborgd moet worden door andere ambtenaren dan diegene die projectleider is.

Er kleeft wel een gevaar aan uitbesteding: ingehuurde projectleiders kunnen te veel een 'spin in het web' worden, waardoor de betekenisgeving te vaak via de ingehuurde projectleider loopt. Deze ontwikkeling vormt – evenals de opkomst van ambtenaren als regievoerders – een gevaar voor de borging van publieke verantwoordelijkheden. De praktijkvoorbeelden in dit boek tonen het belang van het vermogen van een projectleider om als intermediair te fungeren: dat kennis van verschillende partijen ontsloten en gedeeld wordt, dat burgers een stem krijgen in het proces en ga zo maar door. Wanneer een projectleider te veel als een 'spin' optreedt, kan dit ten koste gaan van het gedeelde proces van betekenisgeving en kennismobilisatie. Bijvoorbeeld als een projectleider wel met alle partijen praat, maar de partijen niet met elkaar. Dit gebeurde in Ooijen-Wanssum en bij het project over luchtkwaliteit in de Stadregio Arnhem Nijmegen. De projectleiders verzamelden op verschillende momenten en bij diverse partijen kennis, maar verzuimden deze 'stages' met elkaar in contact te brengen. Cruciale kennis werd niet gedeeld, niet verankerd in het proces en de kracht van de coalitie ontwikkelde zich niet. Dit gebeurde ook in de eerste fase van het project IJsseldelta Zuid. De projectleider praatte met Jan en alleman, maar de betrokkenen niet met elkaar.

Een tweede gevaar van een te centrale rol voor de externe projectleider is dat de ambtelijke organisatie geen aansluiting heeft bij het project. Projectleiders zijn tijdelijk en moeten in een korte periode belangrijke beslissingen zien te forceren. Wie bewaakt na zijn vertrek of deze beslissingen beklijven? En hoe wordt geleerd van ervaringen als er binnen een overheid geen 'institutioneel geheugen' is, omdat ambtenaren niet meedoen in belangrijke projecten? Een praktijkvoorbeeld uit de Stadsregio Arnhem Nijmegen toont dat wanneer overheden zich te veel richten de samenwerking van coalities, publieke verantwoordelijkheden op de achtergrond raken.

bonded into a strong coalition. The same thing happened in the first stage of the IJsseldelta Zuid project. The project manager was in contact with absolutely everyone, but the other parties were not in contact with each other.

The second danger, when the project manager's role becomes too central, is that public officials will not have any point of entry into the project. Project managers are assigned for a limited time, during which they must see to it that important decisions are made. After their departure, who will make certain that these decisions are actually carried out? And how can the public sector learn from major projects when there is no institutional memory of them, because public officials did not take part in them? The following case study, from the Arnhem-Nijmegen Urban Region, shows that when government bodies place too much stress on coalitions, public responsibilities fade into the background.

Stadsregio Arnhem Nijmegen: te licht bestuur?[4]
The Arnhem-Nijmegen Urban Region: A little too lite?[4]

In 2005, the Arnhem-Nijmegen Urban Region underwent a thorough reorganization. The regional authorities felt that the organization was unduly focused on developing policy and knowledge about the region, and that instead it should be involved in more partnerships between public and private parties. In a report on the reorganization, the consulting agency Berenschot wrote, 'In the current organization, we see that the KAN [the former name of the Arnhem-Nijmegen Urban Region] is still heavily focused on developing policy. Accordingly, the KAN has well-developed policymaking skills, with a great deal of subject-matter expertise and a strong analytical capacity. Yet its social outputs primarily take the form of projects and complex processes. Outputs that have an impact on the region and ultimately lead to implementation are never produced by the KAN acting alone, but have the support of a "winning coalition" of actors from the public and sometimes the private sector. The greatest achievement of plans such as the Regional Strategic Plan (*Regionaal Structuurplan*; RSP) or the Regional Mobility Plan (*Regionaal Mobiliteitsplan*; RMP) has been the creation of regional coordination between municipalities, rather than the development of ideal concepts by experts.'[5]

The regional authority was then reorganized into two teams: 'Project and Process' and 'Policy and Public Administration'. The Policy and Public Administration Division went on developing long-term visions, such as a Regional Development Plan, and was responsible for a number of administrative tasks, such as the supervision of transport for the disabled. The Project and Process Division was mainly responsible for carrying

In 2005 vond in de Stadsregio Arnhem Nijmegen een uitgebreide reorganisatie plaats. Het bestuur van de Stadsregio vond dat de organisatie te veel gericht was op de ontwikkeling van beleid en kennis over de regio. In plaats daarvan moest de organisatie meer samenwerken met publieke en private partijen. In een rapport over de reorganisatie door adviesbureau Berenschot staat: 'In de huidige organisatie zien we dat het KAN – nu Stadsregio Arnhem Nijmegen – nog een sterke focus heeft op het ontwikkelen van beleid. De inhoudelijke beleidsvaardigheid is dan ook sterk ontwikkeld bij het KAN: veel inhoudelijke deskundigheid en een sterk analytisch vermogen. Het KAN levert zijn maatschappelijke producten echter vooral af in projecten en complexe processen. Producten met impact in de regio, die dus uiteindelijk leiden tot uitvoering, zijn nooit van het KAN alleen, maar kunnen bogen op draagvlak bij een 'winnende coalitie' van partijen, publiek en soms ook privaat. De verdienste van een plan als het Regionaal Structuurplan (RSP) of Regionaal Mobiliteitsplan (RMP) is veeleer het creëren van regionale afstemming tussen gemeenten, dan het ontwikkelen van het optimale concept volgens experts.'[5]

De organisatie werd in twee teams verdeeld: 'project en proces' en 'beleid en beheer'. De afdeling 'beleid en beheer' bleef bezig met het ontwikkelen van langetermijnvisies – bijvoorbeeld een Regionaal Ontwikkelingsplan – en een aantal beheerstaken, zoals de controle van het gehandicaptenvervoer. De afdeling 'project en proces' moest voornamelijk projecten uitvoeren in samenwerking met maatschappelijke actoren en andere overheden.

Project	Projectleider	Omschrijving	Rol consultant
Lucht-kwaliteit	Consultant	Het verbeteren van luchtkwaliteit.	Het initiëren en voorzitten van gemeentelijke werkgroepen op het gebied van verkeersmanagement, groen, meetinstrumenten, puntbronnen, vrachtverkeer en duurzame brandstoffen. Het participeren in provinciale overleggen voor het Nationale Samenwerkingsprogramma Luchtkwaliteit. Het schrijven van nieuw beleid voor het verbeteren van de luchtkwaliteit.
Regiorail	Consultant	Het creëren van een regionale treinlijn.	Afspraken maken met ProRail en NS. Gemeenten helpen met de bouw van nieuwe stations.
Netwerk-analyse	Ambtenaar (consultant als assistent)	Analyseren van mobiliteitsproblemen vanuit de netwerkbenadering	Organisatie en bijwonen van bijeenkomsten met alle betrokken overheden. Het ondersteunen van de projectleider.
Masterplan openbaar vervoer	Consultant	Plan voor de verbetering van het openbaar vervoer.	Met bestuurders van omliggende provincies afspraken maken over openbaar vervoer. Interne bijeenkomst met ambtenaren van de Stadsregio begeleiden om de samenhang tussen mobiliteitsprojecten in kaart te brengen.
Investeren in de regio	Consultant	Het vinden van publiek-private allianties voor innovatieve projecten.	De organisatie van bijeenkomsten om partijen bij elkaar te brengen. Opstarten van publiek-private allianties rond innovatieve ideeën.
Fietspaden-netwerk	Ambtenaar	Aanleg van een netwerk van fiets-knooppunten.	
BBKan!	Consultant	Het verbeteren van de doorstroming in het verkeer.	Met gemeenten, provincie, Rijkswaterstaat afspraken maken.

Project	Project manager	Description	Role of consultant
Air quality	Consultant	Improving air quality.	Forming and heading municipal working groups on traffic management, greenery, measuring instruments, point sources, freight traffic, and sustainable fuels. Participating in provincial discussion of the National Air Quality Partnership Programme. Writing new policy on improving air quality.
Regiorail	Consultant	Creating a regional railway line.	Making arrangements with ProRail and the National Railways (NS). Helping municipalities to build new stations.
Network analysis	Public official (assisted by consultant)	Analyzing mobility issues from a network perspective.	Organizing and chairing meetings with all relevant government bodies. Supporting the project manager.
Master plan for public transport	Consultant	Plan for improving public transport.	Making arrangements about public transport with policymakers in surrounding provinces. Facilitating meetings between regional officials to identify the connections between mobility projects.
Investment in the region	Consultant	Forging public-private alliances for innovative projects.	Organizing meetings to bring parties together. Establishing public-private alliances based on innovative ideas.
Bicycle path network	Public official	Creating a network of intersecting cycle paths.	
Traffic management (BBKan!)	Consultant	Improving traffic circulation.	Making arrangements with municipalities, the provincial authorities, and the public works department (Rijkswaterstaat).

Na de reorganisatie kwam het zwaartepunt te liggen op het snel boeken van resultaten. Dit werd 'licht bestuur' genoemd: bestuur zonder de institutionele zwaarte van regels, procedures en overlegorganen, maar met voldoende inspiratie en implementatiekracht om dingen voor elkaar te krijgen. In deze periode zijn verscheidene projecten uitgevoerd: 'Luchtkwaliteit', 'Investeren in de regio', 'Netwerkanalyse', 'BBKan!', het masterplan openbaar vervoer, 'RegioRail' en een fietspadennetwerk. Omdat er binnen de eigen organisatie voor deze projecten geen capaciteit bestond werden consultants ingehuurd als projectleiders. In de meeste projecten moesten afspraken worden gemaakt met andere partijen. De consultants hadden dan ook de taak om contact te leggen met provincies en gemeenten, relaties te verbeteren en private partijen te binden. De tabel op pagina 256 toont een overzicht van de inhoud van deze projecten en de rol van de consultants.

Door de op samenwerking gerichte aanpak slaagde de Stadsregio erin om vruchtbare samenwerkingsverbanden te creëren. De vraag rijst of het bestuur van de Stadsregio op deze manier niet 'te licht' werd. Ten eerste vonden de ambtenaren van de Stadsregio vaak geen aansluiting bij de projecten die door de consultants werden uitgevoerd. In de projecten 'Luchtkwaliteit', 'Regiorail', 'Investeren in de regio' en 'BBKan!' participeerde geen enkele ambtenaar van de Stadsregio. Dit roept twijfels op over de borging van de projecten wanneer de consultants hun opdracht beëindigen.

Ten tweede vond er geen interne beleidsontwikkeling plaats om de projecten op elkaar aan te sluiten. Zo was er geen overlap tussen het project over de verbetering van de luchtkwaliteit en de projecten over mobiliteit – zoals bussen die rijden op duurzame energiebronnen of het omleiden van vrachtverkeer. Ook tussen mobiliteitsprojecten zelf was nauwelijks overlap. Zo werden in het project 'Netwerkanalyse' integrale oplossingen bedacht om

out projects in partnership with non-governmental actors and other levels of government. After the reorganization, the emphasis shifted to achieving swift results. This was referred to as 'public administration lite' (*licht bestuur*), liberated from the institutional burden of rules, procedures, and deliberative bodies, but with enough inspiration and implementing authority to get things done. In this period, various projects were carried out, dealing with air quality, investment in the region, network analysis, regional traffic management, a master plan for public transport, light rail, and a network of bicycle paths. Because the regional authorities themselves had insufficient capacity for these projects, they hired consultants as project managers. Most projects relied on agreements with other parties. In such cases, the consultants were responsible for contacting provinces and municipalities, improving relations, and winning the support of private parties. The table on page 256 describes these projects and the role of consultants in each of them.

Thanks to this cooperative approach, the Urban Region managed to establish productive partnerships. It is reasonable to ask whether the Urban Region's new mode of public administration was not a little *too* 'lite'. For one thing, the public officials working for the Urban Region were often totally uninvolved in the projects carried out by the consultants. Not one regional official was involved in the air quality, light rail, regional investment, and traffic management projects. This raises doubts about the continued viability of the projects after the consultants completed their contracts.

Secondly, there was no internal policy development aimed at integrating the projects. For instance, there was no overlap between the air quality improvement project and the mobility projects – no buses with sustainable power sources or measures to divert freight traffic. Nor was there any overlap between the mobility projects. The network analysis project, for instance, came up with integrated solutions for improving mobility 'from door to door'. Yet because officials and consultants did not work together, no link was made to the master plan for public transport.

Thirdly, the specialist knowledge of the regional officials was not put to use in the projects. The officials on the Policy and Public Administration team had no contact with those on the Project and Process team. This dichotomy was reflected by the former headquarters of the Urban Region, which had the shape of a V. From the entrance, one hallway slanted off to the left and another off to the right. The left wing housed Project and Process, and the right one Policy and Public Administration. To reach one another, the two teams had to pass through the reception area, though they could see each other through the windows. The officials in one wing rarely, if ever, worked together with those in the other. As a result, in regional projects, existing knowledge was overlooked.

Fourthly, little attention was paid to who participated in projects and how such participation could be organized. The main participants in the air quality project were municipalities, and the consultants spoke to people in their own network. The regional authorities did not want to involve citizens and interest groups, because they believed that air quality was mainly a municipal issue. The regional investment project was restricted to participants with 'positive energy', such as the retired head of Rabobank and a member of the Dutch Cultural Landscape Association (*Vereniging Nederlands Cultuurlandschap*). No thought was devoted to the question of what actors had a stake in each project, or to how the less powerful interest groups could be involved in the process.

The period of 'public administration lite' was merely a transitional one for the Urban Region. In early 2007, ten new officials were appointed and there was less need for consultants. Regional officials thus became more engaged with regional projects. At the same time, the organization moved to a new building with a different floor plan. Nevertheless, this period shows how the emphasis on

de mobiliteit van 'deur tot deur' te verbeteren. Doordat ambtenaren en consultants niet samenwerkten ontbrak helaas de link met het masterplan openbaar vervoer.

Ten derde werd de inhoudelijke kennis van de Stadsregio niet ingezet bij de projecten. De ambtenaren van het team 'beleid en beheer' en de ambtenaren en consultants van 'project en proces' hadden geen contact met elkaar. Deze scheiding werd gesymboliseerd door het voormalige gebouw van de Stadsregio – dat de vorm had van een V. Vanaf de ingang loopt een hal schuin naar links en een hal schuin naar rechts. In de linkervleugel zaten de ambtenaren van 'project en proces' en in de rechtervleugel de ambtenaren van 'beleid en beheer'. De twee teams konden elkaar alleen bereiken via de receptie, maar zagen elkaar door de ramen wel zitten. De ambtenaren in de 'ene' vleugel werkten niet tot nauwelijks samen met de ambtenaren in de 'andere' vleugel. Hierdoor vond bestaande kennis geen aansluiting bij de projecten.

Ten vierde werd weinig aandacht geschonken aan de vraag wie er participeerde in projecten en hoe deze participatie vormgegeven kon worden. In het project 'Luchtkwaliteit' participeerden voornamelijk gemeenten en sprak de consultant met mensen uit zijn eigen netwerk. Het bestuur van de Stadsregio wilde niet overgaan tot het betrekken van burgers en belangengroepen, omdat zij luchtkwaliteit vooral een zaak van de gemeenten vond. In het project 'Investeren in de regio' participeerden uitsluitend actoren als een gepensioneerde topman van de Rabobank en een lid van de Vereniging Nederlands Cultuurlandschap. Er werd niet nagedacht over welke actoren belang hadden bij bepaalde projecten en hoe minder machtige belangen bij het proces betrokken konden worden.

De periode van 'licht bestuur' was maar een overgangsperiode voor de Stadsregio. In het begin van 2007 werden tien nieuwe mensen aangenomen waardoor er minder behoefte was aan consultants.

Daardoor vonden de ambtenaren van de Stadsregio aansluiting bij de projecten. Tevens verhuisde de organisatie naar een nieuw gebouw met een nieuwe indeling. Echter, deze periode laat zien hoe de nadruk op coördinatie en de focus op coalities met publiek-private partijen ten koste gaan van publieke verantwoordelijkheden – zoals het betrekken van zwakkere belangen en het bewaken van een lange-termijnbelang.

coordination and the focus on public-private partnerships drew attention away from public responsibilities such as securing the involvement of relatively vulnerable interest groups and pursuing long-term interests.

Door de opkomst van netwerkbestuur zijn de klassieke rollen van planners veranderd. Goed netwerkbestuur heeft vele voordelen. Het helpt bij het genereren van legitimiteit en doorzettingsmacht, en bij het mobiliseren van intelligentie en kennis. Er zijn drie taken die geborgd moeten zijn in het proces: kennisinbrenger of makelaar, regievoerder en opdrachtgever.

Er is niet een zaligmakend model, maar er moet beter worden nagedacht onder welke condities die taken goed kunnen worden vervuld. Indien de rol van regievoerder in de toekomst vaker bij consultants komt te liggen is het nodig dat de overheid aandringt op een professionalisering van deze beroepsgroep. Het is een rol die effect heeft op het functioneren van de democratie: al dan niet professioneel en verantwoordelijk werken heeft grote consequenties voor de politiek-bestuurlijke legitimiteit. In het essay van de onderzoekers David Laws, Maarten Poorter en Nanke Verloo – zie hoofdstuk 1 – en het proefschrift van auteur Jantine Grijzen wordt de vergelijking getrokken met de Amerikaanse public policy mediators. Een opvallend verschil met Nederland is dat binnen de beroepsgroep geen sprake is van zelfbinding. Juist wanneer consultants door de overheid uitbestede publieke taken op zich namen, zou een gedragscode en een intensieve discussie over waarden en dilemma's een logische vervolgstap zijn. Overheden kunnen bij een uitbesteding eisen dat bedrijven deze gedragscode ondertekenen.

The rise of network governance has changed the traditional roles of planners. Good network governance has many advantages: it helps to generate legitimacy and overriding authority and to mobilize intelligence and knowledge. In the process, there are three roles that must be safeguarded: knowledge supplier or broker, director, and commissioning authority.

There is no one perfect model; instead, it is necessary to think carefully about the conditions required for the effective performance of those roles. If, in the future, the role of director is more often played by consultants, then government will have to press for the professionalization of this occupational group. This role is crucial to the workings of democracy, and if it is not performed in a responsible and professional manner, the consequences for the public sector can be grave. In the essay by David Laws, Maarten Poorter, and Nanke Verloo that accompanies chapter 1, as well as in Jantine Grijzen's doctoral thesis, a comparison is made between the Dutch situation and the American practice of public policy mediation. One striking difference is the lack, in the Netherlands, of any kind of self-regulation in the consulting profession. When consultants are delegated public responsibilities by the public sector, the next logical step would be to agree on a code of ethics and engage in a thorough discussion of values and dilemmas. When delegating authority, public bodies could require companies to sign such a code of conduct.

Something similar could apply to how knowledge is supplied. Specialists can no longer simply invoke their status as highly educated experts. The new challenge is for them to use their expertise to make a positive contribution to government policymaking. When public bodies work on good commissioning practices, the benefits can be substantial. Planning processes are most successful when the public body develops an unambiguous brief and clearly selects one party to carry it out. It is important to specify the financial resources associated with the brief. The connections with other goals raised by other parties during the process can then be put into clear perspective.

1 Elverding Commission, 'Sneller en Beter-Advies commissie versnelling besluitvorming infrastructurele projecten', April 2008.
2 See e.g. Interprovinciaal Overleg, 'De provincie als publieke ontwikkelaar', August 2005; Lysis Consulting Group, 'Ontwikkelkracht-Eindrapport van de adviescommissie gebiedsontwikkeling Amersfoort', November 2005; VNG Uitgeverij, 'Organisatie van prestatie-Regie in de stedelijke ontwikkeling', The Hague 2004.
3 The authors have observed that this role is being performed by external consultants more and more often. In five out of eleven Model Projects for Area Development (*Voorbeeldprojecten Gebiedsontwikkeling*), the role of project manager was filled by a consulting firm. The projects with external project managers were Waterdunen (Royal Haskoning), Klavertje Vier (Boer en Croon), BlauweStad (Pau), IJsseldelta Zuid (DHV), and Overdiepse Polder (Witteveen en Bos).
4 This case study is based on an ethnographic study carried out by Jantine Grijzen as part of her doctoral research. From September to December 2006, she did a research internship at the offices of the Arnhem-Nijmegen Urban Region.
5 F. Beemer & T. Camps, 'Verbindend bestuur, verbonden organisatie-Besturings- en organisatieconcept KAN vernieuwt!', Berenschot, April 2005, Utrecht.

Iets soortgelijks kan gelden voor de wijze waarop de kennisinbreng wordt georganiseerd. De tijd dat de deskundige zich beroept op zijn door studie verkregen expertstatus is voorbij. De nieuwe uitdaging is, gebruikmakend van de bijzondere toegang tot kennis die de deskundige kenmerkt, een goede bijdrage te leveren aan een beleidsproces. Veel kan worden gewonnen wanneer overheden werk maken van goed opdrachtgeverschap. Planningsprocessen verlopen het best wanneer de overheid zorgt voor een eenduidige formulering van de opdracht en de taak om vanuit die opdracht te werken helder neerlegt bij een partij. Duidelijkheid is nodig over welke financiële middelen aan een opdracht verbonden zijn. De verbinding met andere doelen, dat gedurende een proces door andere partijen worden ingebracht, krijgt dan een heldere basis.

1 Commissie Elverding, 'Sneller en Beter - Adviescommissie versnelling besluitvorming infrastructurele projecten', april 2008.
2 Zie bijvoorbeeld: Interprovinciaal Overleg, 'De provincie als publieke ontwikkelaar', augustus 2005; Lysis Consulting Group, 'Ontwikkelkracht - Eindrapport van de adviescommissie gebiedsontwikkeling Amersfoort', november 2005; VNG Uitgeverij, 'Organisatie van prestatie - Regie in de stedelijke ontwikkeling', Den Haag 2004.
3 De auteurs constateren dat juist deze rol steeds vaker wordt vervuld door ingehuurde consultants. In vijf van de elf Voorbeeldprojecten Gebiedsontwikkeling was op een gegeven moment de rol van projectleider ingevuld door een consultant. De projecten met een externe projectleider zijn: Waterdunen (Royal Haskoning), Klavertje Vier (Boer en Croon), BlauweStad (Pau), IJsseldelta Zuid (DHV) en Overdiepse Polder (Witteveen en Bos).
4 Deze praktijkbeschrijving is gebaseerd op etnografisch onderzoek voor het promotieonderzoek van Jantine Grijzen. Van september tot en met december 2006 deed zij een onderzoeksstage bij de Stadsregio Arnhem Nijmegen.
5 F. Beemer en Th. Camps, 'Verbindend bestuur, verbonden organisatie. Besturings- en organisatieconcept KAN vernieuwt!', Berenschot, Utrecht, april 2005.

Maatschappelijk betrokkene. Involved citizen.

Kennismobilisatie voor regionale verandering

Mobilizing knowledge to stimulate regional change

Ed Dammers

Beleidsmakers die bij regionaal beleid zijn betrokken, hebben behoefte aan een grote hoeveelheid en verscheidenheid aan kennis. Zo is er niet alleen vraag naar inhoudelijke kennis over economie, mobiliteit, waterhuishouding, natuur en dergelijke, maar ook naar procesmatige kennis over bijvoorbeeld het organiseren van het beleidsproces of het stimuleren van de creativiteit. In dit essay beweer ik dat het mobiliseren van kennis bij regionaal beleid lang niet altijd optimaal verloopt, dat kennismanagement en regionale kenniscentra cruciaal zijn en dat kennisinstellingen een belangrijke rol kunnen spelen. Eerst behandel ik de belangrijkste opgaven voor regionaal beleid en de kennisbehoeften die zich hierbij voordoen. Daarna beschrijf ik de rol van onderzoekskennis. Vervolgens ga ik in op de mobilisatie van kennis. Voorts besteed ik aandacht aan de stimulering ervan via kennismanagement en regionale kenniscentra. Ik sluit af met enkele opmerkingen over onderzoeksinstellingen.

Regional policy-makers need a large quantity of different kinds of knowledge: not just content-related knowledge, about economics, mobility, water management, nature and suchlike, but also process-related knowledge, about matters such as how best to organize the policy process and how to encourage creativity. In this essay, I argue that much can be done to improve the way knowledge is mobilized for the benefit of regional policy, that knowledge management and regional centres are of paramount importance, and that knowledge institutions can play a key role.

I shall start by taking stock of the most important challenges facing regional policy, defining the kinds of knowledge needed to address them, and commenting on the role of research findings. Then follows a discussion of the mobilization of knowledge. I shall then go on to look at ways in which this mobilization can be stimulated using knowledge management and regional knowledge centres. I shall conclude with a few remarks about research institutes.

Regional policy challenges

Dutch regions are facing major policy challenges. To start with, there is the importance of reacting to the dynamic changes with which a region may be confronted in the long term – for instance, responding to increased risks of flooding as a result of climate change. Such challenges need measures to be taken in the short term if they are to be effective in the long term. Conversely, it is important to prevent any measures being taken that will impede long-term solutions. The challenges make it imperative to devise a narrative for the region.

In the second place, long-term challenges make it essential to find a new way of connecting the different spatial claims to the region. This calls for a regional approach that besides reinforcing the region's existing qualities, also fosters the development of new ones. The Innovation Network Rural Areas and Agricultural Systems (set up in 2002) refers in this context to 'transitions' (structural changes): examples might include floating dwellings and offices combined with nature conservation in a water storage area. The existing and new qualities are the building bricks from which the 'strong story' must be put together.

A third challenge is implementing multi-sector and multi-level governance. Connecting claims to space in new ways calls for the deployment of different sectoral policies, from housing and economic policies to polices on nature conservation and water management. At the same time, policy applied at regional level is often the implementation of national or European policy. Conversely, regional policy is supported by national government and the European Union (EU). All this drives home the fact that a strong story must be capable of inspiring actors from different sectors and at different levels.

A fourth challenge is organizing ways for those who are directly concerned and other

Regionale beleidsopgaven

Nederlandse regio's staan voor grote beleidsopgaven. Om te beginnen is er het belang van het inspelen op de dynamiek waarmee een regio op de lange termijn kan worden geconfronteerd, zoals het inspelen op de toenemende wateroverlast als gevolg van klimaatverandering. Dit soort uitdagingen hebben een aanpak nodig waarbij al op korte termijn maatregelen worden genomen om op lange termijn effectief te zijn. Omgekeerd moet voorkomen worden dat maatregelen langetermijnoplossingen in de weg staan. De uitdagingen maken een verhaal voor de regio urgent.

Ten tweede is het belangrijk om met het oog op langetermijnopgaven de ruimteclaims voor het gebied op een nieuwe manier met elkaar te verbinden. Dit vergt een gebiedsgerichte aanpak die niet alleen de bestaande kwaliteiten van het gebied versterkt, maar ook leidt tot de ontwikkeling van nieuwe kwaliteiten. Het Innovatienetwerk Groene Ruimte en Agrocluster (2002) spreekt in dit verband van transities. Denk aan drijvende woningen en kantoren in combinatie met natuurontwikkeling in een waterbergingsgebied. De bestaande en nieuwe kwaliteiten vormen de bouwstenen voor het sterke verhaal.

Een derde opgave is invulling geven aan *multi-sector* en *multi-level governance*. Het op een nieuwe manier verbinden van ruimteclaims vergt de inzet van verschillend sectoraal beleid, zoals woonbeleid, economisch beleid, natuurbeleid en waterbeleid. Tegelijkertijd is beleid dat op regionaal niveau wordt gevoerd vaak uitvoering van rijks- of Europees beleid. Omgekeerd wordt regionaal beleid door het rijk en de Europese Unie (EU) gesteund. Het maakt duidelijk dat een sterk verhaal betrokkenen uit verschillende sectoren en op verschillende niveaus moet kunnen inspireren.

Een vierde opgave is de organisatie van een actieve inbreng van belanghebbenden en belangstellenden. Dit kan bijvoorbeeld door met 'verrassende ontmoetingen' uiteenlopende betrokkenen en buitenstaanders bij elkaar te brengen, via 'gezamenlijk feitenonderzoek' kennis over de langetermijnontwikkelingen en het gebied te verzamelen en via 'gezamenlijk ontwerpen' nieuwe planconcepten te bedenken waarin de verschillende ruimteclaims op een innovatieve manier te combineren zijn. Een actieve inbreng van belanghebbenden en belangstellenden kan een stimulans geven aan de creativiteit die nodig is om een sterk verhaal te bedenken.

Een vijfde opgave is de organisatie van de uitvoering. Het gaat hierbij om zaken als een vroege koppeling van de planvorming en de financiering met het oog op de financiële haalbaarheid, om de uitvoeringsorganisatie in verband met de toedeling van taken en bevoegdheden, het bepalen van de manier van werken en dergelijke en om het uitvoeringsprogramma voor het organiseren van financieringsvormen, het afstemmen van investeringsprojecten et cetera.

Regionale kennisbehoeften

Voor de verschillende beleidsopgaven bestaan verschillende soorten kennisbehoeften. Voor het kunnen inspelen op een langetermijndynamiek is inzicht nodig in de langetermijnontwikkelingen die voor de regio relevant kunnen zijn, de uitdagingen die deze ontwikkelingen met zich kunnen meebrengen, de nieuwe oplossingen die zich op termijn aandienen en de onzekerheden die hierbij in het geding zijn. Hiervoor is niet alleen gebiedskennis nodig, maar ook economische, demografische, hydrologische en andere onderzoekskennis, vooral in de vorm van prognoses en scenario's. Om strijdige ruimteclaims op intelligente wijze te verbinden, is er kennis nodig over de verschillende ruimtegebruikfuncties in het gebied en de mogelijkheden en beperkingen om bestaande functies te versterken, nieuwe functies te introduceren en functies op nieuwe manieren te combineren. Dit vraagt om de integratie van gebiedskennis met uiteenlopende soorten onder-

interested parties to get actively involved. Possibilities include confronting diverse involved parties with outsiders in 'surprise meetings', 'joint fact-finding missions' to gather knowledge about the long-term trends and the region, and devising new planning proposals in 'joint designs' in which the different claims to space can be combined in an innovative way. If those directly involved and interested third parties are encouraged to make an active contribution, this can stimulate the creativity that is needed to devise a strong story.

The fifth challenge is organizing implementation. This involves things like linking planning to funding at an early stage to check financial feasibility, organizing implementation in relation to the allocation of tasks and competencies, determining working methods and suchlike, and drawing up an implementation programme for organizing types of funding, coordinating investment projects and so on.

Regional knowledge requirements

Different kinds of knowledge are needed to respond to the different policy challenges. To respond to the long-term dynamic situation, it is crucial to know the long-term trends that may be relevant to the region, the challenges these may bring, the new solutions that may present themselves at a certain point, as well as the uncertainties that are at issue. Regional knowledge is not enough; economic, demographic, hydrological and other types of research knowledge are needed, particularly in the form of prognoses and possible scenarios. To link conflicting claims to space in an intelligent way, knowledge will be needed about the different functional uses of space in the region and the scope and constraints when it comes to strengthening existing functions, introducing new ones, and combining functions in new ways. This calls for the integration of regional knowledge with a range of research knowledge – designs, planning, economics, system analysis and suchlike. A good deal of creativity and a capacity for integration are needed, if one or more planning proposals is to be distilled from all this knowledge to serve as guiding narratives (Zonneveld & Verwest, 2005).

The role of research findings

Policy-makers will already possess much of the knowledge they need. For instance, a provincial authority will have at its disposal not just regional knowledge, but also knowledge relating to economic and planning factors, legal issues and other types of research knowledge. But in some parts of the policy process, policy-makers often turn out to possess insufficient knowledge, forcing them to enlist the help of advisors or researchers. The gaps may lie in applied, fundamental, or strategic knowledge.

Research geared towards specific practical applications is often conducted by research bureaus or university departments. They generally do it in the region itself. Examples include, say, soil testing in an agricultural area with a view to changing the functions of the area, involving a combination of housing, work, nature conservation and water storage. Such research will generally be done by one or more of the actors who are involved in the regional policy. That is why the knowledge generated by this research is generally immediately applicable.

Fundamental research can shed light on new theories and concepts. Examples include the ideas about the creative class which were applied in the redevelopment of an old harbour area. In addition, fundamental research can generate data on trends that are important for the region, such as the changing patterns of competition between European regions. As a rule, fundamental research is not directly linked to the knowledge needs within regional policy; researchers generally do this kind of work on their own initiative. What is more, the research findings are often formulated in general, abstract terms, which need to be translated to the specific regional conditions as well as to the existing policy-making practices.

zoekskennis – ontwerpen, planologie, economie, systeemleer en dergelijke. Er is veel creativiteit en integratievermogen nodig om uit al deze kennis één of meer richtinggevende planconcepten te destilleren (Zonneveld & Verwest, 2005).

Rol van onderzoekskennis

Veel van de benodigde kennis hebben beleidsmakers zelf in huis. Zo beschikt een provincie naast gebiedskennis ook over economische, planologische, juridische en andere onderzoekskennis. Maar tijdens onderdelen van het beleidsproces blijkt vaak dat beleidsmakers over onvoldoende kennis beschikken en dat zij een beroep op adviseurs of onderzoekers moeten doen. Hierbij kan het om toegepaste, fundamentele of strategische kennis gaan. Toepassingsgericht onderzoek wordt vaak door een onderzoeksbureau of een universiteit uitgevoerd. Zij doen dit gewoonlijk in het gebied zelf. Denk aan een bodemonderzoek in een landbouwgebied met het oog op de functieverandering in het gebied waarbij wonen, werken, natuur en waterberging worden gecombineerd. Een of meerdere actoren die bij het regionale beleid zijn betrokken, voeren gewoonlijk het onderzoek uit. Daarom is de kennis die dit onderzoek oplevert, meestal direct toepasbaar. Fundamenteel onderzoek kan inzicht bieden in nieuwe theorieën en concepten. Denk aan de ideeën over de creatieve klasse die bij de herstructurering van een oud havengebied worden toegepast. Daarnaast kan fundamenteel onderzoek gegevens opleveren over ontwikkelingen die belangrijk zijn voor de regio, bijvoorbeeld over de veranderende concurrentieverhoudingen tussen regio's binnen Europa. Fundamenteel onderzoek sluit meestal niet direct aan op de kennisbehoeften in het regionale beleid. Gewoonlijk wordt het namelijk op eigen initiatief gedaan. Bovendien zijn de onderzoeksresultaten vaak algemeen en abstract, waardoor een vertaling nodig is naar zowel de regio als naar de beleidspraktijk.

Strategisch onderzoek wordt vooral gedaan door planbureaus, maar ook door andere onderzoeksinstituten. Dit onderzoek kan verschillende vormen aannemen (Van der Wouden & Dammers, 2006). Probleemstructurerend onderzoek is gericht op het herdefiniëren van beleidsvraagstukken, zoals de aanpak van hoogwateroverlast als een ruimtelijk in plaats van een technisch vraagstuk. Scopingonderzoek is gericht op ontwikkelingen die met langetermijnvraagstukken zijn verbonden, zoals nieuwe vormen van meervoudig ruimtegebruik in het licht van de toekomstige klimaatverandering. En evaluatieonderzoek is gericht op het vooraf schatten of achteraf onderzoeken van beleidsprestaties. Bijvoorbeeld een onderzoek naar praktijken waarin de verandering van een gebied meer of minder succesvol ter hand is genomen. Strategisch onderzoek sluit meestal niet direct aan op de kennisbehoeften in het regionale beleid. Dit onderzoek gebeurt gewoonlijk op verzoek van de regering en is daarom op het nationale niveau gefocust. Deze resultaten hebben dus een vertaling naar de regio nodig.

Uitdagingen bij het mobiliseren van kennis

Er is dus tegelijkertijd sprake van een grote en diverse kennisbehoefte bij het regionale beleid en een groot en divers kennisaanbod. De beleidsmakers in kwestie moeten daarom in staat zijn om kennis te mobiliseren. In de praktijk gebeurt dit lang niet altijd op een optimale manier. Beleidsmakers worden vaak overspoeld met kennis, maar lang niet alle kennis is belangrijk voor de gebiedsontwikkeling. Tegelijkertijd ontbreekt er meestal allerlei kennis die zij wel nodig hebben. Dat ligt aan het feit dat strategische en fundamentele onderzoekskennis naar de beleidspraktijk, de regio of allebei moet worden vertaald, maar ook speelt het zoekgedrag van de beleidsmakers een rol.

Beleidsmakers hebben allerlei communicatiekanalen beschikbaar, waardoor zij toegang hebben tot een grote hoeveelheid en variëteit aan kennis, zoals

Most strategic research is conducted by planning agencies, but some is done by other research institutes. This research may take a variety of forms (Van der Wouden & Dammers, 2006). Problem-structuring research is geared towards redefining policy issues — for instance, tackling flooding as a spatial rather than a technological problem. Scoping research is geared towards trends related to long-term issues, such as new forms of multiple uses of space in the light of future climate change. And evaluation research is geared towards advance estimates or retrospective studies of policy achievements. This might include, say, a study of practices in which changes to a particular region have been tackled relatively successfully or unsuccessfully. Strategic research is not generally attuned to the knowledge needs in regional policy. This research is generally conducted at the government's request and is therefore focused at national level. So its findings need to be translated to the regional level.

Challenges in mobilizing knowledge

This means that where regional policy is concerned, both the demand for knowledge and the supply of knowledge are large and diverse. The policy-makers concerned must therefore be capable of mobilizing knowledge. In practice, this stage often leaves much to be desired. Policy-makers are frequently inundated with knowledge, but much of it bears little relevance to regional development. At the same time, all kinds of knowledge that they do need is generally lacking. This is partly because strategic and fundamental research data need to be translated to policy practice, the specific region, or both, but it is also partly because of the methods adopted by policy-makers in their search for knowledge.

Policy-makers have a wide range of communication channels at their disposal, giving them access to a large quantity and variety of knowledge, through networks, publications, and ICT. To select what is relevant from this huge and diverse supply, it is important that policy-makers possess a strong story about the region's desired development. This will enable them to search selectively (Dammers et al., 1999). But no such strong story is generally available from the outset; as already noted, it has to be devised during the policy-making process.

In accumulating knowledge, policy-makers are often quickly satisfied. Partly because of their heavy workload, they may be swift to accept knowledge they already possess or that is fairly easy to obtain. There is a growing trend towards dispensing with research, and making do with expert meetings instead. In consequence, policy-makers often end up bringing knowledge to bear on situations without having a proper understanding of the underlying processes, structures, and systems (Dror, 2002). But this kind of understanding is essential to grasp the changes that need to be made in a region, as well as the scope and limitations that exist in seeking to effect them.

Learning processes and frames

The knowledge that is accumulated by actors can be seen as raw material that can be processed into new knowledge through learning processes. The way in which this is done depends on the learning processes that are in play. One common form of learning is 'framing' (Schön & Rein, 1994), in which actors develop their instrumental values and views, for instance on the effectiveness of various flood control techniques. 'Re-framing' means changing their fundamental values and beliefs, for instance a change of perspective from a technical approach to flooding to creating 'space for water'. 'Re-framing' is relatively uncommon, since fundamental values and beliefs tend to be closely interwoven with the actors' identity. This reinforces the resistance to change. But the innovative nature of major changes to an area make it imperative that policy-makers adjust their core values and beliefs.

netwerken, publicaties en ICT. Om uit de grote hoeveelheid en diversiteit de relevante kennis te selecteren, is het belangrijk dat de beleidsmakers een sterk verhaal over de gewenste ontwikkeling van het gebied hebben. Op grond hiervan kunnen zij doelgericht zoeken (Dammers et al., 1999). Maar een sterk verhaal is meestal niet vanaf het begin beschikbaar en moet, zoals gezegd, juist tijdens het beleidsproces worden ontwikkeld.

Bij het verzamelen van allerlei soorten kennis zijn beleidsmakers vaak snel tevreden. Mede door de hoge werkdruk nemen zij al gauw genoegen met kennis die zij zelf in huis hebben of die zij vrij gemakkelijk kunnen verkrijgen. Het komt steeds vaker voor dat er geen onderzoek wordt gedaan, maar met expertmeetings wordt volstaan. Het gevolg is dat beleidsmakers vaak kennis gebruiken over situaties zonder inzicht te hebben in de onderliggende processen, structuren en systemen (Dror, 2002). Terwijl dit soort inzicht juist nodig is om zicht te krijgen op de noodzakelijke veranderingen van het gebied en op de mogelijkheden en beperkingen om die veranderingen te bewerkstelligen.

Leerprocessen en frames

De kennis die actoren verzamelen, kan worden opgevat als een grondstof die zij via leerprocessen tot nieuwe kennis verwerken. De manier waarop dit gebeurt, hangt af van de leerprocessen die optreden. Een veel voorkomende vorm van leren is *framing* (Schön & Rein, 1994), waarbij actoren hun instrumentele waarden en opvattingen ontwikkelen, bijvoorbeeld over de effectiviteit van technische maatregelen tegen hoogwateroverlast. Bij *re-framing* veranderen zij hun fundamentele waarden en opvattingen, bijvoorbeeld de denkomslag van een technische aanpak van hoogwateroverlast naar 'ruimte voor water'. *Re-framing* treedt minder vaak op, omdat de fundamentele waarden en opvattingen sterk met de identiteit van de actoren zijn verbonden. De weerstand tegen verandering is daardoor groter. Het vernieuwende karakter van grote veranderingen van een gebied vergt juist dat beleidsmakers hun fundamentele waarden en opvattingen aanpassen.

Tot slot leiden grote veranderingen van een gebied nogal eens tot oplopende conflicten. Er staan immers grote belangen op het spel. Een hoog conflictniveau uit zich in het benadrukken van het eigenbelang, dat de beleidsmakers zoveel mogelijk proberen door te zetten (Sabatier & Jenkins-Smith, 1999). De winst van de een zien de actoren hierbij als verlies voor de ander. De actoren mobiliseren in dit geval vooral kennis die het eigen *frame* bevestigt: de ontvankelijkheid voor kennis die hun *frame* uitdaagt is beperkt. Deze stellen zij juist ter discussie. Bij een gematigd conflict zijn de betrokkenen meer geneigd om rekening te houden met de belangen van de anderen. Zij zoeken dan naar mogelijkheden om winst voor zichzelf gepaard te laten gaan met winst voor anderen. Omdat de *frames* dan minder worden bedreigd, zijn de actoren meer ontvankelijk voor kennis die hun eigen *frame* uitdaagt.

Kennismanagement

Om de mobilisatie van kennis in regionale beleidspraktijken te stimuleren, is het belangrijk dat er betere voorwaarden voor mobilisatie worden gecreëerd. De volgende voorwaarden spelen een cruciale rol.

Kennismanagement toepassen. Hiervan is sprake als beleidsmakers de creatie, de verspreiding en het gebruik van kennis doelgericht organiseren (Dammers et al., 1999) en daarbij bewust inspelen op kennisvervaging, kennisverbreding en kennisverplaatsing. Dat kan gebeuren via een vooropgezette strategie, maar ook via een strategie die zich in de loop van het planningsproces ontwikkelt. Onderdelen van kennismanagement zijn: het bemiddelen tussen de kennisvragers en kennisaanbieders, het investeren in een regionaal innovatienetwerk

Finally, large-scale changes to a region sometimes generate fierce conflicts; after all, important interests are at stake. A high level of conflict is expressed in an emphasis on self-interest, and policy-makers trying their utmost to promote these specific interests (Sabatier & Jenkins-Smith, 1999). In such conflicts, each actor interprets another's gain as its own loss. In this case, the actors primarily mobilize knowledge that confirms their own 'frame': when confronted with knowledge that challenges their frame, they tend to be unreceptive, and to question its worth. In a more moderate conflict, those involved are more willing to take account of each other's interests. They look for ways of achieving a win-win situation for both sides. Since in such cases there is less of a threat to the 'frames', actors are more receptive to knowledge that challenges their own 'frame'.

Knowledge management

To encourage the mobilization of knowledge in regional policy-making, it is important to create better conditions for mobilization. The following conditions play a crucial role:

The application of knowledge management. This is about policy-makers organizing the creation, dissemination, and targeted use of knowledge (Dammers et al., 1999), and in the process consciously responding to the merging, widening, and translation of knowledge [see introduction]. This can happen through a preconceived strategy, but alternatively it could be done by means of a strategy that develops in the course of the planning process. Knowledge management involves mediating between those with a demand for knowledge and knowledge suppliers, investing in a regional innovation network, and informing regional policy-makers about knowledge that is available or anticipated. It is crucial that relevant knowledge be made available to all parties involved, and that those who possess less knowledge are given support.

The establishment of regional knowledge centres. The regional level is the best level at which to set up a knowledge centre, since policy articulation and knowledge mobilization are shifting more and more from national to regional level. In addition, regions are easily recognizable, since physical features, social themes and administrative relations are often an integrated whole. In addition, it is often easy to establish relationships at regional level. For purposes of recognizability, regional knowledge centres need physical locations identified by clear signs. A knowledge centre may become a meeting-place that can serve as a laboratory for surprising meetings, joint fact-finding operations, and collaborative designs. It can also be a kind of service desk, to which regional policy-makers can apply for knowledge and information.

Second-line support. There is often insufficient capacity at regional level to exchange knowledge and to discuss good and less good policy practices. As a result, people end up having to reinvent the wheel (Dammers et al., 2004). A national knowledge centre could serve as a second line by taking on activities that have failed to get off the ground at regional level. Activities might include arranging for policy-makers from different regions to exchange views, supervising regional knowledge managers, and bringing regional policy-makers into contact with national research institutes.

Final remarks

I should like to conclude with two remarks about national research institutes. Since policy articulation and knowledge mobilization are shifting increasingly from the national to the regional level, universities and planning agencies should perhaps be translating their research results more to the level of regional policy-making. At present, a great deal of research is still abstract and targeted at national level. In principle, regional researchers, such as a provincial research department, could translate the findings of national research to the level of regional practice, but they often lack the necessary capacity.

en de beleidsmakers in de regio voorlichten over kennis die beschikbaar is of komt. Belangrijk is dat relevante kennis aan alle betrokkenen beschikbaar wordt gesteld en dat de betrokkenen die over minder kennis beschikken ondersteuning krijgen. Regionale kenniscentra oprichten. Het regionale niveau is het optimale schaalniveau voor een kenniscentrum, omdat beleidsarticulatie en kennismobilisatie zich steeds meer van het nationale naar het regionale niveau verplaatsen. Daarnaast is de regio gemakkelijk herkenbaar, omdat de fysieke kenmerken, maatschappelijke thematiek en bestuurlijke verhoudingen vaak een eenheid vormen. Daarnaast is het vaak gemakkelijk om op regionaal niveau relaties aan te knopen. Voor de herkenbaarheid dienen regionale kenniscentra een fysieke plek te hebben met een duidelijk uithangbord. Een kenniscentrum kan een ontmoetingsruimte bieden die als laboratorium dient voor verrassende ontmoetingen, gezamenlijk feitenonderzoek en gezamenlijk ontwerpen. Het kan daarnaast een loketfunctie vervullen, waar regionale beleidsmakers kennis en informatie kunnen vinden. Ondersteuning vanuit de tweede lijn geven. Het komt nogal eens voor dat er op het regionale niveau onvoldoende capaciteit aanwezig is om kennis uit te wisselen en goede en minder goede beleidspraktijken te bespreken. Met als gevolg dat het wiel nogal eens opnieuw wordt uitgevonden (Dammers et al., 2004). Een landelijk kenniscentrum zou als tweede lijn kunnen fungeren door activiteiten te ondernemen die regionaal niet van de grond komen. Denk aan beleidsmakers uit verschillende regio's ervaringen laten uitwisselen, regionale kennismanagers begeleiden en regionale beleidsmakers en landelijke onderzoeksinstellingen met elkaar in contact brengen.

Slotopmerkingen

Ter afsluiting nog twee opmerkingen over landelijke onderzoeksinstellingen. Omdat de beleidsarticulatie en kennismobilisatie zich steeds meer van het nationale naar het regionale niveau verplaatsen, is het de vraag of universiteiten en planbureaus hun onderzoeksresultaten niet meer naar de regionale beleidspraktijken zouden moeten vertalen. Veel onderzoek is immers nog abstract en nationaal gericht. In principe zouden onderzoekers uit de regio, zoals een onderzoeksafdeling van de provincie, de nationale onderzoeksresultaten naar de regionale praktijk kunnen vertalen, maar vaak ontbreekt het aan de benodigde capaciteit.

Een andere vraag is of universiteiten en planbureaus niet meer werk zouden moeten maken van de communicatie van hun onderzoeksresultaten naar de regio's. Vooral de planbureaus zijn niet gewend om aan regionale innovatienetwerken deel te nemen of aan gezamenlijk feitenonderzoek mee te doen. Dit geeft juist invulling aan de kennisverplaatsing en zou het daadwerkelijke gebruik van de onderzoeksresultaten ten goede komen. Voor deze manier van werken is het wel nodig dat zij meer aandacht besteden aan verbale kennisoverdracht en dat zij meer bedacht zijn op het behoud van hun onafhankelijke positie.

Ed Dammers is onderzoeker bij het Planbureau voor de Leefomgeving (PBL).

The second point is that it might be useful for universities and planning agencies to focus more of their efforts on communicating their results to regional actors. Planning agencies in particular are not used to participating in regional innovation networks or collaborative fact-finding operations. But this would help translate knowledge to the regional level and would promote the actual use of research findings. For this method to be successful, however, it is important that planning agencies pay more attention to verbal transfers of knowledge and to take care to maintain their independence.

Ed Dammers is a senior researcher at the Netherlands Environmental Assessment Agency (PBL).

References
Dammers, E. et al. (1999). *Innoveren en leren*. The Hague: National Council for Agricultural Research
Dror, Y. (2002). *The capacity to govern*. London: Frank Cass
Dammers, E. et al. (2004). *Ontwikkelingsplanologie*. The Hague: Netherlands Institute for Spatial Research
Innovation Network Rural Areas and Agricultural Systems (2002). *Samenleving in transitie*. The Hague: Ministry of Agriculture, Nature Management and Fisheries
Sabatier, P.A. (1999). *Theories of the policy process*. Boulder: Westview Press.
Schön, D.A. & M. Rein (1994). *Frame reflection*. New York: Basic Books
Wouden, R. van der & E. Dammers (2006). *Knowledge and Policy in the Netherlands*. In *disP*, no. 2, pp. 34-42
Zonneveld, W. & F. Verwest (2005). *Tussen droom en retoriek*. The Hague: Netherlands Institute for Spatial Research

Referenties
Dammers, E. et al. (1999). *Innoveren en leren*. Nationale Raad voor Landbouwkundig Onderzoek, Den Haag.
Dror, Y. (2002). *The capacity to govern*. Frank Cass, Londen.
Dammers, E. et al. (2004). *Ontwikkelingsplanologie*. Ruimtelijk Planbureau, Den Haag.
Innovatienetwerk Groene Ruimte en Agrocluster (2002). *Samenleving in transitie*. Ministerie van LNV, Den Haag.
Sabatier, P.A. (1999). *Theories of the policy process*. Westview Press, Boulder.
Schön, D.A. & M. Rein (1994). *Frame reflection*. Basic Books, New York.
Wouden, R. van der & E. Dammers (2006). *Knowledge and policy in the Netherlands*. In: *disP*, nr. 2, pp 34-42.
Zonneveld, W. & F. Verwest (2005). *Tussen droom en retoriek*. Ruimtelijk Planbureau, Den Haag.

De veranderende rol van ambtenaren in regionale projecten

The changing role of civil servants in regional projects

Jan van Tatenhove

Regionale gebiedsgerichte projecten en gebiedsontwikkeling gebaseerd op nieuwe vormen van sturing
en beleidsvoering zijn niet meer weg te denken uit
de beleidspraktijk. De afgelopen vijftien à twintig
jaar hebben overheden op uiteenlopende wijze
geëxperimenteerd met regionale projecten, zoals
gebiedsgericht beleid en regionale samenwerking.
Het betreft experimenten met nieuwe vormen van
sturing – bijvoorbeeld geïntegreerd gebiedsgericht
beleid – en nieuwe vormen van regionale bestuurlijke samenwerking, variërend van vrijwillige samenwerking op basis van een convenant tot verplichte
samenwerking in de WGR-plus of Stadsregio's.
De Stadsregio's zijn een voorbeeld van verplichte
regionale samenwerking tussen gemeenten om
oplossingen te vinden voor complexe en structurele
ruimtelijke afstemmingsproblemen. Hiervoor is
samenwerking nodig op de terreinen van ruimtelijke

Regional area-based projects and area
development involving new forms of
governance and policy implementation
have become fundamental parts of policy
practice. For the past fifteen to twenty
years, public authorities have experimented
with many different approaches to regional
projects, such as area-based policy, and
regional cooperation. These experiments
have involved new modes of governance,
such as integrated area-based policy, and
new forms of regional cooperation between
public authorities, varying from voluntary
cooperation through non-binding agreements known as covenants (*convenanten*) to
mandatory cooperation within urban regions
(*stadsregio's*) in the framework of the 1994
Act amending the Joint Arrangements
Act (*Wijzigingswet Gemeenschappelijke
Regelingen Plus*; WGR-Plus).
The urban regions are an example of

274

mandatory regional cooperation between municipalities to find solutions to complex, recurring coordination problems in spatial policy. To solve such problems, municipalities must work together in the fields of spatial planning, housing, traffic, transport, economic affairs, and the environment. Another approach to regional projects is integrated area-based policy, developed in the late 1990s. In this approach, public authorities negotiate with organizations from civil society and the private sector.

Interactive policy practices
Forms of policy learning and participatory, interactive, and reflexive governance vary from attempts to establish communities of practice (in order to enhance the learning and productive capacity of organizations in area development) to various modalities of interactive and participatory policy practices aimed at the management of the immediate residential environment, reflection on major plans, implementation of crucial projects, elicitation of input from civil society, and the improvement of relationships between parties (Hendriks & Tops, 2001; Edelenbos et al., 2006).

These experiments are an expression of, and a response to, a distributed approach to politics and policy (Van Tatenhove, 2006).

Process managers, who play an important role in interactive policy practices, have been defined as 'those professionally involved in managing "interorganizational" interactions between interdependent actors with divergent interests, ideas, and/or visions, both within the public sector and outside it' (Van der Arend, 2007). Active process management can be classified into the activities of facilitators, actual managers of processes, and behind-the-scenes operators at various levels. Facilitators play their role within socially and temporally bounded gatherings. Managers of processes work within processes that are not bounded in this way but are restricted to a particular field or issue, while behind-the-scenes operators move

ordening, volkshuisvesting, verkeer en vervoer, economische zaken en milieu. Een andere vorm van regionale projecten is het geïntegreerde gebiedsgerichte beleid, dat eind jaren negentig is ontwikkeld. In deze vorm onderhandelen overheden samen met maatschappelijke belangengroepen en marktpartijen.

Interactieve beleidspraktijken
De vormen van beleidsleren, participatieve, interactieve en reflexieve sturing variëren van pogingen tot het oprichten van *Communities of Practice* (CoP) – om het lerend en producerend vermogen van organisaties in gebiedsontwikkeling te vergroten – tot verschillende modaliteiten van interactieve en participatieve beleidspraktijken, gericht op het beheer van de directe woonomgeving, het overdenken van majeure plannen, het realiseren van cruciale projecten, het ontlokken van maatschappelijke signalen en het verbeteren van betrekkingen tussen betrokken partijen (Hendriks & Tops, 2001; Edelenbos et al., 2006).

Deze experimenten zijn een uitdrukking van en een antwoord op een verspreide politiek en beleid (Van Tatenhove, 2006). Procesmanagers vervullen een belangrijke rol in interactieve beleidspraktijken. Procesmanagers zijn 'diegenen die zich beroepsmatig toeleggen op het managen van "interorganisationele" interacties tussen onderling afhankelijke actoren met uiteenlopende belangen, ideeën en/of visies, zowel binnen als buiten de publieke sector' (Van der Arend, 2007). Actief procesmanagement kan worden ingedeeld in activiteiten van facilitators, procesmanagers-van-processen en souffleurs op verschillende niveaus. Facilitators plegen interventies binnen sociaal en temporeel afgebakende bijeenkomsten. Procesmanagers werken in niet begrensde, maar wel inhoudelijk gebonden processen, terwijl souffleurs opereren in onbegrensde, ongebonden netwerken.

Deze interactieve en participatieve experimenten veranderen de verhouding tussen overheden en andere participanten. Maar wat doet het met de rol van de ambtenaar? In dit essay gaan we in op die veranderende rol en positie van ambtenaren in bestuurlijke processen van regionalisering. Op welke manier stellen zij zich op: als vertegenwoordigers van het inhoudelijke belang van hun organisaties of als regievoerders en procesmanagers? Wat is de positie van ambtenaren ten opzichte van politici en andere participanten in regionale coalities? In hoeverre geldt nog steeds het primaat van de politiek? Welke ruimte hebben ambtenaren om de regels van het spel te herdefiniëren of zelfs om besluiten te nemen? Hoe legitiem is het om de regels van het spel te veranderen? Op welke manier beïnvloedt de institutionele omgeving de onderhandelingen en uitkomsten van deze regionale projecten? Hoe gaan ambtenaren om met de verschillende bestuursniveaus van gebiedsgerichte projecten?

Gebiedsgericht beleid

Aan het eind van de jaren tachtig van de vorige eeuw werd duidelijk dat veel generiek beleid – landbouw, milieu, natuur en ruimtelijke ordening – ongeschikt was om de structurele en complexe problemen in landelijke en stedelijke gebieden op te lossen. Zo had het landelijk gebied te kampen met milieuproblemen veroorzaakt door de landbouw, een verrommelde ruimte, bedreigde natuur, een versnipperd landschap en een slechte waterkwaliteit. Terwijl stedelijke gebieden, zoals Rijnmond en Schiphol, te kampen hadden met economische, ruimtelijke en milieuproblemen. Om allerlei redenen bleken generieke doelstellingen, normen en regelingen ongeschikt voor de aanpak van deze complexe en structurele problemen. Maar ook had het generieke beleid onvoldoende oog voor de specifieke regionale en lokale omstandigheden en was er sprake van conflicterende sectorale maatregelen. Om de problemen het hoofd te bieden, ontwikkelden de ministeries van Volkshuisvesting, Ruimtelijke Ordening en Milieubeheer (VROM), Landbouw,

within unbounded, unrestricted networks.

These interactive and participatory experiments change the relationship between public authorities and other parties. But how do they affect the role of civil servants? This essay examines the changing role and status of civil servants in governmental processes of regionalization. Do civil servants act as representatives of the special interests of their organizations, or as coordinators and process managers? What is the role of civil servants in relation to politicians and other participants in regional coalitions? To what extent do the priorities of political leaders still play the leading role? How much scope do civil servants have to redefine the rules of the game or even take their own decisions? How legitimate is it to change the rules of the game? How does the institutional context influence negotiations on these regional projects and their outcomes? And how do civil servants relate to the different levels of government involved in area-based projects?

Area-based policy

In the late 1980s it became clear that a great deal of generic policy on agriculture, the environment, nature, and spatial planning was not suited to solving the complex and systemic problems in rural and urban areas. Rural areas, for instance, had environmental problems caused by agriculture, a cluttered spatial structure, threatened ecosystems, a fragmented landscape, and poor water quality. At the same time, urban areas such as Rijnmond (the Rotterdam region) and Schiphol faced economic, spatial, and environmental problems. For all sorts of reasons, generic objectives, standards, and arrangements proved inadequate to address these complex and systemic problems. Furthermore, generic policies were insufficiently attentive to specific regional and local conditions, and measures in different policy areas conflicted.

To deal with these problems, three ministries – Housing, Spatial Planning, and the Environment (VROM); Agriculture, Nature, and Food Quality (LNV); and Transport, Public Works, and Water Management (VenW) – developed integrated area-based policy. Examples of integrated area-based policy include Spatial and Environmental Projects (*ROM-projecten*), Vinex quality of life projects, Valuable Cultural Landscapes (*Waardevolle Cultuurlandschappen*; WCL), and Strategic Green Projects (SGP). One defining feature of integrated area-based policy is that plans for area redevelopment are presented to the affected parties. Despite the stated objective of approaching each region on its own terms, the national and provincial authorities defined the political context, formulating the problems, deciding where to look for the solutions, and selecting the relevant participants.

New governance strategy

The development of area-based policy was marked by a tension between area-based regionalization and area-specific initiatives (Van Tatenhove, 1996). Area-specific regionalization – ROM, WCL, and SGP policy – focuses on gaining control of undesirable tendencies and rerouting them in the direction desired by the public authorities. In this context, the national and provincial authorities define the ground rules, the objectives, the problems, and the potential types of solutions, and they decide who will be allowed to participate in the custom-designed regional processes. Region-specific initiatives, as the phrase suggests, are much more often led by local and regional actors. Local processes and frameworks give shape to these initiatives, highlighting the autonomy and individuality of the areas in question.

In the late 1990s, several evaluations of integrated area policy revealed shortcomings, such as a profusion of different forms of area-based policy, inadequate operational goals, and inadequate results. These conclusions, in combination with the outbreak of classical swine fever through much of North Brabant in 1997, prompted authorities (particularly at the national level) to try

Natuur en Voedselkwaliteit (LNV) en Verkeer en Waterstaat (VenW) geïntegreerd gebiedsgericht beleid (GGB). Voorbeelden van GGB zijn de ROM-projecten (Ruimtelijke Ordening en Milieu), de Vinex-leefbaarheidsprojecten, Waardevolle Cultuurlandschappen (WCL) en Strategische Groenprojecten (SGP). Kenmerkend voor het geïntegreerde gebiedsgerichte beleid is dat plannen voor herstructurering van een gebied aan de betrokken participanten worden voorgelegd. Ondanks het streven naar regionaal maatwerk definieerden het rijk en de provincies het politieke speelveld – probleemdefinities, oplossingsrichtingen en de selectie van relevante participanten.

Nieuwe sturingsstrategie

De ontwikkeling van gebiedsgericht beleid stond in het teken van een spanning tussen gebiedsgerichte regionalisering aan de ene kant en gebiedsspecifieke initiatieven aan de andere kant (Van Tatenhove, 1996). Bij gebiedsgerichte regionalisering – het ROM-beleid, WCL en SGP – staat de beheersing en ombuiging van ongewenste ontwikkelingen in een door de overheid gewenste ontwikkeling centraal. Hierbij definiëren het rijk en de provincies de regels van het spel, de doelen, problemen, oplossingsrichtingen en beslissen zij wie er aan processen van regionaal maatwerk mogen meedoen. De regie bij gebiedsspecifieke initiatieven ligt, zoals de term al doet vermoeden, veel meer bij lokale en regionale actoren. Lokale processen en structuren geven vorm aan deze initiatieven en benadrukken de autonomie en eigenheid van gebieden. Verschillende evaluaties van het geïntegreerde gebiedsgericht beleid tonen eind jaren negentig een aantal tekortkomingen aan, zoals een wildgroei aan vormen van gebiedsgericht beleid, onvoldoende operationele doelstellingen en onvoldoende resultaten. Met de uitbraak van de varkenspest in 1997 in grote delen van Noord-Brabant en voortbouwend op de conclusies uit de evaluaties slaat met name de rijksoverheid een nieuwe 'sturingsweg' in. De rijksoverheid ontwikkelt een nieuwe sturingsstrategie met als uitgangspunten 'sturing op hoofdlijnen', 'outputsturing' en 'ontstapeling' en 'ontschotting'. Kernwoorden zijn 'afrekenbaarheid', decentralisatie en het 'onder condities overlaten' van de ontwikkeling en uitvoering aan lokale en regionale actoren. Een belangrijk instrument in het kader van de afrekenbaarheid is het contract. In een gebiedscontract maken rijk en provincies meerjarige afspraken over doelen, termijnen, financiering en monitoring. In het algemeen vormt een door alle betrokkenen opgestelde gebiedsvisie de basis voor een gebiedscontract. Met andere woorden: de doeltreffendheid, doelmatigheid en afrekenbaarheid van het gebiedsgerichte beleid moeten worden verhoogd met behulp van bestuursovereenkomsten, uitvoeringsprogramma's en uitvoeringscontracten.

Eén budget

Recentelijk zijn decentralisatie en afrekenbaarheid samengekomen in prestatieafspraken en het Investeringsbudget Landelijk Gebied (ILG), waarbij het rijk met iedere provincie afzonderlijk bestuursovereenkomsten – voor een periode van zeven jaar – afsluit over de te leveren prestaties. De rijksoverheid levert het geld en de provincies spreken daarvoor concrete beleidsprestaties af – zoals aangekochte hectares voor de ecologische hoofdstructuur, aantal verplaatste boerderijen, enzovoort.

Met het ILG zijn alle afzonderlijke subsidies voor het landelijk gebied samengevoegd in één budget. De verwachting is dat het ILG leidt tot een ontschotting van rijkssubsidies en de provincies hierdoor beter vorm kunnen geven aan geïntegreerd gebiedsgericht beleid. Of dit werkelijk zo is en of ILG bijdraagt aan het ontwikkelen van inspirerende en integrerende verhalen op regionaal niveau moet blijken uit de *mid-term review* van het ILG in 2010. Een belangrijk onderdeel van de evaluatie betreft de samenwerking tussen rijk en provincies en andere relevante

a different mode of governance. National government developed a new governance strategy, based on the concepts of 'governance through general frameworks' (*sturing op hoofdlijnen*), 'output management' (*outputsturing*), 'unstacking' (*ontstapeling*), and 'decompartmentalization' (*ontschotting*). Key words include 'accountability' (*afrekenbaarheid*), 'decentralization' (*decentralisatie*), and the 'conditional devolution' (*onder condities overlaten*) of policy development and implementation to local and regional actors.

One important instrument for accountability in the area contract (*gebiedscontract*), in which national and provincial authorities make multiyear commitments about goals, deadlines, funding, and monitoring. In general, a 'vision' or strategic plan for the area (*gebiedsvisie*) forms the basis for an area contract. In other words, the effectiveness, efficiency, and accountability of area-based policy have had to be enhanced with the aid of administrative agreements, implementation programmes, and implementation contracts.

A single budget

Decentralization and accountability recently merged, in the form of performance agreements (*prestatieafspraken*) and the Rural Area Investment Programme (*Investeringsbudget Landelijk Gebied*; ILG), in which national government enters into separate administrative agreements with each province, which specify what is to be accomplished. The national authorities provide the funding and the provinces commit to specific outputs, such as hectares of land purchased for the National Ecological Network, numbers of relocated farms, and so forth.

In the ILG, all the separate grants and subsidies for rural areas have been merged into a single budget. The ILG is expected to lead to the decompartmentalization of national funding, so that the provinces can do more to shape integrated area-based policy. Whether this will truly come to pass, and whether the ILG will contribute to the development of inspiring and integrative narratives at the regional level, will have to be judged after the mid-term review of the ILG in 2010. One important section of this review will relate to cooperation between the national and provincial authorities and other relevant parties and could also examine the extent to which provincial civil servants play a connecting and directing role.

Nowadays, national government is ever more likely to play the role of the coordinator and facilitator of policy processes, while the provinces are expected to take the lead. This also finds expression in policy on nature and spatial planning. The new thrust of nature policy is no longer 'taking care of . . .' but 'taking care that . . .', and one guiding principle of spatial planning is 'decentralized where possible, centralized where necessary'.

Social challenges
Striking the right balance between the area-based and the area-specific approaches is a central issue not only in the integrated area-based policy of the 1990s but also in spatial planning. Roughly speaking, spatial planning has developed from public social engineering, through private social engineering by investors, project developers, and builders, into forms of public-private collaboration. Over the years, the role of national government has changed. The National Spatial Strategy 2006 (*Nota Ruimte*) and the Spatial Planning Act 2008 (*Wet Ruimtelijke Ordening*; WRO) give municipalities greater freedom, but the WRO also permits national and provincial authorities to claim certain powers.

At the same time, the National Spatial Strategy reinforces the trend toward regional and local projects that involve both the public and private sectors. Multiple actors influence the political field and determine the ground rules, within an institutional setting that is being transformed by irreversible social changes. Such changes

partijen. Daarbij zou ook de mate waarin provinciale ambtenaren een koppelende en regisserende rol spelen in ogenschouw genomen kunnen worden. Vandaag de dag vervult de rijksoverheid steeds vaker de rol van coördinator en facilitator van beleidsprocessen, terwijl de provincies geacht worden de rol van regisseur te spelen. Dit komt ook tot uitdrukking in het natuurbeleid en de ruimtelijke ordening. Het nieuwe adagium van het natuurbeleid is verschoven van 'zorgen voor' naar 'zorgen dat', terwijl een belangrijk uitgangspunt in de ruimtelijke ordening is 'decentraal wat kan, centraal wat moet'.

Maatschappelijke opgave
Niet alleen het geïntegreerde gebiedsgerichte beleid van de jaren negentig, ook de ruimtelijke ordening worstelt met de balans tussen gebiedsgericht en gebiedsspecifiek. Met een grove pennenstreek geschetst: de ruimtelijke ordening heeft zich ontwikkeld van publieke maakbaarheid, via private maakbaarheid – beleggers, projectontwikkelaars, bouwers – naar vormen van publiek-private coproductie. Daarbij is de rol van het rijk in de loop van de jaren veranderd. In de Nota Ruimte en de Wet ruimtelijke ordening (Wro) wordt weliswaar meer ruimte gelaten aan gemeenten, maar de nieuwe wet biedt rijk en provincie de mogelijkheid om bepaalde bevoegdheden naar zich toe te trekken.
Tegelijkertijd versterkt de Nota Ruimte de trend naar regionale en lokale projecten, waarin overheid en marktpartijen een rol spelen. Meerdere actoren bepalen het politieke speelveld en formuleren de regels van het spel, binnen een institutionele setting die onderhevig is aan onomkeerbare maatschappelijke veranderingen. Zoals het grotendeels wegvallen van de coördinerende rol van de ruimtelijke ordening, de toenemende invloed van de Europese Unie, de toenemende mobiliteit van burgers en bedrijven en eigenzinniger en minder voorspelbaar gedrag van burgers (Van der Wouden & Luijten, 2006). De in de Nota Ruimte geïntroduceerde gebiedsontwikkeling

is een poging tot gebiedsspecifieke regionalisering (De Rooij et al., 2006): 'Waar ontwikkelingsplanologie nog planologie en dus primair een ruimtelijke opgave is, gaat het bij gebiedsontwikkeling primair om een maatschappelijke opgave die een interdisciplinaire aanpak vereist.'

Procesmanager

Gebiedsontwikkeling is volgens de opstellers van het praktijkboek *NederlandBovenWater* een logisch vervolg op gebiedsgericht beleid, maar vanuit een gekantelde benadering van ruimte. Gebieden staan centraal in plaats van institutionele grenzen of plannen van beleidsmakers. Gezien vanuit de relatie tussen institutionele setting en beleid, laat gebiedsgericht werken een ontwikkeling zien van door het rijk en provincies vooraf gedefinieerde regels naar het – in meer of mindere mate – onderhandelbaar maken van regels. Hier dringt zich de analogie op met vormen van interactief beleid en reflexieve beleidsvoering (Pestman & Van Tatenhove, 1998; Akkerman, Grin & Hajer, 2004; Van Tatenhove, 2006), waarbij burgers, bedrijven en ngo's de regels van het spel kunnen veranderen, waardoor de grondslagen van bestaand beleid ter discussie kunnen worden gesteld.

Hiermee is ook de rol van ambtenaren meer ambigue geworden. Hadden zij bij gebiedsgericht beleid de rol van inhoudelijk wegbereider, inhoudelijk voorbereider of projectleider, bij interactieve vormen van gebiedsspecifiek beleid is de rol verschoven naar procesbegeleider, procesmanager en soms zelfs medebesluitvormer.

Uit het voorgaande blijkt dat gebiedsgericht beleid, regionale planning en de context waarbinnen deze processen plaatsvinden de afgelopen vijftien à twintig jaar grondig zijn veranderd. Dit heeft gevolgen gehad voor de rol en invloed van ambtenaren. Traditioneel is er sprake van duidelijk afgebakende rollen en verantwoordelijkheden tussen ambtenaren en politici. Politici formuleren de grote lijn en beslis-

include the near-disappearance of spatial planning as a coordinating framework, the growing influence of the European Union (EU), the greater mobility of individuals and companies, and the more idiosyncratic, less predictable nature of individual behaviour (Van der Wouden & Luijten, 2006). The system of area development introduced in the National Spatial Strategy is an attempt at area-specific regionalization: 'While development planning is still a form of planning, and thus primarily a spatial challenge, area development is primarily a social challenge requiring an interdisciplinary approach.'

Process management

According to the makers of the area development manual *NederlandBovenWater*, area development is a logical successor to area-specific policy, but involves a reoriented approach to space that focuses on areas rather than institutional boundaries or policy plans. In terms of the relationship between the institutional setting and policy, the area-specific approach has moved away from predetermined national and provincial rules and toward leaving rules at least somewhat open to negotiation. There is an obvious analogy with forms of interactive policy and reflexive policy implementation (Pestman & Van Tatenhove, 1998; Akkerman, Grin & Hajer, 2004; Van Tatenhove, 2006), in which individuals, companies, and non-governmental organizations (NGOs) can change the ground rules, initiating debate about the foundations of existing policies.

This has also made the role of civil servants more ambiguous. While in area-based policy they paved the way for substantive discussion, prepared materials for debate, or acted as project managers, in interactive forms of area-specific policy, their role has shifted to that of process coordinator, process manager, and sometimes even co-decision-maker.

We can conclude from the above that area-based policy, regional planning, and the context within which these processes have taken place have changed profoundly over the past fifteen to twenty years. This has affected the role and influence of civil servants. Traditionally, there were clear dividing lines between the roles and responsibilities of civil servants and political leaders. Politicians decided on the general contours of policy and the approach to take, whereas civil servants prepared the way for these decisions and later implemented them. The transition to an area-based method, in which the results of negotiations between public and private actors are set out in a contract, has made the status of civil servants less clear. Sometimes they form working groups or project teams that help to determine the content of the documents; sometimes they participate in interactive area-based projects; sometimes they act as process managers or behind-the-scenes operators; and sometimes they are matchmakers or jugglers of the interests of the region, the nation, and the EU.

Institutional embedding

The exact role and influence of civil servants depends on the specific project architecture of regional planning practices and on the specific mode of institutional embedding of the area-based process. The chosen process architecture might be oriented toward collecting information for policy, building public support, or overcoming logjams in the policymaking process.

The dilemmas with which civil servants are confronted in area-based projects can be identified by relating the projects to their institutional context. We will describe this relationship in terms of institutional embedding (Edelenbos et al., 2006). In this context, institutional embedding refers to the connection between an area-based project and its institutional context – in other words, the ways in which the regional process is brought into line with formal governmental and political decision-making procedures. This connection, referred to here as the institutional embedding of an interactive process,

sen over de te volgen aanpak, terwijl ambtenaren deze besluiten voorbereiden en uitvoeren. Door de verschuiving naar gebiedsgericht werken, waarbij resultaten van onderhandelingen tussen publieke en private actoren zijn vastgelegd in een contract, is de positie van ambtenaren niet automatisch duidelijk. Soms bereiden zij de stukken inhoudelijk voor in werk- en projectgroepen, soms zijn zij participant in interactieve gebiedsgerichte projecten, soms vervullen zij de rol van procesmanagers of van souffleurs en soms zijn zij koppelaars of jongleurs tussen enerzijds de regio en anderzijds het rijk of de Europese Unie.

Institutionele inbedding

Welke rollen ambtenaren precies vervullen en de invloed die ze hebben hangt enerzijds af van de specifieke projectarchitectuur van regionale planpraktijken en anderzijds van de specifieke institutionele inbedding van het gebiedsgerichte proces. De gekozen procesarchitectuur kan gericht zijn op het verzamelen van informatie van beleid, het creëren van draagvlak of om vastgelopen beleidsprocessen vlot te trekken.

De dilemma's waar ambtenaren in gebiedsgerichte projecten mee worden geconfronteerd laten zich benoemen door de projecten te relateren aan hun institutionele context. Dit doen we aan de hand van het begrip institutionele inbedding (Edelenbos et al., 2006). Institutionele inbedding betreft hier de koppeling tussen een gebiedsgericht project en de institutionele context. Koppeling betekent de afstemming van het regionale proces met de formele bestuurlijke en politieke processen van besluitvorming. Deze koppeling, ofwel de institutionele inbedding van een interactief proces, kan drie vormen aannemen: ambtelijke, bestuurlijke en politieke inbedding (Edelenbos et al., 2006). Bij ambtelijke inbedding gaat het om de afstemming van regionale processen met de ambtelijke organisaties van ministeries, provincies en gemeenten en de rol en inzet van beleidsambtenaren in het regionale planningsproces. Een tweede vorm van koppeling is bestuurlijke inbedding. Dit is de afstemming van het regionale proces op het gehele bestuurlijke proces van besluitvorming. Het gaat hier over het verankeren van de resultaten van het regionale onderhandelingsproces in de besluitvorming door ministers, staatssecretarissen, gedeputeerden of wethouders. Politieke inbedding tot slot betreft de afstemming van het regionale proces op de gebruikelijke wijze van politieke besluitvorming door de volksvertegenwoordiging (Tweede Kamer, Provinciale Staten, gemeenteraad).

Dilemma's en rollen

Wat voor dilemma's kunnen zich voordoen? Bij onvoldoende ambtelijke inbedding kunnen ambtenaren in bijvoorbeeld hun rol van procesmanager los komen te staan van hun ambtelijke organisaties, waardoor er onvoldoende draagvlak binnen de eigen organisatie voor het proces kan ontstaan. Het kan ook zijn dat als externen de rol van procesmanager of projectleider vervullen, ambtenaren van provinciale of gemeentelijke diensten buitenspel komen te staan. Bij onvoldoende bestuurlijke inbedding is er onvoldoende bestuurlijk *commitment* met het regionale proces, of de verankering en de vertaling van de onderhandelingsresultaten in besluitvormingsprocessen is niet of onvoldoende geregeld.
Bij onvoldoende politieke inbedding heeft de politiek vooraf onvoldoende duidelijkheid gegeven binnen welke randvoorwaarden en regels onderhandelingen bij regionale projecten moeten plaatsvinden en wat de handelingsruimte van politici na afloop is. Indien de resultaten als een *package deal* worden gepresenteerd is de vrijheid van handelen gering.
Afhankelijk van de gekozen projectarchitectuur en de dilemma's die zich voordoen spelen ambtenaren verschillende rollen. Een mogelijk rol is die van het organiseren van koppelingen tussen regionale processen en formele besluitvormingsprocessen. Deze rol van koppelaar is steeds complexer

can take three forms: bureaucratic, executive, and political (Edelenbos et al., 2006).
Bureaucratic embedding involves the coordination of regional processes with the bureaucracies of ministries, provinces, and municipalities and the activities and role of policy officials in the regional planning process. A second form of connection is executive embedding, the coordination of the regional process with the entire executive decision-making process. This involves anchoring the results of the regional negotiation process in decision-making by ministers, state secretaries, and members of provincial and municipal executives. Finally, political embedding involves coordinating the regional process with the standard process of political decision-making by the relevant legislative, or parliamentary, body (the lower house of the States General or the provincial or municipal council).

Dilemmas and roles

What kinds of dilemmas can arise? When there is inadequate bureaucratic embedding, individual civil servants (such as process managers) may find themselves isolated from their organizations. The result may be a lack of support for the process within the organization in question. Another possibility, when outside parties act as process or project managers, is that provincial or municipal officials may be sidelined. Poor executive embedding undermines executive commitment to the regional process, or else leads to a situation in which the results of negotiation are not firmly anchored or converted into decision-making procedures.
Inadequate political embedding means that legislators have not made it sufficiently clear what rules and parameters apply to negotiations on regional projects, and how much freedom of action political leaders have after negotiations. If the results are presented as a package deal, then political leaders have little freedom of action.
Civil servants play different roles, depending on the project architecture and the dilem-

mas that arise. One possible role is to forge connections between regional processes and formal decision-making procedures. This 'matchmaking' role has grown in complexity, now that different layers of government are meeting at the regional level and regional negotiations are running in parallel with governmental decision-making channels. Another role is that of coordinator and juggler, bringing together and harmonizing the work and the views of the many parties involved. Civil servants can also serve as intermediaries between the project and the institutional setting by reviewing proposals for compliance with substantive legislative and regulatory frameworks and by developing abstract ideas into concrete proposals that are acceptable to policymakers and legislators. Projects that display all these forms of institutional embedding are more likely to receive governmental follow-up and bureaucratic implementation. But the question is whether civil servants are equipped to play the roles of matchmaker, juggler, and intermediary, and whether they are capable of quick changes from one role to another, depending on the project architecture and the stage that the interactive regional project has reached. For civil servants, this will require further professionalization and new insight into the different forms of institutional embedding and the roles associated with each one.

Expectations management

In regional area-based projects, as the relationship between civil servants, policymakers, and legislators has grown more complex, governments have also come into interaction with many new participants, such as companies, interest groups, and citizens. It is widely agreed that environmental, spatial, economic, traffic, and transport issues can best be approached in an integrated fashion at a supralocal level, and that solutions can only be found through ongoing cooperation between public authorities, civil society organizations, and

geworden, doordat op het regionale niveau verschillende schaalniveaus samenkomen en regionale onderhandelingen te maken hebben met parallelle besluitvormingscircuits. Een andere rol is die van coördinator en jongleur, om de inbreng en visies van verschillende partijen samen te brengen en op elkaar af te stemmen. Ambtenaren kunnen ook de rol van bemiddelaar spelen tussen project en de institutionele setting, door voorstellen te toetsen aan inhoudelijke kaders en door abstracte ideeën uit te werken naar concrete voorstellen die bestuurlijk en politiek aanvaardbaar zijn. Indien er sprake is van al die vormen van institutionele inbedding, is de kans groter dat projecten bestuurlijke follow-up en ambtelijke uitwerking krijgen. De vraag is echter of ambtenaren voldoende zijn toegerust om de rollen van koppelaar, jongleur en bemiddelaar te vervullen, en of ze in staat zijn snel van rol te wisselen, afhankelijk van de projectarchitectuur en de fase waarin een interactief regionaal project zich bevindt. Voor de ambtenaar betekent dit een verdere professionalisering en inzicht in de verschillende vormen van institutionele inbedding en de rollen die daarbij horen.

Verwachtingsmanagement

In regionale gebiedsgerichte projecten is niet alleen de relatie tussen ambtenaren, bestuurders en politici ingewikkelder geworden, ook hebben overheden te maken gekregen met veel nieuwe partijen zoals bedrijven, belangengroepen en burgers. Breed wordt onderschreven dat milieu-, ruimtelijke, economische, verkeers- en vervoersproblemen het beste in samenhang kunnen worden aangepakt op het bovengemeentelijke niveau. En dat voor het vinden van oplossingen een permanente samenwerking tussen overheden, maatschappelijke partijen en marktpartijen noodzakelijk is. Verschillende vormen van geïntegreerd gebiedsgericht beleid laten zien dat ambtenaren, bestuurders en politici verschillende rollen kunnen spelen en dat het niet op voorhand duidelijk is wie rekenschap moet geven aan wie en wat de legitimiteit van regionale projecten is. Gebiedsgerichte regionale projecten worden gekenmerkt door een mix van input, output en proces (*throughput*) legitimiteit, maar de feedback-legitimiteit wordt vaak verwaarloosd. Feedback-legitimiteit verwijst naar de wijze waarop verantwoording wordt afgelegd over de resultaten van een gebiedsgericht project en de terugkoppeling naar reguliere besluitvormingscircuits (Engelen & Sie Dhian Ho, 2004).

Cruciaal voor het slagen van regionaal werken is het organiseren van verwachtingsmanagement. In essentie is verwachtingsmanagement het aan de betrokkenen vooraf duidelijk maken wat ze van het proces kunnen verwachten, wie mee mogen doen en welke rol van de deelnemers wordt verwacht, welke middelen het projectmanagement aan de deelnemers ter beschikking stelt, wat voor soort uitkomsten deelnemers kunnen verwachten, wat de reikwijdte van die uitkomsten is, welke spelregels daarbij horen, wat er uiteindelijk met de uitkomsten wordt gedaan en meer algemeen de waarborging van de democratische legitimiteit van het project. Met andere woorden, verwachtingsmanagement is het voortdurend verbinden, verweven en verankeren van verhalen, uitkomsten en institutionele regels.

Verbinden en verweven

Op het niveau van het regionale project of proces gaat het om het verbinden en verweven van de verhalen van de betrokkenen. Vanuit de rollen facilitator en procesmanager ontrafelt de ambtenaar de verschillende verhalen, distilleert de probleemdefinities en oplossingsrichtingen uit deze verhalen en verbindt en verweeft dit tot een nieuw 'sterk' verhaal. Verbinden en verweven op het niveau van het regionale project is echter niet voldoende. Verwachtingsmanagement van regionale projecten is namelijk meer dan het alleen verduidelijken wat deelnemers kunnen verwachten binnen het project zelf. Het gaat

parties in the private sector. Various forms of integrated area-based policy show that civil servants, policymakers, and legislators play different roles, and that it is not clear *a priori* who should be accountable to whom and how much legitimacy regional projects have. Area-based regional projects are characterized by a mixture of input, output, and process legitimacy, but feedback legitimacy is often neglected. 'Feedback legitimacy' refers to the mode of accountability for the results of an area-based project and the uptake of those results in standard decision-making channels (Engelen & Sie Dhian Ho, 2004).

One factor crucial to the success of a regional approach is expectations management. Essentially, this involves making it clear from the start to the parties involved in a process what they can expect from it, who is allowed to participate and what roles they are expected to play, what resources the project managers will make available to the participants, what kinds of results can be expected, what the scope of those results will be, what ground rules are in place, what will ultimately be done with the results, and, more generally, how the democratic legitimacy of the project will be safeguarded. In other words, expectations management is the continual connecting, interweaving, and anchoring of stories, results, and institutional rules.

Connecting and interweaving

At the level of the regional project or process, the task is to connect and interweave the narratives of the parties involved. Taking on the roles of facilitator and process manager, the civil servant disentangles the different narratives, picks the problem definitions and potential solutions out of them, and weaves those into a new, 'strong' story. But connecting and interweaving at the level of the regional project is not enough. In regional projects, expectations management is more than simply clarifying what participants can expect within the project itself. It also involves anchoring results and putting them into practice. Expectations manage-ment means striking a balance between the wishes of local and regional actors and the institutional rules and parameters within which such projects are carried out.

It is important for the results of regional projects to be anchored in relevant institutional settings. Civil servants, in particular, can play a central role in managing expectations if – while playing the role of matchmaker, intermediary, coordinator, or juggler – they manage to connect the narratives of the parties involved and weave them into 'strong' stories endorsed by all participants, stories which can lead to results seen as inspiring and legitimate in the standard decision-making channels. This all sounds very impressive, but to manage expectations effectively, civil servants (in their role as process managers) must avoid being caught in a tug-of-war as they try to reconcile the different levels involved. Interactive regional projects involve not only multiple public authorities, civil society organizations, and parties in the private sector, but also different layers of government. The civil servants involved must move back and forth between the European, national, provincial, and municipal levels. Furthermore, there is a constant tension between managing the network, on the one hand, and the formal decision-making channels at different levels, on the other. By systematically collecting experiences with such dilemmas, and with anchoring in institutional settings, in a variety of interactive projects, forms of integrated area-based policy, and European regional projects, we can move forward with the development of effective and legitimate expectations management.

Jan van Tatenhove is professor of Environmental Policy at the Marine Governance and Environmental Policy Group at Wageningen University.

ook om het vertalen en verankeren van resultaten. Verwachtingsmanagement is het balanceren tussen de wensen van lokale en regionale actoren en de institutionele regels en randvoorwaarden waarbinnen deze projecten zich afspelen.

Van belang is dat de uitkomsten van regionale projecten worden verankerd in relevante institutionele omgevingen. In het bijzonder ambtenaren kunnen een centrale rol spelen in het managen van verwachtingen als zij – vanuit de rollen koppelaar, bemiddelaar, coördinator of jongleur – in staat zijn verhalen van de betrokkenen te verbinden en te verweven tot 'sterke' verhalen die worden onderschreven door alle betrokkenen en die leiden tot resultaten die door de reguliere besluitvormingscircuits als inspirerend en legitiem worden ervaren. Dit klinkt uiteraard heel mooi, maar verwachtingsmanagement vereist wel dat de ambtenaar als procesmanager een oplossing moet vinden voor de spagaat waar hij zich in bevindt. In interactieve regionale projecten komen namelijk niet alleen meerdere overheden, maatschappelijke organisaties en marktpartijen samen, maar ook verschillende bestuursniveaus. In deze projecten moeten ambtenaren schakelen tussen het niveau van de Europese Unie, het nationale, het provinciale en het gemeentelijke niveau. Er bestaat ook een voortdurende spanning tussen het managen van het netwerk enerzijds en de formele besluitvormings-circuits op verschillende schaalniveaus anderzijds. Het systematisch samenbrengen van ervaringen met deze dilemma's en de verankering in institutionele omgevingen in verschillende interactieve projecten, vormen van geïntegreerd gebiedsgericht beleid en Europese regionale projecten, levert bouwstenen op voor de verdere ontwikkeling van een effectief en legitiem verwachtingsmanagement.

Jan van Tatenhove is hoogleraar Milieubeleid aan de Marine Governance and Environmental Policy Group van Wageningen University.

Referenties

Akkerman, T., Grin, J. & Hajer, M. (2004). *The Interactive State: Democratisation from Above?*. In: *Political Studies,* nr 52(1), pp 82-96.

De Wolff, H.W. (2008). *De ruimtelijke ordening opnieuw geordend.* In: *GEO-INFO,* 2008-6, pp 228-233.

Edelenbos, J., Domingo, A., Klok, P.J. & Van Tatenhove, J. (2006). *Burgers als beleidsadviseurs. Een vergelijkend onderzoek naar acht projecten van interactieve beleidsvorming bij drie departementen.* IPP, Amsterdam.

Engelen, E.R. & Sie Dhian Ho, M. (red.) (2004). *De Staat van de democratie. Democratie voorbij de staat.* Verkenningen WRR. Amsterdam University Press, Amsterdam.

Hajer, M., Van Tatenhove, J. & Chantal, L. (2004). *Nieuwe vormen van governance: een essay over nieuwe vormen van bestuur.* RIVM, Bilthoven.

Hajer, M. (2006). *Planning is dood, lang leve de planning! Voor een heruitvinding van de strategische planning.* In: *S&RO,* 5-2006, pp 26-31.

Hendriks, F. & P.W. Tops (2001). *Interactieve beleidsvorming en betekenisverlening. Interpretatie van een pluriforme praktijk.* In: *Beleid & Maatschappij,* 28(2), pp 106-119.

Pestman, P. & van Tatenhove, J. (1998). *Reflexieve beleidsvoering voor milieu, ruimtelijke ordening en infrastructuur? Nieuwe initiatieven nader beschouwd.* In: *Beleidswetenschap,* 1998(3), pp 254-272.

Van der Arend, S. (2007). *Pleitbezorgers, procesmanagers en participanten. Interactief beleid en de rolverdeling tussen overheid en burgers in de Nederlandse democratie.* Eburon, Delft.

Van der Wouden, Ries & Anne Luijten (2006). *De toekomst van de Nederlandse ruimtelijke ordening.* In: *S& RO,* 5-2006, pp 10-13.

Van Rooy, P., Van Luin, A. & Dil, E. (2006). *NederLandBovenWater. Praktijkboek Gebiedsontwikkeling.* Habiforum/Nirov/VROM, Gouda.

Van Tatenhove, J. (1996). *De regio als beleidsarena.* In: *Sociologische Gids,* XLIII (1), pp 46-59.

Van Tatenhove, J. (2006). *Interactief beleid: een reflexief (beleids) experiment?* In: J. Grin, M. Hajer, & Versteeg, W. (red.). *Meervoudige democratie: ervaringen met vernieuwend bestuur,* pp 161-173. Uitgeverij Aksant, Amsterdam.

References

Akkerman, T., Grin, J., & Hajer, M. (2004). 'The Interactive State: Democratisation from Above?' *Political Studies,* no. 52(1), pp. 82-96.

De Wolff, H.W. (2008). 'De ruimtelijke ordening opnieuw geordend.' *GEO-INFO,* 2008-6, pp. 228-233.

Edelenbos, J., Domingo, A., Klok, P.J., & Van Tatenhove, J. (2006). *Burgers als beleidsadviseurs. Een vergelijkend onderzoek naar acht projecten van interactieve beleidsvorming bij drie departementen.* Amsterdam: IPP.

Engelen, E.R. & Sie Dhian Ho, M. (eds.) (2004). *De Staat van de democratie. Democratie voorbij de staat.* In the *Verkenningen* series of the Scientific Council for Government Policy (WRR). Amsterdam: Amsterdam University Press.

Hajer, M., Van Tatenhove, J., & Chantal, L. (2004). *Nieuwe vormen van governance: een essay over nieuwe vormen van bestuur.* Bilthoven: RIVM.

Hajer, M. (2006). 'Planning is dood, lang leve de planning! Voor een heruitvinding van de strategische planning.' *S&RO,* 5-2006, pp. 26-31.

Hendriks, F. & P.W. Tops (2001). 'Interactieve beleidsvorming en betekenisverlening. Interpretatie van een pluriforme praktijk.' *Beleid & Maatschappij,* 28(2), pp. 106-119.

Pestman, P. & Van Tatenhove, J. (1998). 'Reflexieve beleidsvoering voor milieu, ruimtelijke ordening en infrastructuur? Nieuwe initiatieven nader beschouwd.' *Beleidswetenschap,* 1998(3), pp. 254-272.

Van der Arend, S. (2007). *Pleitbezorgers, procesmanagers en participanten. Interactief beleid en de rolverdeling tussen overheid en burgers in de Nederlandse democratie.* Delft: Eburon.

Van der Wouden, Ries & Anne Luijten (2006). *De toekomst van de Nederlandse ruimtelijke ordening. S& RO,* 5-2006, pp. 10-13.

Van Rooy, P., Van Luin, A. & Dil, E. (2006). *NederLand-BovenWater. Praktijkboek Gebiedsontwikkeling.* Gouda: Habiforum, Nirov, VROM.

Van Tatenhove, J. (1996). 'De regio als beleidsarena.' *Sociologische Gids,* XLIII (1), pp. 46-59.

Van Tatenhove, J. (2006). 'Interactief beleid: een reflexief (beleids)experiment?' In J. Grin, M. Hajer, & Versteeg, W. (eds.). *Meervoudige democratie: ervaringen met vernieuwend bestuur.* Amsterdam: Uitgeverij Aksant, pp. 161-173.

Probleemoplosser. Problem-solver.

Epiloog

Conclusions

Sterke verhalen ondersteunen een krachtige planologie. Voorbeelden zijn er genoeg: het deltaplan was een sterk verhaal, het rijksbeleid van gebundelde deconcentratie, de Amsterdamse visie 'Parkstad tussen Hof en Haven' uit de jaren negentig, de ecologische hoofdstructuur en het verhaal 'Bestemming Amsterdam' – zie het essay van Zef Hemel in hoofdstuk 2.

Sterke verhalen zijn niet alleen cruciaal voor de inbreng en borging van visie en inhoud, ze helpen ook bij de realisatie van een functionele, duurzame en mooie ruimtelijke inrichting. Een sterk verhaal inspireert uitvoerders tot het leveren van betere prestaties. Het geeft controllers houvast bij het bepalen of de afgesproken kwaliteit geleverd is. Functioneel, duurzaam en mooi: de opdracht voor kwaliteit staat al sinds de Romeinse architect Marcus Vitruvius zijn standaardwerk 'De Architectura' schreef.

Sterke verhalen zijn een middel voor een democratisch legitiem planningsproces. Een narratieve planning maakt het mogelijk vakinhoudelijke deskundigheid te koppelen aan publieksparticipatie. In plaats van wederzijdse frustraties staan expertise en participatie in dienst van het vinden van de beste ruimtelijke en maatschappelijke oplossingen. In de koppeling tussen vakinhoudelijke professionaliteit en een breder democratisch proces schuilt voor de planning de uitdaging.

Sterke verhalen

Een succesverhaal is niet zomaar een 'praatje'. Sterke verhalen zijn onderbouwd door de mobilisatie van kennis op die momenten in de beleidsvorming waar kennis er toe doet. Deze benadering staat haaks op van tevoren vastgestelde marsroutes, die bol staan van regels en institutionele verplichtingen. Kennis en participatie zijn hierin gescheiden werelden. Bestuurders zien kennisinbreng als een last in plaats van een fundament, om over participatie maar te zwijgen.

Strong stories lay the foundation for effective planning. There is no shortage of examples: the Delta Works started out as a strong story, as did the national policy of clustered dispersal (*gebundelde deconcentratie*), the Amsterdam strategic plan *Parkstad tussen Hof en Haven* published in the 1990s, the National Ecological Network (*ecologische hoofdstructuur*), and the story 'Destination AMS', discussed by Zef Hemel in his essay accompanying chapter 2. A strong story inspires the people who put it into practice to do better work and helps controllers to determine whether the agreed level of quality has been attained. Functionality, durability, and beauty – these three basic components of quality have been recognized ever since the Roman architect Marcus Vitruvius wrote his classic *De architectura*.

Strong stories are a means of investing the planning process with democratic legitimacy. A narrative mode of planning makes it possible to combine expertise with public participation. And instead of causing mutual frustration, expertise and participation both point the way to optimal solutions, in both spatial and social terms. The planning challenge is to build bridges between specialized, professional modes of thinking and a broader democratic process.

Strong stories

A successful story is more than just idle chatter. Strong stories are supported by the mobilization of knowledge at key moments in policy-making. This approach is incompatible with a rigidly predefined procedural path, hedged in with rules and institutional commitments that cut off all interaction between expert knowledge and public participation. When following a narrow path of this kind, policy-makers tend to treat expertise as a nuisance rather than a necessity (and that is not even to mention participation). The case studies in this book show that it is possible to do better, though usually in spite of, and not thanks to, institutional rules. Consider just the best-known forms of knowledge mobilization and public participation, the 'hit parade': environmental impact assessment (EIA), social cost-benefit analysis (SCBA), and public consultation. It is unhelpful to mobilize specialist knowledge through a series of separate processes – EIA, SCBA, public consultation, and judicial review. In fact, this approach prevents the effective combination of knowledge with public participation. A narrative approach weaves together policy-making and knowledge into a collective learning process and safeguards the plurality of knowledge types, including dissenting opinions and the voice of the public.

In other words, what makes a story strong is not simply its content; its power lies in how it is taken up by the relevant actors. Economists, for instance, should make their appearance early in the planning process, instead of showing up for the first time after the SCBA, when the conceptual basis for the project has already been laid. The preliminary outline stage is the perfect time for economists to share concerns about potential costs. Gripped by the power of the story, they could even help planners to devise alternatives that would yield a better SCBA result. The same applies to legal advisers; they too would do well to join the discussion at an early stage, for instance by pointing out potential obstacles arising from the Natura 2000 rules.

In all cases, stories are stronger when they are firmly anchored. Anchoring is the result not of rational argument or rhetorical persuasion, but of shared moments in the policy-making process. Such moments require specialized, professional design that answers the questions of who, what, where, and when. If this is done well, then strong stories can help to make the chaotic world of public administration more manageable and to forge connections between actors, challenges, and procedures.

The conditions for strong stories are not always met. The dangers are that stories will merely conjure up bright prospects and metaphors, that they will offer support only

De praktijkvoorbeelden in dit boek tonen dat het beter kan, al lijkt dat vooral ondanks institutionele regels dan dankzij. Neem alleen al de 'grote nummers' van kennismobilisatie en publieksparticipatie: milieueffectrapportage (MER), maatschappelijke kosten-baten-analyse (MKBA) en inspraak. De gescheiden en opeenvolgende mobilisatie van disciplinaire kennis via MER, MKBA, inspraak en juridische procedures helpt niet. Sterker nog, ze staan een effectieve koppeling van kennis en participatie in de weg. Een verhalende benadering richt zich op de verweving van beleidsvorming en kennis in een gezamenlijk leerproces, en de waarborging van de pluriformiteit van kennis, ook als het gaat om tegengeluiden en de stem van burgers.

Een sterk verhaal is dus niet enkel een kwestie van inhoud: de kracht schuilt in de manier waarop een verhaal door relevante actoren eigen wordt gemaakt. Economen moeten eerder in het planningproces ten tonele verschijnen, niet pas tijdens de berekening van de MKBA, als het denkproces is afgerond. Juist als de schets wordt gemaakt kan een econoom zijn zorgen over mogelijke kostenposten op tafel brengen. Maar hij kan ook, gegrepen door het verhaal, meedenken over alternatieven die het beter doen in de MKBA. Hetzelfde geldt voor de jurist, die tijdig meedenkt over de hobbels die Natura 2000-regels later kunnen veroorzaken.

Steeds weer geldt: verhalen zijn sterker wanneer ze verankerd raken. Dat gaat niet via cognitieve overtuiging of quasi-literaire betovering, maar via gezamenlijk beleefde momenten in het beleidsproces. Die gemeenschappelijke momenten vragen om een specifieke en professionele vormgeving – wie, wat, waar, wanneer. Als dit goed gebeurt helpen sterke verhalen de 'bestuurlijke drukte' hanteerbaar te maken en actoren, opgaven en procedures samen te binden.

Aan de voorwaarden van sterke verhalen wordt niet altijd voldaan. Het gevaar is dat verhalen ontstaan die alleen gericht zijn op het scheppen van mooie vergezichten en metaforen, die slechts van tevoren geformeerde coalities van actoren ondersteunen en die qua kennis enkel gestoeld zijn op de powerpointpresentaties waarmee verhalen doorgaans worden verteld. Dit voldoet allemaal niet aan het sterke verhaal zoals bedoeld in dit boek. Er moet gezocht naar een herijking van de wijze waarop kwaliteitscriteria worden geborgd en hoe en wanneer vakinhoudelijke kennis wordt ingebracht. Een sterk verhaal is meer dan een visie op de toekomst. Ze hebben organiserend vermogen, inspireren en structureren een planningsproces van visievorming tot uitvoering.

1. Geen angst voor complexiteit

Een sterk verhaal is niet als een drilboor die zich met geweld door weerstand heen werkt. Het is eerder een kralensnoer waarlangs een plan oplossingen biedt voor problemen en vraagstukken die door het verhaal in samenhang zijn gebracht. De knoop in het bypassproject IJsseldelta Zuid werd ontward toen het niet meer alleen over de bypass ging, maar ook over nieuwe woonmilieus, de toekomst van de boerengemeenschap en de veilige halfopen bypass, die waterdynamiek in het gebied terugbrengt. Door complexiteit toe te laten ontstond een perspectief op een heldere en simpele oplossing.

2. Weet wat betrokkenen belangrijk vinden

In de hedendaagse planning worden conflicten niet beslecht door een verwijzing naar 'de feiten'. Belanghebbenden hechten immers aan aspecten die voor hen van groot belang zijn. Of zoals de Amerikaanse hoogleraar stads- en regionale planning John Forester zo mooi zei: het gaat niet om de feiten an sich – *matters of fact* – maar om *the facts that matter* (Forester, 1999). Planning is interactie en dat werkt beter wanneer iedereen zich bewust is van onderlinge afhankelijkheden en van de wensen en angsten van alle betrokkenen.

to pre-existing coalitions of actors, and that they will be based solely on the facts in the PowerPoint presentations through wich they are generally told. These are not the types of strong stories envisaged in this book. We must work toward new methods of quality assurance and a new approach to how and when specialist knowledge is used.

Strong stories are more than visions of the future. They have the potential to structure and inspire the planning process from the earliest strategic vision all the way to implementation.

1. No fear of complexity

A strong story is not like a drill, gradually working its way through resistant material. It is more like a string of beads, a set of problems and issues held together by a narrative thread, which includes a plan for dealing with them. The obstacles to the IJsseldelta Zuid bypass project were overcome when the story was no longer just about the bypass, but also about new residential environments, the future of the farming community, and a safe, half-open bypass that would make the local waterways dynamic once again. Opening the door to complexity showed the way to a clear, simple solution.

2. Awareness of what matters most to the parties involved.

In contemporary planning, conflicts are not resolved by reference to 'the facts'. Stakeholders feel strongly attached to specific issues that matter deeply to them. As the American professor of urban and regional planning John Forester so elegantly put it, it is not about matters of fact but about the facts that matter (Forester, 1999). Planning is interaction, and interaction goes most smoothly when everyone is aware of how they depend on each other and of the desires and fears of all parties.

3. Many forms of knowledge

There is no one party with a monopoly on insight. The quality of knowledge is enhanced by questions from outsiders and the optimal use of the wisdom of the parties, the perspectives and experiences of everyone involved. This places demands on the organization of the process. It may seem obvious that choices and decisions should be made jointly, but the case studies of river enlargement in Ooijen-Wanssum and the bypass in IJsseldelta Zuid show that, in practice, different kinds of knowledge are often mobilized at different times and places, different stages.

4. Interaction between policy-makers, stakeholders, and experts

It is crucial that strong stories be developed collectively. They cannot follow a pre-scripted path; instead, they emerge organically and create common ground. Recent planning successes were due to the art of drawing connections between different challenges. Such connections often become visible only gradually. In retrospect, it is usually clear that the collective search for solutions was a milestone, and that it did away with the need to reopen many issues later in the process.

5. Planning as theatre

Many planning strategies suffer from an introverted, technocratic style. The twenty-first century planning process is a pressure cooker, heated with emotion. By acknowledging the emotional tensions and flat-out confrontations that are an inevitable part of major spatial projects, we can improve the process. Our case studies have illustrated that a shared emotional process with room for conflict and tension is one of the building blocks of a strong story.

6. Taking advantage of boundary objects

Strong stories forge connections between people with different backgrounds and interests. Maps, designs, and policy instruments such as the planning EIA and the sustainability assessment are powerful tools for this purpose. The considered and

3. Kennis is pluriform

Er is niet één partij die de wijsheid in pacht heeft. Kwaliteit van kennis is gebaat bij vragen van buitenstaanders en een optimaal gebruik van de *wisdom of parties* – inzichten en ervaringen van alle betrokkenen. Dit stelt eisen aan de opzet van het proces. Samen keuzes maken en beslissingen nemen lijkt een open deur, maar de voorbeelden van rivierverruiming in Ooijen-Wanssum en de bypass in IJsseldelta Zuid tonen hoe kennis op verschillende momenten en plekken – 'stages' – wordt gemobiliseerd.

4. Interactie tussen politiek, belanghebbenden en deskundigen

Het is cruciaal dat sterke verhalen samen gemaakt worden. Het ontwikkelt zich niet volgens een van tevoren vastgesteld script, het groeit en verbindt partijen. Recente planningssuccessen ontstaan door de kunst om verschillende opgaven met elkaar te verbinden. Die verbindingen komen vaak pas gaandeweg in beeld. Juist het samen vinden van oplossingen blijkt later een markeerpunt, en voorkomt dat verderop in het proces zaken opnieuw ter discussie worden gesteld.

5. Planning is drama

Veel planningsstrategieën gaan ten onder aan een introverte, technocratische stijl. Het planningsproces van de eenentwintigste eeuw is een 'snelkookpan' vol emotie. Het erkennen van emotionele spanningen en harde confrontaties – die bij grote ruimtelijke ingrepen horen – leidt tot een beter proces. De praktijkvoorbeelden illustreren dat een gedeeld emotioneel proces, inclusief conflicten en spanningen, een bouwsteen is van een sterk verhaal.

6. Gebaat bij 'grensobjecten'

Sterke verhalen verbinden mensen met verschillende achtergronden en belangen. Kaarten, ontwerpen, en beleidsinstrumenten als PlanMER en de duurzaamheidsbalans zijn hiervoor krachtige middelen. Het bewust en actief inzetten van deze 'grensobjecten' geeft richting en zorgt voor de noodzakelijke verknoping van verhalen, kenniselementen, betekenissen en belangen. Zo winnen verhalen aan kracht.

7. Een zorgvuldig ontworpen proces ondersteunt het gesprek tussen betrokkenen.

Planning heeft te maken met een maatschappelijke omgeving waarin het woord van de planner eerder met wantrouwen en cynisme wordt begroet, dan met interesse en nieuwsgierigheid. Het is een omgeving waarin kennis zich vooral buiten de overheid en wetenschap bevindt.

Wie een strategische visie – volledig uitgedacht, intern afgestemd en politiek bekrachtigd – plompverloren naar buiten brengt, produceert zijn eigen oppositie. Maar wie een verhaal de kans geeft te groeien begrijpt hoe interactie productief wordt. De Stadsregio Arnhem Nijmegen begon haar verhaal over luchtkwaliteit met ambtelijke werkgroepen van provincie en gemeenten. Gedurende een jaar werden aan deze werkgroepen steeds meer mensen toegevoegd, van binnen en buiten de overheid. Het verhaal groeide uit tot een breed gedragen beleidsprogramma – symbolisch 'Eureka' genoemd – met maatregelen op het gebied van duurzame brandstoffen en energie, groenzones, uitstoot van bedrijven en een meetprogramma.

8. Aansluiting tussen formele en informele interactie

Naast formele momenten in de gemeenteraad of het college van burgemeester en wethouders zijn er tal van informele momenten die cruciaal zijn. Keukentafelgesprekken bij boeren thuis – zoals over kadeversterking in de Commandeurspolder – zijn niet meer weg te denken uit planningsprocessen in het landelijk gebied, net als excursies, werkbezoeken en discussiebijeenkomsten. Dit noemen we

active use of these boundary objects gives direction to the process, forging essential ties between stories, knowledge elements, meanings, and interests. This reinforces the power of stories.

7. A carefully designed process that facilitates dialogue

Planning takes place in a social context where planners' words are likely to meet with distrust and cynicism, rather than interest and curiosity. It is an environment in which most knowledge is found outside government and the community of experts.

Strategic visions that are fully developed, internally coordinated, and supported by the political establishment are bound to provoke opposition when sprung upon an unsuspecting public. But by giving stories the chance to develop organically, we can find modes of productive interaction. The Arnhem-Nijmegen Urban Region began its story about air quality with working groups of provincial and municipal officials. Over the course of a year, more and more people were added to these working groups, from inside and outside the public sector. The story grew into a widely supported policy programme with the fitting name of Eureka, which involved sustainable fuels and energy policy, green zones, business emissions, and a measurement system.

8. Connections between formal and informal interaction

Along with the formal moments of decision in the municipal council or executive, many informal moments are crucial. Sitting around kitchen tables in farmers' homes, discussing issues such as reinforcing the dykes in the Commandeurspolder, has become an indispensable part of planning processes in rural areas, as have field trips, working visits, and public meetings. We call this multiple democracy (Grin, Hajer & Versteeg, 2006): democracy no longer takes place in a single forum, such as Parliament, but in a variety of deliberative spaces at different times (Forester 1999). One role of the modern planner is to draw connections between these times and spaces.

9. Clicking interim results into place

One crucial aspect of strong stories is the practice of 'clicking results into place' at anchoring moments in the process. This is like using a socket wrench with a ratcheting mechanism to tighten a nut firmly into place without removing the pressure or losing the connection. In a parliamentary democracy, it requires the timely and frequent identification or creation of decision-making moments in governmental forums – municipal and provincial councils and executives, Parliament, and the national government – and synchronizing them as much as possible. But it is even more important, when preparing for such moments, to compel political decision-makers to make collective choices and stand behind those choices. They can do that more easily with the help of a strong story, supported by a sound foundation of knowledge, developed by all relevant parties (including the policy-makers themselves), and containing a clear message.

10. Political leaders who do not hide from the public

Political decision-makers can create focus by clearly expressing what has to happen. In the Room for the River (*Ruimte voor de Rivier*) programme, the national Directorate-General for Public Works and Water Management (*Rijkswaterstaat*) has consistently made it clear what criterion regional plans must meet: they must allow for a maximum discharge of 16,600 cubic metres of water per second in the Rhine at Lobith (close to where the river enters the Netherlands). This is a non-negotiable objective in the water management sector, but one which leaves plenty of scope for creativity and quality.

The future redevelopment of the Afsluitdijk is a similar challenge. Everyone realizes there is more at stake than effective flood control. But as yet, there is no strong story to express what has to happen. Should

'meervoudige democratie' (Grin, Hajer & Versteeg, 2006): democratie vindt niet plaats op één 'plek', zoals de Tweede Kamer, maar in diverse 'deliberatieve ruimten' (Forester 1999). Het is een taak van de moderne planner deze ruimten en momenten te koppelen.

9. Tussentijds 'vastklikken' van resultaten

Een cruciaal aspect van een sterk verhaal is het tussentijds 'vastklikken' van resultaten op ankermomenten in het proces. Het is als een ratelsleutel, waarmee een moer wordt aangedraaid zonder de sleutel eraf te halen. In een parlementaire democratie betekent dit het tijdig en frequent identificeren en/of creëren van besluitvormingsmomenten in bestuurlijke gremia – college van burgemeester en wethouders, gemeenteraad, Gedeputeerde Staten, Provinciale Staten, Tweede Kamer, kabinet – en deze zoveel mogelijk gelijktijdig te laten plaatsvinden. Maar nog meer is het nodig om in de voorbereiding naar deze momenten bestuurders te dwingen gezamenlijk keuzes te maken en uit te dragen. Een sterk verhaal, onderbouwd door gedegen kennis, gemaakt door betrokkenen – inclusief de bestuurders zelf – en met een duidelijke boodschap, helpt hen daarbij.

10. Bestuurders die zich niet verstoppen

Bestuurders kunnen voor focus zorgen door helder te verwoorden wat sowieso moet gebeuren. In het programma Ruimte voor de Rivier heeft Rijkswaterstaat steeds aangegeven waar regionale planvorming aan moet voldoen: de opvang van een piekafvoer van 16.600 kubieke meter water per seconde in de Rijn bij Lobith. Dat sectorale doel is heilig met daaromheen ruimte voor creativiteit en kwaliteit.

De toekomstige herontwikkeling van de Afsluitdijk is net zo'n opgave. Iedereen voelt aan dat het om meer gaat dan de zorg voor een effectieve waterkering alleen. Maar het sterke verhaal – met daarin verwoord wat zeker moet gebeuren – ontbreekt nog. Ontstaat dat in de beleidskern of moet de bestuurlijke top dit aangeven? Wanneer een bestuurder zijn sectorale doel formuleert en aangeeft hoeveel geld beschikbaar is, ontstaat een referentiescenario. In een creatief proces kunnen oplossingen worden getoetst aan de hierin omschreven doelen.

Coördinatie en 'articulatie'

Uit bovenstaande punten blijkt dat het bij planning gaat om het formuleren en benadrukken – 'articulatie' – van de inhoud en coördinatie van het proces. Het is inmiddels een veel gehoorde constatering, maar nog te vaak ligt in planningprocessen de nadruk of op 'articulatie' of op coördinatie. Het gaat natuurlijk om het maken en uitvoeren van een goed plan, maar om dit te bereiken is procesorganisatie nodig, de zichtbare bereidheid verhalen aan te passen en te amenderen en de capaciteit ruimtelijke opgaven in samenhang te zien. Dit laatste roept een essentiële vraag op: hoe kunnen we ruimtelijke opgaven in een nieuwe samenhang zien? Is dit afhankelijk van mensen of zijn procedures en hulpmiddelen nodig? Kunnen we deze capaciteit ontwikkelen? Kortom, wat voor vakmanschap is nodig voor een kwalitatieve, democratische planning in de huidige samenleving?

Dit boek ontstond vanuit een contra-intuïtief idee: kan een grotere rol voor deskundigen tot een succesvol open planproces leiden? Het standaardantwoord is nee. Deskundigen opereren immers als technocraten en die staan een open proces in de weg. De echte vraag is of deskundigheid een open benadering per definitie in de weg staat of dat het afhankelijk is van de vormgeving van het planproces en de manier waarop deskundigen opereren. En of ze de ruimte krijgen om met beleidsontwikkelaars aan tafel te zitten.

De vormgeving van het planproces en de stijl van opereren bepalend zijn voor de mate waarin

this story be developed by policy officials, or should it come from top-level political decision-makers? When political leaders set objectives and budgets for a sector, they create a reference scenario. In a creative process, potential solutions can then be tested by reference to these objectives.

Coordination and articulation

It is clear from the foregoing that planning involves formulating and accentuating – in short, articulating – the content and coordination of the process. It has been said many times before: the emphasis in planning processes is still too often on articulation or coordination. Making and carrying out a good plan is important, to be sure, but it depends on the design of the process, the manifest willingness to adapt and revise stories, and the capacity to see spatial challenges in a wider context. This last point raises fundamental questions. How can we look at spatial challenges in a new way, as parts of a larger whole? Is this dependent on individuals, or will it require new procedures and instruments? Can we develop this capacity? In short, what kinds of professional standards are required for high-quality democratic planning in today's society?

This book is the product of a counterintuitive question: could a larger role for experts lead to a successful open planning process? The conventional wisdom says no, because experts are technocrats and therefore stand in the way of an open process. The real issue is whether expertise, by definition, is incompatible with an open approach, or whether this depends on the design of the planning process, the roles of experts in that process, and whether they have opportunities to sit down at the table with policy-makers.

These two issues – process design and modes of participation – determine how much experts can contribute to a successful and open planning process. When processes fail, it is often because they lack clarity and continuity, and sometimes because of arrogance and incivility. This can occasionally be blamed on personalities but is much more frequently due to the organization of the process. In other cases, experts, designers, and process managers are perfectly capable of setting up an open planning process that allows participants to focus on getting things done. We see this in the case study of dyke reinforcement in the Commandeurspolder, where the planning process was derailed by a technocratic approach but salvaged by experts with an open approach, based on the principles of research by design.

Professionalism

The question is what the case studies have to teach us. Above all, we must give professionalism the respect it once received, the respect it still deserves. Professionalism is always essential – whether on the part of the external project manager in IJsseldelta Zuid, the landscape architects in the Commandeurspolder, or the planning officials who create accurate overviews of spatial and social trends and calculate their costs and benefits.

When experts have to share their expertise with the outside world, contemporary planning involves another dimension of professionalism: communication. The successes described in this book depended on expertise that facilitated the process rather than obstructing it. Nothing is more compelling than an expert who presents his knowledge clearly, without glossing over the difficulties inherent in any intellectual process. This demands great confidence in one's own abilities. In a society where perceived threats to individual and special interests often provoke indignation and outrage, open-mindedness is often the first thing to go. In emotionally fraught situations of this kind, it is easier and more comfortable for experts to retreat from the fray. They withdraw to the safety of their offices and their reports, and the process can no longer truly benefit from their input. This tends to give experts a dry, distant quality and to deprive them of the authority to argue compellingly for one solution or another.

deskundigen bijdragen aan een succesvol en open planproces. Processen die falen, lopen op de klippen door gebrek aan een heldere lijn, en soms door arrogantie en botheid – in enkele gevallen van personen, veel vaker in de wijze waarop een proces georganiseerd was. In andere gevallen blijken deskundigen, ontwerpers en procesexperts prima in staat een open planproces op te zetten waarin uitvoeringsgericht kon worden gewerkt. Het praktijkvoorbeeld over kadeversterking in de Commandeurspolder toont dit. Hier liep het planproces in eerste instantie vast door een technocratische benadering om vervolgens vlot te worden getrokken door deskundigen die een open benadering hanteerden gebaseerd op de principes van ontwerpend onderzoek.

Vakmanschap

De vraag is wat we van de praktijkvoorbeelden kunnen leren. Allereerst moet het vakmanschap weer de waardering krijgen die het verdient. Of het nu gaat om het vakmanschap van de ingehuurde projectleider in IJsseldelta Zuid, van de landschapsarchitecten in de Commandeurspolder, van de planbureaumedewerkers die basisgegevens over ruimtelijke en maatschappelijke ontwikkelingen zuiver in kaart brengen of de kosten en baten van maatschappelijke ontwikkelingen doorrekenen: vakinhoudelijke expertise is altijd nodig.
Daar waar deskundigen hun expertise naar buiten moeten brengen komt in de hedendaagse planning een andere dimensie van vakmanschap om de hoek kijken: communicatie. De succesverhalen in dit boek leunen op een deskundigheid die het proces versterkt in plaats van afbreekt. Niets is overtuigender dan een deskundige die zijn kennis helder over het voetlicht brengt, de worsteling die hoort bij een intellectueel proces inbegrepen. Dit veronderstelt een groot vertrouwen in het eigen kunnen. In een samenleving waar heftig en verontwaardigd wordt gereageerd op zaken die het eigen belang – lijken

te – bedreigen, is juist een open houding het eerste dat wordt geofferd. Voor een deskundige is het in een dergelijke, vaak emotionele situatie makkelijker en comfortabeler om een terugtrekkende beweging te maken. Wetenschappers trekken zich terug achter hun rapporten, en het proces verliest zijn leervermogen. Daarmee worden deskundigen steriel en afstandelijk, en verliezen zij de macht om op overtuigende wijze te laten zien hoe zij bepaalde oplossingsvarianten naar voren hadden kunnen brengen.

Open planprocessen bieden meer mogelijkheden om creativiteit te mobiliseren, om mensen mee te nemen in ontwikkelingen die zij niet zelf zouden hebben bedacht, om legitimiteit te genereren – meer dan de traditionele planprocessen die gebaseerd zijn op een sterke staat. Maar de cultuur die hoort bij open planprocessen is kwetsbaar. Daarom moet de waardering voor vakmanschap nadrukkelijker worden uitgesproken.

Kennisbestanden

Er moet beter worden nagedacht over de manier waarop deskundigheid in planprocessen is georganiseerd. Vaak bepalen institutionele arrangementen de wijze waarop deskundigheid wordt gemobiliseerd. Deskundigen stellen MER's op en MKBA's. Niet zelden zijn zij vervolgens de gebeten hond, omdat juist de wettelijk verplichte MER of – bij grote investeringen – MKBA de bewijsstukken leveren die een ruimtelijke ontwikkeling in de weg staan. Zou het zijn dat de moeizame waardering voor deskundigheid te maken heeft met de associatie met hindermacht?

Het staat buiten kijf dat onderzoek altijd een onderlegger is voor een goed planningsproces. Kerngegevens over demografie en economie, GIS-data over kansen per plek, analyses van de interactie tussen beleidsinstrumenten en -resultaten: zonder een kennisbasis is planning als *touch-and-go*, als handelen op gevoel. Dat is onverantwoord,

Open planning processes make it easier to mobilize creativity, to involve people in developments they would not have contemplated on their own, and to generate legitimacy – more so than traditional planning processes that are based on a strong state. But the culture of open planning processes is vulnerable. This is why we must be more emphatic about the value we place on professionalism.

Knowledge bases

More reflection is needed on the organization of expertise in planning processes. Institutional structures often determine how expertise is mobilized. Experts conduct the assessments required by law, such as EIAs and (for major expenditures) SCBAs. This often places them in a bad light, because these assessments yield evidence that forms an obstacle to spatial development. Could experts have a poor reputation in spatial planning because they are seen as creating obstacles?

In any case, no one can deny that a good planning process always involves research: key demographic and economic facts, geographic information system (GIS) data about the potential of each candidate site, and analyses of the interaction between policy instruments and results. Without this firm foundation in knowledge, planning becomes an intuitive, seat-of-the-pants process – an irresponsible approach, especially in a time of declining public funds. We must therefore reflect on how to make bodies of knowledge available to all actors in planning processes. This is a challenge for managers of large-scale regional projects, as well as for centres of expertise such as public planning agencies, educational institutions, and commercial parties. There is a national Dutch database for this purpose (*Compendium voor de leefomgeving*, www. compendiumvoordeleefomgeving.nl), but it is still too little known. Data are stored there on a wide variety of subjects by the Netherlands Environmental Assessment Agency (*Planbureau voor de Leefomgeving*;

PBL) and Statistics Netherlands (*Centraal Bureau voor de Statistiek*; CBS). When new modules are developed – for example, to see which forms of energy-efficient urban development are most likely to succeed in which places – this knowledge should remain available for use in developing a strong story. Ultimately, knowledge bases should be designed to give public officials and ordinary citizens the opportunity to play with alternative plans and policy instruments. New GIS applications offer tremendous possibilities. It is possible to add a layer of stories from members of the public to a GIS, such as a map of places where people have experienced water damage (well or cellar flooding, for instance). Another interesting example is the joint development of instruments such as a sustainability monitor.

We must move beyond a linear model in which knowledge is generated prior to the planning process. In other words, we must abandon the principle of survey-analysis-plan. Let us be perfectly clear about this: surveying and analysis will still take place, but within an organizational model in which knowledge is mobilized throughout the planning process. This book endeavours to show to how greatly planning depends on the collective development of cogent arguments. In their essay (accompanying chapter 1), the researchers David Laws, Maarten Poorter, and Nanke Verloo describe this joint fact-finding method in greater detail. They advocate broadening the knowledge base to make room for input from the public and for alternative narratives, which can complement research findings.

Recall, as well, the remarks on research based-design and joint fact-finding in the case study of the bypass in IJsseldelta Zuid. In that instance, design only gradually produced a solution that was acceptable to all. This solution came into view because researchers and experts were involved in the planning process in an ongoing way. In other words, the absence of researchers and experts from the planning process can form

helemaal in een tijd van dalende publieke middelen. Daarom moet gekeken worden hoe kennisbestanden toegankelijk worden voor alle actoren die betrokken zijn bij planprocessen. Het is een opgave voor projectleiders van grote regionale projecten, maar ook voor kennisinstituten als planbureaus, onderwijsinstellingen en commerciële partijen. Het zogenoemde Compendium voor de leefomgeving – te zien op www.compendiumvoordeleefomgeving. nl – is hiervoor bedoeld, maar is te weinig bekend. Hierin worden door het Planbureau voor de Leefomgeving (PBL) en het Centraal Bureau voor de Statistiek (CBS) indicatoren over een groot aantal ontwikkelingen bijgehouden. Wanneer modules worden ontwikkeld om bijvoorbeeld te kijken welke vorm van energiezuinige verstedelijking op welke plek het meeste kans van slagen heeft, is dat kennis die in de ontwikkeling van een sterk verhaal moet kunnen worden gebruikt. Uiteindelijk moeten kennisbestanden zo worden aangeboden dat bestuurlijke en maatschappelijke partijen de mogelijkheid hebben te 'spelen' met varianten en instrumenten. Nieuwe GIS-toepassingen bieden al fantastische mogelijkheden. Het is mogelijk om een laag met burgerverhalen toe te voegen aan een geoinformatiesysteem, zoals een kaart met plaatsen waar mensen wateroverlast ervaren – denk aan overstroomde putten en volgelopen kelders. Ook het samen ontwikkelen van instrumenten, zoals de duurzaamheidsmonitor, is een interessant voorbeeld.

Er moet afscheid worden genomen van een lineair model waarin kennisproductie voor het planningsproces staat. Planning moet breken met het idee van *survey-analysis-plan*. Voor de goede orde: *survey* en *analysis* blijven nodig, maar wel in een organisatie waarbij kennismobilisatie gedurende het planningsproces blijft plaatsvinden. In dit boek komt naar voren hoezeer effectieve planning is gebaseerd op het gezamenlijk ontwikkelen van een sluitende redenering. In hun essay verscherpen de onderzoekers David Laws, Maarten Poorter en Nanke Verloo de methode van *joint fact finding* – zie hoofdstuk 1. Zij pleiten voor een verbreding van de kennisbasis, waarbij ruimte wordt geboden aan de inbreng van burgers en alternatieve verhalen, die worden toegevoegd aan de aanwezige wetenschappelijke kennis. Zie ook het ontwerpend onderzoek en de *joint fact finding* in het praktijkvoorbeeld over de bypass in IJsseldelta Zuid. Daar leverde het ontwerp pas gaandeweg een oplossing die voor alle partijen acceptabel was. Die oplossing kwam in beeld doordat onderzoekers en deskundigen aanwezig waren én bleven in het planningsproces. Anders gezegd: afwezigheid van onderzoekers en deskundigen in het planproces kan het vinden van een sterke oplossing in de weg staan. Voor de zogenoemde 'schaalsprong' van Almere – de groei met zestigduizend woningen naar een complete stad van 350 duizend inwoners in 2030 – werkten bestuurders naar een oplossing die in een kosten-baten-analyse (KBA) negatief werd beoordeeld. Was deze kennis eerder beschikbaar geweest, dan had dit de planontwikkeling kunnen beïnvloeden. En als de onderzoekers die de KBA uitvoerden eerder betrokken waren, hadden zij beter begrepen wat de essentie van het plan was en waarom sommige bestuurders hardnekkig vasthielden aan sommige onderdelen – zoals de dure brug over het IJmeer.

Institutionele aanpassingen

In bovenstaande voorbeelden schuilt institutionele kritiek. Aanbestedingsregels maken het een bestuurder moeilijk zich te vergewissen van een ontwerper of bureau die past bij de eigen werkwijze. Het idee dat een keuze enkel op basis van een offerte moeten worden gemaakt miskent ongeveer alles wat in dit boek over een goed functionerend planningsproces bijeen is gebracht. Planning gaat om vertrouwen en om het beter begrijpen van het probleem, de wensen en de mogelijkheden. Planning is institutioneel ingekaderd. Er moeten

an obstacle to finding a strong solution. For the anticipated rapid growth of the town of Almere – an additional 60,000 housing units, for a total of 350,000 in 2030 – policymakers worked out a solution that was rejected after a cost-benefit analysis (CBA). If this knowledge had been available at an earlier stage, then it could have been used to develop a better plan. And if the researchers who carried out the CBA had been involved at an earlier stage, they would have better understood the essence of the plan and why some policy-makers stubbornly clung to certain aspects of it, such as the expensive bridge over the IJmeer.

Institutional adjustments

The above examples contain an implicit critique of institutional structures. Public procurement rules make it difficult for policymakers to be certain that they can work with a designer or agency suited to their approach. The idea of making such choices entirely through tenders runs against practically everything said in this book about how to organize a planning process. Planning depends on trust, and on fuller understanding of problems, wishes, and possibilities.

Planning takes place in an institutional context. Planning EIAs and SCBAs have to be conducted, public participation must take place, and there is a strong possibility of judicial review. Essentially, these are formalized ways of bringing knowledge into the process. But they are organized in ways that impede the creative search for solutions. They fragment the planning process, with one discipline at a time making its voice heard. Public administrators set up the process, geographers and ecologists take charge of the EIA, economists dominate the SCBA, sociologists and politicologists deal with public participation, and legal experts turn up for the judicial review.

This system is intended to ensure good planning, but instead, it regularly stands in the way of a properly functioning planning process. Economists should start contributing in the earliest stage of planning, and designers should talk to engineers. Ecologists should pay attention to advice from legal experts about whether their ideas are compatible with Natura 2000. And those legal experts should stay at the table when public administrators float a new variation on the proposal, one supported by a consensus of the parties, but involving a somewhat different area.

Will it be possible to make this shift? The 2010 Crisis and Recovery Act (*Crisis- en herstelwet*) is a first step toward removing the procedural barriers to collective, simultaneous participation by researchers, experts, policy-makers, and citizens. Yet we must be careful not to move too far toward state planning, in which central government takes decisions without reflecting on them or seeking external input. The Crisis and Recovery Act should not, for example, be used to permit carbon dioxide storage until there has been sufficient opportunity for interaction between public consultation (dissenting voices) and thorough research.

The case studies in this book show that farmers and other citizens can look beyond local concerns when the public faces threats such as flooding or air pollution. People become more cooperative when they are taken seriously right from the start, and when they can ask questions directly and receive answers from trusted experts.

Planning that produces strong stories is based on research findings, local wishes and circumstances, and broad interaction. A story spreads when people have the chance to become co-authors. Strong stories lead to faster, more effective implementation, because everyone works on them jointly, all at the same time. The process requires utter professionalism on the part of the contemporary planner. Planners have the power to bring together coalitions of citizens, experts, and policy-makers, and those coalitions have the power to create strong stories together.

PlanMER's worden opgesteld, MKBA's gemaakt, er dient publieksparticipatie plaats te vinden en er zijn juridische beroepsprocedures. In wezen gaat het steeds om gereguleerde kennisinbreng. Maar de manier waarop dit moet worden vormgegeven staat haaks op het vinden van creatieve oplossingen. Het planningsproces is opgeknipt in stukken waarbij steeds één discipline zijn stem laat horen: bestuurskundigen organiseren het proces, geografen en ecologen domineren de MER, economen bepalen de MKBA, sociologen en politicologen ontfermen zich over publieksparticipatie en juristen verschijnen tijdens de beroepsprocedures.

Dit stelsel is bedoeld als een garantie voor goede planning, maar staat regelmatig een goed functionerend planningsproces in de weg. Economen willen we horen in de eerste fase van de planvorming en ontwerpers moeten met ingenieurs praten. Ecologen dienen te luisteren naar juristen die bepalen of de effecten van een idee negatief uitpakken voor Natura 2000-doelstellingen. Diezelfde juristen moeten aan tafel wanneer bestuurskundigen een nieuwe variant in discussie brengen, waarvoor consensus te krijgen is, maar waarbij het plangebied verandert. Kunnen we deze slag maken? De Crisis- en herstelwet is een begin om procedurele hekken neer te halen, die gezamenlijke en gelijktijdige betrokkenheid van onderzoekers, deskundigen, beleidsmakers en burgers in de weg staan. We moeten echter oppassen dat dit niet te ver doorschiet, dat het leidt tot een staatsplanning waarin de centrale overheid beslist zonder reflectie of inspraak van buiten. De Crisis- en herstelwet mag bijvoorbeeld niet worden gebruikt om de opslag van koolstofdioxide toe te staan, zonder de interactie tussen inspraak – het horen van tegengeluiden – en gedegen onderzoek de ruimte te geven.

De praktijkvoorbeelden in dit boek laten zien dat burgers en boeren in staat zijn verder te kijken dan hun achtertuin, wanneer een maatschappelijk belang, zoals overstromingsgevaar of luchtvervui-

ling, in het geding is. Ze zijn hiertoe bereid als ze
vanaf het begin serieus worden genomen, hun
vragen zelf kunnen stellen, en deze beantwoord
krijgen door deskundigen die ze vertrouwen.
Een planologie die sterke verhalen voortbrengt
is gebaseerd op wetenschappelijke kennis,
lokale wensen en omstandigheden en een brede
interactie. Een verhaal groeit door anderen als
medeauteurs toe te laten. Sterke verhalen leiden
tot uitvoering en tijdsbesparing, omdat iedereen
er tegelijk aan meewerkt. Dit alles vraagt om een
gedegen vakmanschap van de hedendaagse
planner. Een planner die in staat is burgers, deskundigen en bestuurders te verenigen – die staan voor
samen geschreven sterke verhalen.

Colofon

Publication information

Literatuur

Akkrich, M. (1992). *The description of technical objects*. In: W.E. Bijker & J. Laws (red.) *Shaping technology/Building society-Studies in sociotechnical change*. MIT Press, Cambridge.

Bal, R., Bijker, W.E. & Hendriks, R. (2002). *Paradox van wetenschappelijk gezag: Over de maatschappelijke invloed van adviezen van de Gezondheidsraad*. Gezondheidsraad, Den Haag.

Beck, U. (1999). *What Is Globalization?* Polity Press, Cambridge.

Bureau Stroming (2008). *Grondwatereffecten Nieuwe Rivier Oude Maasarm. Een bundeling van bestaande kennis over de effecten van een Nieuwe Rivier in de Oude Maasarm Ooijen-Wanssum op de grondwaterstanden in de omgeving*. Stroming, Nijmegen.

Castells, M. (1996). *The rise of the network society*. Blackwell, Oxford.

De Laat, B. (2000). *Scripts for the future: Using innovation studies to design foresight tools*. In: N. Brown, B. Rappert & A. Webster (red.), *Contested futures: A sociology of prospective techno-science*. Ashgate, Aldershot.

Dryzek, J.S. & Torgerson, D. (1993). *Democracy and the Policy Sciences: A Progress Report*. In: *Policy Sciences* 26, pp.127-137.

Fischer, F. (2000). *Citizens, Experts and the Environment. The Politics of Local Knowledge*. Duke University Press, Durham.

Fischer, F. & Forester, J. (red.) (1993). *The argumentative turn in policy analysis and planning*.

Bibliography

Akkrich, M. (1992). 'The description of technical objects', in W.E. Bijker en J. Laws (eds.), *Shaping Technology/Building Society: Studies in Sociotechnical Change*, MIT Press, Cambridge, MA.

Bal, R., W.E. Bijker, & R. Hendriks (2002). *Paradox van wetenschappelijk gezag: Over de maatschappelijke invloed van adviezen van de Gezondheidsraad* (in Dutch), Gezondheidsraad, The Hague.

Beck, U. (1999). *What Is Globalization?*, Polity Press, Cambridge (UK).

Bureau Stroming (2008). *Grondwatereffecten Nieuwe Rivier Oude Maasarm. Een bundeling van bestaande kennis over de effecten van een Nieuwe Rivier in de Oude Maasarm Ooijen-Wanssum op de grondwaterstanden in de omgeving* (in Dutch). Stroming, Nijmegen.

Castells, M. (1996). *The Rise of the Network Society*, Blackwell, Oxford.

De Laat, B. (2000). 'Scripts for the future: Using innovation studies to design foresight tools', in N. Brown, B. Rappert & A. Webster (eds.), *Contested Futures: A Sociology of Prospective Techno-science*, Ashgate, Aldershot.

Dryzek, J.S. & D. Torgerson (1993). 'Democracy and the policy sciences: a progress report' (introduction to special issue), *Policy Sciences* 26, pp. 127-137.

Fischer, F. (2000). *Citizens, Experts and the Environment: The Politics of Local Knowledge*, Duke University Press, Durham.

Fischer, F. & J. Forester (eds.) (1993). *The Argumentative Turn in Policy Analysis and Planning*, Duke University Press, London.

Forester, J. (1999). *The Deliberative Practitioner: Encouraging Participatory Planning Processes,* MIT Press, Cambridge, MA.

Forester, J. (2006). 'Making participation work when interests conflict: moving from facilitating dialogue and moderating debate to mediating negotiations', *Journal of the American Planning Association* 72(4), pp. 447-456.

Friedmann, J. (1987). *Planning in the Public Domain: From Knowledge to Action,* Princeton University Press, Princeton.

Funtowicz, S.O. & J.R. Ravetz (1993). 'Science for the post-normal age', *Futures* 25(7), pp. 735-755.

Funtowicz, S.O. & J.R. Ravetz (1992). 'Three types of risk assessment and the emergence of post-normal science', in S. Krimpsky & D. Golding (eds.), *Social Theories of Risk*, pp. 251-274. Westpost, Greenwood.

Gibbons, M., C. Limoges, H. Nowotny, S. Schwartzman, P. Scott, & M. Trow. (1994). *The New Production of Knowledge: The Dynamics of Science and Research in Contemporary Societies*, SAGE Publications Ltd., London.

Gomart, E. & M.A. Hajer (2005). 'Is that politics?', in B. Joerges & H. Nowotny (eds.), *Social Studies of Science and Technology: Looking Back, Ahead.* Dordrecht/Boston, Kluwer.

Grin, J., M.A. Hajer, & W. Versteeg (eds.) (2006). *Meervoudige democratie. Ervaringen met vernieuwend bestuur* (in Dutch), Aksant, Amsterdam

Grijzen, J. (2010). *Outsourcing Planning: What Do Consultants Do in Regional Spatial Planning in the Netherlands?* (doctoral thesis), Amsterdam University Press, Amsterdam

Duke University Press, Londen.

Forester, J. (1999). *The Deliberative Practitioner: Encouraging Participatory Planning Processes.* The MIT Press, Cambridge, MA.

Forester, J. (2006). *Making Participation Work When Interests Conflict: Moving from Facilitating Dialogue and Moderating Debate to Mediating Negotiations.* In: *Journal of the American Planning Association* 72(4), pp.447-456.

Friedmann, J. (1987). *Planning in the Public Domain: From Knowledge to Action.* Princeton University Press, Princeton.

Funtowicz, S.O. & Ravetz, J.R. (1993). *Science for the post-normal age.* In: *Futures* 25(7), pp.735-755.

Funtowicz, S.O. & Ravetz, J.R. (1992). *Three types of risk assessment and the emergence of post-normal science.* In: S. Krimpsky & D. Golding (red.) *Social Theories of Risk*, pp.251-274. Westpost, Greenwood.

Gibbons, M., Limoges, C., Nowotny, H., Schwartzman, S., Scott, P. & Trow. M. (1994). *The New Production of Knowledge: The dynamics of science and research in contemporary societies.* SAGE Publications Ltd., Londen.

Gomart, E. & Hajer, M.A. (2005). *Is that politics?* In: B. Joerges & H. Nowotny (red.) *Social Studies of Science and Technology: Looking Back, Ahead.* Kluwer, Dordrecht/Boston.

Grin, J., Hajer, M.A. & Versteeg, W. (red.) (2006). *Meervoudige democratie: ervaringen met vernieuwend bestuur.* Aksant, Amsterdam.

Grijzen, J. (2010). *Outsourcing Planning. What do consultants do in regional spatial planning in the Netherlands* (proefschrift). Amsterdam University Press, Amsterdam.

Grijzen, J., J.F. Schrijver, M.F. Poorter en M. Schoots (2009). *Nimby-cynisme en gepolder voorbij: beleidsmiddeling als antwoord op maatschappelijke problemen*. In: *Tijdschrift voor conflicthantering*.

Habiforum (2007). *Gebiedsontwikkeling Oude Maasarm Ooijen-Wanssum. Nadere Verkenning Strategie Verruiming*. Habiforum, Gouda.

Hajer, M.A. (1995). *The Politics of Environmental Discourse. Ecological Modernization and the Policy Process*. Clarendon Press, Oxford/New York.

Hajer, M.A. (2000). *Politiek als vormgeving* (oratie). Vossiuspers, Amsterdam.

Hajer, M.A. & Wagenaar, H. (red.) (2003). *Deliberative Policy Analysis*. Cambridge University Press, Cambridge.

Hajer, M.A. (2009). *Authoritative Governance: Policy Making in the Age of Mediatization*. Oxford University Press, Oxford.

Dijkink, G., Hajer, M.A., de Jong, M. & Salet, W., (2001). *De Zuidvleugel van de Randstad: Instituties en discoursen*. In: WRR, *Zijlicht op toekomstonderzoek*. WRR, Den Haag.

InnovatieNetwerk (2007). *Bouwen aan Nieuwe Rivieren*. InnovatieNetwerk, Utrecht.

Jasanoff, S. (2003). *Breaking the Waves in Science Studies*. In: *Social Studies of Science* 33(3), pp.389–400.

Grijzen, J., J.F. Schrijver, M.F. Poorter en M. Schoots (2009). *Nimby-cynisme en gepolder voorbij: beleidsmiddeling als antwoord op maatschappelijke problemen*. In: *Tijdschrift voor conflicthantering*.

Habiforum (2007). *Gebiedsontwikkeling Oude Maasarm Ooijen-Wanssum. Nadere Verkenning Strategie Verruiming* (in Dutch), Habiforum, Gouda.

Hajer, M.A. (1995). *The Politics of Environmental Discourse: Ecological Modernization and the Policy Process*, Clarendon Press, Oxford/New York.

Hajer, M.A. (2000). 'Politiek als vormgeving' (inaugural speech, in Dutch). Vossiuspers, Amsterdam.

Hajer, M.A. & H. Wagenaar (eds.) (2003). *Deliberative Policy Analysis*, Cambridge University Press, Cambridge.

Hajer, M.A. (2009). *Authoritative Governance: Policy Making in the Age of Mediatization*, Oxford University Press, Oxford.

Dijkink, G., M.A. Hajer, M. de Jong, & W. Salet, (2001). 'De Zuidvleugel van de Randstad: Instituties en discoursen' (in Dutch), in WRR, *Zijlicht op toekomstonderzoek*, WRR, The Hague.

InnovatieNetwerk (2007). *Bouwen aan Nieuwe Rivieren* (in Dutch), InnovatieNetwerk, Utrecht.

Jasanoff, S. (2003). 'Breaking the Waves in Science Studies', *Social Studies of Science* 33(3), pp. 389-400.

Kates, R.W., W.C. Clark, R. Corell, J.M. Hall, et al. (2001). 'Sustainability Science', *Science* 292, pp. 641-642.

Klijn, E.H. & J.F.M. Koppenjan (2000). 'Public management and policy networks, foundations of a network approach to governance', *Public Management* 2(2), pp. 135-158.

Latour, B. (2005). *Reassembling the Social: An Introduction to Actor-Network Theory.* Oxford University Press, New York.
Metze, T. (2008). 'Keep out of the diary gateway: boundary work in deliberative governance in Wisconsin, USA', *Critical Policy Analysis* 2(1), pp. 54-71.

Nowotny, H., P. Scott, & M. Gibbons (2001). *Re-Thinking Science: Knowledge and the Public in an Age of Uncertainty*, Polity Press in association with Blackwell Publishers, Cambridge (UK).

O'Toole, L.J. (1998). 'Strategies for Inter-governmental Management: Implementing Programs in Interorganisational Networks', *Journal of Public Administration* 25(1), pp. 43-57.

Simon, H.A. (1976). *Administrative Behavior*, The Free Press, New York.

Sørensen, E. (2006). 'Metagovernance: the changing role of politics in the process of democratic governance', in *American Review of Public Administration* 36(1), pp. 98-114.

Star, S.L. & J.R. Griesemer (1989). 'Institutional ecology, "translations" and boundary objects', *Social Studies of Science* 19, pp. 387-420.

Steigenga, W. (1964). *Moderne Planologie*, Het Spectrum, Utrecht.

Susskind, L. & J. Cruikshank (1987). *Breaking the Impasse*, Basic Books, New York.

Thornley, A. Lefevre, C., Saito, A., Savitch, M.V. and Kantor, P. (forthcoming). *Global city regions in transition: the struggle for governability in London, New York, Paris and Tokyo.*

Kates, R.W., Clark, W.C., Corell, R., Hall, J.M. et al., (2001). *Sustainability Science.* In: *Science* 292, pp.641-642.

Klijn, E.H. & Koppenjan, J.F.M. (2000). *Public management and policy networks, foundations of a network approach to governance.* In: *Public Management* 2(2), pp.135-158.

Latour, B. (2005). *Reassembling the social. An introduction to actor-network theory.* Oxford University Press, New York.

Metze, T. (2008). *Keep out of the diary gateway: Boundary work in deliberative governance in Wisconsin, USA.* In: *Critical Policy Analysis* 2(1), pp.54-71.

Nowotny, H., Scott, P. & Gibbons, M. (2001). *Re-Thinking Science: Knowledge and the public in an age of uncertainty.* Polity Press i.s.m. Blackwell Publishers, Cambridge.

O'Toole, L.J. (1998). *Strategies for Intergovernmental Management: Implementing Programs in Interorganisational Networks.* In: *Journal of Public Administration* 25(1), pp.43-57.

Simon, H.A. (1976). *Administrative Behavior.* The Free Press, New York.

Sørensen, E. (2006). *Metagovernance: the changing role of politics in the process of democratic governance.* In: *American Review of Public Administration* 36(1), pp.98-114.

Star, S.L. & Griesemer, J.R. (1989). *Institutional Ecology, Translations and Boundary Objects.* In: *Social Studies of Science* 19, pp.387-420.

Steigenga, W. (1964). *Moderne planologie*. Het Spectrum, Utrecht.

Susskind, L. & Cruikshank, J. (1987). *Breaking the Impasse*. Basic Books, New York.

Thornley, A., Lefevre, C., Saito, A., Savitch, M.V. and Kantor, P. (nog te verschijnen). *Global city regions in transition: the struggle for governability in London, New York, Paris and Tokyo.*

Rudy Uytenhaak (2009). *Steden vol ruimte-Kwaliteiten van dichtheid.* 010, Rotterdam

Van Asselt, M.B.A., van 't Klooster, S.A., van Notten, P.W.F. & Smits, L.A. (2010). *Foresight in Action: Developing policy-oriented scenarios.* Earthscan, Londen.

Van der Cammen, H. (1979). *De binnenkant van de planologie.* Coutinho, Muiderberg.

Van der Cammen, H. (1996). *Mogelijke werelden: de wereld van de ruimtelijke planning* (oratie). Universiteit van Amsterdam, Amsterdam.

Van der Cammen, H. & De Klerk, L. (2003). *Ruimtelijke Ordening: van grachtengordel tot Vinex-wijk.* Het Spectrum, Utrecht.

Van der Valk, A. (1990). *Het levenswerk van Th.K. van Lohuizen 1890-1956.* Delftse Universitaire Pers, Delft.

Van Rooy, P. et al. (2006). *Nederland boven Water. Praktijkboek Gebiedsontwikkeling.* Habiforum/Nirov/VROM, Gouda.

Van 't Klooster, S.A. (2008). *Toekomstverkenning: ambities en de praktijk. Een etnografische studie naar de productie van toekomstkennis bij het*

Rudy Uytenhaak (2009). *Cities Full of Space, Qualities of Density* 010, Rotterdam

Van Asselt, M.B.A., S.A. van 't Klooster, P.W.F. van Notten, & L.A. Smits (2010). *Foresight in Action: Developing Policy-Oriented Scenarios,* Earthscan, London.

Van der Cammen, H. (1979). *De binnenkant van de planologie* (in Dutch), Coutinho, Muiderberg.

Van der Cammen, H. (1996). *Mogelijke werelden: de wereld van de ruimtelijke planning* (inaugural speech, in Dutch), Universiteit van Amsterdam, Amsterdam.

Van der Cammen, H. & L. de Klerk (2003). *Ruimtelijke ordening: van grachtengordel tot Vinex-wijk* (in Dutch), Uitgeverij het Spectrum, Utrecht.

Van der Valk, A. (1990). *Het levenswerk van Th.K. van Lohuizen 1890-1956* (in Dutch), Delftse Universitaire Pers, Delft.

Van Rooy, P. et al. (2006). *Nederland boven Water. Praktijkboek Gebiedsontwikkeling* (in Dutch), Habiforum/Nirov/VROM, Gouda.

Van 't Klooster, S.A. (2008). *Toekomstverkenning: ambities en de praktijk. Een etnografische studie naar de productie van toekomstkennis bij het Ruimtelijk Planbureau (RPB)* (doctoral thesis, in Dutch), Eburon, Delft.

Van 't Klooster, S.A. & M.A. Hajer (2010). *Een Nieuwe Rivier in Ooijen-Wanssum? Een evaluatie van het beleidsproces Ooijen-Wanssum rondom het concept 'nieuwe rivieren'* (report no. 10.2.228), InnovatieNetwerk, Utrecht.

Wildavsky, A. (1979). *Speaking Truth to Power: The Art and Craft of Policy Analysis,* Little Brown, Boston.

Wynne, B. (1996). 'May the sheep safely graze? A reflexive view of the expert-lay knowledge divide', in S. Lash, B. Szerszynski & B. Wynne (eds*.). Risk, Environment & Modernity*, Sage, London.

Yanow, D. (1996). *How Does a Policy Mean*? Georgetown University Press, Washington DC.

Illustrations
West 8 (p.12)
H+N+S Landschapsarchitecten (pp. 67, 68, 104, 107, 205)
Dienst Landelijk Gebied (p.115)
Corinne Cornelisse/IVM (p.117)
Feddes/Olthof Landschapsarchitecten (pp.118, 120, 122).
Heren 5 (p.129)
Habiforum (pp.130, 200)

Ruimtelijk Planbureau (RPB) (proefschrift). Eburon, Delft.

Van 't Klooster, S.A., & Hajer, M.A. (2010). *Een Nieuwe Rivier in Ooijen-Wanssum? Een evaluatie van het beleidsproces Ooijen-Wanssum rondom het concept 'nieuwe rivieren'* (rapport no. 10.2.228). InnovatieNetwerk, Utrecht.
Wildavsky, A. (1979). *Speaking Truth to Power. The Art and Craft of Policy Analysis*. Little Brown, Boston.

Wynne, B. (1996). *May the Sheep Safely Graze? A reflexive view of the expert-lay knowledge divide.* In: Lash, S., Szerszynski, B. & Wynne, B. (red.). *Risk, Environment & Modernity*. Sage, Londen.

Yanow, D. (1996). *How does a policy mean?* Georgetown University Press, Washington DC.

Illustraties
West 8 (p.12)
H+N+S Landschapsarchitecten (pp. 67, 68, 104, 107, 205)
Dienst Landelijk Gebied (p.115)
Corinne Cornelisse/IVM (p.117)
Feddes/Olthof Landschapsarchitecten (pp.118, 120, 122)
Heren 5 (p.129)
Habiforum (pp.130, 200)

Verantwoording

De auteurs van deze publicatie zijn, naast mijzelf, Jantine Grijzen en Susan van 't Klooster. Beiden hebben belangrijke publicaties over dit thema op hun naam staan. Grijzen promoveerde op het proefschrift *Outsourcing Planning: what do consultants do in regional spatial planning in the Netherlands* (Amsterdam, 2010). Van 't Klooster promoveerde op *Toekomstverkenning: ambities en de praktijk. Een etnografische studie naar de productie van toekomstkennis bij het Ruimtelijk Planbureau (RPB)* (Maastricht, 2008). Wij inspireerden elkaar om steeds weer de ambities van dit project waar te maken.

We hebben uiteindelijk ook anderen gevraagd een bijdrage te leveren. In essays brengen zij diverse invalshoeken in het boek die helpen bij het begrijpen van de essentie van succesvolle planningsprojecten. Wij danken dan ook Ed Dammers, Roel During, John Forester, Han Hoogerbrugge, Zef Hemel, Jannemarie de Jonge, Marianne Kuijpers-Linde, David Laws, Hans Mommaas, Maarten Poorter, Jan van Tatenhove en Nanke Verloo voor hun bijdragen.

Deze publicatie is gebaseerd op onderzoek dat plaatsvond in het kader van het GaMON-programma van de Nederlandse Organisatie voor Wetenschappelijk Onderzoek (NWO) (grantnummer 474-03-542). Verder is deze publicatie mede mogelijk gemaakt door financiële bijdragen van het Stimuleringsfonds voor Architectuur, de Van Eesteren-Fluck & Van Lohuizen Stichting (EFL Stichting), het InnovatieNetwerk Groene Ruimte en Agrocluster en het ministerie van Infrastructuur en Milieu. Wij danken tevens Hermance Mettrop en José Komen van het Amsterdam Institute for Social Sciences Research van de Universiteit van Amsterdam (UvA) voor hun bijzondere betrokkenheid bij dit project.

Voor dit boek zijn vier praktijkvoorbeelden onderzocht: een rivierverruiming bij Ooijen-Wanssum, de bypass in IJsseldelta Zuid, kadeversterking in de

Acknowledgements

My co-authors for this book are Jantine Grijzen and Susan van 't Klooster, both of whom have important publications to their credit. Grijzen's doctoral thesis was *Outsourcing Planning: What Do Consultants Do in Regional Spatial Planning in the Netherlands* (Amsterdam, 2010). Van 't Klooster's doctoral thesis dealt with the ambitions and realities of forecasting from an anthropological perspective, focusing on the Netherlands Institute for Spatial Research (RPB). We constantly inspired one another to fulfil the ambitions of this project.

Ultimately, we also invited others to contribute to the book. Their essays present a variety of perspectives that give additional insight into the essential features of successful planning projects. We would like to thank all these contributors: Ed Dammers, Roel During, John Forester, Han Hoogerbrugge, Zef Hemel, Jannemarie de Jonge, Marianne Kuijpers-Linde, David Laws, Hans Mommaas, Maarten Poorter, Jan van Tatenhove, and Nanke Verloo.

This book is based on research carried out under the GaMON programme of the Netherlands Organization for Scientific Research (NWO), grant number 474-03-542. It was also made possible in part by financial support from the Netherlands Architecture Fund, the Van Eesteren-Fluck & Van Lohuizen Foundation (EFL Stichting), the Innovation-Network for Agribusiness and Rural Areas, and the Ministry of Infrastructure and the Environment. We would also like to thank Hermance Mettrop and José Komen of the Amsterdam Institute for Social Sciences Research at the University van Amsterdam (UvA) for their support for this project.

Four case studies were carried out for this book, of river enlargement in Ooijen-Wanssum, a bypass in IJsseldelta Zuid, dyke reinforcement in the Commandeurspolder, and an air quality project in the Arnhem-Nijmegen Urban Region. The research results were obtained by studying everyday work practices, conducting interviews, and analyzing relevant documents and the academic literature in detail. We would like to thank everyone who participated in this process: for the Commandeurspolder, Soet Huijbrechts, Kristel Aalbers, Jeroen Rietdijk (Hoogheemraadschap Delfland), Yttje Feddes, Martijn Noordermeer (Feddes-Olthof), and Paul Weststrate (Awareness); for Ooijen-Wanssum, Nico Beun, Hans Hillebrand (InnovationNetwerk) and Keesjan van den Herik (Habiforum); for IJsseldelta Zuid, Jos Pierey and Arjan Otten; for the Arnhem-Nijmegen Urban Region, Jaap Modder, Carol van Eert, and Erik Zweers (Air Quality Project).We are also deeply grateful for the warm reception and candour shown to us by all the other individuals (citizens, political leaders, public officials, and experts) who assisted us with these case studies, sharing their knowledge and their hospitality.

The completion of this book required a great deal of effort, even after the research was completed. Jantine Grijzen put many hours into writing a first draft; Susan van 't Klooster joined us later and made a flying start. Besides her role in writing the chapters and case studies, she was pivotal in the completion of the actual book, making a marvellous contribution to editorial coordination with the publisher and the publication's sponsors.

Maarten Hajer

Commandeurspolder en het project 'Luchtkwaliteit' in de Stadsregio Arnhem Nijmegen. De onderzoeksresultaten zijn verkregen door dagelijkse werkpraktijken te bestuderen, interviews te houden en een uitgebreide documentanalyse en literatuurstudie. Wij danken iedereen die hieraan medewerking heeft geleverd. Voor de Commandeurspolder Soet Huijbrechts, Kristel Aalbers, Jeroen Rietdijk (Hoogheemraadschap Delfland), Yttje Feddes, Martijn Noordermeer (Feddes-Olthof) en Paul Weststrate (Awareness); voor Ooijen-Wanssum Nico Beun, Hans Hillebrand (InnovatieNetwerk) en Keesjan van den Herik (Habiforum); voor IJsseldelta Zuid Jos Pierey en Arjan Otten; voor Stadsregio Arnhem Nijmegen Jaap Modder, Carol van Eert en Erik Zweers (project 'Luchtkwaliteit')

Daarnaast zijn wij erkentelijk voor de gastvrijheid en openheid van alle andere betrokkenen (burgers, bestuurders, ambtenaren en deskundigen) bij de door ons bestudeerde praktijkvoorbeelden en die ons – soms letterlijk – een kijkje in hun keuken gunden. De totstandkoming van dit boek veronderstelde heel veel werk, ook na afronding van het onderzoek. Jantine Grijzen werkte lang aan de teksten en de eerste opzetten van het boek; Susan van 't Klooster stapte later in en maakte een vliegende start. Naast het meeschrijven aan de teksten en het casusonderzoek was zij onmisbaar in de afronding van het eigenlijke boek en leverde zij een geweldige bijdrage aan de redactionele afstemming met de uitgever en opdrachtgevers.

Maarten Hajer

315

Maarten Hajer is sinds 1998 hoogleraar Bestuur en beleid aan de Universiteit van Amsterdam en sinds 2008 directeur van het Planbureau voor de Leefomgeving (PBL). Hij schrijft al jaren over stadsplanning en ruimtelijke ordening. Titels van hem zijn *City Politics* (Avebury, 1989), *De stad als publiek domein* (Amsterdam, 1989) en *Een plan dat werkt* (met Dirk Sijmons en Fred Feddes, Rotterdam, 2006). Zijn laatste boek is *Authoritative Governance: Policy Making in an Age of Mediatization* (Oxford, 2009).

Jantine Grijzen studeerde Politicologie en European Public Law aan de Universiteit van Amsterdam (UvA). In 2010 promoveerde zij aan de UvA op het NWO-GaMON project om 'gamma-onderzoek' toepasselijk te maken voor landschaps- en milieuvragen. Haar proefschrift *Outsourcing planning: what do consultants do in regional spatial planning* is een etnografische studie naar de inzet van consultants in de ruimtelijke planning en de gevolgen hiervan voor de organisatie van ruimtelijke planning. Daarnaast deed Grijzen onderzoek naar *public policy mediation*: een Amerikaanse praktijk om onafhankelijke derden te gebruiken voor het begeleiden van publieke planprocessen. Momenteel werkt ze bij McKinsey and Company.

Susan van 't Klooster studeerde Cultuur- en Wetenschapsstudies aan de Universiteit van Maastricht. Zij promoveerde aan dezelfde universiteit bij de vakgroep Maatschappijwetenschap en Techniek op het proefschrift *Toekomstverkenning: ambities en de praktijk. Een etnografische studie naar de productie van toekomstkennis bij het Ruimtelijk Planbureau (RPB)*. Sinds 2006 werkt Van 't Klooster als onderzoeker bij het Instituut voor Milieuvraagstukken van de Vrije Universiteit. Ze doet onderzoek op het gebied van klimaatadaptatie en houdt zich bezig met de rol van kennis - en onzekerheid - in beleid, methodologie van toekomstverkenning en participatieve besluitvormingsprocessen.

Maarten Hajer has been Professor of Public Policy at the University of Amsterdam since 1998 and director of the Netherlands Environmental Assessment Agency (*Planbureau voor de Leefomgeving*; PBL) since 2008. He has been writing about urban and spatial planning for many years, and his published works include *City Politics* (Avebury, 1989), *De stad als publiek domein* (Amsterdam, 1989) and *Een plan dat werkt* (with Dirk Sijmons and Fred Feddes, Rotterdam, 2006). His most recent book is *Authoritative Governance: Policy Making in an Age of Mediatization* (Oxford, 2009).

Jantine Grijzen studied political science and European public law at the University of Amsterdam (UvA). In 2010 she completed her doctoral research at the UvA on a NWO-GaMON project aimed at making social science research applicable to landscape and environmental issues. Her doctoral thesis, *Outsourcing Planning: What Do Consultants Do in Regional Spatial Planning* - is an ethnographic study of the role of consultants in spatial planning and the implications for how spatial planning is organized. Grijzen has also studied public policy mediation, the American practice in which neutral third parties facilitate public planning processes. She is now working at McKinsey and Company.

Susan van 't Klooster studied arts and sciences at the University of Maastricht. She received her doctoral degree from the same university's in the Technology & Society Studies Department for an ethnographic study of the production of knowledge about the future at the Netherlands Institute for Spatial Research (*Ruimtelijk Planbureau*; RPB). Since 2006 Van 't Klooster has been a researcher at the VU University Institute for Environmental Studies. She is studying adaptation to climate change, with an emphasis on the role of knowledge and uncertainty in policy, the methodology of foresight, and participatory decision-making processes.

Henk WJ Ovink is Director of National Spatial Planning for the Ministry of Infrastructure and the Environment. He is responsible for the new Architecture Policy, the new Spatial Planning Act (WRO), several long-term plans including the Randstad 2040 Structural Vision and the New Future Agenda on Spatial Planning, two academic chairs at the University of Utrecht (Planning Studies) and the Delft University of Technology (Design and Politics) and the Dutch spatial Olympic strategy. Ovink is co-curator for the International Architecture Biennale Rotterdam 2012. He lectures and publishes on change of government, governance and planning as well as on the specific relationship between design and politics.

Elien J Wierenga studied architecture at Delft University of Technology, graduating in Urbanism in 2004. She has since worked for the Ministry of Infrastructure and the Environment. She was project manager for the Designing of Randstad2040 Structural Vision. She is currently working as project manager Design and Politics for the New Planning Agenda and the new Key Projects research, the City NL studies and responsible for the Design and Politics series.

Han Hoogerbrugge is a visual artist who presents a daily comic strip on his website, http://prostress.com, as well as illustrations for major Dutch periodicals such as *De Volkskrant* and *Vrij Nederland*. His books include *Modern Living -The graphic universe of Han Hoogerbrugge* (2008) and *Pro-stress#1* (2010). His illustrations in *Strong Stories* show the diverse roles of designers and planners in the planning process.

Henk WJ Ovink is directeur Nationale Ruimtelijke Ordening voor het ministerie van Infrastructuur en Milieu. Hij is verantwoordelijk voor de Architectuur-nota, de nieuwe Wet ruimtelijke ordening, langeter-mijnvisies en -verkenningen waaronder de Structuur-visie Randstad 2040 en de Toekomstagenda Ruimte, twee leerstoelen aan de Universiteit van Utrecht (Planologie) en de Technische Universiteit Delft (Ontwerp en Politiek) en de Nederlandse Olympische ruimtelijke strategie. Ovink is cocurator voor de Internationale Architectuur Biënnale Rotterdam 2012. Ovink publiceert en geeft lezingen over de verande-ring van overheid, bestuur en planning en over de specifieke relatie tussen ontwerp en politiek.

Elien J Wierenga studeerde Bouwkunde aan de Technische Universiteit Delft waar zij in 2004 af-studeerde als stedenbouwkundige. Sindsdien is ze werkzaam bij het ministerie van Infrastructuur en Milieu. Elien Wierenga was projectleider ontwerpen aan Randstad2040. Ze werkt nu als projectleider Ontwerp en Politiek aan de Toekomstagenda Ruimte, de Verkenning Sleutelprojecten, het Stad NL onder-zoek en is verantwoordelijk voor de publicatiereeks Design and Politics.

Han Hoogerbrugge is beeldend kunstenaar en pre-senteert dagelijks een comic op http://prostress.com en maakt illustraties voor onder meer *de Volkskrant* en *Vrij Nederland*. Boeken van zijn hand zijn: *Modern Living-The graphic universe of Han Hoogerbrugge* uit 2008 en *Pro-stress#1* uit 2010. Voor dit boek verbeeldde hij de diverse rollen van ontwerpers en planners in een planproces.

Een initiatief van
Ministerie van Infrastructuur en Milieu

Auteurs en redactie
Maarten Hajer, Jantine Grijzen,
Susan van 't Klooster

Redactie Design and Politics
Henk Ovink, Elien Wierenga

Essays
Ed Dammers, Roel During, John Forester,
Zef Hemel, Jannemarie de Jonge, Marianne
Kuijpers-Linde, David Laws, Hans Mommaas,
Maarten Poorter, Jan van Tatenhove, Nanke Verloo

Beeldessay
Han Hoogerbrugge

Eindredactie
Mark Hendriks (Tekstlandschap)
m.m.v. Annemiek Simons

Vertaling
Open Book Translation, Bookmakers

Opmaak
Robert Beckand

Druk
Lecturis, Eindhoven

© 2010 auteurs, Uitgeverij 010, Rotterdam

ISBN 78-90-6450-734-2
www.010.nl

An initiative of the
Ministry of Infrastructure and the Environment

Authors and editorial team
Maarten Hajer, Jantine Grijzen,
Susan van 't Klooster,

Editorial team Design and Politics series
Henk Ovink, Elien Wierenga

Essays
Ed Dammers, Roel During, John Forester,
Zef Hemel, Jannemarie de Jonge, Marianne
Kuijpers-Linde, David Laws, Hans Mommaas,
Maarten Poorter, Jan van Tatenhove,
Nanke Verloo

Pictorial essay
Han Hoogerbrugge

Text editing
Mark Hendriks (Tekstlandschap) i.c.w.
Annemiek Simons

Translation
Open Book Translation, Bookmakers

Design
Robert Beckand

Printing
Lecturis, Eindhoven

© 2010 authors and 010 Publishers,
Rotterdam

ISBN 978 90 6450 734 2
www.010.nl

This book is based on research conducted under the GaMON programme of the Netherlands Organization for Scientific Research (NWO). It was also made possible in part by financial support from the Netherlands Architecture Fund, the Van Eesteren-Fluck & Van Lohuizen Foundation (EFL Stichting), and the InnovationNetwork for Agribusiness and Rural Areas. The Design and Politics series is an initiative of the Ministry of Infrastructure and the Environment of the Netherlands.

Deze publicatie is gebaseerd op onderzoek dat plaatsvond in het kader van het GaMON-programma (grantnummer 474-03-543) van de Nederlandse Organisatie voor Wetenschappelijk Onderzoek (NWO). Deze publicatie is mede mogelijk gemaakt door financiële bijdragen van het Stimuleringsfonds voor Architectuur, de Van Eesteren-Fluck & van Lohuizen Stichting (EFL Stichting) en het InnovatieNetwerk Groene Ruimte en Agrocluster. De serie Design and Politics is een initiatief van het ministerie van Infrastructuur en Milieu.

EFL STICHTING

Nederlandse Organisatie voor Wetenschappelijk Onderzoek

UNIVERSITY OF AMSTERDAM

Amsterdam Institute for Social Science Research

IVM Institute for Environmental Studies

Ministerie van Infrastructuur en Milieu